Keller · Darstellung in der Freiraumplanung

Herbert Keller
Darstellung in der
FREIRAUM PLANUNG

Entwurfsplanung · Perspektive ·
Bepflanzungspläne · Technische Zeichnungen

Mit Beiträgen von Klaus-Dieter Bendfeldt, Kiel ·
Fred von Fintel, Osnabrück · Herbert Keller,
Osnabrück · Gerhard Osburg, Osnabrück

1985 · Mit 238 Abbildungen, davon eine farbig

Verlag Paul Parey · Berlin und Hamburg

Autorenverzeichnis

Dipl.-Ing. Klaus-Dieter Bendfeldt
Freier Garten- und Landschaftsarchitekt BDLA
Dänische Str. 24
D-2300 Kiel 1

Prof. Dr. Ing. Fred v. Fintel
Fachhochschule Osnabrück
Fachbereich Landespflege
Am Krümpel 33
D-4500 Osnabrück

Prof. em. Dr. Herbert Keller
ehem. Fachhochschule Osnabrück
Föhrenstr. 53
D-4500 Osnabrück

Prof. Dr. Ing. Gerhard Osburg
Fachhochschule Osnabrück
Fachbereich Landespflege
Am Krümpel 33
D-4500 Osnabrück

CIP-Kurztitelaufnahme der Deutschen Bibliothek

Keller, Herbert:
Darstellung in der Freiraumplanung : Entwurfsplanung, Perspektive, Bepflanzungspläne, techn. Zeichn. / Herbert Keller. Mit Beitr. von Klaus-Dieter Bendfeldt ... – Berlin ; Hamburg : Parey, 1985.
ISBN 3-489-63922-7

Einband: Jan Buchholz & Reni Hinsch, Grafik-Design, D-2000 Hamburg 73, unter Verwendung einer Abbildung von Dipl.-Ing. K.-D. Bendfeldt

© 1985 Verlag Paul Parey, Berlin und Hamburg
Anschriften: Lindenstr. 44–47, D-1000 Berlin 61; Spitalerstr. 12, D-2000 Hamburg 1

Gesetzt aus der Helvetica leicht

ISBN 3-489-63922-7 · Printed in Germany

Das Werk ist urheberrechtlich geschützt. Die dadurch begründeten Rechte, insbesondere die der Übersetzung, des Nachdrucks, des Vortrages, der Entnahme von Abbildungen, der Funksendung, der Wiedergabe auf photomechanischem oder ähnlichem Wege und der Speicherung in Datenverarbeitungsanlagen, bleiben, auch bei nur auszugsweiser Verwertung, vorbehalten. Werden einzelne Vervielfältigungsstücke in dem nach § 54 Abs. 1 UrhG zulässigen Umfang für gewerbliche Zwecke hergestellt, ist an den Verlag die nach § 54 Abs. 2 UrhG zu zahlende Vergütung zu entrichten, über deren Höhe der Verlag Auskunft gibt.

Satz und Druck: Saladruck Steinkopf & Sohn, D-1000 Berlin 36

Lithographie: Cliché-Anstalt Excelsior · Erich Paul Söhne OHG, D-1000 Berlin 61

Bindung: Lüderitz und Bauer Buchgewerbe GmbH, D-1000 Berlin 61

Vorwort

Eine übersichtliche Zusammenfassung aller zeichnerischen Möglichkeiten zur Darstellung in der Freiraumplanung fehlte bisher. So kommt dieses Buch rechtzeitig einem zunehmenden Bedürfnis nach durchdachten, umfassenden zeichnerischen Aussagen zur Verdeutlichung von Planungen entgegen, um so mehr, als heutzutage neben Fachbehörden und Fachleuten immer häufiger Bürgergruppen, Vereine und Körperschaften, also Laien, als Auftraggeber und Bauherren fungieren. Daher müssen Gesamtkonzept und Detailplanung durch plastisch erscheinende Graphik leicht verständlich und die räumliche Dimension anhand perspektivischer Zeichnungen auch für diejenigen gut erkennbar sein, denen mangelndes räumliches Vorstellungsvermögen das Erfassen eines Planes erschwert.

Aus der Absicht, alles Wesentliche zu berücksichtigen, ohne den vorgesehenen Umfang des Buches zu überschreiten, ergab sich die Gliederung des Stoffes. Vorentwürfe, Entwürfe, ausführliche Bepflanzungspläne mit Signaturen von Einzelbeispielen, Grundbegriffe technischer Detailpläne und die zeichnerische Ausführung von perspektivischen Skizzen, die in der Praxis häufig schon beim Vorentwurf mit angefertigt werden, stehen im Mittelpunkt der Betrachtung in den einzelnen Kapiteln, wobei Schwerpunkte besonders herausgestellt wurden. Wegen ihrer Bedeutung für die Freiraumplanung erhielt die Darstellung von Plänen mit ausführlicher Erläuterung der einzelnen Planarten sowie den zahlreichen Angaben über Einzelsignaturen sämtlicher Planinhalte besonders breiten Raum.

Planen, Zeichnen und Bauen sind in ihrer Qualität voneinander abhängig. So wird ein korrekter Bauablauf durch eine präzise Planung gewährleistet, die wiederum einer ebenso präzisen zeichnerischen Darstellung bedarf. Wie langjährige Lehrerfahrungen gezeigt haben, sind die zum Planzeichnen erforderlichen graphischen Grundbegriffe auch ohne besondere Begabung durchaus erlernbar. Zudem wurde der Text, wie es für das Thema erforderlich ist, mit vielen instruktiven Plänen, Skizzen und Zeichnungen erläutert. So kann das Buch besonders der von Jahr zu Jahr größer werdenden Zahl von Lernenden, Studierenden und Praktikern, die sich mit der Freiraumplanung beschäftigen, als Lern- und Arbeitshilfe dienen.

Allen am Zustandekommen des Buches beteiligten Mitarbeitern, den Herren Dipl.-Ing. Klaus-Dieter Bendfeldt, Prof. Dr. Ing. Fred von Fintel und Prof. Dr. Ing. Gerhard Osburg sowie dem Verlag Paul Parey für sein Eingehen auf die Wünsche für die Gestaltung und Ausstattung danke ich herzlich.

Osnabrück, im Herbst 1984   Herbert Keller

Inhalt

	Vorwort	5
1	**Das Zeichnen von Plänen** (K.-D. Bendfeldt)	**9**
1.1	Einführung	9.
2	**Zeichenmaterial** (K.-D. Bendfeldt)	**11**
2.1	Bleistifte	11
2.1.1	Feinminenstifte	11
2.1.2	Tuschefüller	11
2.1.3	Filz- und Faserschreiber	12
2.2	Transparentpapier	12
2.2.1	Rasterfolien	13
2.2.2	Schriftfolien	13
2.3	Schriftschablonen	13
2.3.1	Technische Schablonen	13
2.4	Zeichenschienen	13
2.4.1	Zeichendreiecke	13
2.4.2	Lineale oder Maßstäbe	13
3	**Die Zeichnung** (K.-D. Bendfeldt)	**14**
3.1	Formate, Planaufteilung	14
3.1.1	Schrift und Text	14
3.1.2	Maßstäbe – Verkleinerungen – Vergrößerungen	16
4	**Plandarstellung – Planzeichnen** (K.-D. Bendfeldt)	**17**
4.1	Strichstärke in Abhängigkeit vom Maßstab	17
4.2	Darstellung von Planinhalten	19
4.2.1	Grundstücksgrenzen	19
4.2.2	Höhenschichtlinien, Höhenzahlen, Böschungen, Mulden, Hügel	19
4.2.3	Darstellung von Gebäuden	21
4.2.4	Laub- und Nadelbäume	24
4.2.5	Hecken	25
4.2.6	Bodendecker und Stauden	25
4.2.7	Rasenflächen	26
4.2.8	Flächige Darstellungen	27
4.2.9	Mauern	28
4.2.10	Pergolen und Dächer	30
4.2.11	Wasserbecken – Wasserflächen	31
4.2.12	Rampen und Treppenanlagen	31
4.2.13	Platten- und Pflasterbeläge	33
4.2.14	Entwässerungseinrichtungen	35
4.2.15	Einfriedungen – Tore – Handläufe	37
4.2.16	Ausstattungselemente	37
4.3	Schwarzweißdarstellung	38
4.4	Farbige Darstellung	42
5	**Die verschiedenen Planarten** (K.-D. Bendfeldt)	**42**
5.1	Darstellungstechniken	42
5.1.1	Freihandskizzen	42
5.1.2	Exakte Zeichnung	42
5.2	Grundlagenpläne	44
5.2.1	Der Bebauungsplan	45
5.2.2	Die Katasterkarte	45
5.2.3	Bestandspläne	46
5.2.4	Straßen- und Leitungspläne	46
5.2.5	Architektenpläne	47
5.3	Entwurfspläne	49
5.3.1	Skizzen	49
5.3.2	Vorentwurf	49
5.3.3	Entwurf	52
5.3.4	Schnitte und Ansichten	52
5.3.5	Übersichtspläne	55
5.3.6	Modell	55
5.3.7	Erläuterungsbericht und Kostenschätzung	58
5.4	Pläne und Beispiele	61
5.4.1	Historische Pläne	61
	Literatur (Kap. 1–5)	64
5.4.2	Pläne im Maßstab 1 : 500	65
5.4.3	Pläne im Maßstab 1 : 200	68
5.4.4	Pläne im Maßstab 1 : 100	81
5.4.5	Pläne im Maßstab 1 : 50	84
5.4.6	Planausschnitte in Originalgröße	86
6	**Konstruktion und Darstellung von Perspektiven** (H. Keller)	**89**
6.1	Erläuterungen zur Konstruktion von Zentral- und Übereckperspektive	89
6.1.1	Das Blickfeld	89
6.1.2	Der Standpunkt	89
6.1.3	Die Entfernung	89
6.1.4	Die Augenhöhe	89
6.1.5	Die Grundebene	89
6.1.6	Die Sichthöhe	89
6.1.7	Rechtwinklige Körper	92
6.1.8	Höhenkonstruktion	92
6.1.9	Konstruktion von Kurven	92
6.2	Verwendung von Netzperspektiven	98
6.3	Isometrische Darstellungen	98
6.3.1	Isometrie	99
6.3.2	Verkürzte Isometrie	99
6.4	Schattenkonstruktion	101
6.5	Wasserspiegelung	103
6.6	Konstruieren und Zeichnen nach Motiven im Freien	103
6.6.1	Projektion auf eine Zeichenebene (Glasplatte)	106
6.7	Konstruieren und Zeichnen nach Dia	106
6.7.1	Dia im Großformat auf Leinwand	106
6.7.2	Dia im DIN-A 4-Format auf Glasfläche	108
7	**Grundbegriffe der zeichnerischen Darstellung** (H. Keller)	**108**
7.1	Zeichenmaterial	109

7.2	Zeichen- und Darstellungstechnik	109		11.4.1	Kennzeichnung von Einzelpflanzen	164
7.3	Liniendarstellung	109		11.4.1.1	Gehölze	164
7.4	Bildtiefe und Tiefenstaffelung	110		11.4.1.2	Stauden	166
7.5	Silhouettenwirkung	110		11.4.2	Kennzeichnung von Flächenpflanzungen	166
7.6	Flächigkeit und Flächenlage	112		11.4.2.1	Gehölze	166
				11.4.2.2	Stauden	169
8	**Darstellung von Baukörpern, Bauteilen und Baustoffen** (H. Keller)	**114**		11.4.3	Beschriftung und Vermaßung	170
8.1	Wege, Platten und Pflasterflächen	114		11.4.4	Darstellung von Gehölzbepflanzungsplänen	172
8.2	Treppenanlagen	114		11.4.5	Darstellung von Staudenbepflanzungsplänen	172
8.3	Mauern, Sichtschutzwände und Pergolen	117		11.4.5.1	Staudenbepflanzungspläne	172
8.4	Gebäude, Dächer und Fassaden	119		11.4.5.2	Ergänzende Pläne zur Staudenpflanzung	175
8.5	Fenster und Glasflächen	120		11.4.6	Darstellung von kombinierten Bepflanzungsplänen	179
9	**Darstellung von natürlichen Bestandteilen: Wasser, Pflanzen, Landschaften** (H. Keller)	**121**			Literatur	179
9.1	Wasserbecken, natürliche Gewässer, sprudelnde Wasser	121		**12**	**Technische Pläne** (G. Osburg)	**186**
9.2	Rasenflächen	124		12.1	Zeichnerische Ausdrucksform	186
9.3	Wiesen	124		12.1.1	Formale Ausführung	186
9.4	Staudenflächen	128		12.1.2	Dreidimensionale Darstellung	186
9.5	Bodendecken	130		12.1.3	Senkrechte Parallelprojektionen	187
9.6	Kleingehölze	131		12.2	Zeichnerische Ausdrucksmittel	189
9.7	Schlingpflanzen	133		12.2.1	Linienstärken	189
9.8	Überhängende Pflanzen	133		12.2.2	Linienarten	191
9.9	Strauchartige Gehölze	133		12.2.3	Schnittschraffuren und -signaturen	191
9.10	Hecken	146		12.3	Bemaßung und Beschriftung	191
9.11	Laubbäume	146		12.3.1	Bemaßung	191
9.12	Nadelgehölze	155		12.3.1.1	Maßlinien	191
9.13	Landschaftsräume	158		12.3.1.2	Maßhilfslinien	191
				12.3.1.3	Maßlinienbegrenzungen	191
10	**Figuren und bewegliche Gegenstände** (H. Keller)	**160**		12.3.1.4	Maßzahlen	192
10.1	Menschliche Figuren als Maßstab und zur Verdeutlichung	160		12.3.1.5	Maßketten und ihre Anordnung	193
	Literatur (Kap. 6–10)	161		12.3.2	Beschriftung	193
				12.4	Werkzeichnung	193
11	**Bepflanzungspläne** (F. v. Fintel)	**161**		12.4.1	Ausführungszeichnung	193
11.1	Definition – Funktion	161		12.4.2	Schnittdarstellungen	199
11.2	Arbeitspläne	161		12.4.3	Detailzeichnungen	199
11.3	Demonstrationspläne	161			Literatur	199
11.4	Aufbau von Bepflanzungsplänen	164			**Sachverzeichnis**	**201**

1
Das Zeichnen von Plänen

1.1 Einführung

Die Realisierung einer Bauaufgabe läßt sich nur auf der Grundlage von konkreten Entwürfen und Detailzeichnungen durchführen. Dabei haben die Entwürfe die Aufgabe, die bauliche Gestaltung eines Projektes mit zeichnerischen Mitteln so eindeutig festzulegen, daß keine unterschiedlichen Auffassungen über das Bauvorhaben zwischen dem Architekten und seinem Bauherrn entstehen können. In der Entwurfsphase ist die Zeichnung daher ein Medium, durch das die Vorstellung einer Idee vermittelt wird, und zwar mit zunehmender Intensität und Präzision von der ersten Ideenskizze bis hin zum baureifen Entwurf.

Für die Ausführungspläne und Detailzeichnungen gelten im Prinzip die gleichen Überlegungen. Nur sind es hier die für die Baudurchführung verantwortlichen Handwerker, die auf Pläne angewiesen sind, die keine Interpretationsunterschiede bei der Realisierung eines Bauvorhabens zulassen.

Das Zeichnen von Vorentwürfen und Entwürfen für alle Aufgabenbereiche der Freiraumplanung ist eine Tätigkeit, die ein bestimmtes Maß an Begabung und ein hohes Maß an Übung erfordert. Neben der exakten und maßstabsgerechten Darstellung einer Entwurfsidee muß ein Plan auch in einer graphisch ansprechenden Form dargestellt werden. Unter Plangraphik versteht man dabei die zeichnerische Bildgestaltung eines Planes und damit die Fähigkeit eines Zeichners, einen Entwurf mit zeichnerischen Mitteln so darzustellen, daß auch der Nichtfachmann durch die Plangraphik die Entwurfsidee nachvollziehen kann.

Die Art der Darstellung und die Wahl der zeichnerischen und technischen Mittel sind dabei so vielfältig wie die Lösungsmöglichkeiten für den Entwurf selbst. Gewisse »graphische Tendenzen« und die Entwicklung der Zeichengeräte bestimmen dabei ebenso die zeichnerische Darstellung von Plänen wie die individuelle »Handschrift« des Zeichners. Zeichenfeder, Kohlestift und Bleistift waren über Generationen das Handwerkszeug des Plänezeichners. Tuschefüller, Feinminenstift und Filzstifte sind jetzt die am meisten verwandten Zeichengeräte. Dominiert auch heute noch die Schwarzweißdarstellung, weil die Reproduktion des auf Transparentpapier gezeichneten Originals im Lichtpaus- oder Kopierverfahren sehr einfach ist, so werden doch im zunehmenden Maße Lichtpausen mit Hilfe von Filzstiften farbig angelegt. Der farbige Vorentwurf ist in den meisten Fällen für den Nichtfachmann der besser lesbare Plan.

Die Forderung, daß ein Plan (und damit auch ein »Gartenplan«) für den Betrachter klar, übersichtlich und leicht lesbar sein soll, kannten schon die Ägypter. Der abgebildete Grundriß eines Gartens in Theben aus der Zeit von Amenophis III. (1389–1361 v. Chr.) wird diesen Erfordernissen in vollem Umfang gerecht, auch wenn es sich hier um die zeichnerische Übertragung einer farbigen Reliefdarstellung in eine einfache »Strichgraphik« handelt. Klar und eindeutig sind Wasserflächen, Treppen, Mauern und Gebäude zu erkennen. Die verschiedenen Pflanzenarten sind unterschiedlich gezeichnet. Entsprechend der ägyptischen Darstellungsweise werden einige Bildinhalte im Grundriß gezeigt (Mauern, Wasserbecken, Kanal), andere in der Ansicht, indem sie in der Grundfläche umgeklappt erscheinen (Pflanzen, Gebäude, Tore).

Peter Joseph Lennés (1789–1866) Plan von Sanssouci – Charlottenhof, 1839 als Lithographie verbreitet, ist ebenfalls ein hervorragend »lesbarer Plan«, der jedoch über die reine Information hinaus die Planqualität eines Gemäldes hat, ohne daß die Schönheit der Architekturzeichnung hier zum Selbstzweck wird.

Zwischen diesen beiden abgebildeten Plänen liegt auch heute noch die ganze Palette der Darstellungsmöglichkeiten im Zeichnen von Plänen, auch wenn die abschließende Definition des Begriffes »Architekturzeichnung« sehr technisch und nüchtern klingt: »Eine Architekturzeichnung ist die zeichnerische Darstellung eines Bauwerkes und damit die Grundlage für die Bauausführung. Sie gibt in unterschiedlichen Maßstäben das dreidimensionale Bauwerk in einer geometrischen Darstellungsweise wieder.« Das Wort kann dabei als Oberbegriff gebraucht werden für die einzelnen zeich-

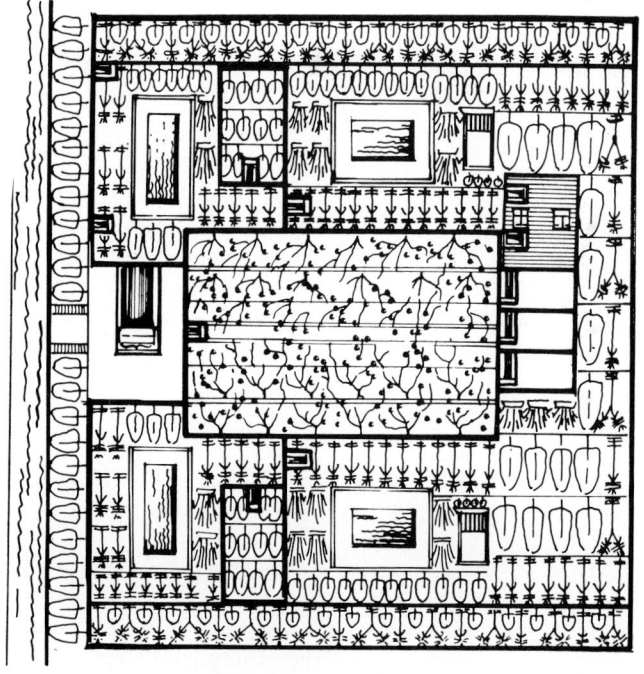

Abb. 1 Garten in Theben

Abb. 2 Park Sanssouci - Charlottenhof

nerischen Entwicklungs- oder Darstellungsphasen eines Bauwerkes: Ideenskizze – Vorwentwurf – Entwurf – Ausführungszeichnungen.

Diese auf die Planung und Realisierung eines Gebäudes bezogene Definition kann auch auf die Freiraumplanung angewandt werden, allerdings mit der Einschränkung, daß die dritte (räumliche) Dimension in der Freiraumplanung (z. B. Raumbildung durch Pflanzungen) hier schwierig darzustellen ist (Schnitte, Ansichten, Perspektiven) und daher häufig vernachlässigt wird.

Die vierte Dimension, der Faktor Zeit, ist zeichnerisch noch schwieriger einzubinden. Alle Darstellungen von Freiraumplanungen, die die Entwicklung eines Gartens oder Parks nach 10, 20 oder 50 Jahren vorausschauend darstellen sollen, können nur Momentaufnahmen einer vom Planer gewünschten Entwicklung sein.

2 Zeichenmaterial

Für die Darstellung von Plänen benötigt der Zeichner eine bestimmte Grundausstattung an Zeichengeräten, wobei die Wahl des »Zeichenstiftes« die Art der Darstellung mitbestimmt. Weiche Blei- und Kohlestifte ergeben z. B. eine sehr flächige Strichführung (sie verschmutzen aber leicht das Zeichenblatt), harte Bleistifte und Tuschefüller ergeben gleichmäßige Strichstärken und damit klare Konturen. Filzstifte eignen sich gut zum Skizzieren und Freihandzeichnen, während farbige Filzstifte ausgezeichnet zum Kolorieren geeignet sind. Für das Beschriften von Plänen und für zahlreiche Signaturen gibt es Schablonen, die auch für die Entwurfsdarstellung gute Hilfsmittel sind. Bei Wahl und Einsatz der verschiedenartigen zeichnerischen Hilfsmittel sollte jedoch nie außer acht gelassen werden, daß der freihändig gezeichnete Vorentwurf immer noch eine der besten Zeichentechniken ist, um einen guten Plan individuell darzustellen.

Aus der Fülle des angebotenen Zeichenmaterials soll die folgende Übersicht es dem Anfänger erleichtern, sich mit den nötigsten Zeichenmaterialien vertraut zu machen.

2.1 Bleistifte

Sie werden heute ausschließlich als Minenklemmstifte verwendet. Es gibt sie in verschiedenen Fabrikaten und Größen für alle Härtegrade. Daneben gibt es Universalklemmstifte, die für Minenstärken von 1,7 bis 3,2 mm passend sind. Bestückt werden die Klemmstifte mit Bleiminen, die es in 16 Härtegraden gibt:

6B – 5B – 4B – 3B – 2B – B
HB – F – H
2H – 3H – 4H – 5H – 6H – 7H – 8H

Sehr weich, tiefschwarz und damit zum Zeichnen und Skizzieren geeignet sind die Härtegrade 6B – 5B – 4B – 3B.

Mittelweich mit schwarzem Strich und damit zum Schreiben und Zeichnen geeignet sind die Minen 2B – B – HB – F.

Beim technischen Zeichnen werden die harten und sehr harten Stifte H – 2H – 3H – 4H – 5H – 6H verwendet.

Besonders hart und außerordentlich widerstandsfähig und damit für kartographische Zeichnungen geeignet sind die Härtegrade 7H – 8H.

Um eine gleichbleibende Strichstärke zu erhalten, müssen diese Minen je nach Abrieb immer wieder angespitzt werden.

2.1.1 Feinminenstifte

Feinminenstifte, die ebenfalls als Druckstifte erhältlich sind, gleichen diesen Nachteil aus. Sie haben eine gleichbleibende Strichstärke, ihre Minen brauchen nicht mehr gespitzt zu werden. Die Stifte gibt es für die Minenstifte von 0,3, 0,5, 0,7 und 0,9 mm.

Bei den Härtegraden erfolgt eine gewisse Differenzierung nach den Minenstärken:

$\varnothing$ 0,3 mm – B – HB – H – 2H – 3H
$\varnothing$ 0,5 mm – 2B – B – HB – F – H – 2H – 3H – 4H – 5H
$\varnothing$ 0,7 mm – B – HB – H – 2H
$\varnothing$ 0,9 mm – B – HB – H – 2H

Neben den »schwarzen« Minen gibt es für die Klemmstifte Kolor-Minen in 17 Farbtönen und für die Feinminenstifte die Farben Rot, Blau, Grün, Braun, Orange und Gelb.

2.1.2 Tuschefüller

Sie sind die wichtigsten Zeichengeräte für das Zeichnen an Reißschiene und Dreieck sowie zur Schriftdarstellung mit Schriftschablonen. Tuschefüller gibt es von verschiedenen Herstellern mit umfangreichem Zubehör, z. B. Zirkeleinsätzen. Sie sind die Zeichengeräte für das normgerechte Zeichnen und Beschriften von Plänen. Es gibt sie in 9 Linienbreiten.

0,13 mm – 0,18 mm – 0,25 mm
0,35 mm – 0,5 mm – 0,7 mm
1,0 mm – 1,4 mm – 2,0 mm

Die Zeichentusche für die Tuschefüller ist lichtpaus- und kopierfähig, radierfest und lichtbeständig, es gibt sie in den Farben Schwarz – Blau – Gelb – Rot – Grün – Braun. Für das Zeichnen auf Folien sind Spezialtuschen erforderlich.

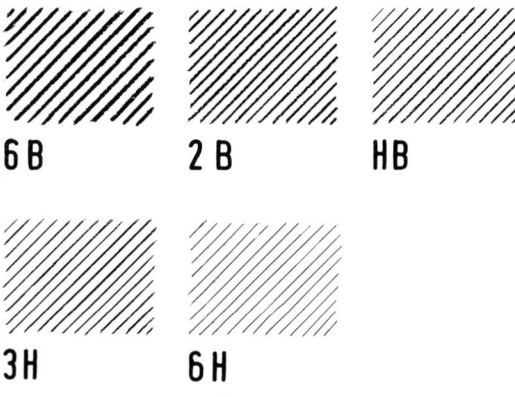

Abb. 3 Härtegrade von Bleiminen

| 0.2   0.3   0.4   0.5   0.6   0.8   1.2   2.0 MM

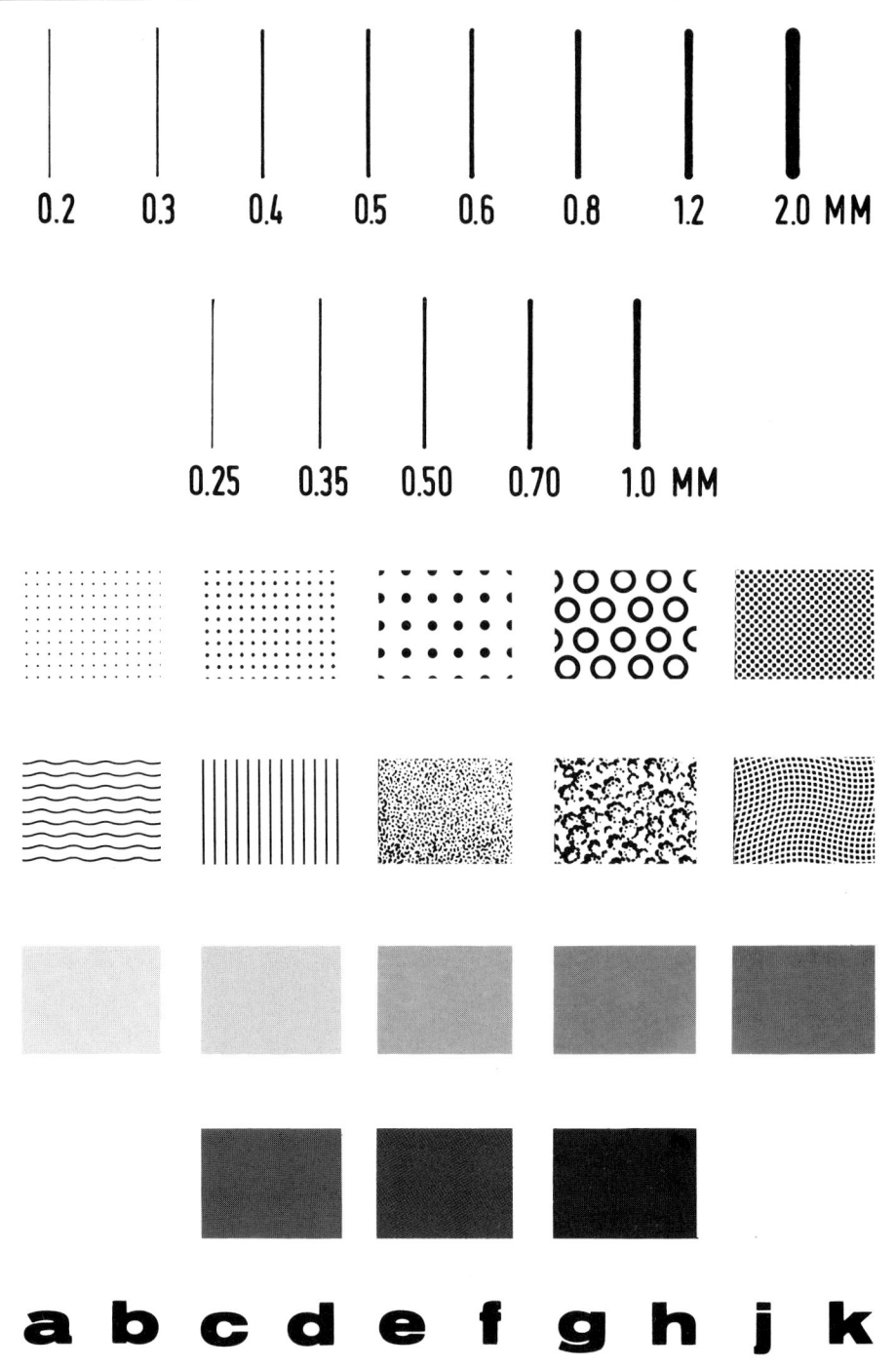

0.25   0.35   0.50   0.70   1.0 MM

a   b   c   d   e   f   g   h   j   k

Abb. 4 (oben) Strichstärken von Tuschefüllern. Die Strichstärken von 0.2 bis 2.0 mm sind verwandt worden für die Abbildungen 67–84

Abb. 5 Muster von Selbstklebefolien

2.1.3 Filz- und Faserschreiber

Sie sind die idealen Zeichengeräte für das Skizzieren, Entwerfen und das farbige Anlegen von Plänen. Sie gibt es in zahlreichen Fabrikaten mit über 50 Farbtönen. Die Farben sind schnell trocknend und teilweise mischbar. Die vielseitige Verwendbarkeit wird noch unterstützt durch die unterschiedliche Ausformung der Faser- oder Filzspitzen. So lassen sich Striche in den Stärken von 0,2 mm, 0,5 mm, 0,6 mm, 0,8 mm, 1,5 mm–3 mm und 4–12 mm darstellen. Dabei gibt es die Filz- und Faserschreiber als Einwegstifte und zum Nachfüllen.

2.2 Transparentpapier

Dies ist das Zeichenpapier zum Skizzieren, zum Entwerfen und für die Reinzeichnungen. Die Zeichnung auf dem Transparentpapier stellt das Original dar, von dem im Lichtpaus- oder Kopierverfahren beliebig viele Vervielfältigungen angefertigt werden können. Verwendungszweck und Qualität des Transparentpapieres werden bestimmt durch das Papiergewicht pro Quadratmeter.

Im Handel ist Transparentpapier in Rollen, Einzelbögen und in Blöcken erhältlich.

Gewicht g/m²	Rollenbreite	Rollenlänge	
24/25	33 cm	100 m	Skizzenpapier
40/45	33– 50 cm	50 m	Skizzenpapier
60/65	157 cm	50 m	Skizzenpapier
80/ 85	66– 91 cm	50 m	Reinzeichnungen
90/ 95	66–157 cm	50 m	Reinzeichnungen
100/105	66–110 cm	20–50 m	Reinzeichnungen

2.2.1 Rasterfolien

Hierbei handelt es sich um selbstklebende Acetatfolien von 0,03 mm Stärke im Format DIN A 4. Sie werden auf die Rückseite der Zeichnungsoriginale aufgeklebt und dann mit einem Spezialmesser randscharf geschnitten. Der Klebstoff der Folie wird erst durch das Anreiben aktiviert. Die Rasterfolien sind gute graphische Hilfsmittel, um Entwürfe und auch technische Pläne differenziert, übersichtlich und bildhafter darzustellen.

Es gibt diese Folien für zahlreiche Grauschwarztöne; als Linien- und Punktraster; für Ziegelwände, Plattenbeläge, Verbundsteinflächen; für Wasserflächen und in zahlreichen anderen Symbolen und Signaturen, z. B. als Personen- oder Baumsignaturen, Nordpfeile, Dreiecke oder Kreise.

2.2.2 Schriftfolien

Sie gibt es in über 300 Schriftarten. Die Verwendung erfolgt wie bei den Rasterfolien.

2.3 Schriftschablonen

Sie gibt es in unterschiedlichen Stärken und Größen für schräge und gerade Schriften.

Besonders im Hinblick auf photographische Planvergrößerungen oder Verkleinerungen sind Schriftschablonen gute technische Zeichenhilfen.

2.3.1 Technische Schablonen

Hierbei handelt es sich um Kreisschablonen, Abrundungsschablonen, Quadratschablonen, Dreiecksschablonen und Kombi-Schablonen. All diese Schablonen sind zweckmäßige und sinnvolle Hilfsmittel zur Herstellung präziser Entwurfszeichnungen.

2.4 Zeichenschienen

Sie gibt es aus Kunststoff oder Metall in Längen von 70–200 cm. Der Schienenkopf kann dabei feststehend oder verstellbar sein.

2.4.1 Zeichendreiecke

Sie werden aus Kunststoff, Stahl oder Aluminium hergestellt. Zweckmäßig sind Dreiecke mit einer Tuschkante, da sie dem Anfänger das Herstellen sauberer Zeichnungen erleichtern.

2.4.2 Lineale oder Maßstäbe

Sie sind als Flachlineale oder Dreikant-Reduktionsmaßstäbe in 30 cm und 50 cm Länge erhältlich.

Kurvenlineale erleichtern die exakte Zeichnung aller geschwungenen Linien. Es gibt sie als biegsames Kerblineal, als biegsames Dreikant-Kurvenlineal und als feste Kurvenschablonen in unterschiedlicher Kurvenausformung.

1. RASENFLÄCHE
2. BETONPFLASTER
3. PARKPLÄTZE
4. SCHNITT
5. FREIRAUMPLANUNG

rasenfläche 5 mm
NN 24.50 5 mm 3 mm
parkplätze 5 + 4 mm
MOK 24.50 8 + 4 MM
  6 mm

Abb. 6 Schriftschablonen. 1. Gerade Engschrift – DIN 17. 2. Fette gerade Engschrift DIN 1451. 3. Fette gerade Mittelschrift DIN 1451. 4. Architektenschrift. 5. Minerva Architektenschrift nach Corbusier

3
Die Zeichnung

3.1 Formate, Planaufteilung

Die Blattgröße eines Vorentwurfes oder Entwurfes wird bestimmt durch den gewählten Maßstab und die Flächengröße des Planungsobjektes. Außer acht gelassen werden sollte jedoch auch nicht, daß große Pläne sowohl im Büro wie auf der Baustelle äußerst unhandlich sind, und daß auch die Arbeitsbreite der Lichtpausmaschine die Planbreite mitbestimmt.

Zweckmäßig für die ganze weitere Objektbearbeitung ist es, wenn möglichst für alle Pläne eine einheitliche Papiergröße festgelegt wird. Für die Präsentation, die Ablage und die Archivierung der Pläne ist ein einheitliches Planmaß ebenfalls von Vorteil.

Papiergrößen nach DIN 476 (Auszug):

Bezeichnung	mm
DIN A0	841 × 1189
DIN A1	594 × 841
DIN A2	420 × 594
DIN A3	297 × 420
DIN A4	210 × 297

Die zeichnerische Darstellung eines Entwurfes auf einem Blatt Zeichenpapier ist nicht das zufällige Nebeneinander von Strichen, Schraffuren, Symbolen oder Texten, sondern die wohlüberlegte Anordnung einer Vielzahl von Informationen, die in ihrem Zusammenwirken erst den graphisch gutgestalteten Plan ausmachen.

Der Vorentwurf oder Entwurf sollte neben der zeichnerischen Darstellung der Planungsaufgabe folgende Angaben enthalten:

- Beschriftung und zusätzliche Textinformationen
- Bezeichnung des Bauvorhabens
- Angabe des Bauherrn
- Angabe des Planverfassers mit Unterschrift
- Angabe des Sachbearbeiters und/oder Zeichners
- Angabe des Datums
- Maßstab
- Plannummer oder Blattnummer
- Nordpfeil

Es ist üblich, alle diese Darstellungselemente auf einem entsprechend großen Blatt Zeichenpapier rechtwinklig zueinander anzuordnen, wobei ein längliches Rechteck oder ein Quadrat die günstigsten Planformate sind.

Wenn auch die eindeutig überzeugende Darstellung der Entwurfsidee das wichtigste ist, so sollte doch jeder Plan mit allen Informationen stets überschaubar und lesbar bleiben. Er muß für den Betrachter, der in vielen Fällen kein Fachmann ist, optische und graphische Anknüpfungspunkte haben, die ihm die Orientierung und damit das Nachvollziehen der Planungsidee erleichtern.

Dazu gehört auch, daß das Zeichenpapier nicht mit Informationen überladen wird. Von der Zeichenfläche sollten ca. 30 % weiß bleiben, um so deutlicher und besser lesbar tritt dann die eigentliche Zeichnung hervor. Die Bezeichnung des Bauvorhabens, der Bauherrn- und Verfasserangaben werden in der Regel in der rechten unteren Planecke angeordnet. Die Breite dieses Schriftfeldes beträgt 180 mm, damit ein Falten des Planes auf das Format DIN A4 diese Informationen nicht verdeckt.

3.1.1 Schrift und Text

Die zeichnerische Darstellung eines Entwurfes, einer Ausführungszeichnung oder eines Bepflanzungsplanes wird immer durch Textinformationen ergänzt werden müssen. Das sind einmal die immer wiederkehrenden Angaben, auf die schon im vorherigen Abschnitt hingewiesen worden ist und die im Gesamtkonzept des Planes ihren festen Platz haben.

Zusätzlich zu diesen Standardinformationen sind kurze Hinweise oder längere Texte zu formulieren, die

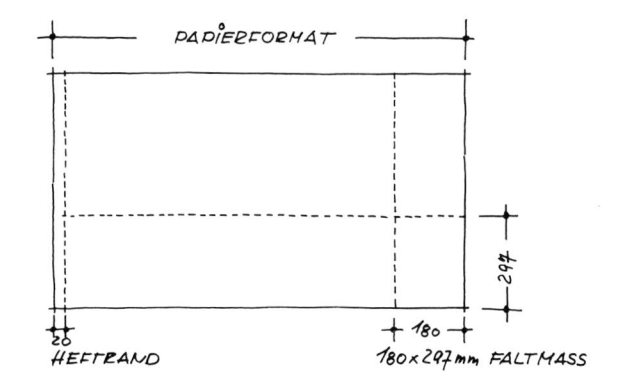

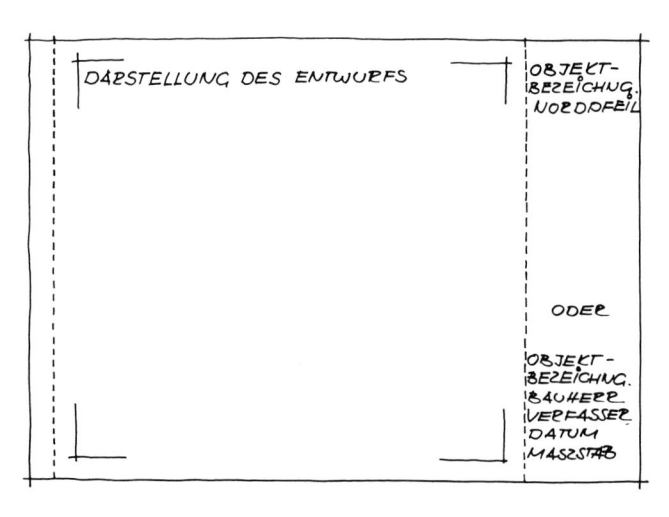

Abb. 7 Planformate

Formate, Planaufteilung

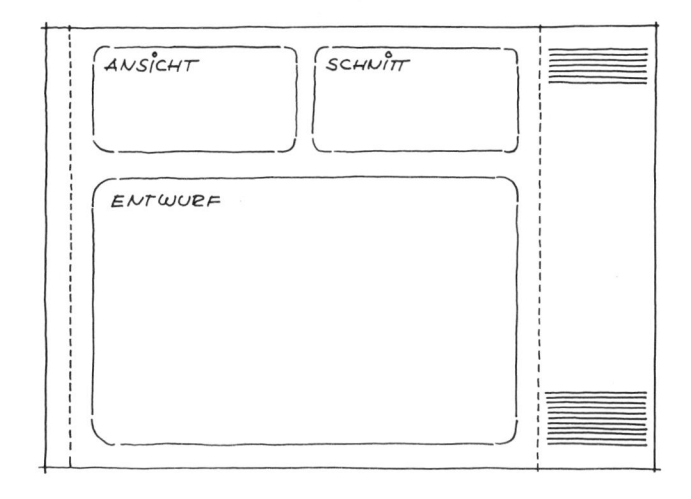

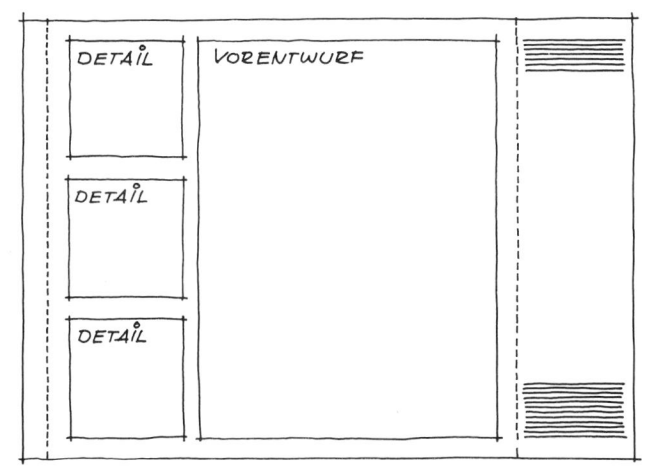

Abb. 8 Planaufteilung

entweder Angaben enthalten über Planungsvorstellungen, die im Vorentwurf oder Entwurf noch nicht ganz präzise gefaßt werden können, oder die als Ergänzung der zeichnerischen Darstellung unbedingt erforderlich sind.

Allgemeine Hinweise können z. B. sein: Angaben über generelle Bepflanzungsvorstellungen,

Angaben über Materialien für Wege, Plätze oder Mauern,

Angaben über weiterführende Wegeverbindungen, Nutzungen benachbarter Gebäude oder Grundstücke,

Angaben über projektbeeinflussende Faktoren wie hoher Grundwasserstand, Sicht-, Lärm-, Windschutz, Ausblicke in benachbarte Landschaftsräume oder Hinweise auf erhaltenswerte Baumbestände oder besondere städtebauliche Situationen.

Unbedingt erforderlich sind Angaben über:

Unterschiedliche Nutzungsbereiche z. B. auf Spielplätzen in öffentlichen Grünanlagen oder auf Sportplätzen, Art und Anzahl von Park- oder Stellplätzen (Parkplatz – öffentliche Verkehrsfläche, Stellplatz – private Verkehrsfläche),

die Anordnung von Schnitten oder Ansichten im Lageplan,

Mauerhöhen oder die Bezeichnung von Treppenanlagen oder Rampen.

Diese Aufzählung ist keineswegs vollständig, sie kann nur als Hinweis gedacht sein, sich bei jeder Planungsaufgabe immer wieder die Frage zu stellen, ob das Planungskonzept alle für den Bauherrn notwendige Informationen enthält.

Für den Planverfasser oder Zeichner, der sich häufig wochen- oder monatelang mit »seinem« Projekt beschäftigt, sind die Aussagen und Angaben der zeichnerischen Darstellung eindeutig. Für viele Bauherren ist der zweidimensionale Plan ein abstraktes Bild, das er nur langsam verstehen lernt. Die zusätzlichen Hinweise erleichtern ihm dieses Verständnis sehr.

Die Beschriftung eines Planes ist aber nicht nur notwendige Information, sie ist auch Bestandteil der Plangraphik und muß daher mit Überlegung in das Gesamtbild eingeordnet werden. Starre Regeln hierfür gibt es nicht. Grundsätzlich sollte die Beschriftung jedoch so angeordnet werden, daß Übersicht und gute Lesbarkeit gewährleistet sind, wobei sehr bestimmend für die Wahl der Schriftgrößen, der Schriftart und die Anordnung im Gesamtbild der Planungsmaßstab ist. Im Maßstab 1:1000 oder 1:500 lassen sich häufig nicht alle notwendigen Texte im Bereich der eigentlichen Zeichnung unterbringen. Hier kann man in Form einer Legende diese Textinformationen in die Randzone verlagern. Man kann aber auch »Schriftblasen« außerhalb des eigentlichen Planbildes anordnen und mit Pfeilen den Bezug zu den eigentlichen Planpunkten herstellen.

In den Maßstäben 1:200 und 1:100 ist es fast immer möglich, die Textinformation dort zu plazieren, wo sie vom Plan her erforderlich ist. Dabei kann man hier (wie bei den anderen zeichnerischen Elementen auch) durch unterschiedliche Schriftgrößen optische Bezugspunkte bilden. Allerdings sollte dann immer die wesentliche Textinformation größer und die untergeordnete kleiner dargestellt werden. Schriftgrößen unter 2 mm sollte man jedoch vermeiden, da sie nicht mehr gut zu lesen sind. Die Buchstaben einer Schrift können freihändig oder mit der Schablone geschrieben werden, sie können gestempelt oder mit Klebbuchstaben in die Zeichnung eingefügt werden.

Die zahlreichen Schriftschablonentypen sollen dabei nicht darüber hinwegtäuschen, daß die freihändige Beschriftung von Plänen für den Entwerfer oder Zeichner eine unabdingbare Voraussetzung seiner beruflichen Tätigkeit ist. Eine gute Schrift zu schreiben oder zu zeichnen setzt dabei viel Übung und auch manche theoretischen Kenntnisse voraus.

Grundsätzlich sollte man sich auf einfache Schriftzeichen beschränken, wie es zum Beispiel die römischen Großbuchstaben der Antiqua sind. Die Größenverhältnisse der Buchstaben und ihre Abstände bestimmen dabei das Schriftbild. (Die Abbildung zeigt sie in der Form der vereinfachten Blockschrift.) Diese Buchstaben haben, ausgehend von einem sechsfach unterteilten Quadrat, folgende Größenverhältnisse:

B E F L J K R P S = 3 : 6
A H N T U V X Y Z = 5 : 6
C D G O Q = 6 : 6
M W = 7 : 6

Bei M und W sind die Außenwinkel steiler als die Innenwinkel. Die Buchstabenabstände lassen sich nicht so eindeutig bestimmen. Grundsätzlich sollte der freie Raum zwischen zwei Buchstaben jeweils etwa flächengleich sein. Je nachdem, ob man den Abstand enger oder weiter wählt, erscheint das Schriftbild normal oder gesperrt. Die Schrift kann dabei sowohl senkrecht wie auch mit einer Neigung von 75° geschrieben werden. Wichtig ist hier, daß der Zeichner auf der Grundlage einfacher Buchstaben seine eigene Handschrift so ausprägt, daß er Pläne rasch, sauber und gut leserlich beschriften kann.

Zum Schluß noch ein kleiner Hinweis. Zwei dünne Bleistiftlinien sind eine ideale Hilfe für eine saubere »Handschrift«.

M. 1 : 100 z. B. Hausgärten, Kindergärten, Kinderspielplätze, Bürgerhäuser, Kirchen, Stadtplätze, Dorfplätze.

Darüber hinaus kann es bei kleinen und intensiv zu bearbeitenden Aufgaben, z. B. Innenhof oder Dachgarten sinnvoll sein, hier die Lösung im M. 1 : 50 zu erarbeiten.

Eine weitere Möglichkeit zur intensiven Durcharbeitung eines Projektes liegt in der Wahl zweier Bearbeitungsmaßstäbe. Das Entwurfskonzept für einen Freizeitpark läßt sich z. B. eindeutig im M. 1 : 500 darstellen. Planungsschwerpunkte wie Robinsonspielplatz oder

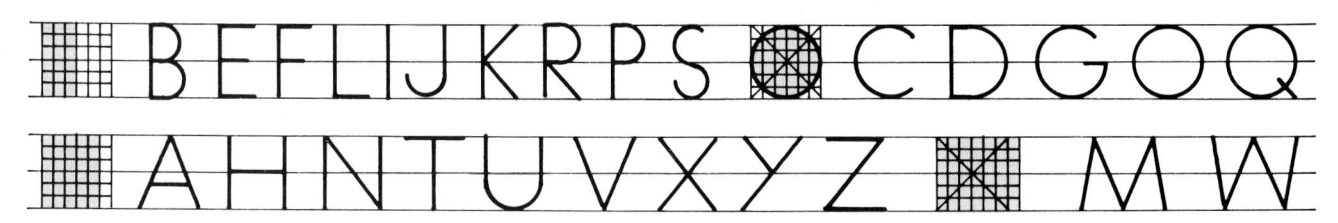

Abb. 9 Großbuchstaben der römischen Antiqua

3.1.2 Maßstäbe – Verkleinerungen – Vergrößerungen

Mit der Wahl des Planungsmaßstabes für eine Zeichnung werden schon wesentliche Voraussetzungen für die Darstellungsart, die graphische Gestaltung, den Informationswert und die Blattgröße eines Vorentwurfes oder Entwurfes festgelegt.

Dabei gibt der Maßstab das Verhältnis an, in welchem sich die natürliche Länge auf dem Plan verkürzt. M. 1 : 100 heißt, daß sich alle natürlichen Längen im Plan auf 1/100 reduzieren. 1,00 m natürlicher Länge ≙ 1 cm Planlänge. Man sollte sich also schon vor Beginn der Planungsarbeit überlegen, welche Gesichtspunkte bei der Wahl des richtigen Maßstabes im Vordergrund stehen müssen. Grundsätzlich dürfte die exakte und umfassende Darstellung der Entwurfsidee an erster Stelle bei der Festlegung des Maßstabes liegen. Dabei können durchaus Ideenskizzen oder Vorentwürfe in einem anderen Maßstab dargestellt werden als der spätere Entwurf, insbesondere dann, wenn die Bauaufgabe keinen allzu großen Schwierigkeitsgrad aufweist.

Bei umfangreichen und schwierigen Objekten sollten Vorentwurf und Entwurf im gleichen Maßstab erarbeitet werden, damit schon in der Vorplanung möglichst viele gestalterische, funktionelle und technische Probleme erkannt und grundsätzlich gelöst werden können. Aus der Erfahrung hat es sich gezeigt, daß man in der Planungsphase im allgemeinen mit drei Maßstabsgrößen auskommt und diese wiederum bestimmten Objektgruppen zuordnen kann.

M. 1 : 500 z. B. Sportanlagen, Friedhöfe, Parkanlagen, größere Wohnungsbauvorhaben, Gartenschauen, Freizeitparks, Schulzentren

M. 1 : 200 z. B. Schulen, Krankenhäuser, Wohungsbauvorhaben, Freibäder, Altenheime, Fußgängerbereiche

Freibadbereich, die im M. 1 : 500 nicht aussagekräftig genug sind, können ergänzend dabei im M. 1 : 200 erarbeitet werden.

Wichtiges Kriterium für die Wahl des Planungsmaßstabes ist immer die eindeutige, auch im Detail überzeugende Darstellung der Entwurfsidee. Erst durch die Angabe des Maßstabes auf dem Plan wird der Bezug

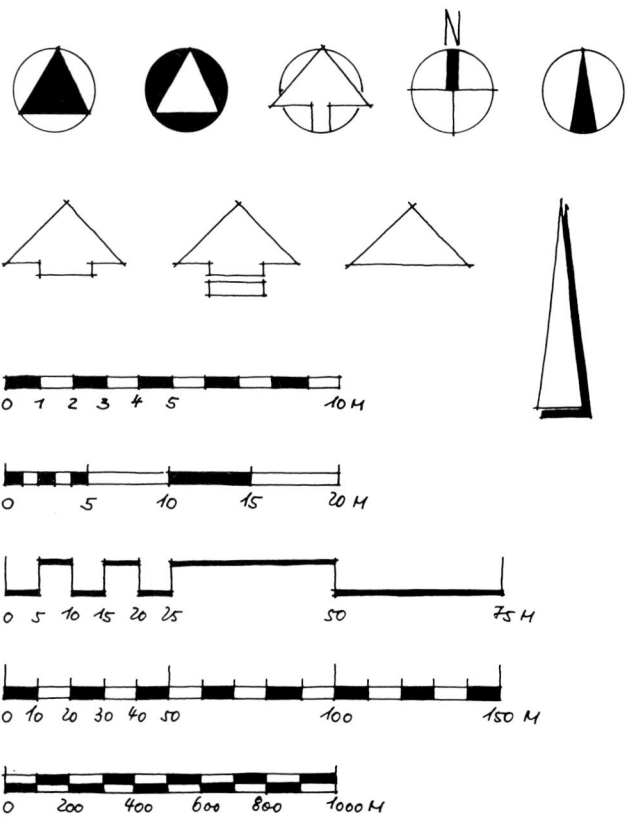

Abb. 10 Nordpfeile und Maßstabsbalken

zwischen Plangröße und Realität hergestellt. Grundsätzlich würde es genügen, wenn das Maßstabsverhältnis im Zusammenhang mit der allgemeinen Textinformation angegeben wird. Da aber heute in großem Umfang mit einer photographischen Planvergrößerung oder -verkleinerung gearbeitet wird, die nicht immer maßstabsgerecht ist, sollte jeder Plan als zusätzliches Hilfsmittel einen Maßstabsbalken enthalten. Bei der Verkleinerung eines Entwurfes z. B. auf die Blattgröße DIN A 4 lassen sich dadurch bestimmte Streckenlängen aus der Verkleinerung herausmessen.

Die Planverkleinerung wird häufig angewandt, um fertige Pläne auf kleinere Formate zu bringen. Für Besprechungen als Akten- und Belegexemplare, als Ergänzung für Aktenvermerke oder Abnahmeprotokolle, zur Information für Bauausschußmitglieder und als Übersichtspläne für Ausschreibungsunterlagen und Baustelle sind häufig großformatige und teure Lichtpausen unhandlich und unwirtschaftlich.

Hier sind photographische Verkleinerungen in den Formaten DIN A 4 und DIN A 5 sinnvolle Maßnahmen zur Arbeitserleichterung. Voraussetzung für die Verkleinerung von Plänen bildet dabei eine entsprechende graphische Darstellung, damit z. B. auch noch Text und Zahlenangaben in diesen kleinen Formaten lesbar bleiben. (Sämtliche Planbeispiele dieses Buches sind nicht für diese Veröffentlichung gezeichnet worden, sie sind Verkleinerungen von Plänen aus der alltäglichen Planungspraxis).

Die Festlegung auf einen Planungsmaßstab M. 1 : 200 oder M. 1 : 100 bedeutet in vielen Fällen, daß die benötigten Planungsgrundlagen zunächst auf diesen Maßstab vergrößert werden müssen.

Für Katasterkarten, Straßenpläne und die Lagepläne der Architekten sind die M. 1 : 1000 oder M. 1 : 500 die üblichen Plangrößen. Die Vergrößerung dieser Pläne kann am Zeichentisch mechanisch nach der Koordinaten- oder der Strahlenmethode vorgenommen werden. Der Pantograph (Storchschnabel) und der Reduktionszirkel (Umwandlungszirkel) sind weitere technische Hilfsmittel für die Planvergrößerung oder -verkleinerung.

Alle diese Methoden sind, besonders bei größeren Projekten, sehr zeitaufwendig und auch nicht von einem sehr hohen Genauigkeitsgrad.

Schnell und exakt ist dagegen die photographische Vergrößerung oder Verkleinerung, die von jeder Reproduktionsanstalt durchgeführt werden kann.

4 Plandarstellung – Planzeichnen

4.1 Strichstärke in Abhängigkeit vom Maßstab

Jede Zeichnung sollte die individuelle Darstellung einer Planungsaufgabe in der entsprechenden Planungsphase sein. Aus dieser Überlegung heraus lassen sich daher auch keine Regeln oder Rezepte für die Verwendung bestimmter Strichstärken in den verschiedenen Planungsmaßstäben aufstellen.

Beim Durchblättern von Fachzeitschriften oder Fachliteratur wird man immer wieder auf ganz unterschiedliche Darstellungstechniken treffen, die aber jedesmal einen graphisch überzeugenden Gesamtplan ergeben. Je nach der Handschrift und dem persönlichen Stil des Entwerfers oder Zeichners kann ein Plan in einheitlicher Strichstärke locker, ja fast beschwingt dargestellt werden oder in kräftigen Strichfolgen mit betonten Schwarzweißkontrasten z. B. durch Schraffuren oder Schattenkanten bei Baumsignaturen, Mauern oder Wasserflächen. Feine gleichmäßige Striche ergibt ein Tuschefüller oder Filzstift mit einer Strichstärke von 0,2/ 0,4 mm bzw. Feinminenstift gleicher Stärke. Kräftige Striche erreicht man beim Freihandzeichnen mit den unterschiedlich ausgeformten Spitzen der Filz- und Faserstifte oder an der Reißschiene mit den verschiedenen Strichstärken der Tuschefüller.

Zwischen diesen beiden gegensätzlichen Möglichkeiten in der Zeichentechnik sind darüber hinaus die verschiedensten Kombinationen in den Strichstärken, in der Verwendung von Bleistift und Tuschefüller oder Filzstift anwendbar.

Bei diesen ganzen Überlegungen darf aber nie vergessen werden, daß die »Zeichenkunst« nicht zum Selbstzweck wird. Im Vordergrund hat immer die Darstellung einer Bauaufgabe zu stehen, graphische Spielereien sollte man stets vermeiden. Die Auswahl und Abstimmung der einzelnen Strichstärken und Zeichenstifte erfordert ein bestimmtes Maß an Übung und Erfahrung. Schon die Wahl des beabsichtigten Planungsmaßstabes gibt aber genügend Hinweise auf die Einsatzmöglichkeiten der zeichnerischen Mittel. Kleine Maßstäbe (M. 1 : 500) verlangen wenige Strichstärken und nicht zu dicke Striche. Ein Weg von 3,00 m Breite ist im M. 1 : 500 nur 6 mm breit. Die beiden ihn seitlich markierenden Linien müssen daher in einer Stärke gewählt

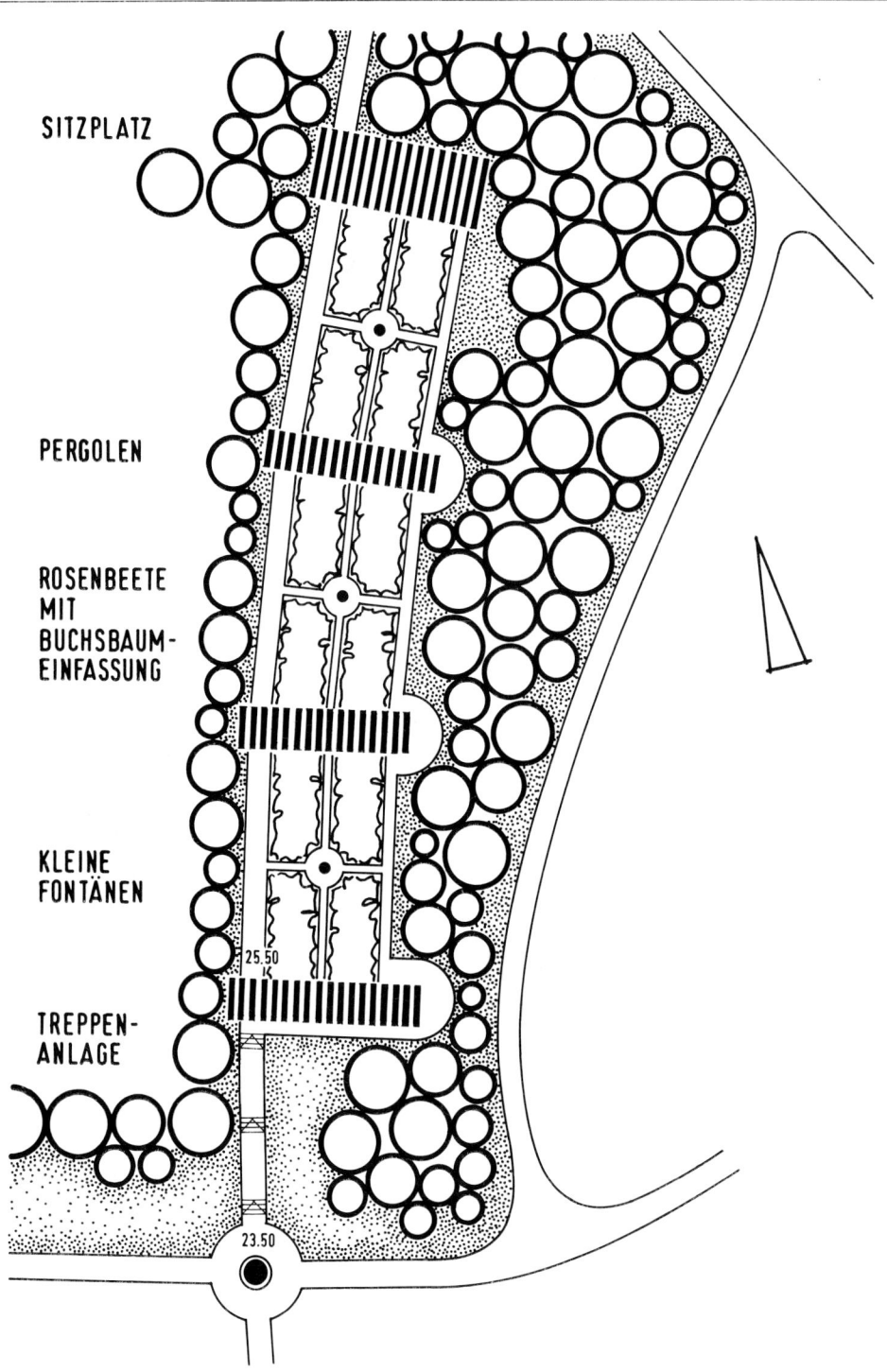

Abb. 11 Pergolen und Treppen M. 1:500

werden, die in einem richtigen Verhältnis zur Wegebreite steht. Es tritt aber auch die umgekehrte Situation auf, daß bestimmte Einzelheiten vom Maßstab her nicht mehr darstellbar sind und deshalb von der Strichstärke her überzogen werden müssen. Treppenanlagen oder Pergolen zum Beispiel können im M. 1:500 nicht maßstabsgerecht gezeichnet werden. Um sie im Plan graphisch sichtbar zu machen, müssen sie deshalb mit dickeren Strichen dargestellt werden. Je größer der Maßstab wird, desto differenzierter können die einzelnen Strichstärken gewählt werden, wobei aber immer der Zusammenhang zwischen dem darzustellenden Entwurfsteil und der Strichstärke gesehen werden muß.

Die Begrenzungslinien von Straßen oder Wegeflächen sind stärker zu zeichnen als die Markierungslinien für die Stellplätze. Höhenlinien können auch innerhalb einer punktierten Rasenfläche mit dünnen Strichen dargestellt werden, ohne dabei an Wirkung zu verlieren.

Auch im M. 1:200 fällt es noch schwer, z. B. Mauern aus Betonfertigteilen mit einer Kronenbreite von 10–15 cm = 0,5–0,75 mm exakt und entsprechend ihrer Wertigkeit im Entwurf darzustellen. Eine Überzeichnung der Mauerstärke ist auch in diesem Fall zweckmäßig.

Der Maßstab 1:100 ist sicherlich für viele Entwürfe

Darstellung von Planinhalten

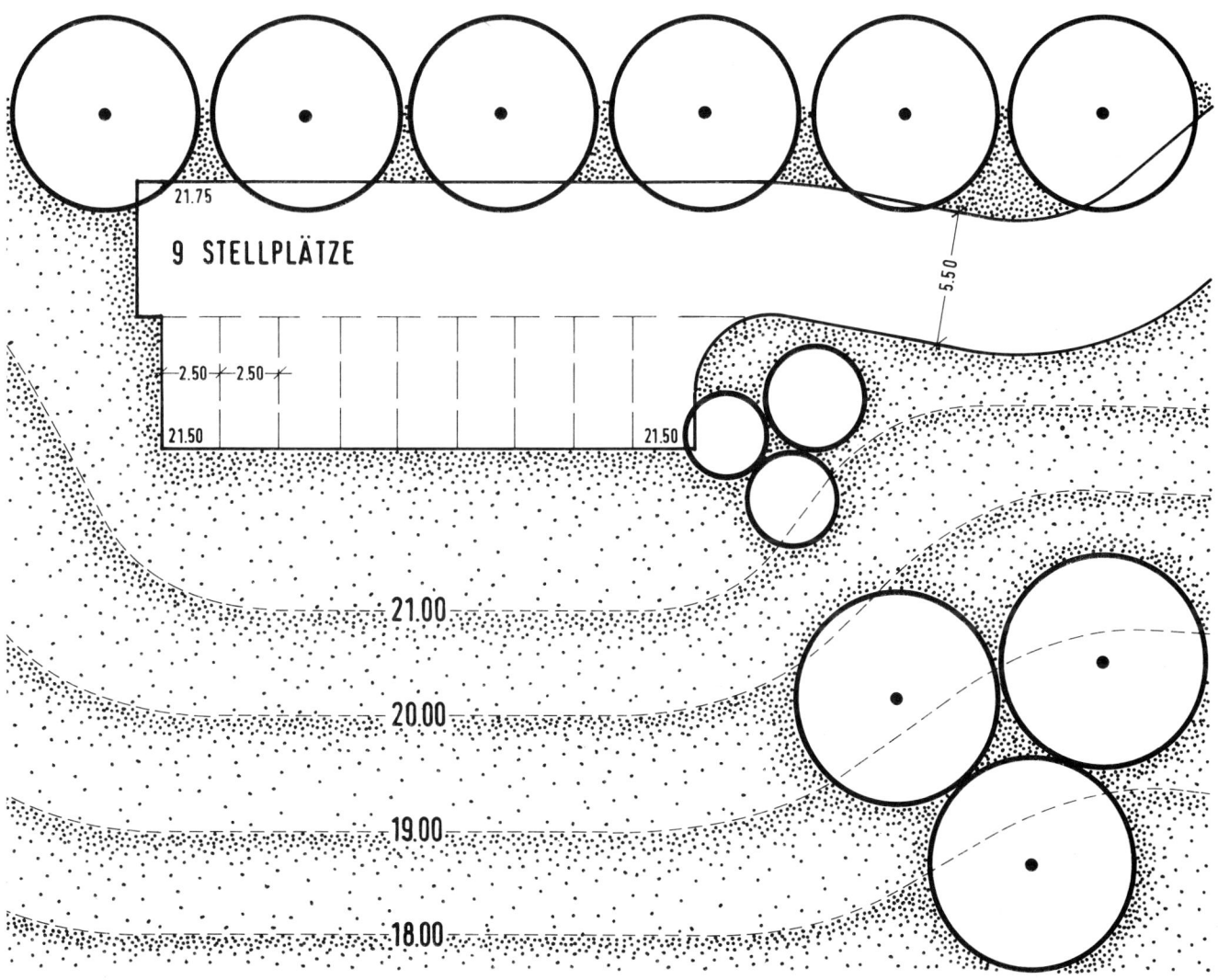

Abb. 12 Differenzierte Strichstärken M. 1 : 200

die ideale Planungsgröße, weil er es erlaubt, fast sämtliche Details eines Entwurfes auch maßstabsgerecht darzustellen. Hier kann man mit den verschiedensten Strichstärken arbeiten und auch die Variationsmöglichkeiten (gestrichelte Linie – volle Linie, enge Schraffur – weite Schraffur oder flächige Darstellung – Doppellinie) ideenreich ausschöpfen **(Abb. 13)**.

4.2 Darstellung von Planinhalten

4.2.1 Grundstücksgrenzen

Es kommt selten vor, daß eine Planungsaufgabe unabhängig von Eigentumsgrenzen realisiert werden kann. Katasterkarten gehören daher mit zu den Grundlagenplänen, die für jede Objektplanung benötigt werden. Aus der Vielzahl der Symbole und Sinnbilder, die nach bestimmten DIN-Normen in der Vermessungstechnik verwendet werden, sollen hier nur diejenigen dargestellt werden, die für einen Vorentwurf oder Entwurf von Bedeutung sind. Fast immer handelt es sich dabei um die Darstellung von Grenzpunkten oder Grenzlinien, die in die Zeichnung übernommen werden müssen, um die Zusammenhänge oder Abhängigkeiten zwischen Planungsvorschlägen und Grundstücksgröße oder Eigentumsverhältnissen aufzuzeigen **(Abb. 14)**.

4.2.2 Höhenschichtlinien, Höhenzahlen, Böschungen, Mulden, Hügel

Höhenschichtlinien sind die wichtigsten Hilfsmittel, um in einem Plan ein plastisches Bild des vorhandenen Bodenreliefs oder der geplanten Umgestaltung darzustellen. Die Wiedergabe der tatsächlichen Verhältnisse ist aber nur dann gegeben, wenn alle Höhenschichtlinien gleiche Höhenabstände haben.

Höhenpunkte, ob vorhanden oder geplant, werden verwendet, wenn innerhalb des Projektes nur geringfügige Höhendifferenzen vorkommen, wenn auch bei größeren Geländeunterschieden (z. B. Böschungen im Straßenbau) die Darstellung von Höhenschichtlinien nicht zweckmäßig ist, oder wenn bauliche Anlagen (z. B. Treppenanlagen, Mauerhöhen, Beckentiefen) in ihren Höhenfestsetzungen bestimmt werden sollen. Die Höhenpunkte können absolute Höhen sein (NN Höhen = Normal Null bezogen auf den Amsterdamer Pegel)

bänke

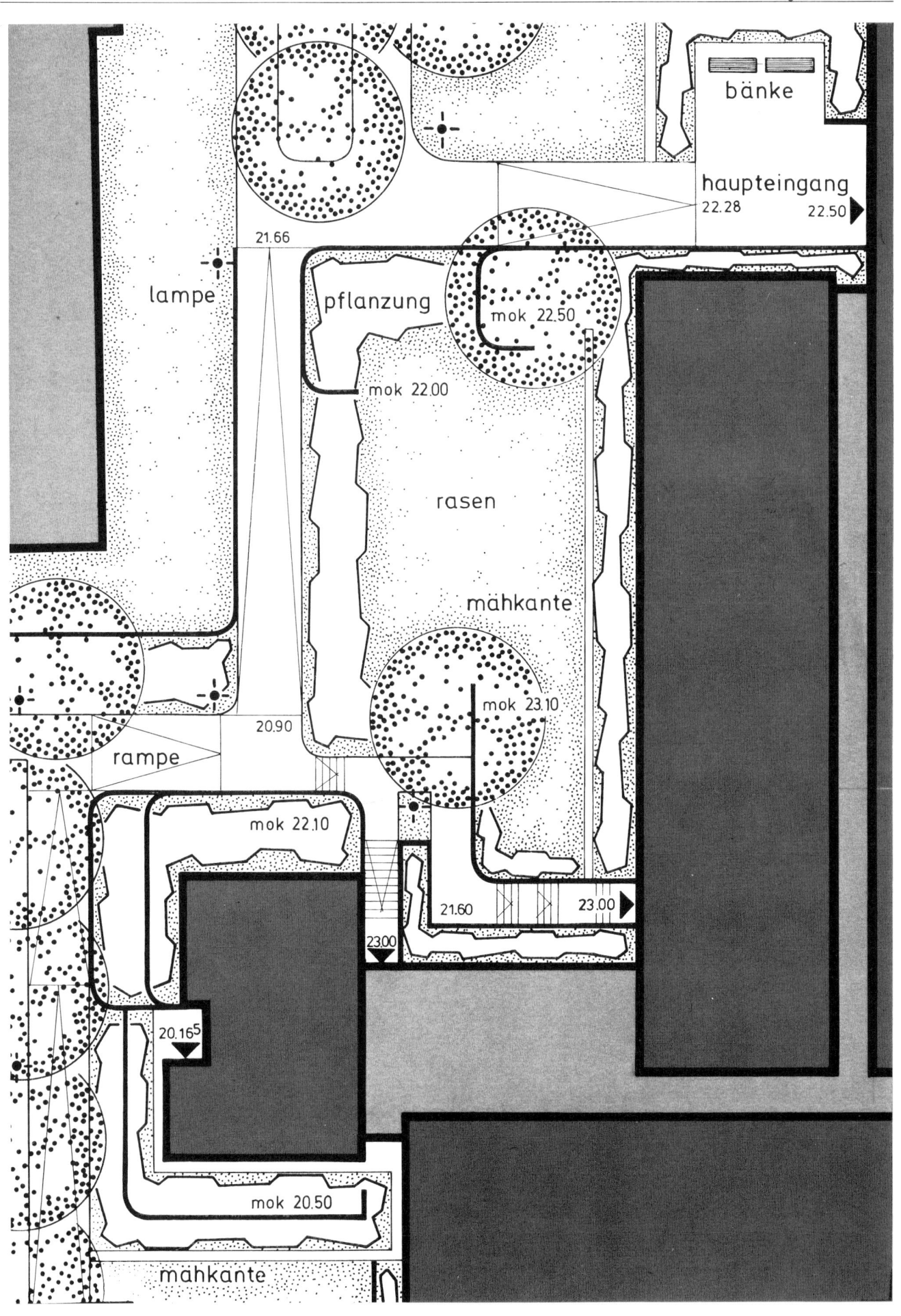

haupteingang
22.28   22.50 ▶

21.66

lampe

pflanzung

mok 22.50

mok 22.00

rasen

mähkante

mok 23.10

20.90

rampe

mok 22.10

21.60   23.00 ▶

▼ 23.00

▼ 20.16⁵

mok 20.50

mähkante

Darstellung von Planinhalten

○   KLEINPUNKT, DAUERHAFT VERMARKT ODER GRENZSTEIN

―――⦿――― GRENZPUNKT, BEI GRUNDSTÜCKSGRENZEN

―――⌽――― VERSENKTER GRENZSTEIN

―――○――― SONSTIGER GRENZPUNKT

―·――·――·― GEMEINDEGRENZE

―――――――― EIGENTUMSGRENZE, FLURSTÜCKSGRENZE

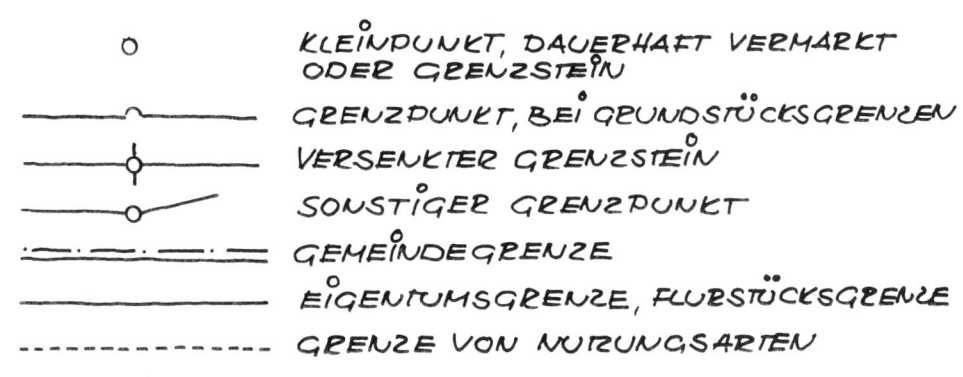

– – – – – – – – GRENZE VON NUTZUNGSARTEN

Abb. 14 Darstellung von Grenzen

◀ **Abb. 13** Mauern und Treppen M. 1 : 200

oder relative Höhen, bezogen auf einen Festpunkt innerhalb oder außerhalb der Grenzen eines Projektes. Sehr häufig wird die Oberkante Fußboden Erdgeschoß = O.K.F. als Höhenfestpunkt angenommen. Würde man sie als ± 0.00 Höhe festsetzen, dann müßten alle Höhenpunkte über diesem Fixpunkt ein Pluszeichen erhalten, alle Höhenangaben unter diesem Punkt ein Minuszeichen. Da es äußerst unzweckmäßig ist, mit Plus- und Minushöhen bei einem Projekt zu arbeiten, wird für die O.K.F.-Höhe ein Wert festgesetzt, der innerhalb des Projektes Minuswerte ausschließt. Böschungssignaturen sind eine weitere Möglichkeit, um Höhendifferenzen zeichnerisch zu veranschaulichen. Mit dieser Signatur kann man geringfügige Erdbewegungen (z. B. flache Böschung, kleiner Erdhügel oder leichte Mulde) in einem Hausgarten darstellen. Bei Straßenkanten oder in der Sportplatzplanung lassen sich die topographischen Verhältnisse mit Böschungssignaturen sehr gut darstellen. Diese Signaturen müssen aber immer ergänzt werden durch obere und untere Höhenzahlen. Nur so lassen sich die genauen Höhendifferenzen aus dem Plan ablesen **(Abb. 15, 16)**.

4.2.3 Darstellung von Gebäuden

Die Freiraumplanung ist im starken Maße abhängig von der Gebäudeplanung. Da die Nutzungen vieler Gebäude, z. B. Wohnhaus, Kindergarten, Schule oder Altersheim enge Bezüge zu den Außenräumen aufweisen, müssen die Gebäude in einer Form dargestellt werden, die eine eindeutige Beurteilung der Wechselwirkung von Innen- und Außenräumen zuläßt. Diese Feststellung gilt für Planungen in den Maßstäben 1 : 200 und 1 : 100.

Bei großräumigen Planungen in den Maßstäben 1 : 1000 und 1 : 500, z. B. bei Wohnungsbauvorhaben, Sportanlagen, Ferien- und Freizeitzentren, überwiegen in der Gebäudedarstellung andere Gesichtspunkte. Hier kommt es darauf an, ohne detaillierte Einzelheiten die räumlichen Bezüge zwischen Gebäudegruppierungen, Erschließungssystemen und Freiräumen zu entwickeln und darzustellen. Diese Vorgaben wirken sich natürlich auf die Darstellung der Gebäude aus.

In den Maßstäben 1 : 1000 und 1 : 500 können Einzelgebäude oder Gebäudegruppen nur in sehr vereinfachter Form dargestellt werden. Die Umrißlinie (Kontur)

kann z. B. in verschiedenen Strichstärken gezeichnet werden. Das Unterkleben der Kontur mit Grautonfolien ist in vielen Fällen ein gutes graphisches Mittel zur differenzierten Plandarstellung. Ähnlich wirksam ist eine Schraffur der Dachflächen, wobei die Schattenseiten enger als die Sonnenseiten schraffiert werden. Diese Darstellungsweise läßt sich konsequent nur bei geneigten Dächern anwenden. Hier wird nicht die Kontur eines Gebäudes gezeichnet, sondern die Dachaufsicht. Neben der flächigen Darstellung lassen sich Gebäude in diesen beiden Maßstäben auch durch das Anlegen von Schattenkanten sehr gut körperhaft darstellen. In den Maßstäben 1 : 200 und 1 : 100 werden von den Architekten Grundrisse dargestellt, die das Nutzungskonzept eines Gebäudes im Erdgeschoß zeigen. Bei einem Ein-

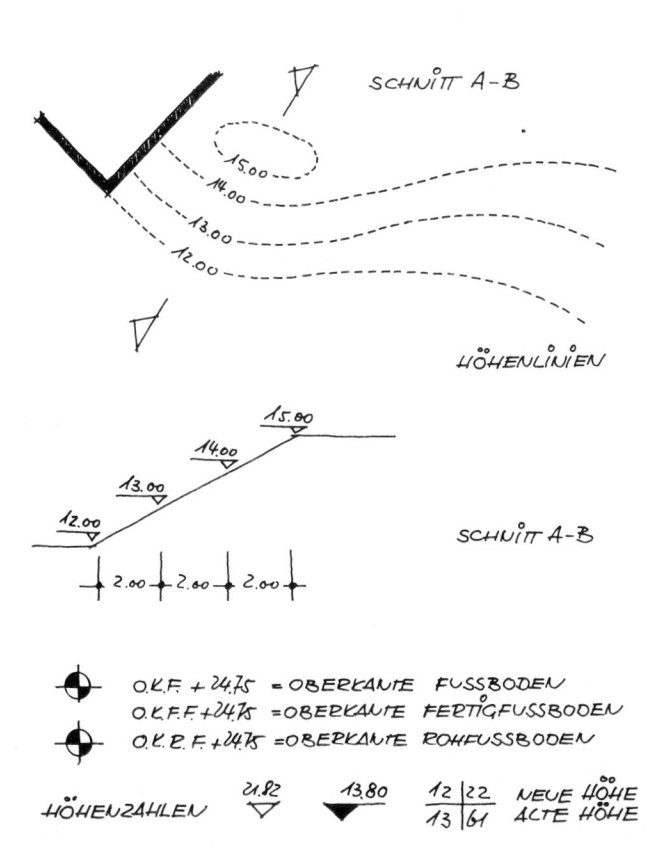

Abb. 15 Darstellung von Höhenangaben

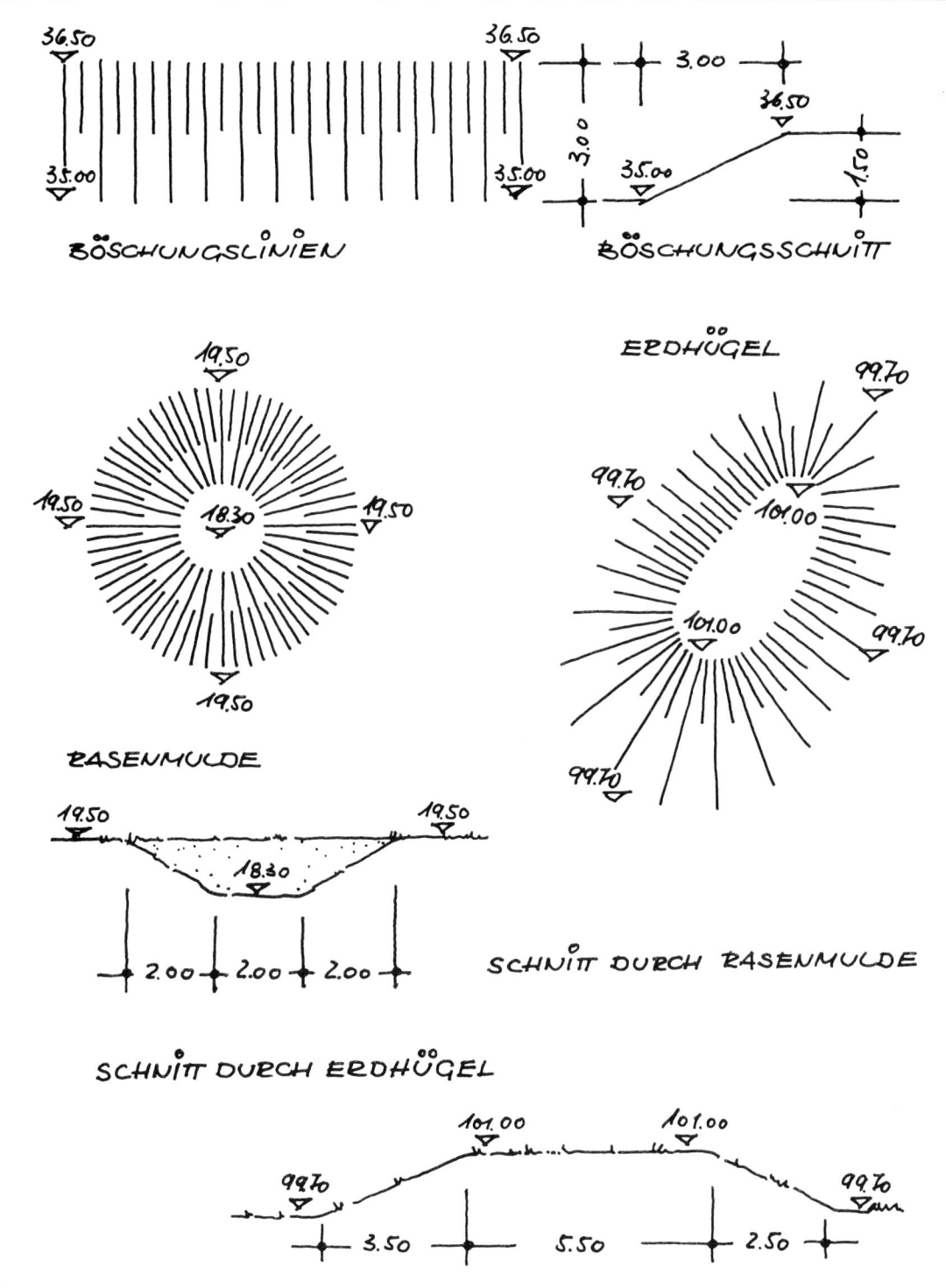

Abb. 16 Darstellung von Böschungen (zu 4.2.2)

familienhaus oder bei einem Kindergarten ist es sicherlich sinnvoll, auch im Entwurf für den Freiraum den Gesamtgrundriß mit darzustellen. Bei größeren Bauten, z. B. Verwaltungsgebäuden, Schulen, Krankenhäusern oder Hotelanlagen genügt die äußere Grundrißlinie, d. h., es wird auch hier die Gebäudekontur gezeichnet.

Unbedingt erforderlich ist es aber in diesen Maßstäben, daß alle Eingänge z. B. durch Pfeile gekennzeichnet werden. Häufig sind auch Fensterflächen, Stützen oder Pfeiler im Grundrißbereich darzustellen. Darüber hinaus ist die Gebäudekontur durch weitere Vorgaben zu ergänzen, die für die Freiraumplanung von Wichtigkeit sind. Aus dem Grundriß des Kellergeschosses sind die Lichtschächte und Kellertreppen zu übernehmen, sowie die Lage der Kontrollschächte für die Regen- und Schmutzwasserleitungen. Die Grenzen von Bauteilen, die über den Erdgeschoßgrundriß hinausgehen, z. B. Tiefgaragen, sind gestrichelt darzustellen.

Das gleiche gilt für Bauteile, die oberhalb der Grundrißlinie über sie herausragen, z. B. Dachkante, Loggien,

Darstellung von Planinhalten

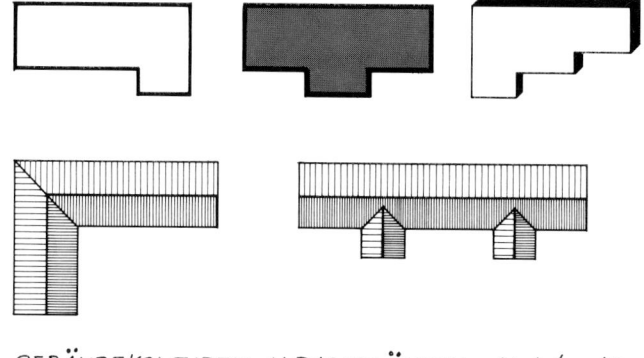

GEBÄUDEKONTUREN U. DACHFLÄCHEN M. 1: 1000/500

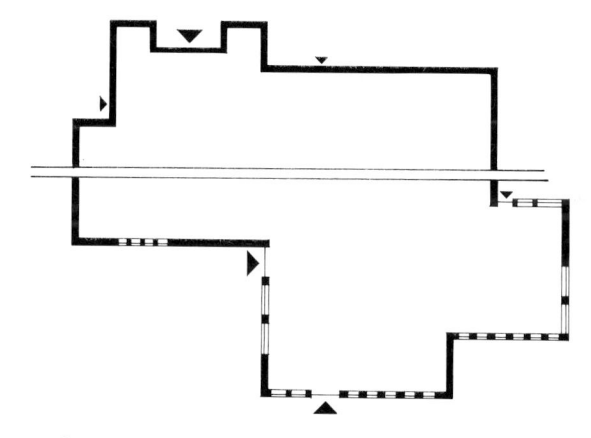

GEBÄUDEKONTUREN M. 1: 200/100

Abb. 17 Darstellung von Gebäuden

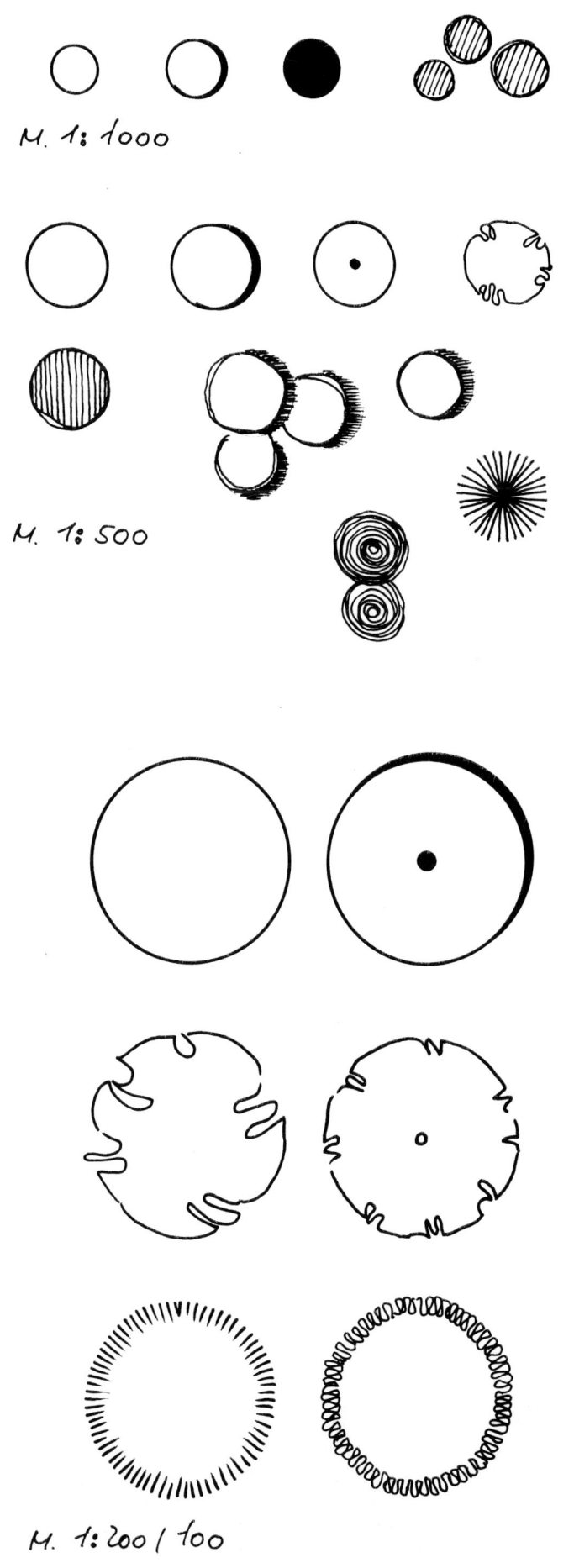

M. 1: 1000

M. 1: 500

M. 1: 200/100

Abb. 18 Darstellung von Bäumen (zu 4.2.4)

Vordächer. Auch sie sind durch gestrichelte Linien kenntlich zu machen.

Die Darstellung der für die Freiraumplanung notwendigen Gebäudekontur entsteht also aus dem Erdgeschoßgrundriß mit Ergänzungen aus dem Kellergeschoß, von überdeckten Bauteilen oder auskragenden Bauelementen. Die innere Grundrißkonzeption kann dabei durch Textinformationen, z. B. Eingangshalle, Verwaltung, Altenwohnungen u. a. ergänzt werden.

Neben dieser grundsätzlichen Gebäudedarstellung gibt es noch zahlreiche Sonderfälle in der Grundrißdarstellung, z. B. bei Terrassenhäusern am Hang, bei Dachgärten, Fußgängerpassagen oder Innenhöfen. Aber auch hier gilt der Grundsatz, daß in der Plandarstellung alle Vorgaben und Informationen dargestellt werden müssen, die für die Freiraumplanung von Bedeutung sind. Zum Gebäudegrundriß gehört der Aufriß (Außen- oder Innenansicht), also die Darstellung der Fassade eines Bauwerks.

Da es für viele Bauherren schwierig ist, sich nur aus Lageplänen ein genaues Bild von der Entwurfsidee des Gartenarchitekten zu machen, ist die Darstellung von Schnitten und Ansichten unter Verwendung der Gebäudepläne ein wesentliches Element der Entwurfsplanung. Neben der Verdeutlichung der Entwurfsideen steht hierbei gleichzeitig die zeichnerische und gestalterische Überprüfung der eigenen Planungsvorstellungen.

4.2.4 Laub- und Nadelbäume

Die Darstellung der Bäume ist in fast allen Plänen aufgrund ihrer Bedeutung für ein Entwurfskonzept auch in der Plangraphik von großer Wichtigkeit.

Die Baumdarstellung kann abgeleitet werden aus einem Querschnitt der Baumkrone oder aus der Horizontalprojektion der Kronentraufe auf eine waagerechte Fläche. Bei vielen Baumarten ergibt sich daraus ein Kreis als Grundmotiv. In den Plänen sollten die Bäume immer in einer Größe dargestellt werden, die ein normal entwickelter, ausgewachsener Baum erreicht. Dabei

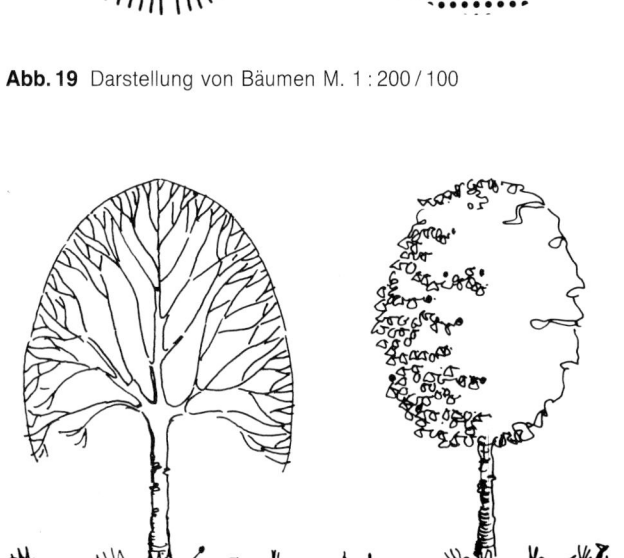

Abb. 20 Darstellung von Baumansichten M. 1:200

Abb. 19 Darstellung von Bäumen M. 1:200/100

können annähernd gleich große Bäume wie Spitzahorn oder Linde (großkronig), Eberesche und Birke (kleinkronig) in einer Signaturgröße zusammengefaßt werden.

Je kleiner der Planmaßstab ist, desto einfacher sollte die Plansignatur sein. Das Anlegen einer Schattenkante ist in den Maßstäben 1:1000 und 1:500 ein sehr wirksames graphisches Mittel, um diesen Plänen Ausdruckskraft und auch eine große räumliche Tiefenwirkung zu vermitteln.

Abb. 21 Darstellung von Baumansichten M. 1:100

4.2.5 Hecken

Bei der Darstellung von Hecken ist zu unterscheiden zwischen freiwachsenden Hecken (z. B. blühende Hecke aus Flieder, Wildrosen oder einer Heckenwand aus Lebensbaum, Haselnuß u. a. Gehölzarten) und geschnittenen Hecken (z. B. Hainbuche, Liguster oder Eibe).

Bei der freiwachsenden Hecke ist fast immer noch der charakteristische Habitus der Einzelpflanze zu erkennen, so daß hier bei der zeichnerischen Darstellung Signaturen verwendet werden können, die dieses Merkmal zum Ausdruck bringen.

Geschnittene Hecken zeichnen sich durch straffe Formgebung aus, die auch dann im Plan entsprechend dargestellt werden muß. Die vorgesehene Höhe einer Hecke läßt sich im Entwurf nur durch ergänzende Höhenangaben zum Ausdruck bringen, während die zu erwartende Breite maßstabsgerecht dargestellt werden kann.

4.2.6 Bodendecker und Stauden

Bäume, Großgehölze und Hecken sind einzeln oder in Kombination miteinander die raumbildenden, pflanzlichen Elemente in der Freiraumplanung. Daneben finden

FREIWACHSENDE HECKE **GESCHNITTENE HECKE**

ANSICHTEN VON HECKEN

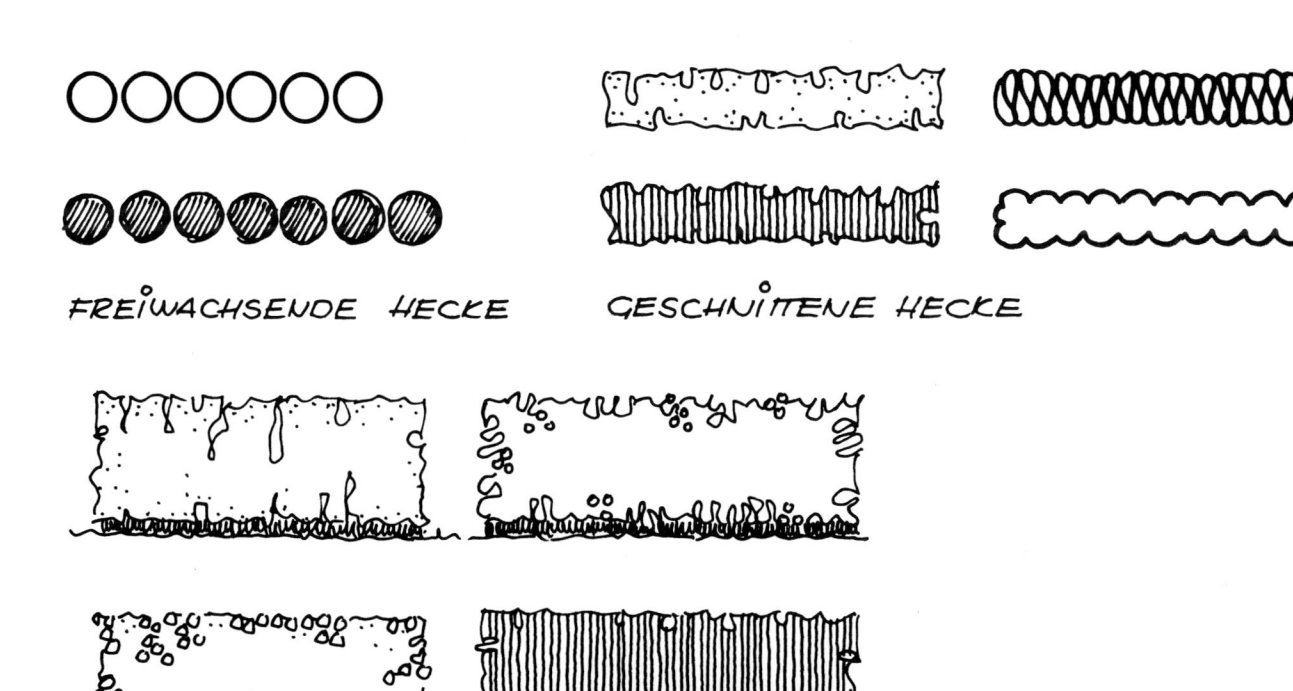

Abb. 23 Darstellung von Hecken

Abb. 22 Darstellung von Baumansichten (z. B. Fichte oder Kiefer) M. 1 : 100 (zu 4.2.4)

sich aber in Hausgärten, in den Außenanlagen einer Schule, im Innenhof eines Altersheimes oder Krankenhauses, auf den Böschungsflächen einer Sportanlage oder auf einem Friedhof zahlreiche Vegetationsflächen, die vom Entwurf her als niedrig zu bepflanzende Flächen gedacht sind. Der Pflanzenwuchs auf diesen Flächen liegt in seiner Höhenentwicklung zwischen 20–60 cm, wobei Solitärgehölze zur Gliederung oder Raumbildung durchaus Bestandteil dieser flachen Pflanzungen sein können.

Bodendeckende Pflanzenarten gibt es als laubwerfende und immergrüne Gehölze; als Wildrosenarten und Rosensorten; als sommergrüne oder immergrüne Staudenarten. Diese Pflanzen können großflächig in einer oder in wenigen Arten gepflanzt werden (z. B. Pachysandra, Vinca, Schattenstauden oder flachwach-

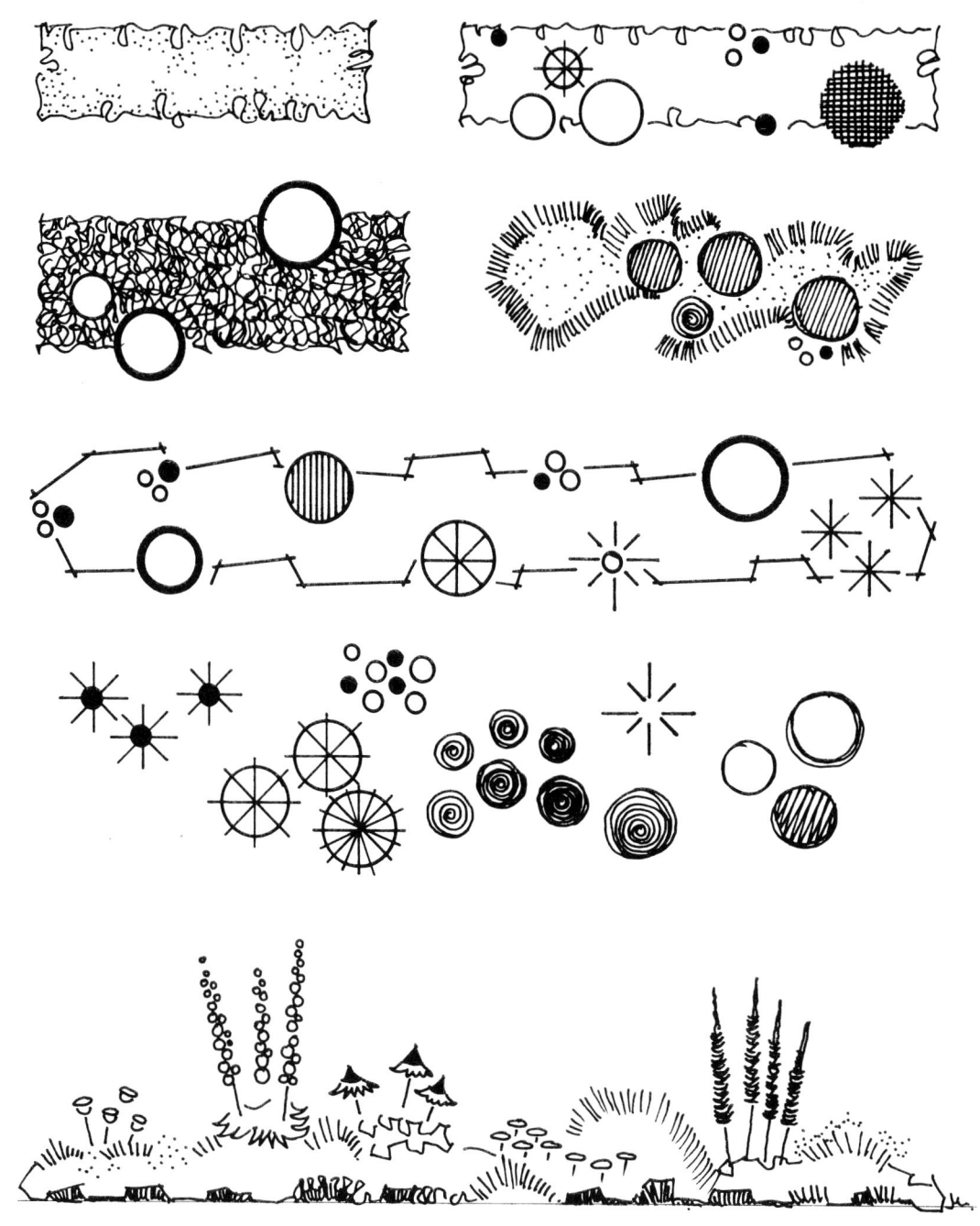

Abb. 24 Darstellung von Bodendeckern, Rosen, Stauden

sende Rosen). Artenreichere Pflanzengemeinschaften können aus bodendeckenden Pflanzenarten in Verbindung mit Solitärgehölzen, Strauchrosen oder hohen Solitärgräsern bestehen. Da die gedankliche Konzeption von Vegetationsbildern ein wesentlicher Bestandteil bei der Entwicklung einer Entwurfsidee ist, sollte sie ihren Niederschlag bereits in der zeichnerischen Darstellung finden.

Die Art der Darstellung, z. B. einfache Flächensignatur mit wenigen Symbolen oder differenzierte Darstellung mit vielen Symbolen, wird weitgehend vom jeweiligen Planungsmaßstab bestimmt. Der Entwurf eines Friedhofes oder Sportplatzes im Maßstab 1 : 500 verlangt im allgemeinen für die zeichnerische Darstellung von Bodendeckern eine einfache, zurückhaltende Signatur. Je größer der Planungsmaßstab ausfällt, desto vielfältiger und graphisch abwechslungsreicher können auch die gewählten Symbole und Signaturen sein. Freihändig gezeichnet tragen sie viel zur Lebendigkeit und zeichnerischen Ausdruckskraft eines Entwurfes bei.

4.2.7 Rasenflächen

Rasenflächen beanspruchen bei vielen Plänen einen großen Teil der graphisch zu behandelnden Flächen. In der Schwarzweißdarstellung sind Punkte oder dicht an dicht gesetzte kurze Striche die wirkungsvollste Art der Rasenflächensignatur. Die Begrenzungslinien von

Darstellung von Planinhalten

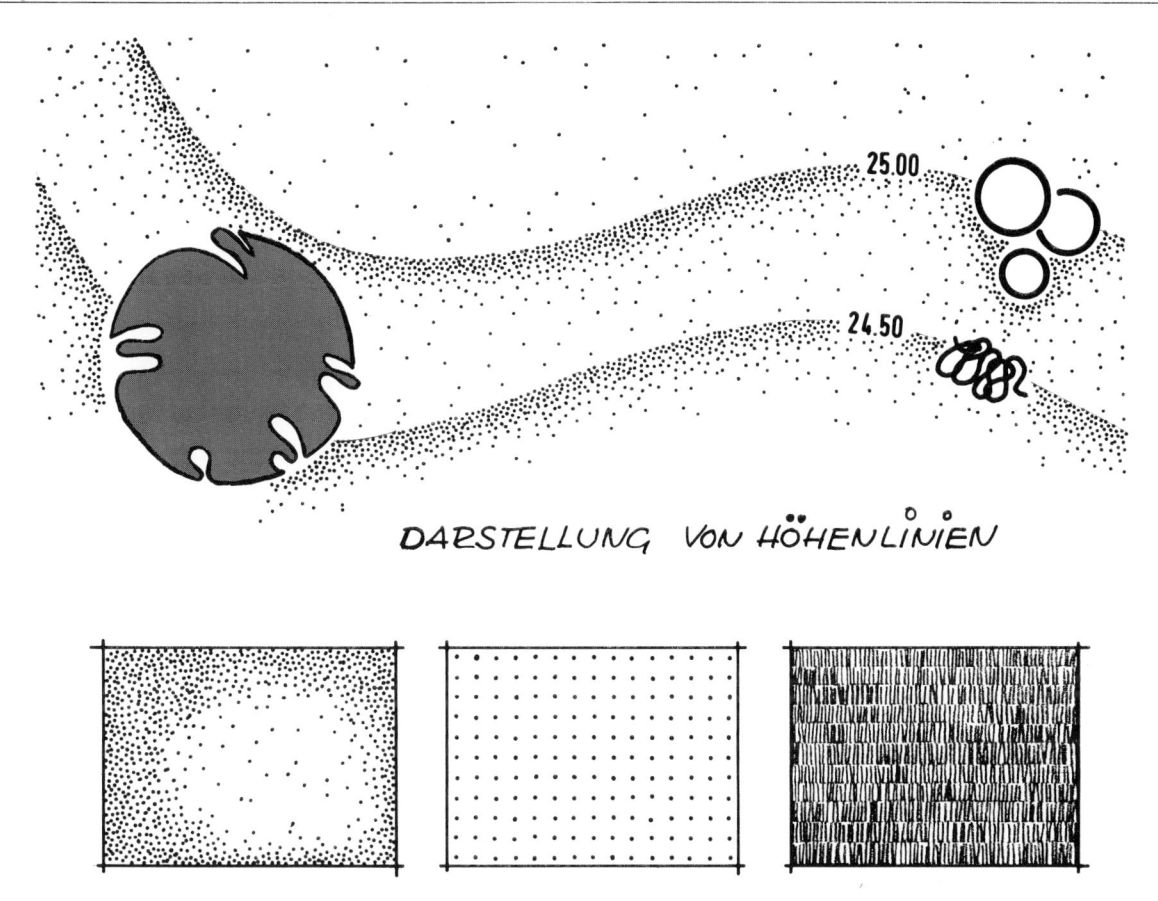

DARSTELLUNG VON HÖHENLINIEN

Wegen und Plätzen, die Konturen von Bäumen, Pflanzflächen und Höhenlinien mögen dabei sehr dicht, die Flächen selbst nur schwach punktiert werden.

In der Lichtpause erscheinen die punktierten Flächen dann in anbestuften Grautönen, während Bäume, Wege und Plätze sich als helle Flächen konstrastreich von der Rasenfläche absetzen.

Große zusammenhängende Flächen, z. B. Sportrasenflächen, können auch rasterförmig mit einem Punktnetz überzogen werden. Sie heben sich dadurch gewissermaßen als »technische« Rasenflächen gegenüber den angrenzenden Laufbahnen gut ab.

4.2.8 Flächige Darstellungen

Neben der Darstellung von Einzelbäumen, Gehölzgruppen, Bodendeckern oder Rasenflächen müssen bei vielen Projekten große, zusammenhängende Vegetationsflächen als vorhandener Bestand oder als neu zu planende Vegetationsbestände gezeichnet werden. Gedacht ist hier an vorhandene Waldflächen oder Waldränder, an zu planende Windschutzpflanzungen, an Aufforstungen oder an größere zusammenhängende Böschungspflanzungen im Straßenbau. Diese Flächen können mit einer Randsignatur umgrenzt werden, während die flächige Darstellung durch Schraffuren oder die Verwendung von Rasterfolien erreicht wird. Die Verwendung geeigneter selbstklebender Folien ist dabei nicht nur ein ausgezeichnetes graphisches Mittel, sondern auch ein zeitsparendes, technisches Hilfsinstrument. Auch die Aneinanderreihung unterschiedlich gro-

Abb. 25 Darstellung von Rasenflächen

Abb. 26 Darstellung von Waldrändern oder flächiger Pflanzung

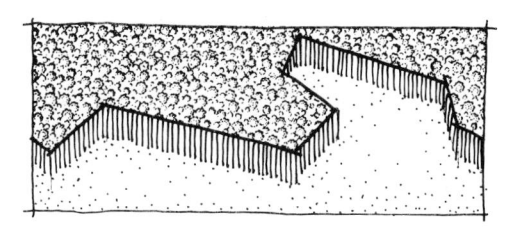

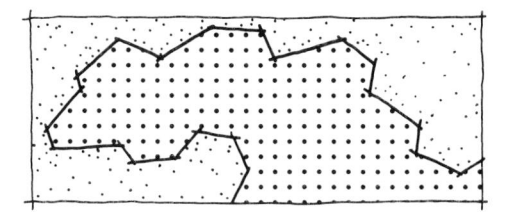

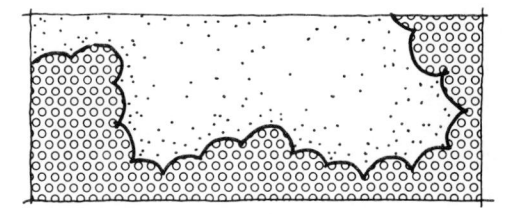

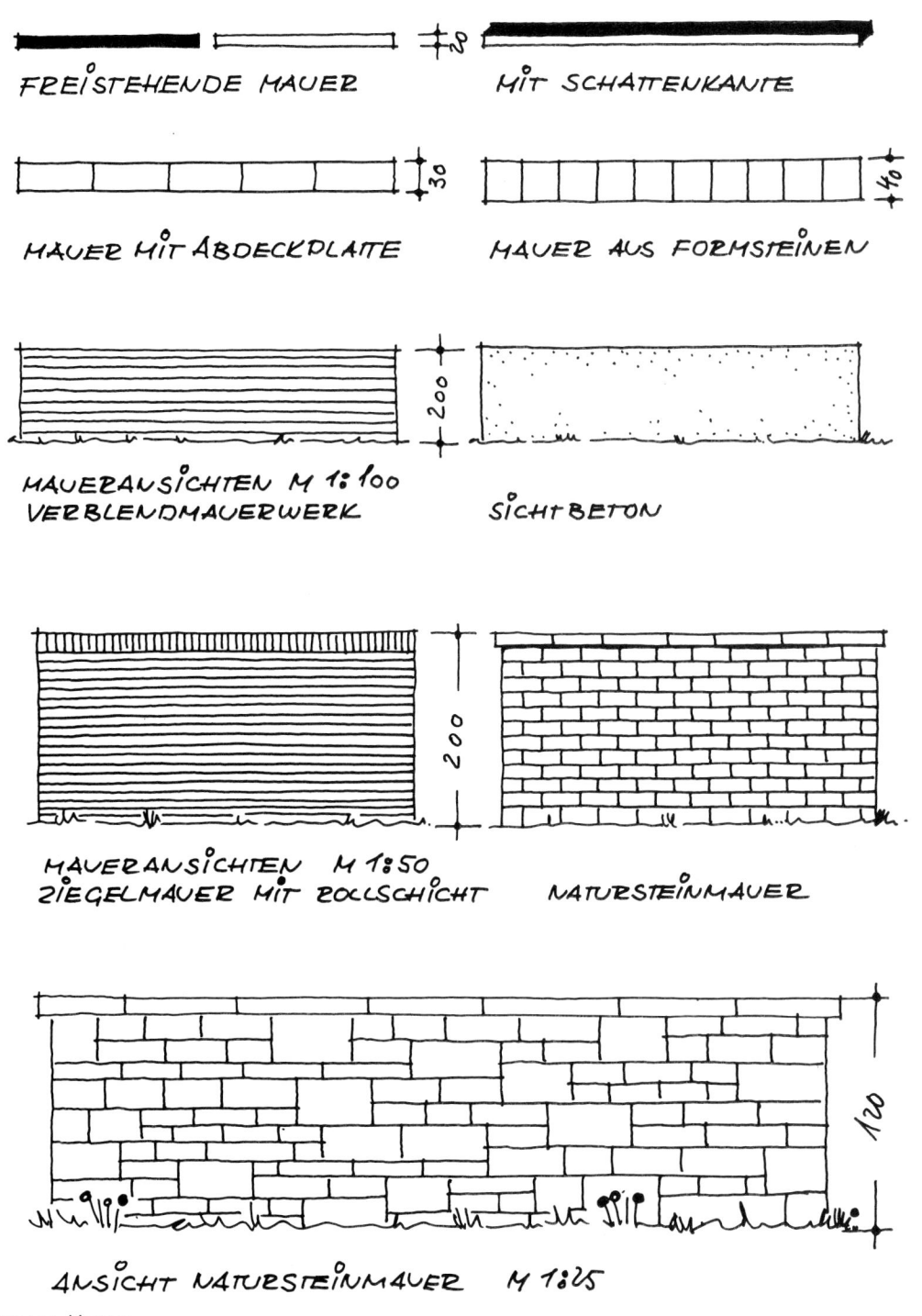

Abb. 27 Darstellung von Mauern

ßer Kreise, mit Schablone oder freihändig gezeichnet, bildet eine graphisch gute Signatur für die flächige Darstellung größerer Vegetationsflächen.

4.2.9 Mauern

Mauern sind bei vielen Projekten nicht nur notwendige technische Voraussetzungen für die Realisierung einer Entwurfsidee, sie sind auch in sehr starkem Maße wesentliche Gestaltungselemente. Entsprechend ihrer Bedeutung müssen sie daher auch im Plan in einer zeichnerischen Signatur dargestellt werden, die ihre Bedeutung kennzeichnet.

Da die Grundlage aller zeichnerischen Darstellung die Maßstabsgenauigkeit ist, ergibt sich das Problem der Mauerdarstellung im allgemeinen aus der Breite der Mauern. Freistehende Mauern haben bei Höhen von 100 bis 250 cm Breiten von 20 cm (z. B. Betonmauer) bis 36,5 cm (1½-Stein starke Ziegelmauer). Im Maßstab 1 : 100 bedeutet das im Grundriß zwei parallele Striche im Abstand von 2 bis 3,65 mm. Durch diese Signatur wird dabei häufig die gestalterische Bedeutung von

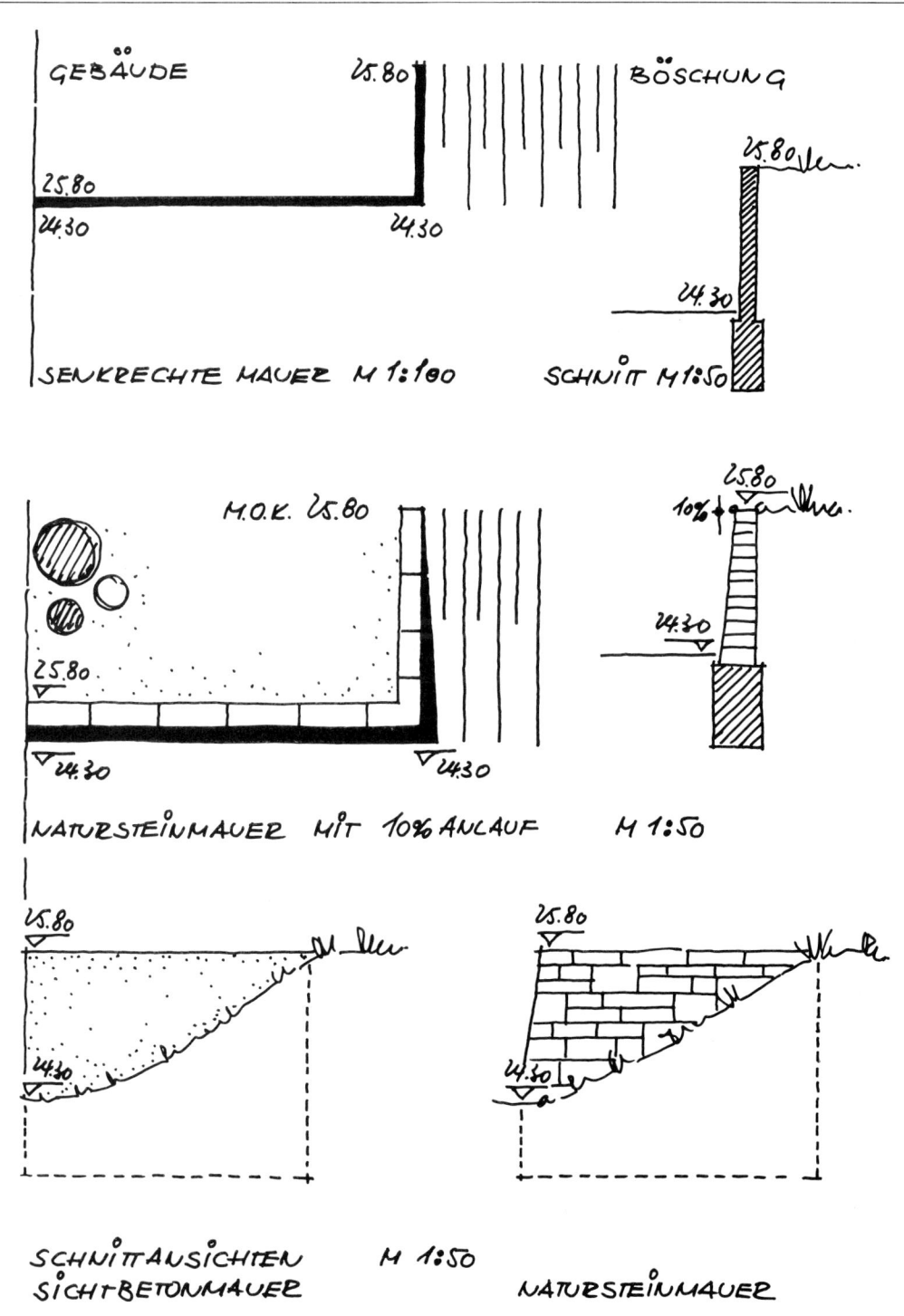

Abb. 28 Darstellung von Mauern

Mauern im Plan graphisch unterbewertet. Durch das Anlegen einer Schattenkante oder die vollflächige Schwärzung der Mauer kann sie entsprechend ihrer Bedeutung graphisch überzeugend dargestellt werden.

Niedrige Mauern (z. B. Sitzmauern) oder Mauern aus Betonfertigteilen (z. B. K-G-Steine) mit Breiten von 40 bis 60 cm benötigen im allgemeinen keine zusätzlichen graphischen Effekte. Ob eine Mauer im Lageplan als Ziegel- oder Betonmauer, aus Betonfertigteilen oder als Natursteinmauer vorgesehen ist, läßt sich nur durch Textangaben festlegen. Als zusätzliche Informationen zum Entwurf können hier ergänzende Schnitte und Ansichtszeichnungen dienen. Bei einem Entwurf im Maßstab 1:100 werden diese Zeichnungen häufig im Maßstab 1:50 dargestellt. Hier lassen sich die Materialien Beton, Ziegelmauerwerk oder Naturstein zeichnerisch sehr gut darstellen.

Angaben über die Höhe einer freistehenden Mauer müssen aus den angrenzenden Geländehöhen und den Angaben über die Höhe der Maueroberkante (MOK) aus dem Plan abgelesen werden. Die Textinformation »Mauerhöhe 180 cm« ist ebenfalls möglich.

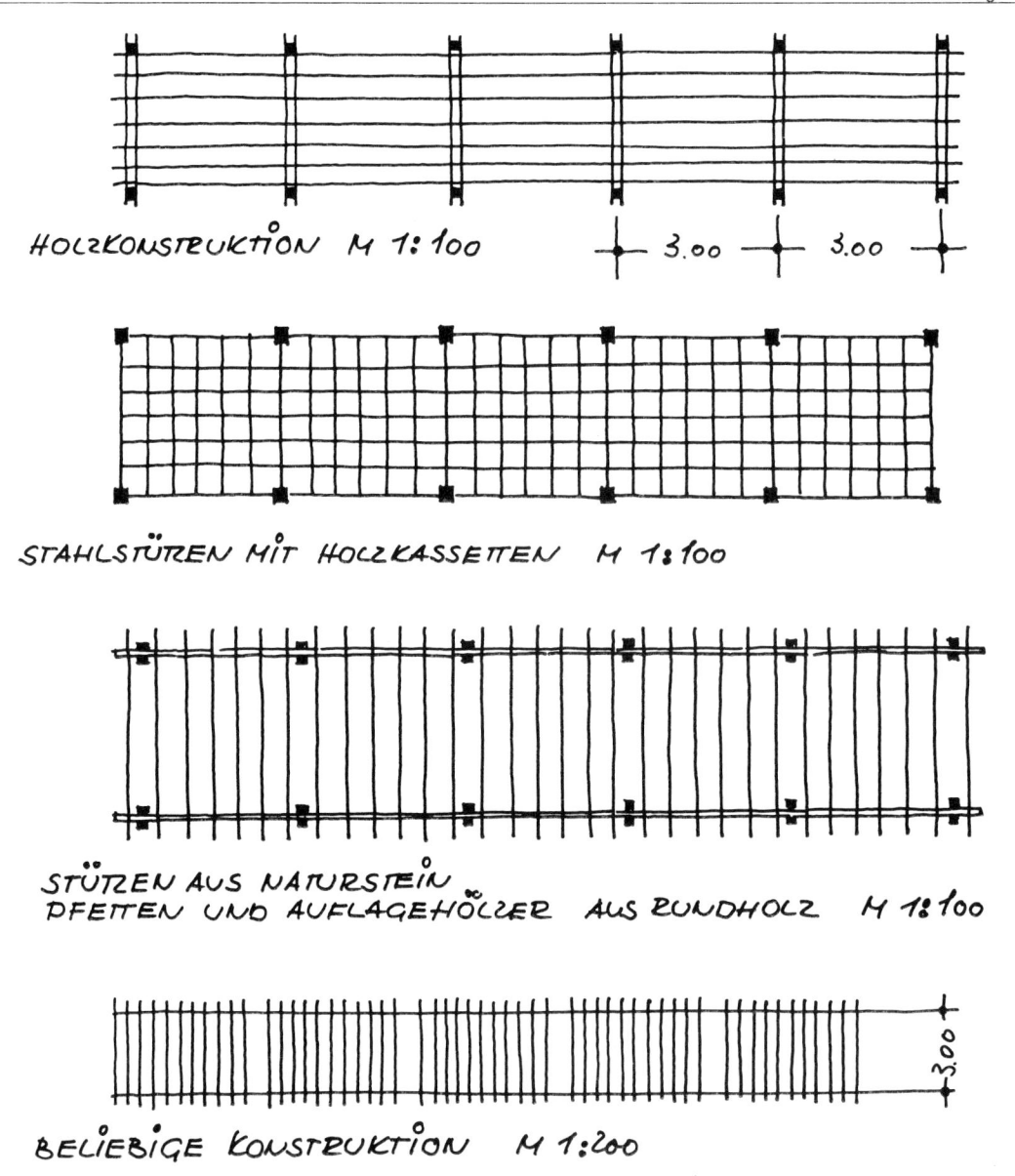

Abb. 29 Darstellung von Pergolenaufsichten

4.2.10 Pergolen und Dächer

Das »Bild« einer Pergola wird bestimmt durch die gewählten Materialien und die Konstruktionsart. Rustikal wirkt eine Pergola mit Pfeilern aus Klinkermauerwerk oder Naturstein, mit Pfetten und Auflagehölzern aus Rund- oder Kantholz. Reine Holzkonstruktionen erreichen selten die Leichtigkeit und Eleganz, die mit einer Stahl/Holzkonstruktion geschaffen werden kann.

Schon in der Entwurfserarbeitung sollte man sich daher über Materialwahl und Konstruktionsprinzip Klarheit verschaffen, da z. B. Pfeiler- und Stützenabstand oder die Abmessungen von Pfetten- oder Rahmenhölzern das Gesamtbild der Pergola wesentlich bestimmen.

Im Planungsmaßstab 1 : 100 lassen sich diese Grundüberlegungen ohne Schwierigkeiten zeichnerisch dar-

Stützmauern können Sitzmauerhöhe haben oder Geländehöhen von mehreren Metern überbrücken. Da auch bei diesen Mauern im Lageplan nur die Mauerkrone dargestellt werden kann, läßt sich der Höhensprung, der von einer solchen Mauer abgefangen wird, nur aus den Höhenzahlen am Fuße und an der Mauerkrone ablesen. Auch aus dem Verlauf eventuell vorhandener Höhenlinien lassen sich Rückschlüsse auf die Mauerhöhen ziehen. Vorgesehene Stützmauern mit einem Anlauf stellen einen Sonderfall dar. Bei einer mit Anlauf geplanten Mauer liegen Mauerkopf und Mauerfuß nicht auf einer senkrechten Linie. Bei der Mauerhöhe von 150 cm und einem Anlauf von 10 % verschiebt sich der Mauerkopf um 15 cm aus den Senkrechten über dem Fußpunkt der Mauer. Der Anlauf einer Mauer läßt sich zeichnerisch exakt darstellen und gibt ihr zusätzliche graphische Wirkung.

Darstellung von Planinhalten

stellen. Schnitte oder Ansichten im Maßstab 1 : 50 können darüber hinaus die Entwurfsidee eindeutig veranschaulichen.

Neben der Pergola hat auch das »Dach« in der Freiraumplanung zahlreiche Aufgaben zu übernehmen. Dabei soll das »Dach« jedoch nicht als der obere Abschluß eines Gebäudes gesehen werden, sondern als »Dach an sich«, als ein Schutz vor Regen oder Sonne, das der allseitig umschließenden Wand nicht bedarf.

Das flache Dach über dem Sitzplatz im Garten, der Dachpilz mit einer kräftigen Mittelstütze als Regenschutz am Wanderweg, das Spiel-, Kletter- und Schutzdach auf dem Robinsonspielplatz und der Car-port sind typische Beispiele für das »Dach« in der Freiraumplanung. In der Signatur des Entwurfes ist das Dach eine eindeutig umgrenzte Fläche. Als Flachdach kann es durch das Unterkleben mit einer Grauton- oder Rasterfolie graphisch betont werden, als Pultdach kann es durch Schraffuren hervorgehoben werden, die auch als radiale Schraffur ein Kegeldach im Grundriß gut verdeutlichen können.

4.2.11 Wasserbecken – Wasserflächen

Das Element Wasser ist ein gern benutztes Gestaltungsmittel in der Freiraumplanung. Als kleines Wasserspiel in einem Innenhof oder Hausgarten, als Wasserbecken oder Wasserspiele auf öffentlichen Plätzen, in Fußgängerzonen oder vor Verwaltungsgebäuden, als Wasserläufe, Teiche, kleine Seen in Parkanlagen und Gartenschauen bis hin zur Gestaltung von Baggerseen an Autobahnen muß das Thema Wasser ständig unterschiedlich dargestellt werden **(Abb. 32)**.

In der zeichnerischen Darstellung dominiert bei einem Wasserbecken im allgemeinen die bauliche Form, während bei naturnah geplanten Wasserflächen die Kontur der Uferlinie bildbestimmend ist. Das Wasser selbst kann in der Schwarzweißdarstellung durch Schraffuren oder bei größeren Flächen auch sehr gut durch Folien mit Wellensignatur dargestellt werden.

4.2.12 Rampen und Treppenanlagen

Rampen und Treppen sind technische Hilfsmittel, um Höhendifferenzen im Gelände für den Fußgänger, den Behinderten oder für Fahrzeuge zu überbrücken. Die Rampe ist eine geneigte Fläche, die für Rollstuhlfahrer nicht mehr als 6 % Steigung haben darf, während für den Fußgänger ca. 10 % Steigung noch möglich sind. Die Gestaltungsmöglichkeiten für Treppen und Treppenläufe sind vielfältig. Treppen können einseitig an eine Mauer angelehnt sein oder zwischen Mauerwangen eingespannt werden. Podeste gliedern lange Treppenläufe oder schaffen Absätze bei großen Höhendifferenzen. Treppen können gewendelt werden oder folgen den Schwingungen von Höhenlinien **(Abb. 33)**.

Schon diese wenigen Hinweise machen deutlich, daß Treppenanlagen schon im Vorentwurf und im Entwurf zeichnerisch präzise dargestellt werden müssen, um die Planungsidee klar und eindeutig zum Ausdruck zu bringen. Ausgangspunkt ist dabei immer die Einzel-

Abb. 30 Darstellung von Pergolenansichten

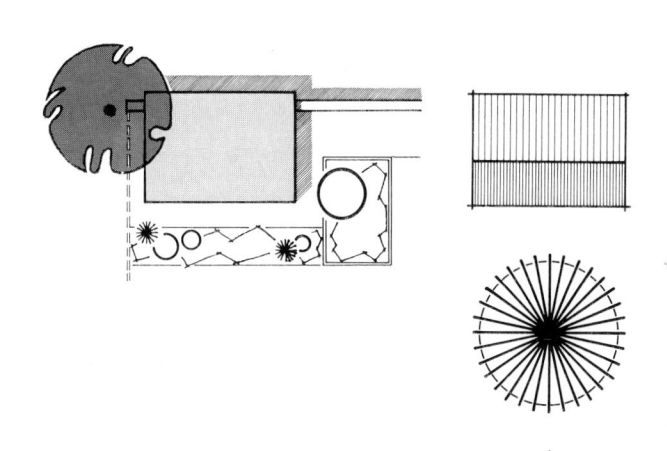

Abb. 31 Darstellung von Dächern. Überdachter Sitzplatz – Dachaufsicht einer Kleingartenlaube – kegelförmiges Schutzdach – Ansicht einer Spielhütte

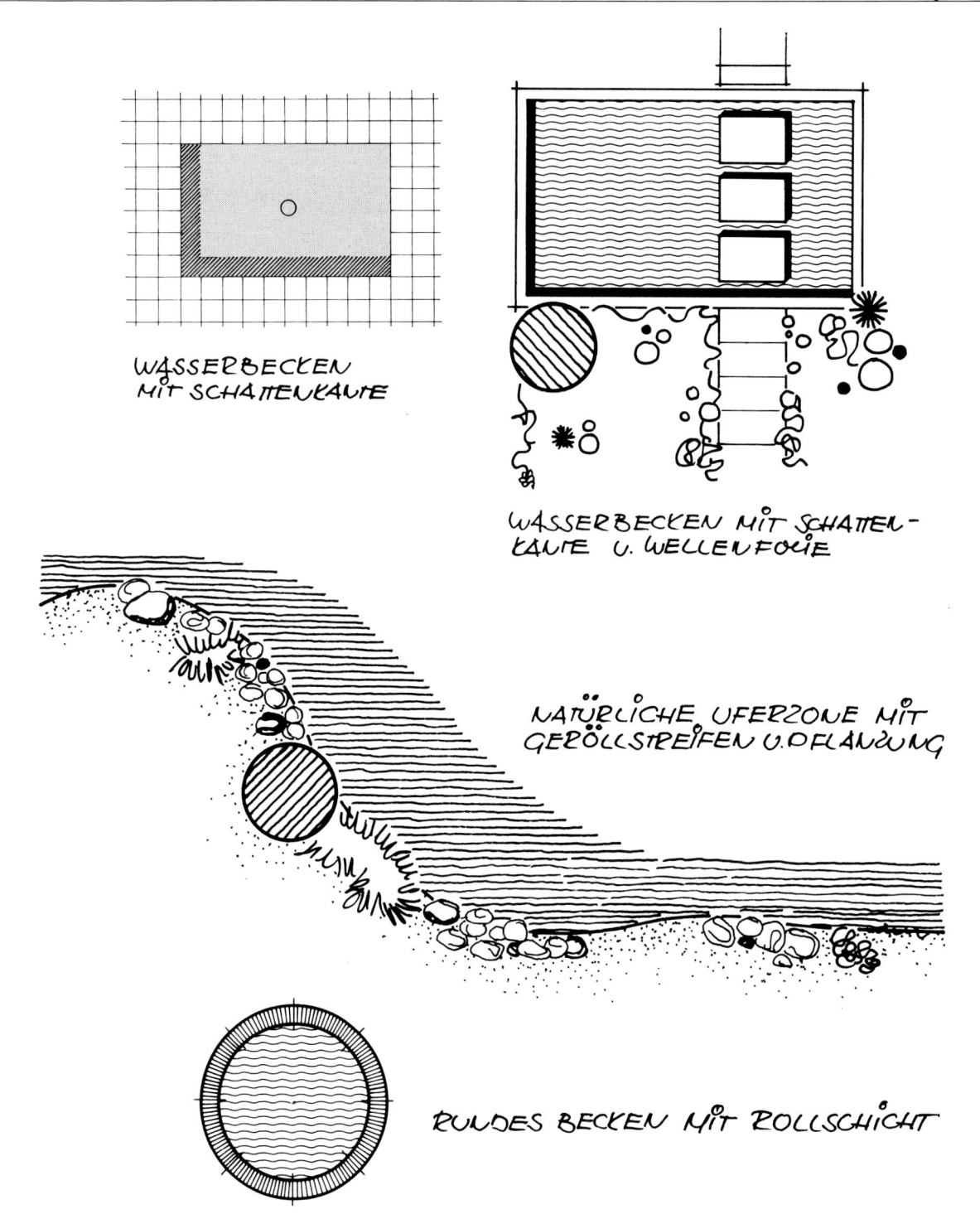

Abb. 32 Darstellung von Wasserbecken und -flächen (zu 4.2.11)

stufe. Stufen haben bestimmte Maßverhältnisse, die Auftrittshöhe liegt zwischen 10 bis 15 cm und die Stufentiefe zwischen 34 und 44 cm. Grundlage für die Berechnung eines Steigungsverhältnisses ist ein durchschnittliches Schrittmaß von 63 cm. 2 × Auftrittshöhe + Auftrittsbreite = 63 (10 + 10 + 43 = 63).

Die Steigung einer Rampe oder einer Treppe wird im Plan durch einen Pfeil dargestellt, der von der untersten bis zur obersten Stufenkante (Vorderhaupt der Stufe) gezeichnet wird. Die zu überbrückende Höhendifferenz wird durch die Eintragung der entsprechenden Höhenzahlen und durch die Textinformation über Stufenanzahl und Steigungsverhältnis dargestellt. In den Maßstäben 1:200 und 1:100 ist die exakte Darstellung von Stufenbreiten unproblematisch. Im Maßstab 1:500 entspricht 1 mm = 50 cm. Bei einer Stufenbreite von 34 bis 40 cm ist nur eine generelle Darstellung von Treppenanlagen möglich.

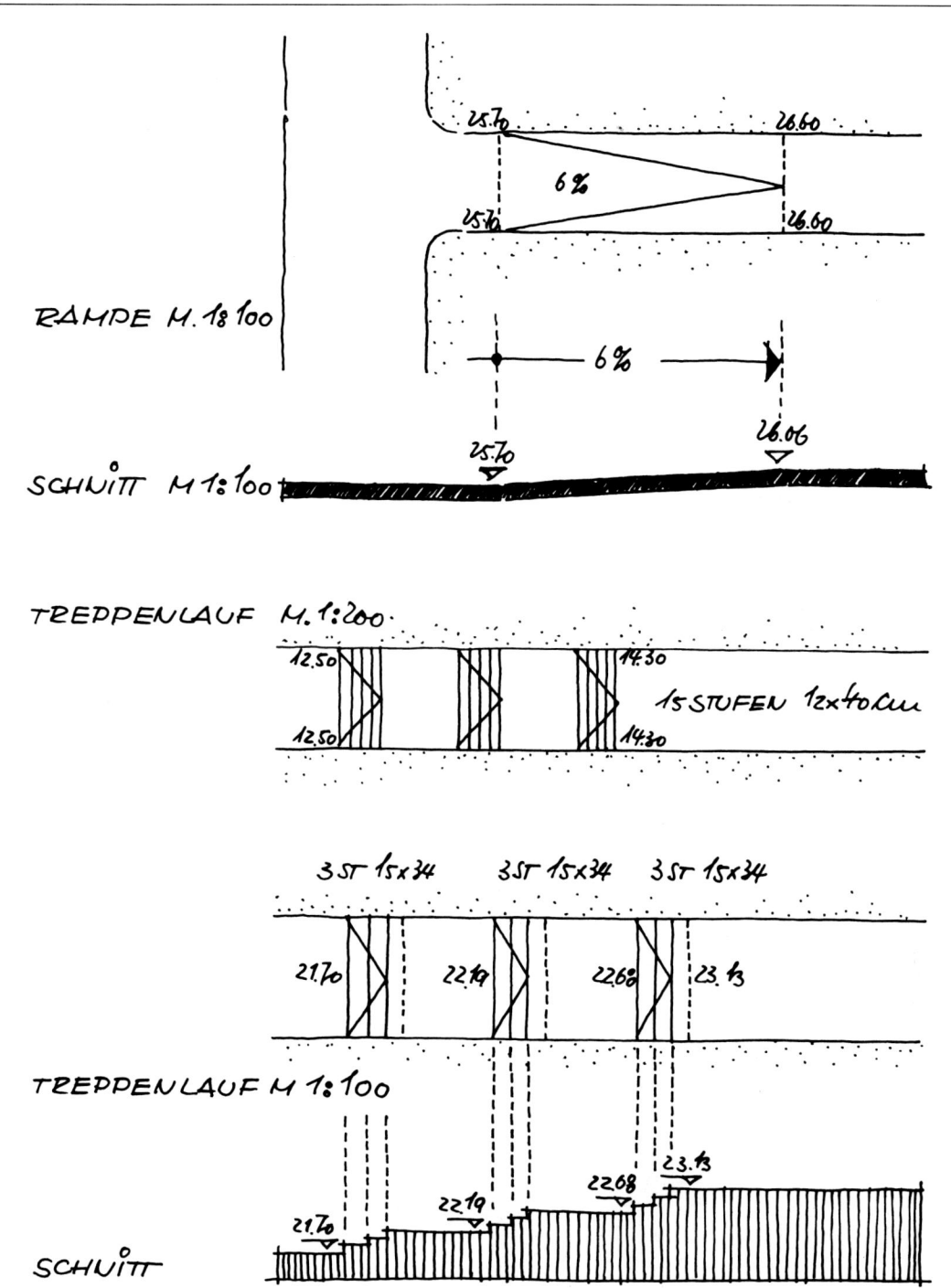

Abb. 33 Darstellung von Rampen und Treppen (zu 4.2.12)

Um dem Bauherrn gerade bei umfangreicheren Treppenanlagen umfassende Informationen über formale und technische Einzelheiten zu geben, sind häufig Schnitte und Ansichten als Detailpläne in einem größeren Maßstab als im Entwurf nötig **(Abb. 34)**.

4.2.13 Platten- und Pflasterbeläge

Wege- und Platzflächen dienen der Erschließung von Freianlagen, sie sind Verweil- und Spielbereiche, Kommunikationsplätze und von ihrer baulichen Struktur her Kontraste zu den Vegetationsflächen.

Für die Herstellung von Wege- und Platzflächen gibt es ein umfangreiches Angebot von Betonsteinen und Betonplatten, von Pflasterklinkern und Natursteinen in vielfältigen Formen und Abmessungen. Die Darstellungsmöglichkeiten für Platten- und Pflasterbeläge in den dominierenden Entwurfsmaßstäben 1:200 und

Abb. 34

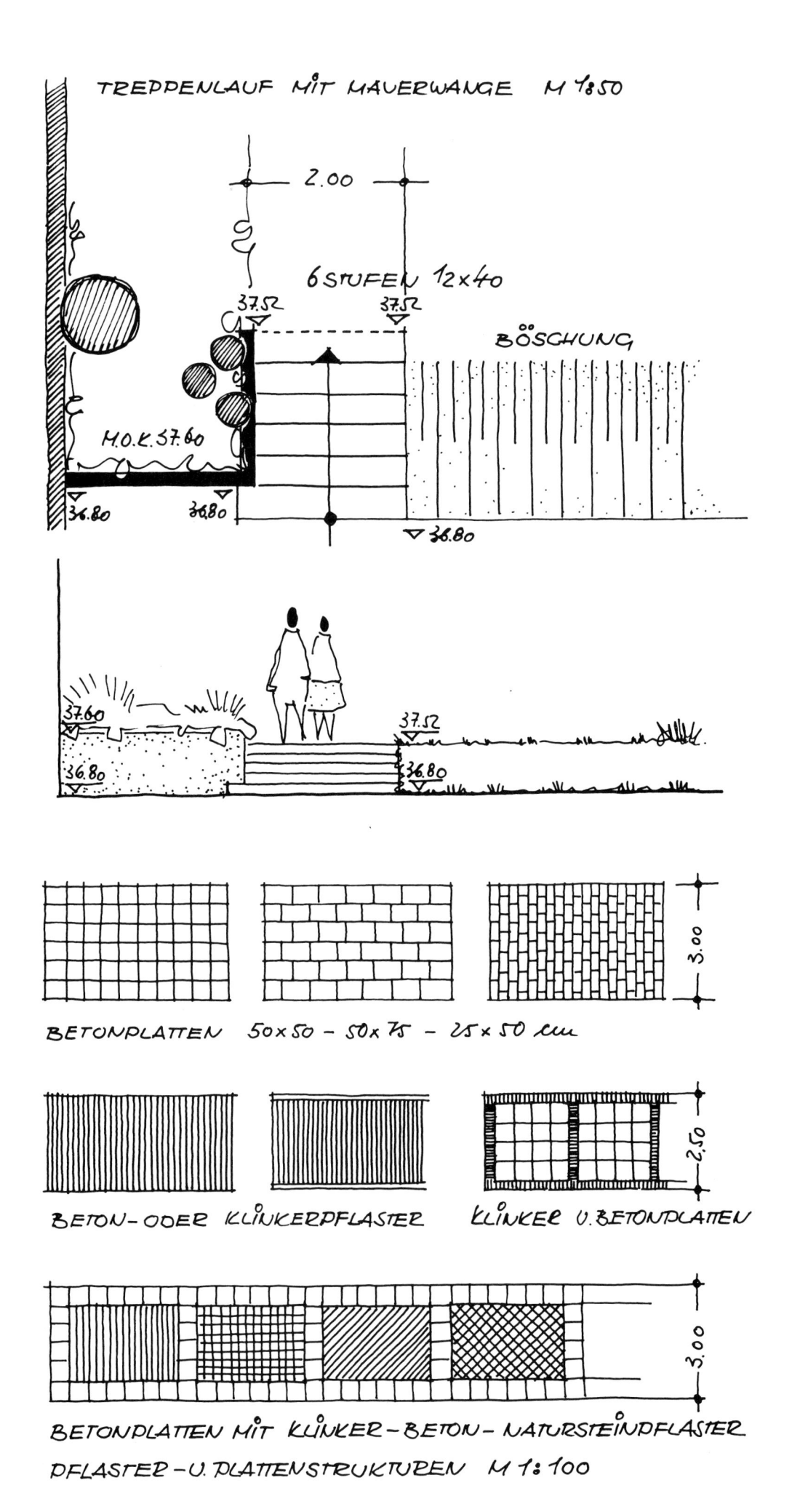

TREPPENLAUF MIT MAUERWANGE M 1:50

6 STUFEN 12 x 40

BÖSCHUNG

M.O.K. 57.60

Abb. 35

BETONPLATTEN 50x50 – 50x75 – 25x50 cm

BETON- ODER KLINKERPFLASTER

KLINKER U. BETONPLATTEN

BETONPLATTEN MIT KLINKER- BETON- NATURSTEINPFLASTER

PFLASTER- U. PLATTENSTRUKTUREN M 1:100

REGELMÄSSIGE PLATTENBELÄGE

NATURSTEINPLATTEN MIT UND OHNE RASENFUGEN

UNREGELMÄSSIGER PLATTENBELAG

NATURSTEINPFLASTER 10 x 10 CM

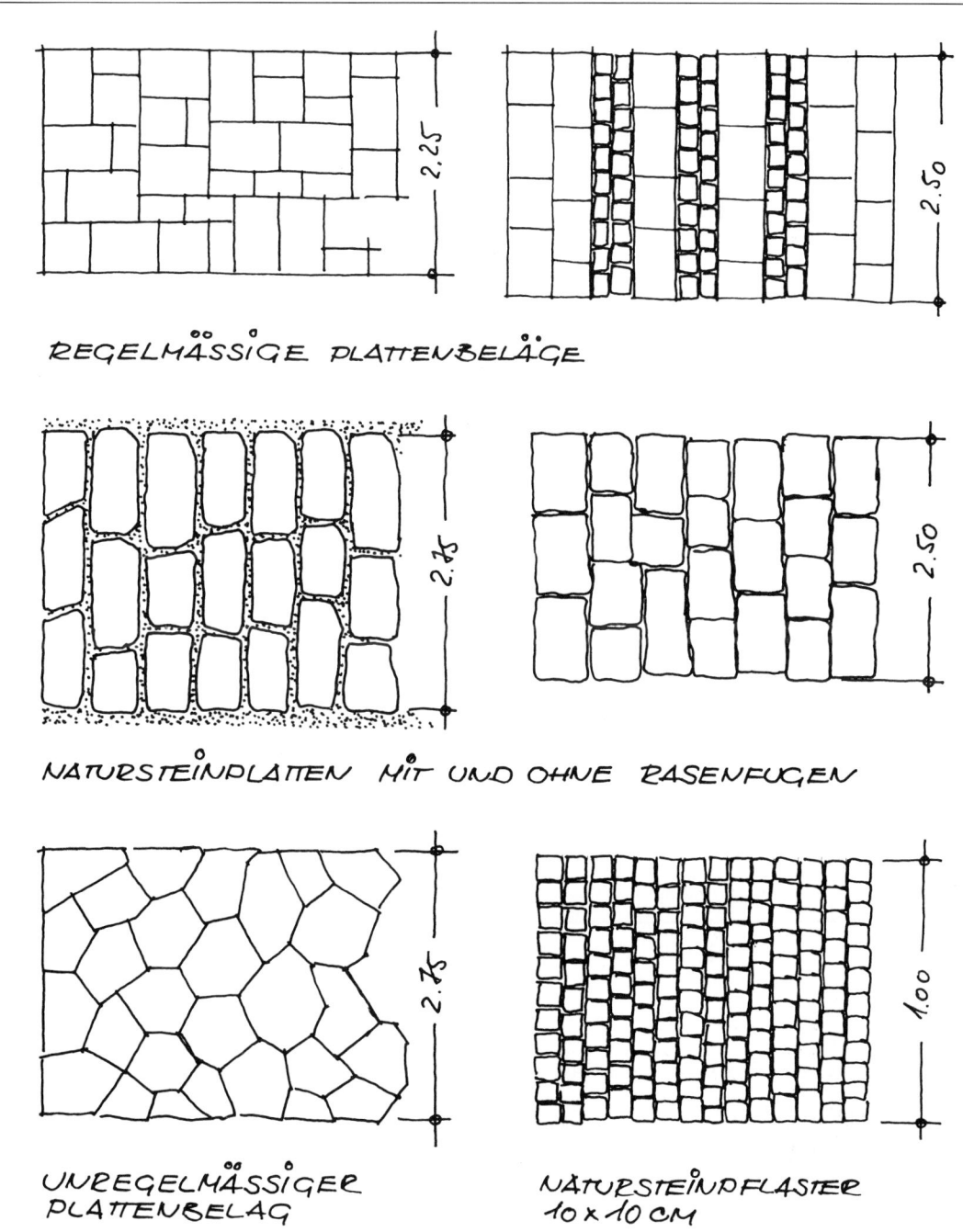

Abb. 36 Darstellung von Platten- und Pflasterbelägen

1:100 sind begrenzt. Eine Betonplatte vom Format 50 × 50 cm läßt sich im Maßstab 1:200 mit einer Seitenlänge von 2,5 × 2,5 mm zeichnerisch schwierig und auch graphisch nur unbefriedigend darstellen. Im Maßstab 1:100 ergeben sich für die Darstellung und die graphische Wirkung keine Probleme.

Pflasterklinker oder Betonpflastersteine mit den Abmessungen von 10 × 20 oder 11,5 × 24 cm können in beiden Maßstäben nicht mehr als Einzelsteine darge-

◀ **Abb. 34** Darstellung von Mauer-Treppen-Böschung (zu 4.2.12)

◀ **Abb. 35** Darstellung von Platten- und Pflasterbelägen

stellt werden. Hier müssen Signaturen zum Einsatz kommen, die den Eindruck vermitteln, es handle sich um kleinformatige Beläge.

Die Darstellung von Belagstrukturen ergibt sich aus der Konsequenz, dem Bauherrn Planungsvorstellungen eindeutig zu vermitteln. Da die Möglichkeiten dazu in den Maßstäben 1:200 und 1:100 nur begrenzt gegeben sind, müssen ergänzende Detailskizzen in größeren Maßstäben gezeichnet werden.

4.2.14 Entwässerungseinrichtungen

Entwässerungseinrichtungen sind Anlagen zur Aufnahme und Ableitung von Oberflächenwasser. Grund-

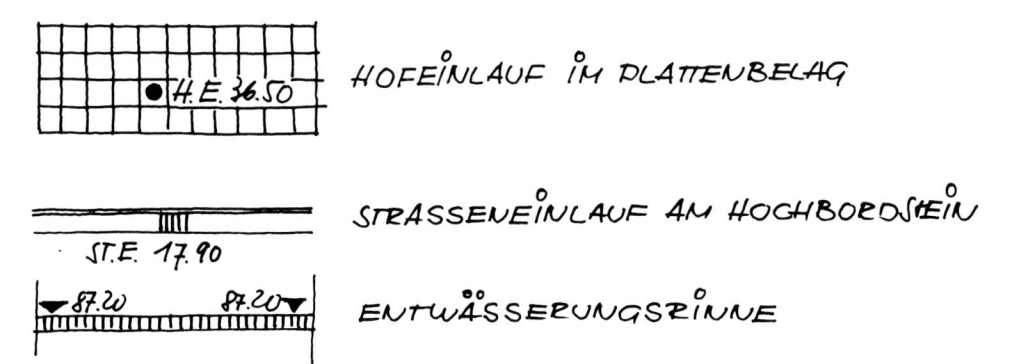

Abb. 37 Darstellung von Entwässerungseinrichtungen

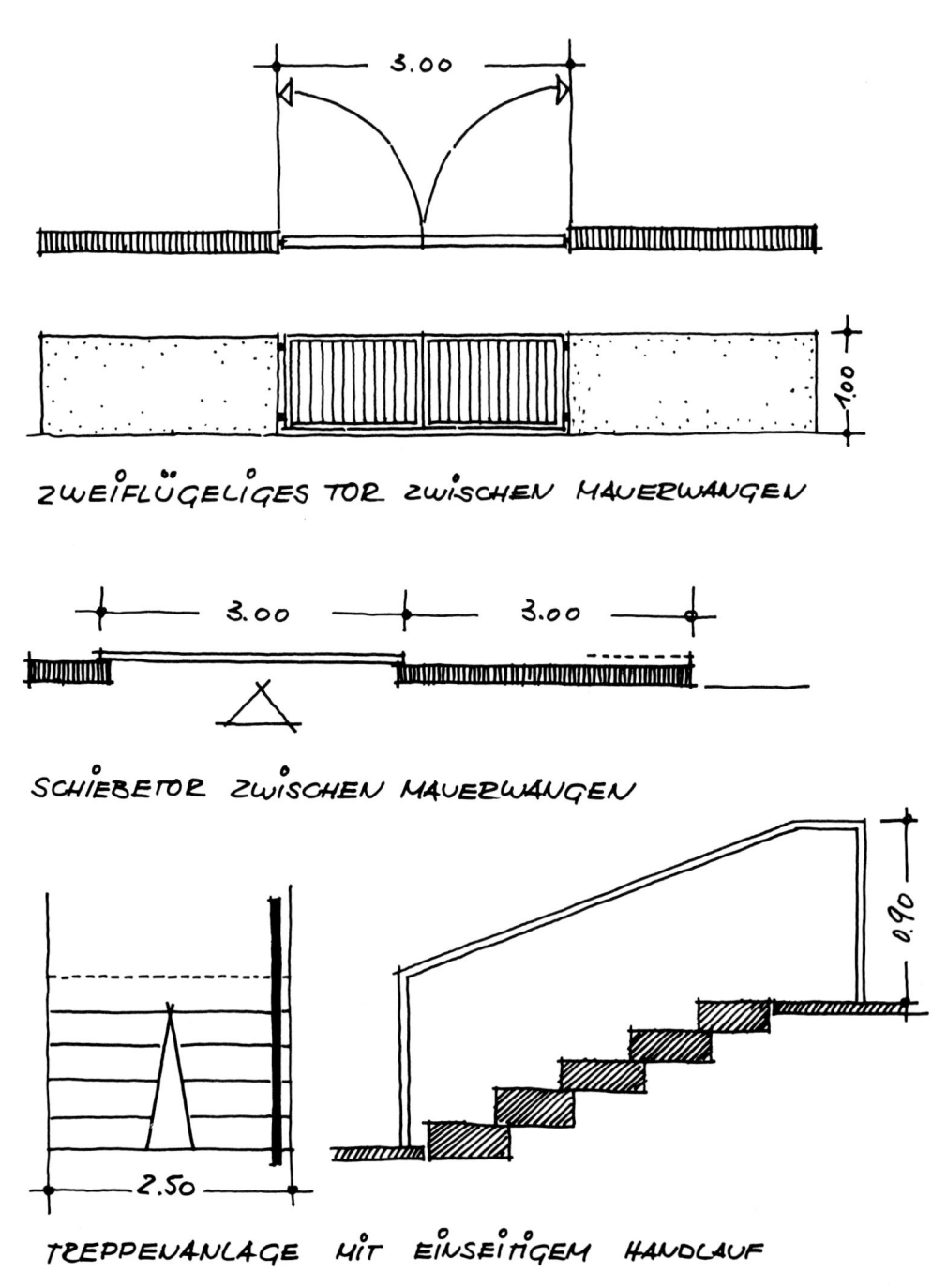

Abb. 38 Darstellung von Toren und Handlauf

Darstellung von Planinhalten

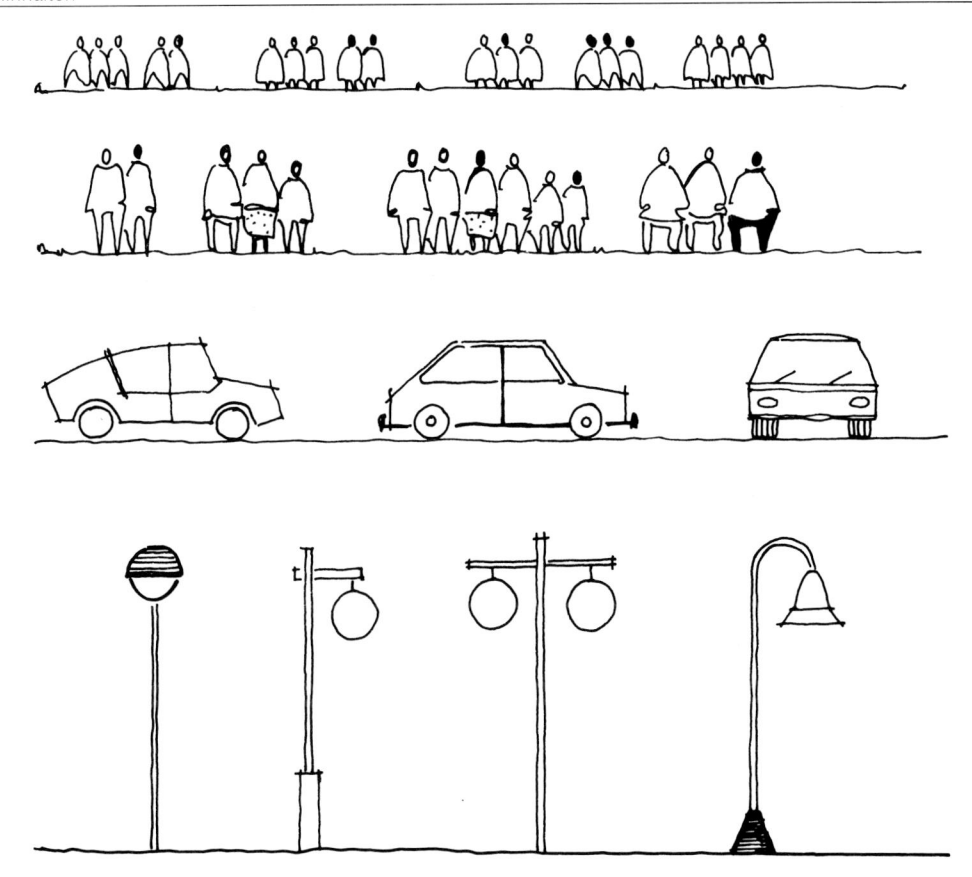

Abb. 39 Darstellung von Ausstattungselementen

lage für die Oberflächenentwässerung sind die Planungshöhen, die aber nicht nur aufgrund von gestalterischen Zielvorstellungen zu fixieren sind, sondern auch im Hinblick auf eine wirtschaftliche Lösung einer Entwässerungsplanung. Darüber hinaus sind Leitungstrassen generell freizuhalten von Baumstandorten, Mauern, größeren Treppenanlagen oder anderen baulichen Anlagen.

Diese Bindungen und Grundsatzüberlegungen verlangen deshalb schon im Entwurf die Darstellung genereller Entwässerungseinrichtungen. Dargestellt werden Hof- und Straßeneinläufe, Entwässerungsrinnen, Kontrollschächte und im Einzelfall die Freiraumplanung beeinflussende Leitungen oder freizuhaltende Leitungstrassen. Vollständig sind diese planerischen Aussagen aber nur, wenn sie durch entsprechende Höhenzahlen eindeutig fixiert sind.

4.2.15 Einfriedungen – Tore – Handläufe

Einfriedungen sind Abgrenzungen, die im allgemeinen auf Grundstücks- oder Nutzungsgrenzen errichtet werden. Sie können den Übergang vom privaten zum öffentlichen Bereich markieren (Hausgarten/Straßenraum), sie übernehmen Schutzfunktionen (Einfriedungen von Friedhöfen oder Sportanlagen) oder sie gliedern und trennen unterschiedliche Nutzungsbereiche (Spielplätze, Tiergehege). Einfriedungen sind in der Regel Holz- oder Metallzäune, die als zweidimensionale Gitterstrukturen eine gewisse Transparenz haben.

Materialwahl (Holz oder Metall), Ausbildung der Pfosten oder Pfeiler (Holz, Metall, Beton, Klinker, Naturstein), Zaunhöhe und gestalterische Absicht bestimmen das Bild einer Einfriedigung. Tore sind verschließbare Öffnungen in Einfriedigungen. Als Schiebetor oder als ein- und zweiflügelige Toranlage sind sie schon im Entwurf entsprechend darzustellen oder zu bezeichnen.

Handläufe sind einfache Konstruktionen aus Metall oder Holz, die Sicherheitsaufgaben zu erfüllen haben. Bei Treppenanlagen mit mehr als 3 Stufen ist z. B. ein Handlauf erforderlich. Zwischenpodeste bei Rampen für Behinderte sind durch Handläufe zu sichern. Auf Sportplätzen und bei Tribünenanlagen übernehmen Barrieren und Handläufe unbedingt notwendige Schutz- und Sicherungsfunktionen. Alle hier aufgeführten »baulichen Anlagen« stellen wesentliche Teile eines funktionsfähigen Entwurfskonzeptes dar und sind deshalb auch zeichnerisch darzustellen. Im Maßstab 1 : 200 kann das in nur sehr einfacher Form (Strich oder Doppelstrich) erfolgen, bei M. 1 : 100 oder M. 1 : 50 können schon detaillierte Aussagen gemacht werden. Das Aufzeigen gestalterischer Vorstellungen oder wesentlicher Konstruktionsmerkmale ist aber erst in Schnitt und Ansichtszeichnungen in größeren Maßstäben als 1 : 100 möglich.

4.2.16 Ausstattungselemente

Jeder gestaltete »freie Raum« hat die vorformulierte Aufgabe, bestimmte Nutzungsansprüche zu erfüllen oder aber die Voraussetzungen zu schaffen, daß sich noch nicht detailliert vorausbestimmte Ansprüche entwickeln können.

Die notwendigen und richtig plazierten Ausstattungselemente schaffen erst die Voraussetzungen dafür, daß der Sitzplatz, die Skatecke, der Spielplatz von den Benutzern angenommen wird; daß Papierkörbe und Müllbehälter einer zweckmäßigen Abfallbeseitigung dienen oder daß Fahrradständer auch benutzt werden.

In der Grundrißdarstellung kann es sich dabei aber immer nur um sehr einfache Signaturen handeln. Genauere Aussagen über Formgebung, Konstruktionsprinzip oder Materialwahl können nur Detailskizzen im M. 1:50–1:25 liefern.

Durch Schnitte und Ansichten lassen sich z. B. gerade bei Kinderspielplätzen die Planungsvorstellungen sehr gut vermitteln. Für den Bauherrn ist dabei wichtig, daß er sich durch diese Detailpläne z. B. ein genaueres Bild von den Höhenabmessungen der Geräte machen kann.

Papierkörbe, Müllboxen und Müllcontainer sind durch einfache Rechtecke mit ergänzender Beschriftung darzustellen.

Fahrradständer gehören zu den kleinen Dingen, die bei der Planung häufig vernachlässigt werden und später einen Verlegenheitsstandort erhalten. Eindeutige zeichnerische Festlegungen im Entwurf lassen diese Probleme gar nicht erst entstehen.

Lampen sind ein wichtiges Planungselement für zahlreiche Anlagen. Von den niedrigen Gartenleuchten an privaten Wegen, im Hausgarten oder im Kurpark bis zur normgerechten Ausleuchtung von Gehwegen, Fußgängerzonen oder der Beleuchtung von Sportanlagen sind Lampenstandorte in jedem Entwurf zu fixieren. Die zeichnerische Darstellung kann nur durch ein einfaches Symbol erfolgen. Exakte Aussagen über die Lampenformen müssen zusätzliche Detailskizzen vermitteln.

Die aufgeführten Ausstattungselemente stellen keinen erschöpfenden Katalog dar. Fahnenstangen und Feuerplätze, Normaluhr und Telefonzelle, Absperrpoller und Pflanzenkübel gehören ebenso zum kleinen Einmaleins der Freiraumplanung, das auch zeichnerisch bewältigt werden muß.

4.3 Schwarzweißdarstellung

Die Wirkung einer Schwarzweißzeichnung entsteht aus dem Kontrast zwischen weißen (freien) Flächen und den Konturen (Umrißlinien) der Zeichnung. Linien oder

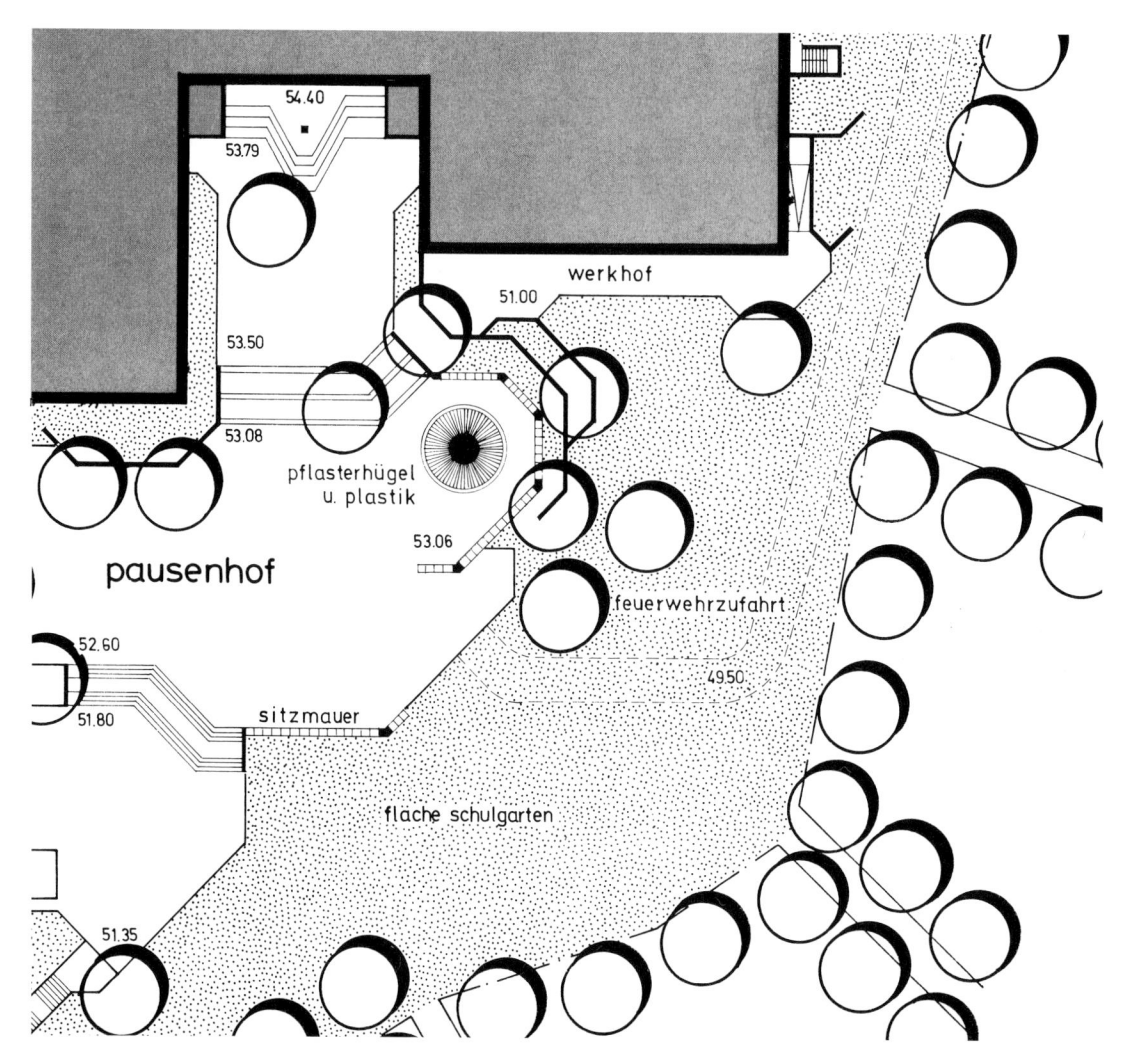

Abb. 40 Darstellung gepunkteter Flächen

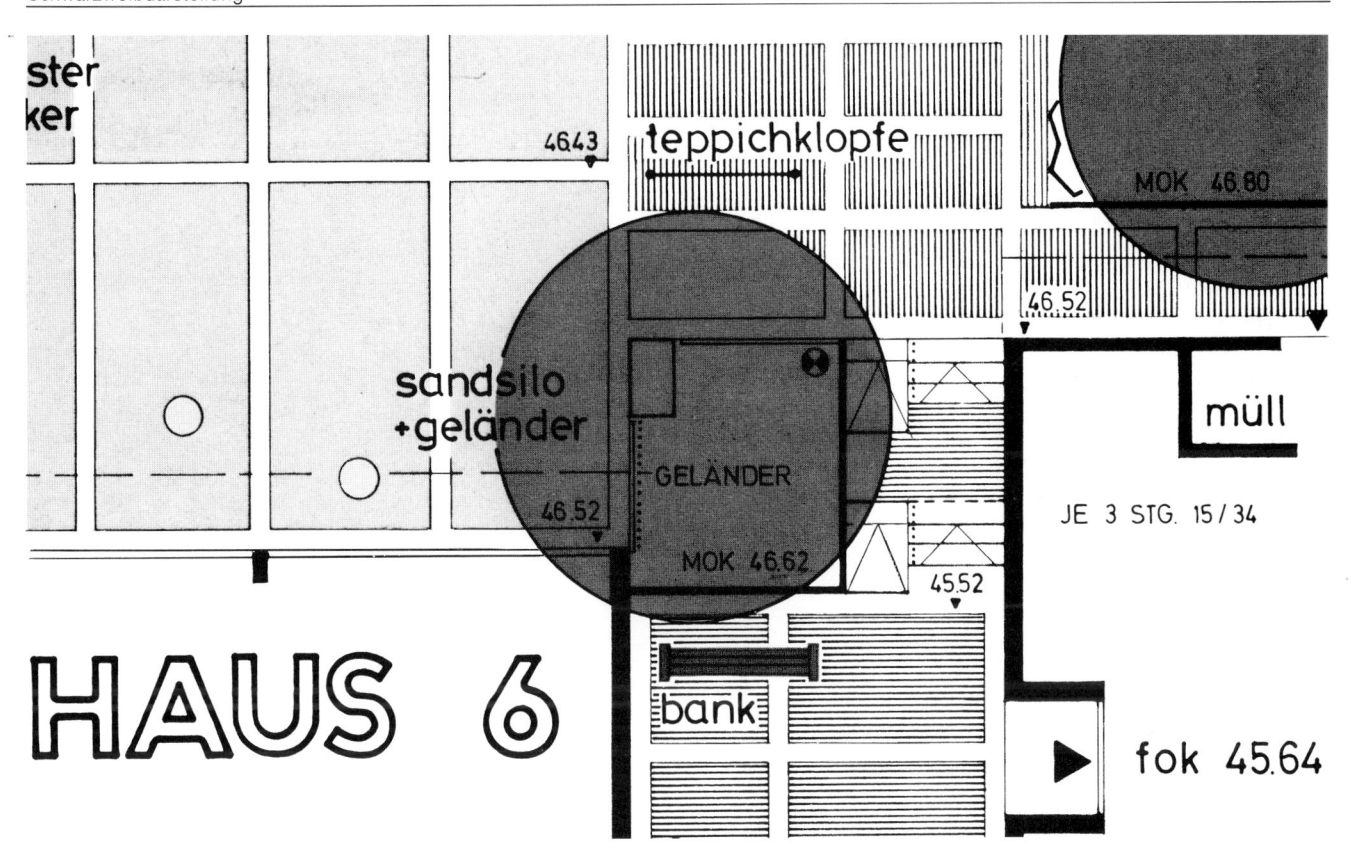

Abb. 41 Darstellung schraffierter Flächen

Striche in unterschiedlicher, jedoch aufeinander abgestimmter Strichstärke ergeben die Umrißlinien oder Begrenzungen von Wegen und Plätzen, von Mauern, Treppen oder Wasserflächen. Sie stellen Baumsignaturen und Staudenpflanzungen dar und ergeben dadurch praktisch das Gerüst einer Zeichnung.

Durch diese Konturen entstehen nebeneinanderliegende Flächen mit unterschiedlicher gestalterischer Bedeutung oder verschiedenartiger Oberfläche (Vegetationsflächen, Wasserflächen, Wegeflächen). Um diese Unterschiede oder Wertigkeiten hervorzuheben, ist eine weitere zeichnerische Behandlung der Flächen erforderlich.

Das Punktieren von Rasenflächen ist dabei ein gutes graphisches Mittel, um diese Flächen von Wege- und Platzflächen optisch abzuheben. Wichtig ist, die Flächen ausgewogen und gut verteilt zu punktieren und die Punkte tatsächlich punktförmig darzustellen. Strichpunkte ergeben ein unbefriedigendes graphisches Bild. Punktierte Flächen ergeben dabei auf der Lichtpause im Vergleich zu unbehandelten Flächen je nach Punktintensität grauere Farbtöne.

Die nächste Stufe der graphischen Hervorhebung von Flächen oder Baukörper ist die Schraffur dieser Flächen. Bei der Schraffur werden parallele Striche mehr oder minder dicht nebeneinander gesetzt. Hier ist wichtig, daß Abstand, Strichstärke und Richtung der Striche gleichmäßig und einheitlich sind, um im Tonwert der Lichtpause eine einheitliche Fläche zu erhalten. Der Abstand der Schraffurlinien ist dabei auf die zu schraffierende Fläche abzustimmen. Ein zu großer Abstand der Striche ergibt nicht den gewünschten Effekt, zu enge Abstände führen zu einer „Schwärzung" der Fläche. Wesentlich für den graphischen Erfolg einer Schraffur ist das Heranführen der Striche bis an die Umrißlinie dieser Fläche. Durch Kreuzschraffuren können kleinere Flächen oder einzelne Planelemente besonders betont werden. Die Ausführung der Schraffuren kann freihändig, an der Zeichen- oder Schraffurmaschine und mit entsprechender Aufklebefolie vorgenommen werden.

Jeder graphisch gut gestaltete Plan hat einen oder mehrere optische Schwerpunkte, die für den Betrachter Orientierungshilfen beim Lesen der Zeichnung sind. In der Schwarzweißdarstellung eignen sich dabei sehr gut vollkommen schwarze Flächen. Kleinere Gebäudegruppen werden dann als einheitlich schwarze Flächen dargestellt. Bei einer größeren Anzahl von Gebäuden, z.B. im M. 1:500, ist auch das Anlegen von Schattenkanten ein gutes Mittel, um der Zeichnung eine gewisse Tiefe zu geben. Im Plan sehr schmale Bauteile wie Mauerköpfe oder Pergolen wirken schwarz am überzeugendsten. Bäume mit einer sauber gezeichneten schwarzen Schattenkante sind im M. 1:500 oder 1:200 immer noch eine der besten graphischen Darstellungsarten. Kleine schwarze Flächen werden am zweckmäßigsten mit dem Tuschefüller angelegt, während größere Flächen mit entsprechender Folie unterklebt werden.

Mit der Schwarzweißtechnik läßt sich eine klare und deutliche Zeichnung herstellen, die graphisch überzeugt und die Handschrift des geübten Zeichners erkennen läßt.

Abb. 42 Farbige Planvorlage

Plandarstellung – Planzeichen

Farbige Darstellung

...RUNG FLENSBURG · FREIRAUMPLANUNG
BLOCK III · VORENTWURF

ÖFFNUNG VON HINTERHÖFEN

NORDERSTRASSE

BEGEHBARMACHUNG VON INNENHÖFEN

SCHAFFUNG VON PASSAGEN ZWISCHEN HOF UND STRASSE

SCHAFFUNG VON TREFFPUNKTEN UND FREIFLÄCHEN

SCHNITT C-D

SCHNITT E-F

BÄNKE

SPIELGERÄT

SPIELMULDE - SAND

KLEINER AUSBLICK

VORHANDENER PRIVATER KINDERSPIELPLATZ

KINDERGARTEN

MARIENTREPPE

RAUMVERKÜRZUNG DURCH BERANKTE PERGOLEN UND BETONUNG VON EINGÄNGEN RICHTUNGSWECHSEL

HÖHENWEG

RUMMELGANG

VORHANDENER HANG

bauvorh.:	STADTSANIERUNG FLENSBURG
	BLOCK 3
bauherr:	STADT FLENSBURG
architekt:	K.-D. BENDFELDT + PARTNER
	FREISCHAFFENDE GARTEN- U. LANDSCHAFTSARCHITEKTEN BDLA
	2300 KIEL · DÄNISCHE STRASSE 24 · TEL. 0431/94164
blatt 1	m. 1:200	datum 26.2.81
gez.		gepr.

4.4 Farbige Darstellung

Die Zeichnung gibt uns die Möglichkeit, eine Entwurfsidee darzustellen und sie dadurch dem Betrachter mitzuteilen. Für den Fachmann ist es dabei keine Schwierigkeit, auch bei umfangreicheren und komplizierten Plänen nach kurzer Betrachtung die wesentlichen Grundzüge eines Entwurfes zu erkennen. Auf der anderen Seite macht man aber immer wieder die Erfahrung, daß der in Planungsfragen ungeübte Laie Mühe hat, einen Plan richtig zu lesen. Hinzu kommt häufig die Tatsache, daß Planungen vor einem größeren Personenkreis erläutert werden müssen und damit zwangsläufig der Abstand zwischen Plan und Betrachter größer wird. Manche Einzelheiten des Planes werden dadurch nicht mehr erkennbar.

Es ist daher zweckmäßig und vorteilhaft, Skizzen und Vorentwürfe farbig anzulegen. Ein farbiger Plan wird wesentlich schneller vom Betrachter »verstanden«, da er bei richtiger Wahl der Farben und der Farbabstufung im Hinblick auf die Wertigkeit der Flächen die Planungsaussage gewissermaßen auf den »ersten Blick« erfassen kann.

Die Entscheidung, ob ein Plan farbig angelegt werden soll oder nicht, sollte zweckmäßigerweise vor Beginn der Zeichenarbeiten fallen. Da nur Lichtpausen farbig angelegt werden, muß auch hier zunächst ein schwarzweiß gezeichnetes Original hergestellt werden. Diese Zeichnung kann in den Konturen und Strichstärken wesentlich einfacher gehalten werden als ein Plan, der seine graphische Wirkung nur aus der Schwarzweißdarstellung ableitet.

Für die Farbgebung werden heute vorwiegend Filz- und Faserstifte verwendet, die in zahlreichen Fabrikaten und in über 50 Farbtönen erhältlich sind. Da diese Farbstifte zudem noch unterschiedlich ausgeformte Spitzen haben, kann man mit ihnen sowohl feine Konturen nachziehen, als auch vollflächig arbeiten. Wichtig bei diesen Filzstiften ist das schnelle und gleichmäßige Anlegen der Farbflächen, um das Entstehen von Rändern und Schleiern zu vermeiden. Neben den Filzstiften können auch Farbstifte (Stabilo-Stifte) oder Wasserfarben für die Farbgebung verwendet werden. Beide Methoden sind aber zeitaufwendiger und erreichen auch nicht die »Bildqualität« der Filzstifte. Empfehlungen für die Farbwahl lassen sich nicht angeben, dafür ist die Farbenauswahl zu groß und der individuelle Geschmack zu unterschiedlich. Wichtig ist, daß die Farbgebung entsprechend der gestalterischen Wertigkeit der einzelnen Flächen vorgenommen wird. Für Bäume ist z. B. eine dunklere Farbe zu wählen als für die unter ihnen liegenden Rasenflächen; raumbildende Pflanzungen sind dunkler darzustellen als Staudenbeete oder Wege- und Platzflächen. Große zusammenhängende Flächen sind möglichst in helleren Tönen anzulegen, um z. B. ein optisches Übergewicht von Straßenflächen in einem Plan zu vermeiden. Die Farbe im Plan sollte nicht zum Selbstzweck werden, der Plan nicht zum Plakat. Das farbige Anlegen von Plänen erfordert viel Erfahrung und Übung. Die Lesbarkeit eines Planes wird jedoch durch die Farbe gegenüber der Schwarzweißdarstellung sehr verbessert.

5 Die verschiedenen Planarten

5.1 Darstellungstechniken

5.1.1 Freihandskizzen

In der Freihandskizze nimmt eine Idee rasch Gestalt an. Sie bringt uns dazu, das Wesentliche vom Unwesentlichen zu unterscheiden, die Vorstellungsgabe wird geschult und das Gefühl für Proportionen und Maßstäbe geweckt. Die Freihandskizze ist also die ideale zeichnerische Form für das Darstellen erster Entwurfsüberlegungen, für das Entwickeln von Raumvorstellungen, für das Suchen nach Wegeverbindungen, für die Entwicklung bestimmter gestalterischer oder konstruktiver Details oder für die Gruppierung pflanzlicher Elemente als Vorstufe zu einem Bepflanzungsplan.

Bei diesem Suchen nach Grundriß und Gestalt sind Reißschiene und Dreieck nur störend, der Zeichenstift muß den Gedanken und der Phantasie des Planers folgen. Dabei sollte man jedoch nicht vergessen, daß der graphische Reiz einer Skizze nicht das Primäre ist, sondern daß die zu Papier gebrachten Linien Form und Anweisung zugleich sind, d. h. sie sollten klar und eindeutig sein. Das Ziel einer Freihandskizze ist es daher, in einer flüssigen Darstellung und damit zügiger Linienführung eine Idee darzustellen um sie dem Bauherrn verständlich zu machen.

Das Zeichnen einer »flotten Skizze« setzt ein bestimmtes Maß an Übung voraus, wobei es gleichgültig ist, ob man dabei zum Bleistift, zum Tusche- oder Filzstift greift. Wichtig sind einige Grundregeln wie:

zügige Linienführung, keine Strichelei;
Strichbreiten nicht dem Zufall überlassen;
Striche in den Eckpunkten richtig zusammenführen;
graphische Akzente setzen;
Wesentliches hervorheben;
Unwesentliches weglassen oder nur knapp andeuten.

Da Freihandskizzen in vielen Fällen nur Strichskizzen sind, eignen sie sich gut dazu, farbig angelegt zu werden.

5.1.2 Exakte Zeichnung

Im Vorentwurf werden für eine Bauaufgabe Gedanken und Zielvorstellungen entwickelt, die in der Diskussion mit dem Nutzer oder Bauherrn häufig Veränderungen oder Weiterentwicklungen unterworfen sind.

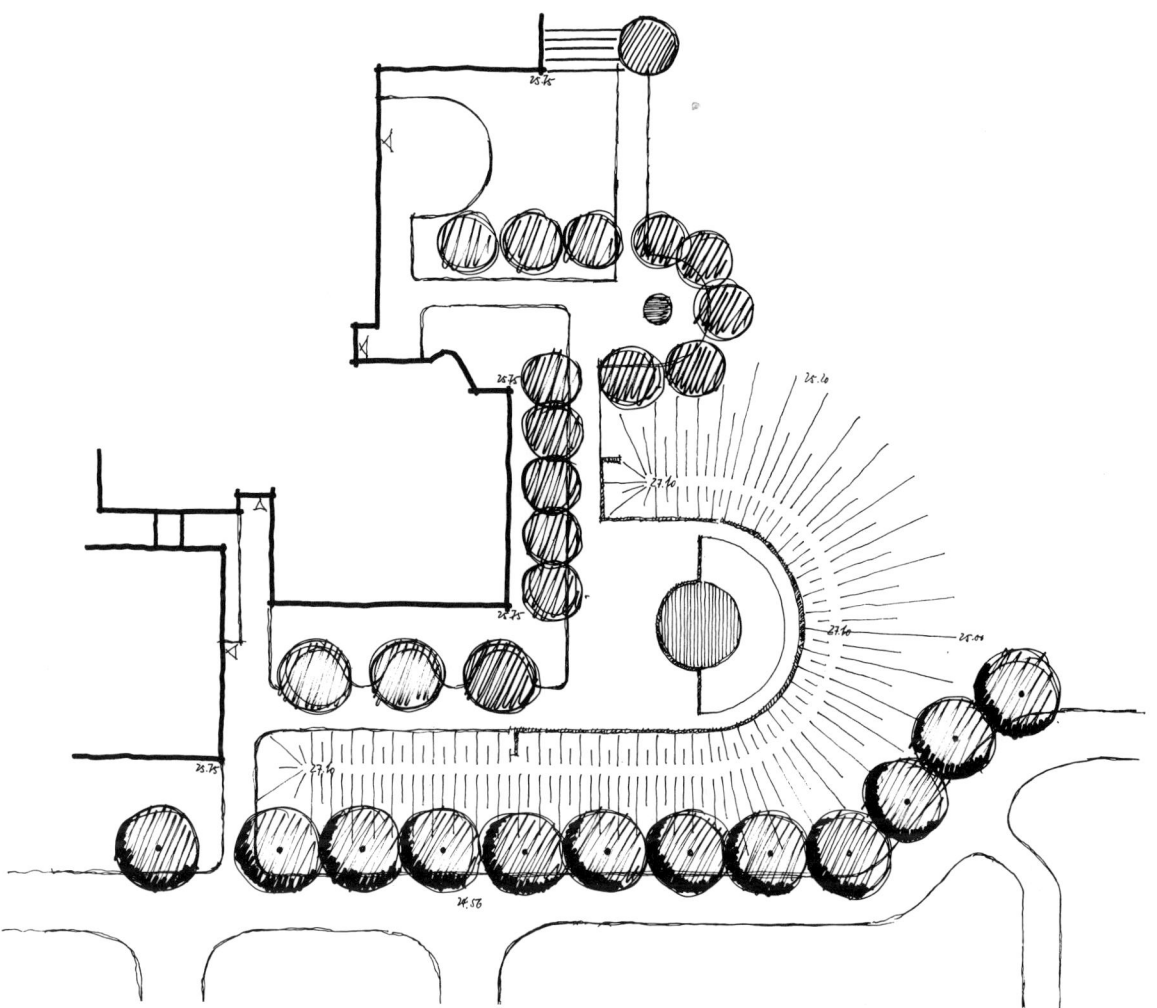

Abb. 43 Freihandskizzen

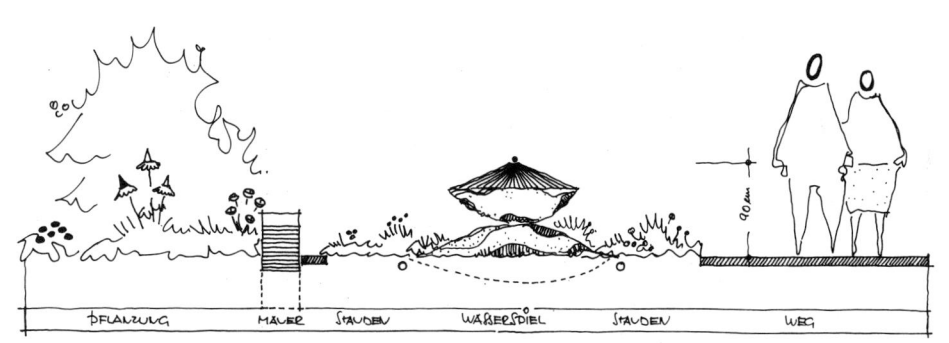

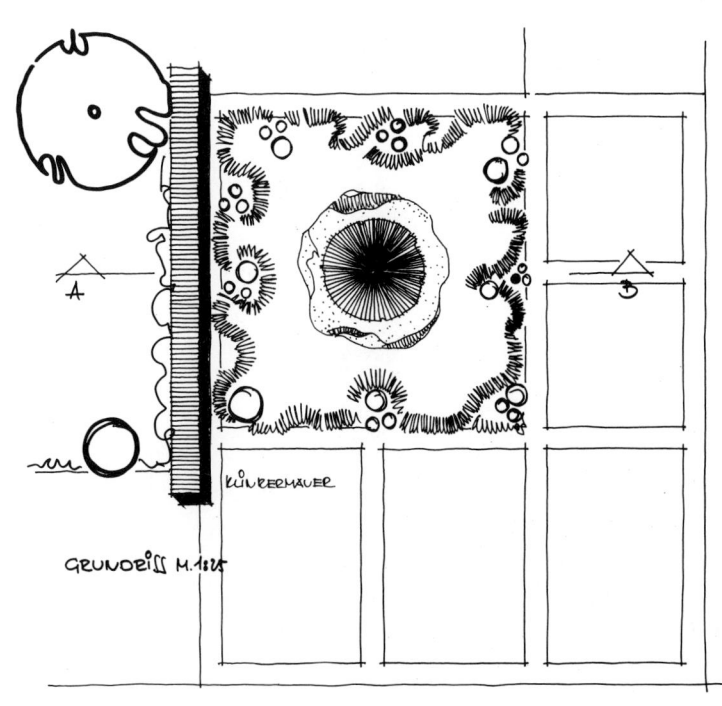

PFLANZUNG   MAUER   STAUDEN   WASSERSPIEL   STAUDEN   WEG

Schnitt A-B M. 1:20

KLINKERMAUER

GRUNDRISS M. 1:25

Abb. 44 Freihandskizzen

Bei größeren Bauvorhaben kann diese Planungsphase zu umfangreichen Veränderungen oder Überarbeitungen des Vorentwurfes führen. Es wäre daher gar nicht so zweckmäßig und auch unwirtschaftlich, hier schon mit größter Genauigkeit und aufwendiger Zeichentechnik zu arbeiten. Erst wenn ein Vorentwurfskonzept die Zustimmung des Bauherrn gefunden hat, kann man mit der exakten zeichnerischen Darstellung des Entwurfes beginnen.

Exakte Zeichnung bedeutet dabei, daß jetzt Reißschiene und Dreieck oder die Zeichenmaschine zusammen mit den entsprechenden Tuschefüllern die Zeichengeräte sind. Die »Scharfe Zeichnung« entsteht, um das Planungskonzept eindeutig darzustellen und um die Grundlage für die späteren Ausführungszeichnungen zu schaffen. Da die exakte Zeichnung fast immer eine Schwarzweißzeichnung ist, sollte man sich schon vor dem Beginn der Zeichenarbeit klare Vorstellungen über das gewünschte graphische Gesamtbild bilden. Die Auswahl der unterschiedlichen Strichstärken muß genau so überlegt werden, wie die Abstimmung der Baumsignaturen zu den Gehölzkonturen oder den Staudenpflanzungen. Die Verwendung von Grauton- oder Rasterfolien muß verglichen werden mit der Möglichkeit der Schraffur bestimmter Flächen (z. B. Gebäude oder Dachflächen). Schrifttypen und Schriftgrößen sind festzulegen, auch im Hinblick auf spätere mögliche Planverkleinerungen.

Zusammen mit den notwendigen Maß- und Zahlenangaben sowie Textinformationen entsteht so als Abschluß der Planungsphase die exakte Entwurfszeichnung.

5.2 Grundlagenpläne

Unabhängig von der Aufgabenstellung benötigt der Landschaftsarchitekt für die Entwicklung von Ideenskizzen, Vorentwürfen oder Entwürfen Planungsgrundla-

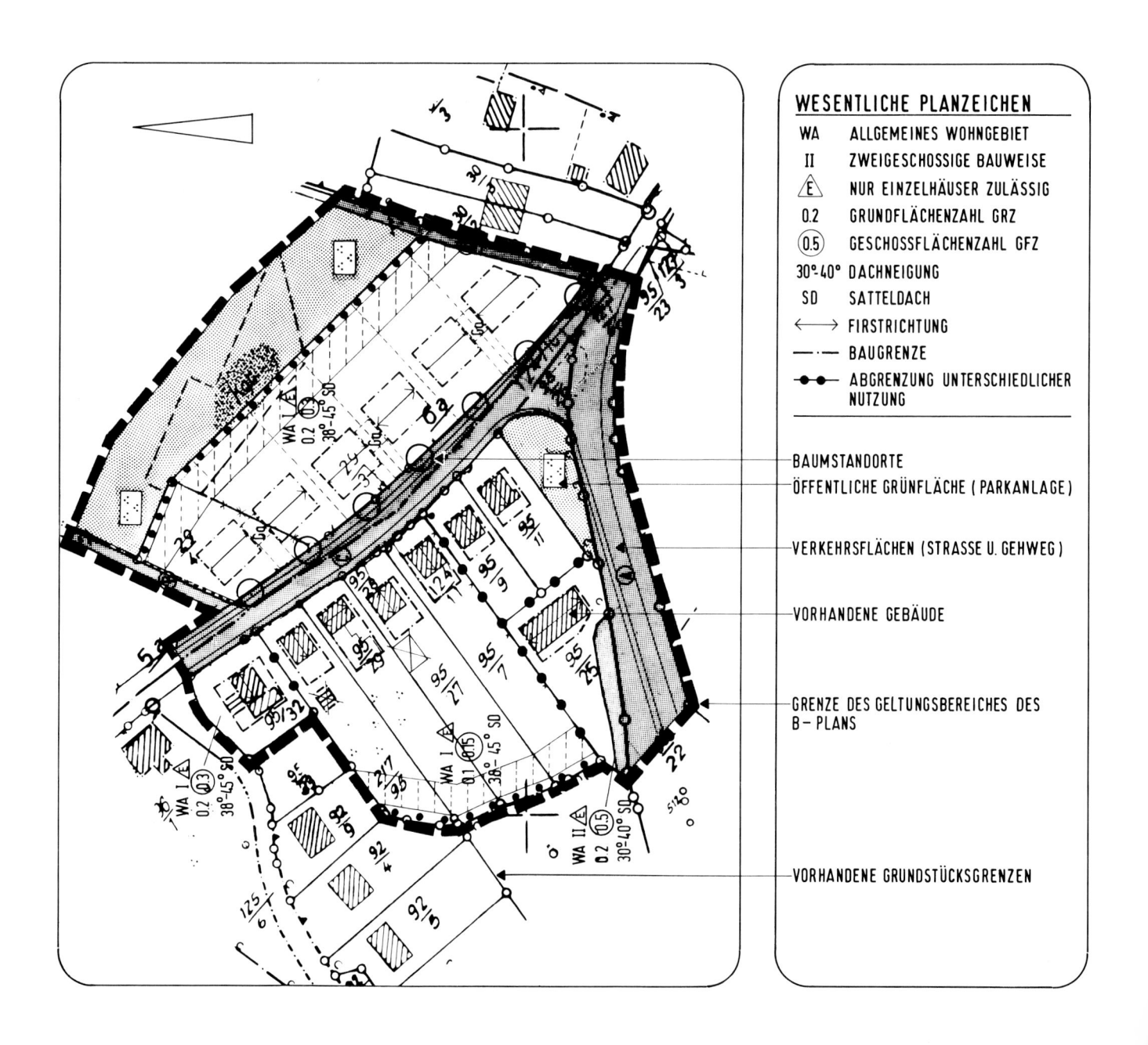

Abb. 45 Ausschnitt aus einem Bebauungsplan

Grundlagenpläne

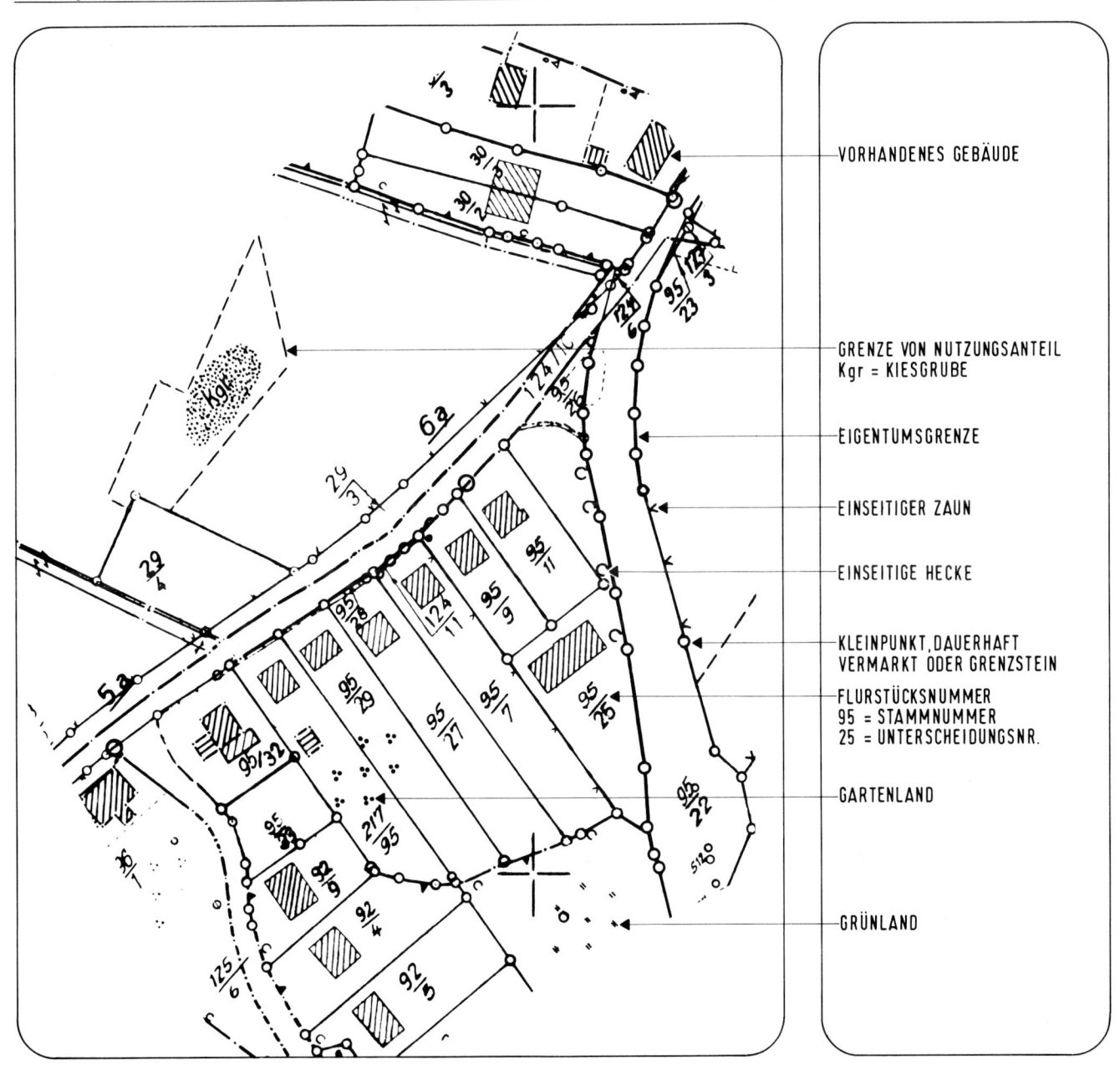

Abb. 46 Ausschnitt aus einer Katasterkarte

Legende:
- VORHANDENES GEBÄUDE
- GRENZE VON NUTZUNGSANTEIL Kgr = KIESGRUBE
- EIGENTUMSGRENZE
- EINSEITIGER ZAUN
- EINSEITIGE HECKE
- KLEINPUNKT, DAUERHAFT VERMARKT ODER GRENZSTEIN
- FLURSTÜCKSNUMMER 95 = STAMMNUMMER 25 = UNTERSCHEIDUNGSNR.
- GARTENLAND
- GRÜNLAND

gen, die ihm die benachbarten Fachdisziplinen liefern müssen. Je umfassender und exakter die Planunterlagen sind, desto präziser und überzeugender kann die eigene Planungsaufgabe gelöst werden.

5.2.1 Der Bebauungsplan

Er ist nach dem Bundesbaugesetz eine rechtlich eindeutig fixierte Planungsebene, die auch für die Freiraumplanung zahlreiche Vorgaben und Bindungen aufweisen kann. Diese Festsetzungen sind bei einem rechtskräftigen Bebauungsplan kaum veränderbar und daher bei der weiteren Planung unbedingt zu beachten. Festgesetzt werden z. B. öffentliche oder private Verkehrsflächen mit Park- und Stellplätzen, private Grundstücke und öffentliche Grünflächen mit Nutzungsanga-

ben wie Sportanlage oder Kinderspielplatz. Flächen für die Bepflanzung mit Gehölzen können ebenso ausgewiesen werden wie die Standorte für Straßenbäume oder zu bepflanzende Lärmschutzwälle. Selbst bei der Planung eines Hausgartens ist es sinnvoll, sich vorher davon zu überzeugen, ob z. B. für den Vorgartenbereich rechtliche Bedingungen im Rahmen eines Bebauungsplanes vorgegeben sind.

5.2.2 Die Katasterkarte

Im M. 1:1000 ist sie die am häufigsten verwendete Grundlagenkarte in der Objektplanung, wobei in Städten mit eigenen Vermessungsämtern im allgemeinen der M. 1:500 die gebräuchlichste Darstellungsart ist. In genormten Zeichen vermittelt sie dem Planer eine Fülle

von Informationen für die Entwurfstätigkeit. So finden wir z. B. in diesen Karten u. a. folgende Angaben:
- Trigonometrische Punkte, Polygonpunkte;
- Mauerbolzen, Wasserpegel;
- Gemeindegrenzen, Flurgrenzen, Eigentumsgrenzen, Grenzsteine, Grenzpunkte;
- Hecken, Zäune, Mauern, Wege und Gräben;
- Böschungen, Dämme, Einschnitte;
- Höhenlinien und Höhenpunkte;
- Nutzungsarten wie Grünland, Laubwald, Nadelwald, Mischwald, Wasserflächen, Moor und Heide;
- Einzelbäume von besonderer topografischer Bedeutung;
- oberirdische Leitungen, Unterflurhydranten und Laternen.

5.2.3 Bestandspläne

Die Planung eines Dorfplatzes, einer Fußgängerzone oder einer Sportanlage auf einer bisher landwirtschaftlich genutzten Fläche setzt vor Planungsbeginn als Grundlage eine Bestandsaufnahme der örtlichen Situation voraus. Beim Sportplatz braucht es vielleicht nur ein Höhenaufmaß zu sein, während für die Fußgängerzone vom Straßeneinlauf über Telefonzellen und Straßenlampen bis hin zu den Grundstücksgrenzen alles erfaßt werden muß. Diese Höhenaufmaße oder Bestandspläne sollten im gleichen Maßstab erstellt werden wie die vorgesehene Planung, um von vornherein mit möglichst großer Genauigkeit arbeiten zu können.

5.2.4 Straßen- und Leitungspläne

Viele Objekte der Freiraumplanung stehen in einem engen Zusammenhang mit dem Bau von Erschlie-

Abb. 47 Ausschnitt aus einem Bestandsplan (Lage- und Höhenaufmaß)

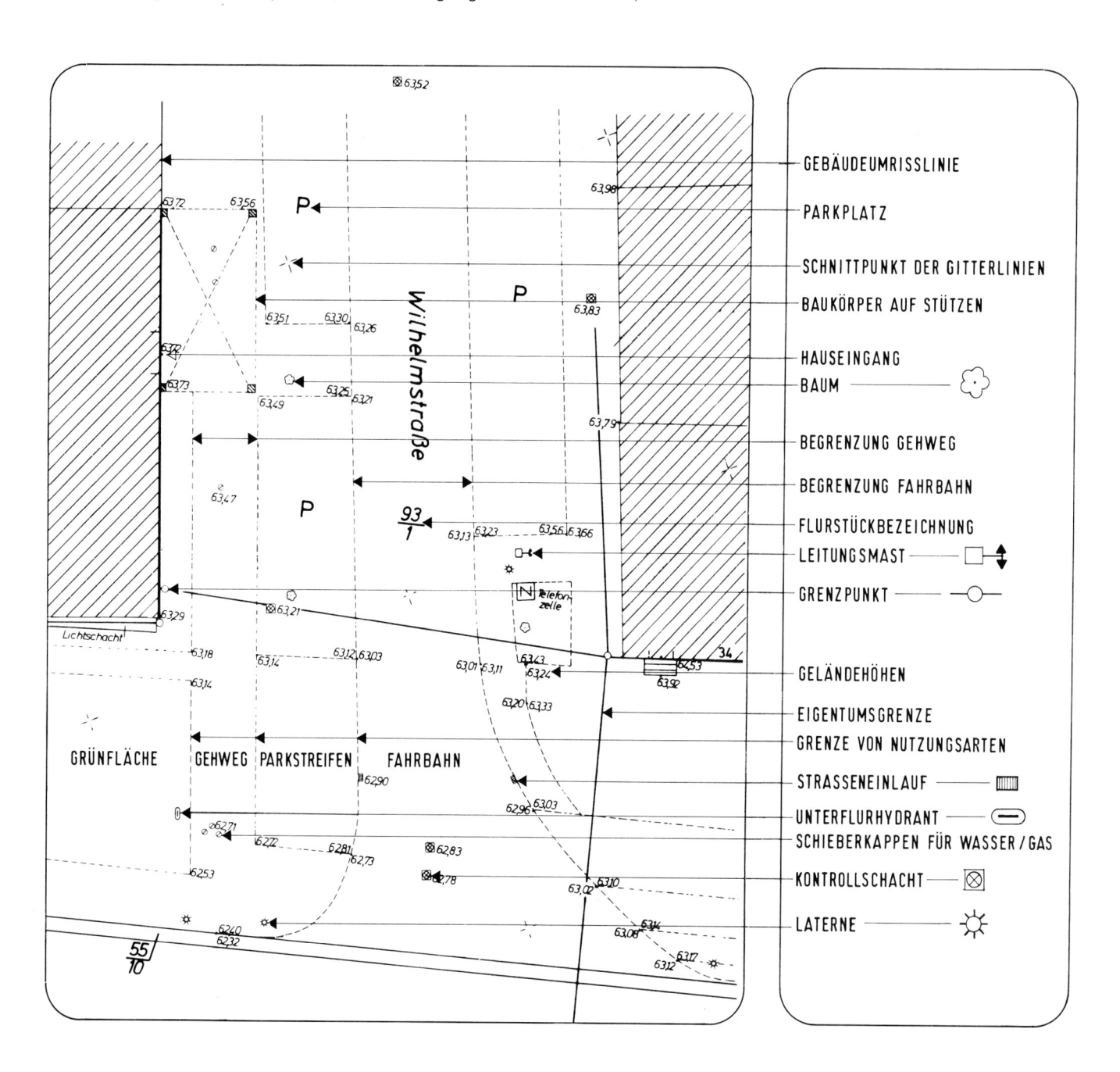

Grundlagenpläne

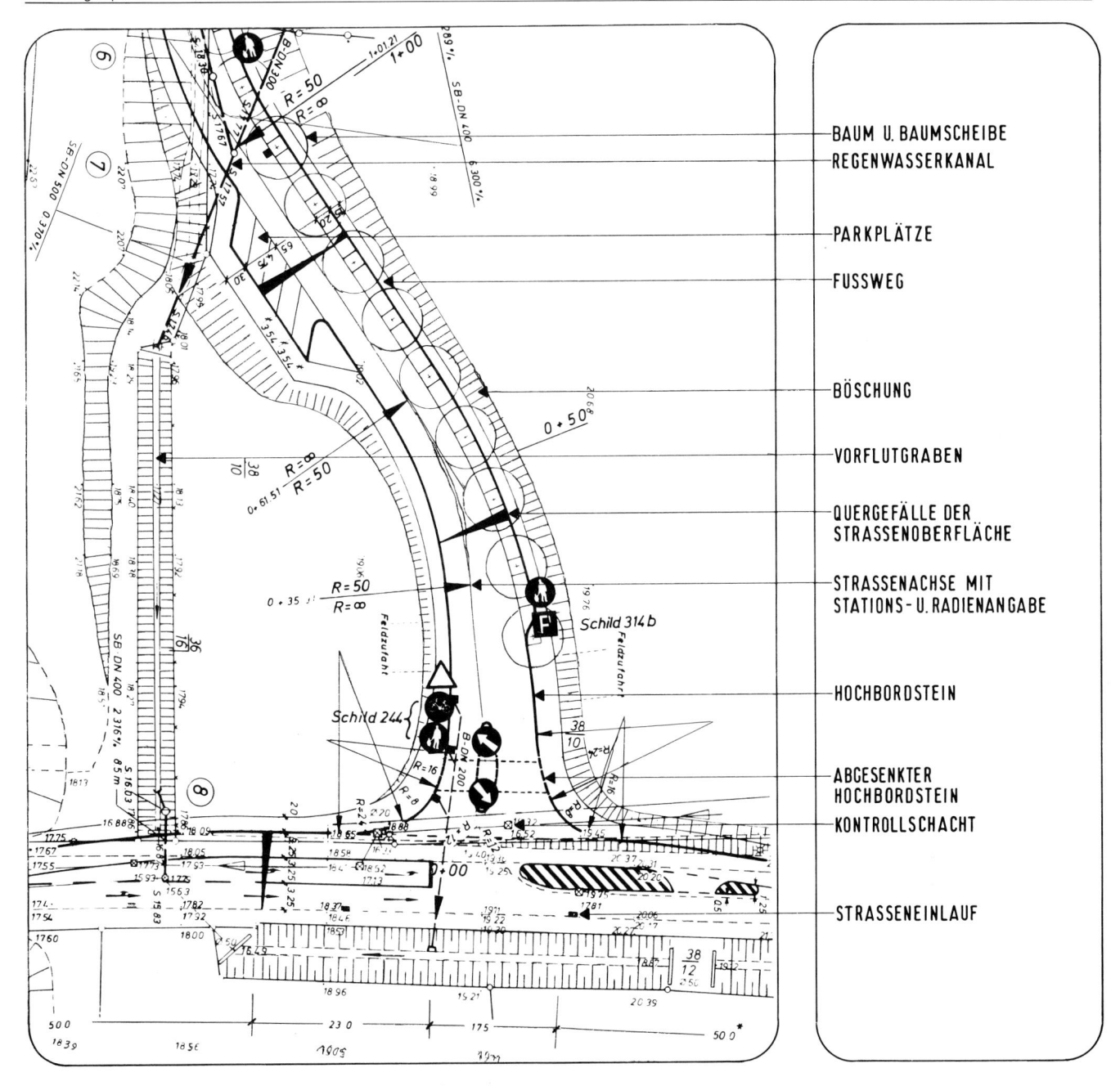

Abb. 48 Ausschnitt aus einem Straßen- und Leitungsplan

Labels (rechts):
- BAUM U. BAUMSCHEIBE
- REGENWASSERKANAL
- PARKPLÄTZE
- FUSSWEG
- BÖSCHUNG
- VORFLUTGRABEN
- QUERGEFÄLLE DER STRASSENOBERFLÄCHE
- STRASSENACHSE MIT STATIONS- U. RADIENANGABE
- HOCHBORDSTEIN
- ABGESENKTER HOCHBORDSTEIN
- KONTROLLSCHACHT
- STRASSENEINLAUF

ßungsmaßnahmen (Straßenbau, Ent- und Versorgungsleitungen). Straßen- und Tiefbauingenieure planen diese Maßnahmen und stellen sie in entsprechenden Plänen dar.

Wichtig für die Freiraumplanung sind dabei die vorgegebenen Straßen- und Geländehöhen, die Leitungstrassen für Regen- und Schmutzwasserkanäle, Wasser- oder Gasleitungen oder Angaben über freizuhaltende Sichtdreiecke in Einmündungsbereichen von Straßen.

5.2.5 Architektenpläne

Den Schluß in der Gruppe der Grundlagenpläne bilden die Architektenpläne, d. h. Lagepläne, Grundrisse, Schnitte und Ansichten sowie Detailpläne eines Objektes, für das eine Freiraumplanung entwickelt werden soll.

Bei den engen Wechselbeziehungen, die sowohl in der Entwurfsphase wie auch in der Detailplanung zwischen der Hochbau- und Freiraumplanung bestehen, ist eine genaue Kenntnis der Architektenpläne unbedingt erforderlich. Es sei hier noch einmal darauf hingewiesen, daß die für die Freiraumplanung notwendigen Daten und Vorgaben immer aus verschiedenen Plänen (Keller- und Erdgeschoßgrundriß, Schnitte und Ansichten, Detailplänen) zusammengestellt werden müssen.

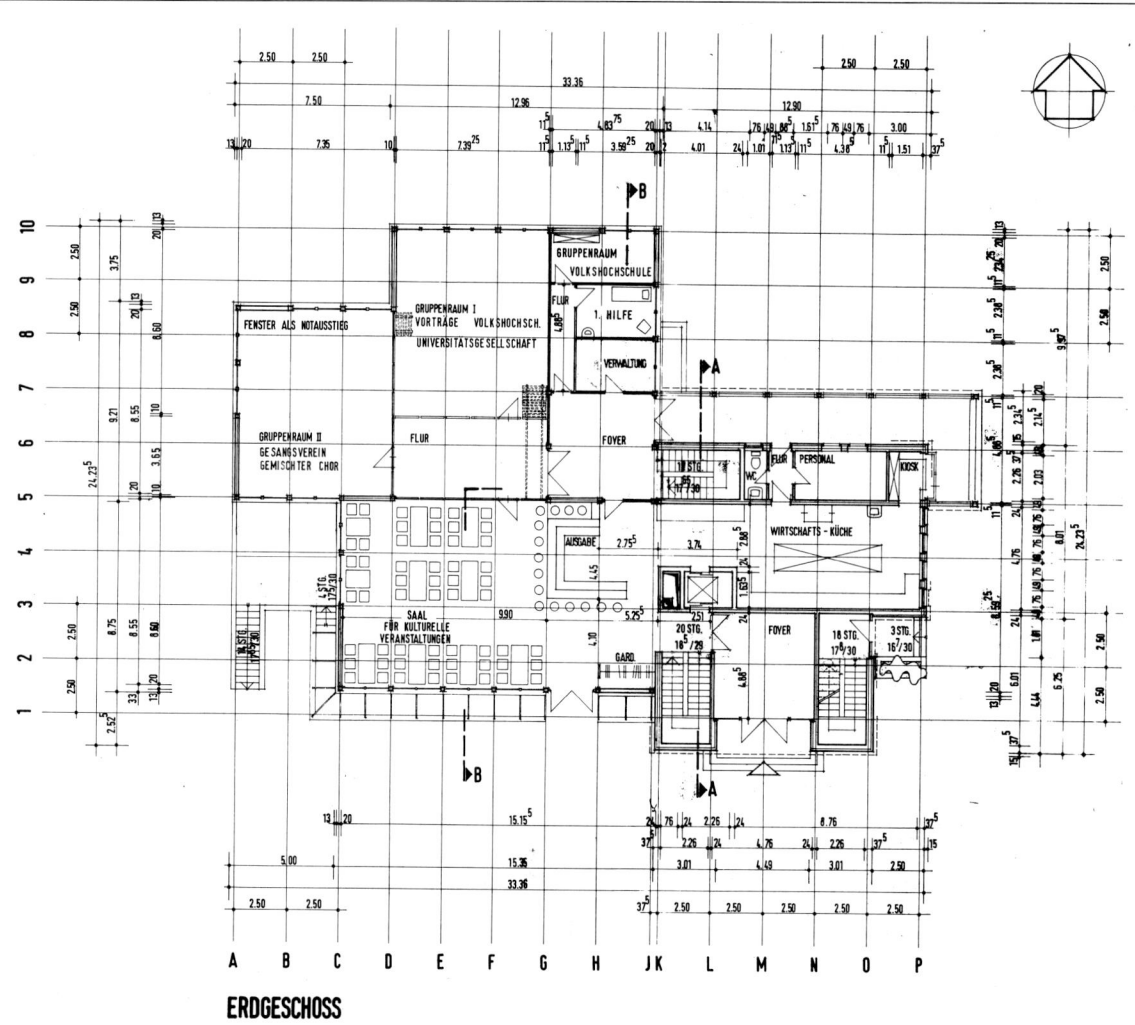

Abb. 49 Gebäudegrundriß (Architekten Dipl.-Ing. Diedrichsen, Dr. Hoge)

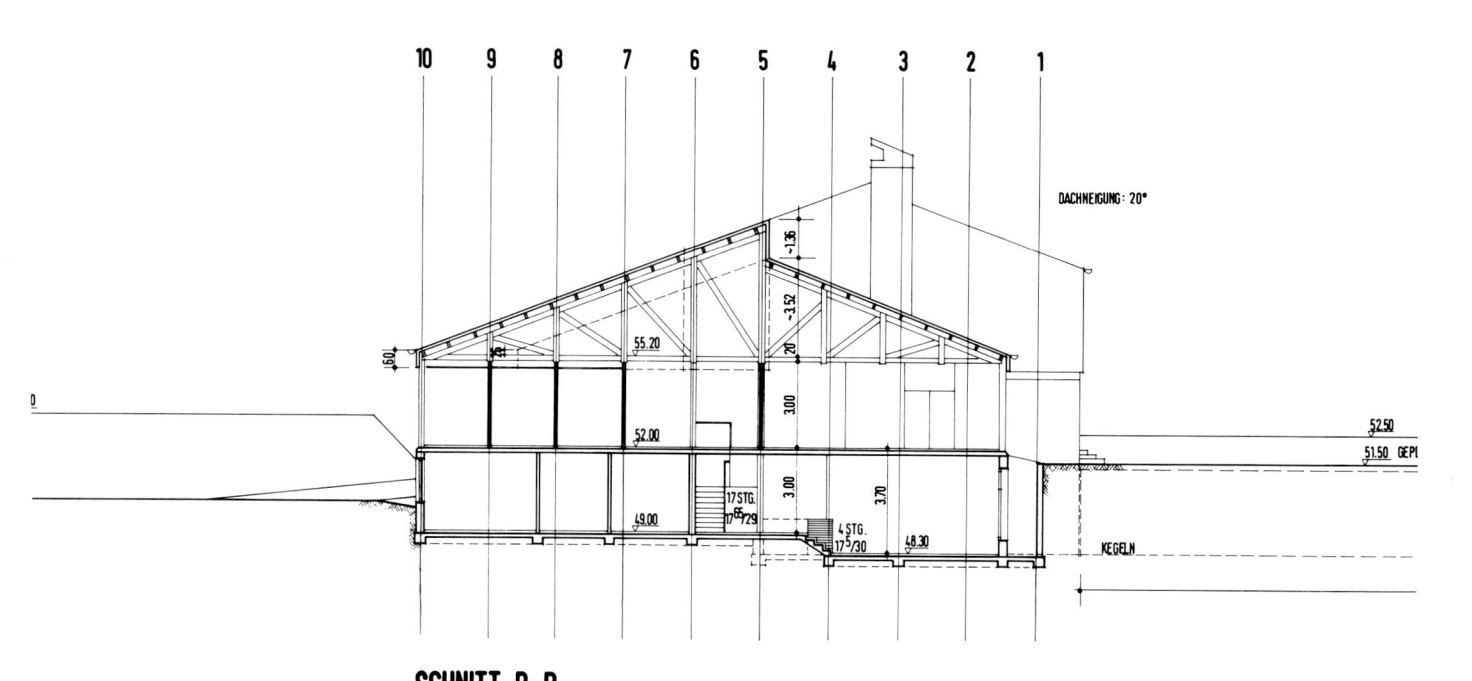

Abb. 50 Gebäudeschnitt (Architekten: Dipl.-Ing. Diedrichsen, Dr. Hoge)

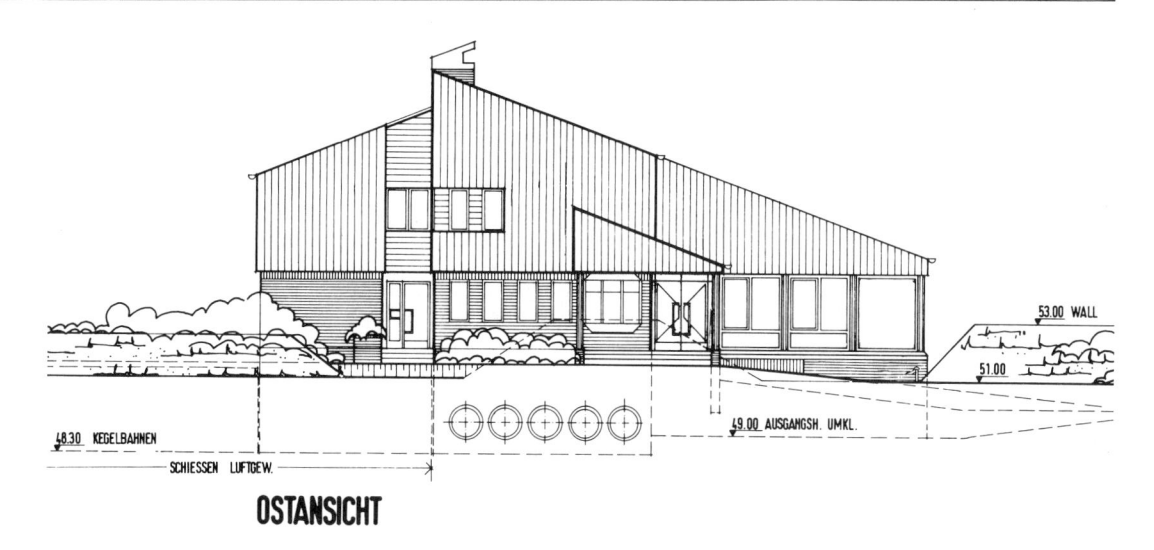

Abb. 51 Gebäudeansicht (Architekten: Dipl.-Ing. Diedrichsen, Dr. Hoge)

5.3 Entwurfspläne

Der gesamte Planungsprozeß ist die immer wiederkehrende Umsetzung gedanklicher Entwicklungen in zeichnerische Darstellungen. Jede Entwurfstätigkeit entwickelt sich in Planungsschritten, die dabei von Stufe zu Stufe an Aussagequalität gewinnen muß. Diese Vielzahl an Plänen und Planungsstadien macht eine bestimmte Plansystematik oder Planbezeichnung erforderlich, um schon aus der Planbezeichnung die jeweilige Planungsstufe erkennen zu können.

Da auch die Honorierung der Architektenleistungen entsprechend dieser Planungsschritte erfolgt, ist z. B. in der Gebührenordnung der jeweilige Leistungsumfang für die einzelnen Planungsschritte genau definiert. Es handelt sich dabei aber immer nur um inhaltliche Anforderungen an eine bestimmte Planungskategorie und nicht um die Art und Weise der zeichnerischen Darstellung oder Maßstabsgrößen. Mit den zunehmend höheren Planungsanforderungen hat sich auch hier die Planterminologie weiterentwickelt, so daß aus dem Vorentwurf die Vorplanung (Projekt- und Planungsvorbereitung) geworden ist, aus dem Entwurf wurde die Entwurfsplanung (System- und Integrationsplanung). Da aber die Begriffe Vorentwurf oder Ideen- und Funktionsskizze nach wie vor gebräuchlich sind, sollten sie hier weiter verwendet werden, da sie dem Anfänger den Einstieg in die Plansystematik leichter machen als die sehr komplexen Begriffe der Honorarordnung.

5.3.1 Skizzen

Skizze ist zunächst der Begriff für eine flüchtige Zeichnung, die einen (künstlerischen) Einfall festhalten soll. In der Architektur und Freiraumplanung sind Skizzen – Ideenskizzen – der sichtbare Beginn jeder planerischen Tätigkeit. Durch Skizzen werden gedankliche Vorgänge zeichnerisch fixiert. Dabei ist es gleichgültig, ob im Maßstab 1 : 500 das Ideenkonzept für einen Freizeitpark oder ein Sportzentrum entwickelt wird, oder im Maßstab 1 : 10 nach Detaillösungen für einen Brunnen oder eine Pergola gesucht wird. Die Skizze für den Freizeitpark kann dabei in erster Stufe durchaus nur eine Funktionsskizze sein, d. h. es wird zunächst nur versucht, ein sinnvolles Konzept für die Benachbarung oder Verflechtung unterschiedlicher Nutzungs- oder Erlebnisbereiche zu entwickeln, ohne bereits auf gestalterische Formvorstellungen einzugehen. Das Wesentliche an einer Skizze ist immer die »flotte«, möglichst freihändig gezeichnete, einprägsame Darstellung einer Idee **(Abb. 52, 53)**.

5.3.2 Vorentwurf

Der Vorentwurf ist das Erarbeiten eines Planungskonzeptes einschließlich seiner zeichnerischen Darstellung. Dabei gehören zu einem Vorentwurf auch Untersuchungen alternativer Lösungsmöglichkeiten, so wie ergänzende Strichskizzen oder die notwendigen erläuternden Angaben. Der Vorentwurf sollte Aussagen machen über die Einbindung eines Projektes in die Umgebung und sich mit den ökologischen Zusammenhängen auseinandersetzen **(Abb. 54)**.

Neben der Klärung inhaltlicher und gestalterischer Fragen taucht hier natürlich auch die Frage nach der Art und Weise der Darstellung auf, wie Gebäude, Mauern, Bäume, Wegeflächen oder Staudenpflanzungen dargestellt werden. Hier kommt nun der Begriff »Grundriß« ins Gespräch. Er ist die im Hochbau übliche Darstellung eines Horizontalschnittes durch ein Gebäude (Kellergeschoß, Erdgeschoß, 1. Obergeschoß usw.).

Die Darstellung von Vorentwürfen und Entwürfen in der Freiraumplanung kann allerdings nur im weiteren Sinn als Grundrißzeichnung angesprochen werden. Eine horizontale Schnittebene 30 cm oberhalb der Geländeoberfläche würde von einem Baum nur den Schnitt durch den Stamm zeigen, von einer Pergola nur die Pfosten- oder Stützenstellung, von der Treppen- oder Maueranlage nur die unterhalb der Schnittebene liegenden Teile, nie aber das geplante »Volumen« eines

Abb. 52 Ideenskizze (zu 5.3.1)

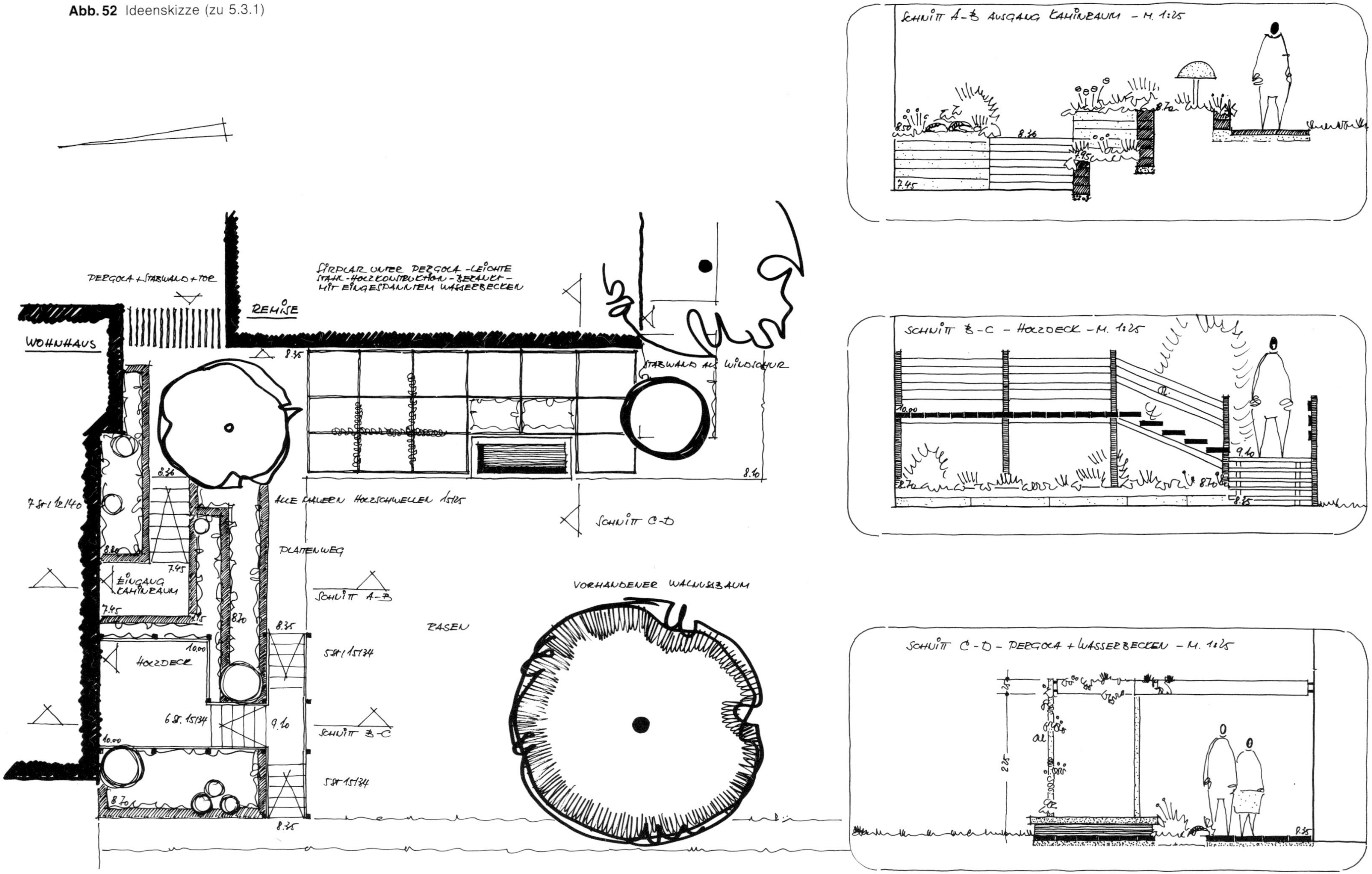

Entwurfspläne

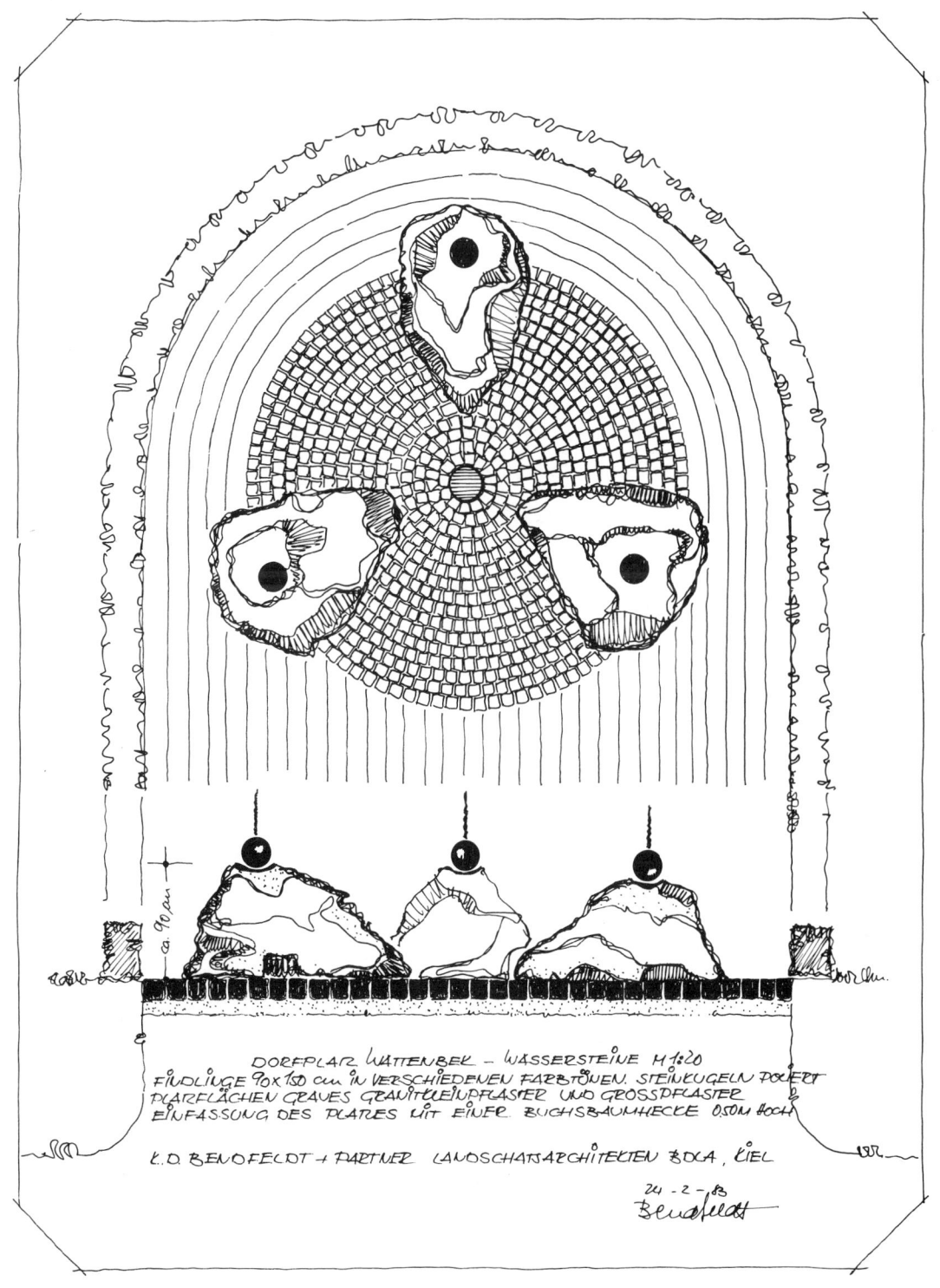

Abb. 53 Ideenskizze für ein Wasserspiel

Baumes, die Abmessungen einer Pergola, den kompletten Stufenlauf oder die Terrassierung eines Geländes durch Mauern. Der Grundriß in der Freiraumplanung ist die auf einer waagerechten Ebene (d. h. auf Zeichenpapier) dargestellte Vertikalprojektion von Gebäuden, Bäumen, Gehölzpflanzungen, Treppen- und Maueranlagen, Pergolen usw., verbunden mit der Darstellung von Begrenzungslinien für Wege- und Plätze, für Rasen und Wasserflächen. Ergänzt wird diese zeichnerische Aussage durch Strukturdarstellungen für Pflasterflächen, Staudenpflanzungen und Rasenflächen, sowie durch Böschungslinien, Höhenzahlen und zusätzliche Textinformationen.

Der Vorentwurf sollte in seiner zeichnerischen Darstellung immer als solcher zu erkennen sein. Hier wird nicht die perfekte zeichnerische Lösung erwartet, sondern vielmehr eine lockere und flüssige, möglichst freihändige Strichführung, die eine individuelle Idee auch individuell darstellt. Berücksichtigen sollte man dabei, daß Vorentwürfe häufig farbig angelegt und deshalb als einfache Strichzeichnungen ausgeführt werden.

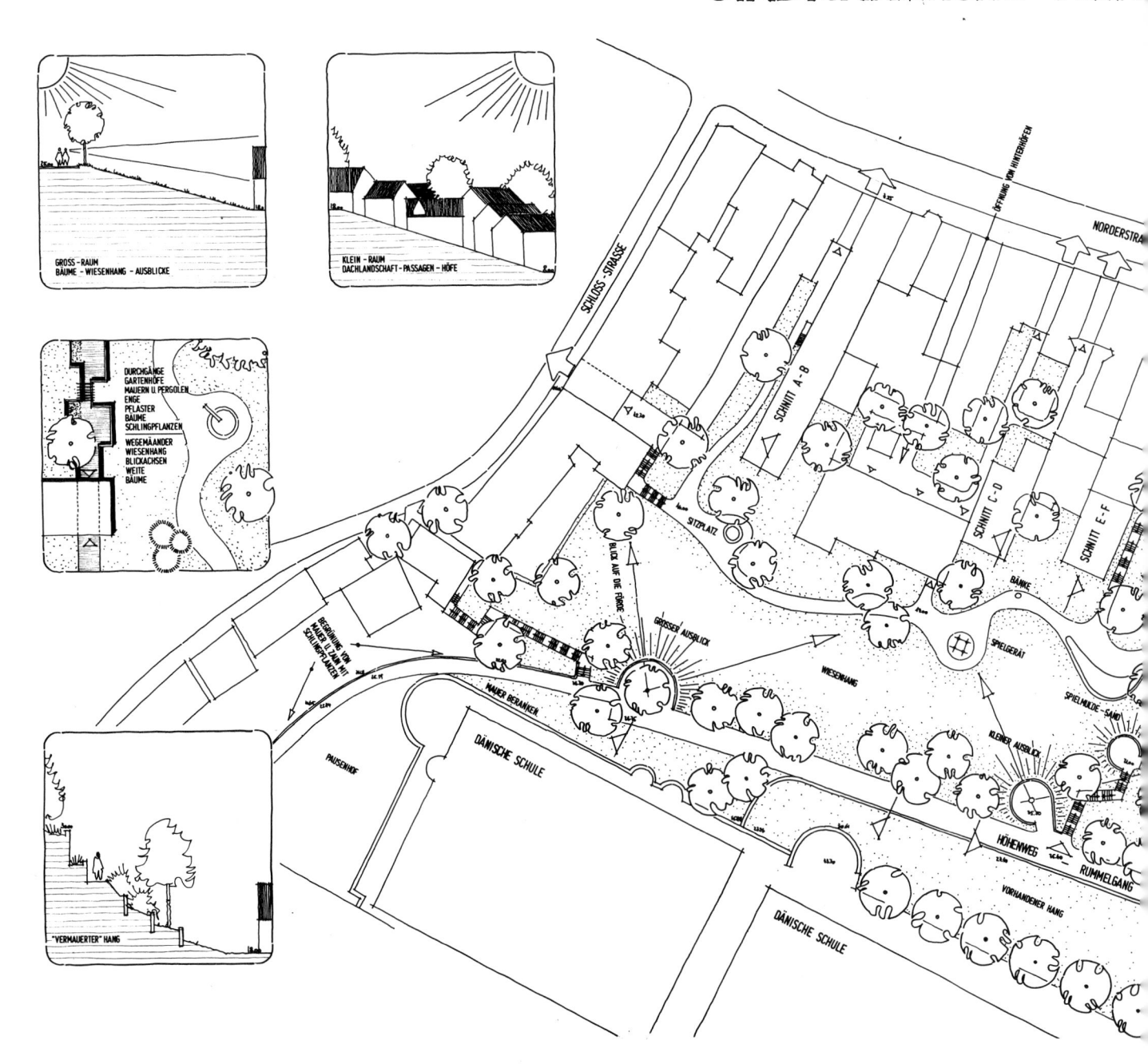

5.3.3 Entwurf

Der Entwurf ist von seiner inhaltlichen Aussage her die stufenweise Weiterentwicklung des Vorentwurfes zu einem Planungskonzept, das alle städtebaulichen, gestalterischen, funktionalen, technischen, bauphysikalischen und ökologischen Anforderungen berücksichtigt. Die zeichnerische Darstellung des Gesamtentwurfes kann dabei durch Detailpläne oder Übersichtspläne und Funktionsskizzen ergänzt werden.

Da der Entwurf die Lösung einer Bauaufgabe darstellt, sind auch an die Entwurfszeichnung höhere Ansprüche zu stellen als an den Vorentwurf. Erforderlich ist die exakte, maßstabsgerechte Zeichnung in Schwarzweißdarstellung mit unterschiedlichen Strichstärken und graphischer Übereinstimmung aller einzelnen Signaturen. Darüber hinaus muß der Entwurf alle Informationen enthalten (Texte, Höhenzahlen, Maßangaben), die zum Verständnis des Planungskonzeptes erforderlich sind.

5.3.4 Schnitte und Ansichten

Die Erfahrung zeigt immer wieder, daß auch ein gut

Entwurfspläne

G · FREIRAUMPLANUNG
LOCK III · VORENTWURF

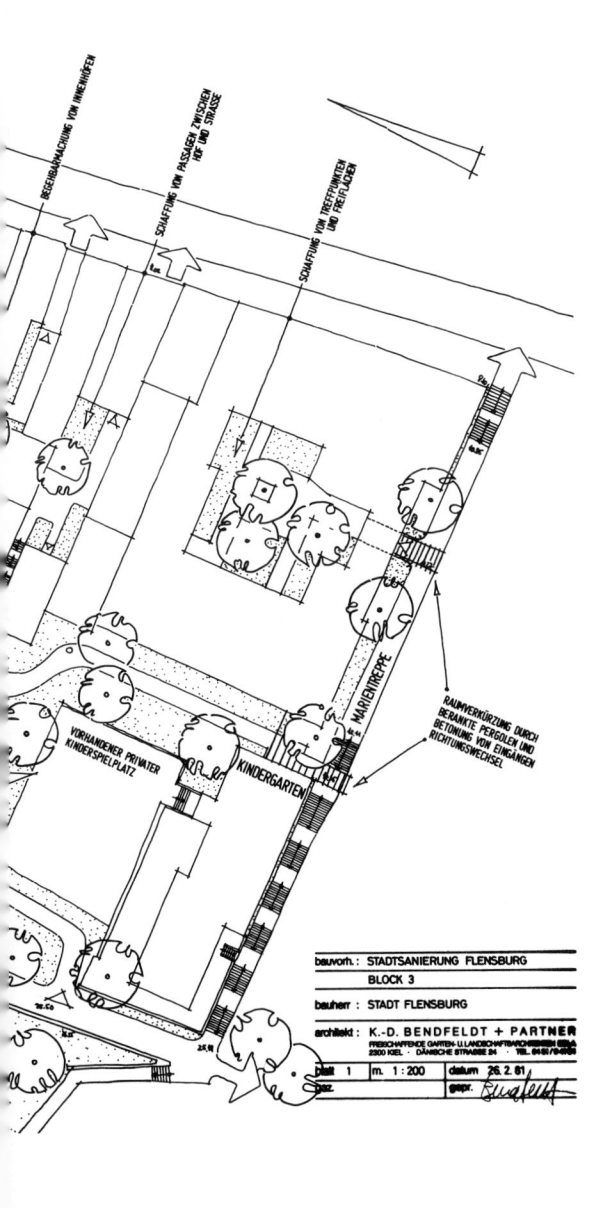

Abb. 54 Vorentwurf M. 1 : 200. Der Plan ist freihändig in gleicher Strichstärke gezeichnet, um anschließend koloriert zu werden (s. Abb. 42, zu 5.3.2)

gezeichneter Entwurf für den Bauherrn, sofern er Laie ist, Probleme in der Erfassung und im Erkennen der räumlichen Situation oder technischer Details aufwirft. Geländebewegungen, Mauerhöhen, Höhenverhältnisse von Pflanzungen, konstruktive Details von Pergolen oder der Aufbau von Dachgärten sollten ergänzend zum Vorentwurf oder Entwurf in zusätzlichen Plänen dargestellt werden.

Schnitte und Ansichten sind solche ergänzenden Darstellungen. Der Schnitt ist die zeichnerische Darstellung einer senkrechten Schnittebene durch ein Gebäude oder Gelände. Der Aufriß oder die Ansicht sind in der Architekturzeichnung die Außen- oder Innenansicht eines Gebäudes in senkrechter Projektion.

In der Freiraumplanung sind Ansichten ebenfalls gute zeichnerische Mittel, um dem Laien Planvorstellungen besser verständlich zu machen.

Schnittzeichnungen werden häufig ergänzt durch hinter der Schnittebene liegende Bauteile. Es entsteht dann eine Kombination von Schnitt- und Ansichtszeichnung, die Schnittansicht. Die Schnittansicht ist in der Freiraumplanung (neben dem Modell) das wichtigste Hilfsmittel, um z. B. Geländemodellierungen oder Höhenunterschiede für den Bauherrn anschaulich zu machen. Darüber hinaus tragen gut gezeichnete Schnittansichten viel zum besseren Verständnis und Erfassen einer Planungsidee bei **(Abb. 56, 57, 60)**.

LANDES-RECHNUNGSHOF
SCHLESWIG-HOLSTEIN

FREIRAUMPLANUNG — ENTWURF

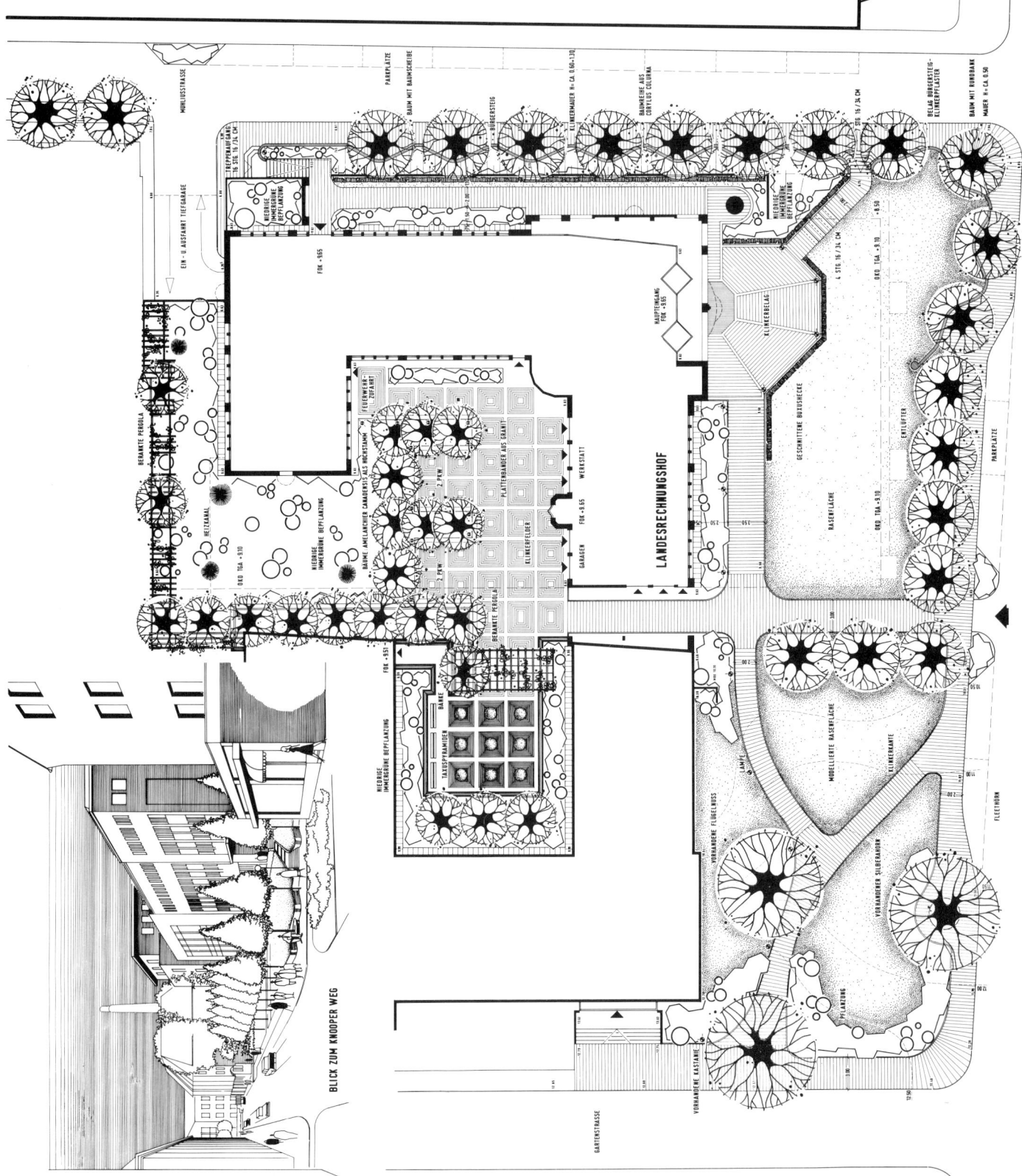

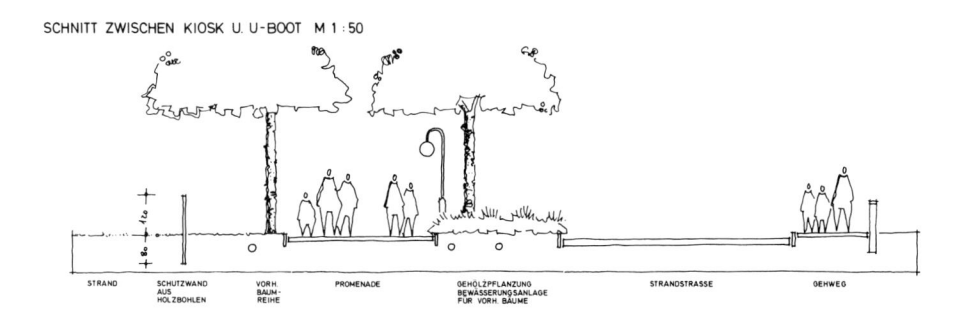

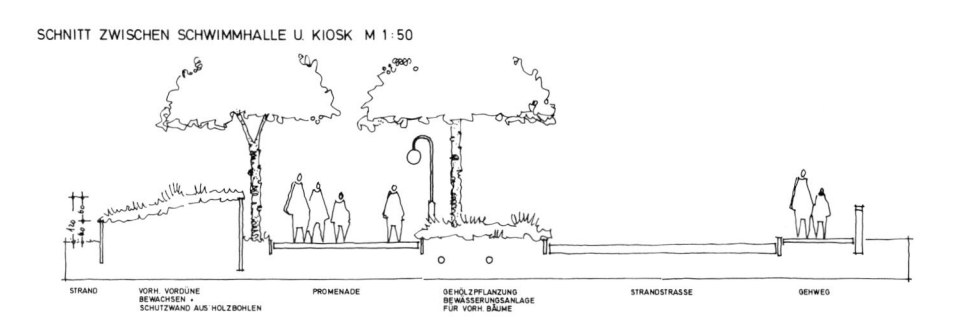

Entwurfspläne

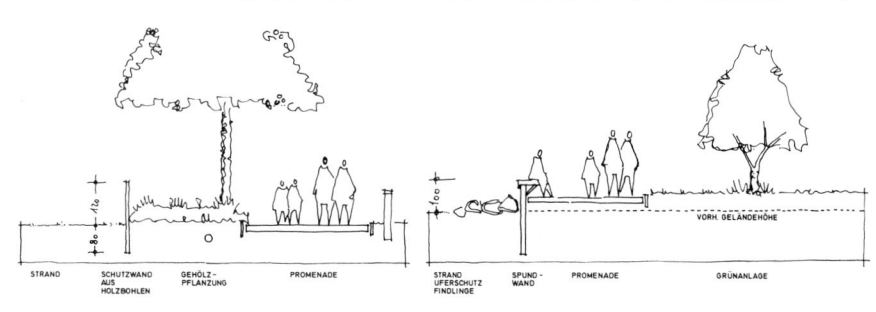

Abb. 55 Entwurf M. 1 : 100. Der Plan zeigt ein sehr differenziertes Freiraumprogramm, das durch die entsprechende graphische Darstellungsweise klar zum Ausdruck gebracht wird. Unterschiedlich schraffierte Wege- und Platzflächen zeigen eindeutig die Gestaltungsabsichten auf und setzen sich klar von den Rasen- und Pflanzflächen ab. Als Kontrast zu den weißen Gebäuden die Baumsignaturen

Abb. 56 Schnittzeichnungen. Als Erläuterung zu einem Vorentwurf wurden diese Skizzen für die Ausgestaltung einer Strandpromenade gezeichnet. Einfache, aber aussagekräftige Strichgraphik, die sich auch gut zum Kolorieren eignet (zu 5.3.4)

5.3.5 Übersichtspläne

Schon bei der inhaltlichen Beschreibung des Vorentwurfes wurde darauf hingewiesen, daß zur Planaussage auch die Einbindung eines Projektes in seine Umgebung gehört. Für die Beurteilung einer Parkanlage, eines Sportzentrums oder einer Kleingartenanlage ist es nicht unwesentlich, wie hier z. B. die Benachbarung zu anderen Grün- und Freiflächen innerhalb eines Wohngebietes oder Stadtteiles aussieht **(Abb. 58)**.

Um diese Zusammenhänge zu verdeutlichen, werden Übersichtspläne gezeichnet, die Bestandteil des Entwurfsblattes sein können oder als gesonderte Pläne dargestellt werden. Für solche Übersichtspläne genügen Maßstabsgrößen von 1 : 1000 bis 1 : 5000.

5.3.6 Modell

Die Entwicklung einer Entwurfsidee, ihre zeichnerische Darstellung und auch das richtige »Lesen« des Planes erfordert sowohl vom Entwerfer wie auch vom Betrachter des Planes ein bestimmtes räumliches Vorstellungsvermögen. Der Fachmann wird sich dieses Raumempfinden durch seine Tätigkeit langsam erarbeiten, der Laie wird immer Schwierigkeiten haben, einen zweidimensionalen Plan dreidimensional zu erfassen.

Ein gutes Hilfsmittel für die Lösung dieses Problems ist der Bau eines Modells entweder vom gesamten Objekt oder nur von bestimmten Teilbereichen. Man muß sich allerdings im klaren darüber sein, daß der Modellbau aus dem Bereich der Architektur stammt – ein Architekturmodell ist die plastisch-dreidimensionale Darstellung eines Bauwerkes oder einer Baugruppe – und daß bestimmte Freiraumsituationen, z. B. Raumbildungen durch niedrige oder halbhohe Pflanzungen, nur schwer überzeugend darzustellen sind.

Ideal lassen sich im Modell Erdmodellierungen anfertigen oder eine durch Mauern terrassierte Geländeform. Raumbildungen durch Mauern und Pergolen können im Modell ausgezeichnet dargestellt werden, auch Einzel-

Abb. 57 Schnittansichten. Vereinfachte Darstellung der Gebäudefassaden, davor differenzierte Aussagen zur Freiraumplanung. Zeichnerische Betonung der baulichen Elemente (Pergolen, Mauern) im Gegensatz zu den vegetativen Elementen (Bäume, Sträucher, Stauden) (zu 5.3.4)

bäume, Baumgruppen oder Baumreihen sind sehr modellwirksam.

Der Bau eines Modells kann grundsätzlich unter verschiedenen Gesichtspunkten gesehen werden. Ein Arbeitsmodell wird angefertigt, wenn man während der Vorentwurfs- oder Entwurfsphase bestimmte Entwurfsziele auf ihre räumlich-plastische Wirkung hin überprüfen will. Das kann z. B. der Fall sein bei einer starken Durchformung oder Veränderung der vorhandenen Topographie (Sportanlage, Freizeitpark, Lärmschutzwälle, Einbindung eines Straßenkörpers in den angrenzenden Landschaftsraum). Solche Massenmodelle lassen sich gut im M. 1:1000 oder 1:500 aus 1 mm starken Kartontafeln herstellen. (Im M. 1:1000 entspricht 1 mm Kartonstärke einer Höhenschichtlinie von 1,00 m, im M. 1:500 einer von 0,50 m.) Die Höhenschichtlinien werden dabei vom Plan auf den Karton durchgepaust, ausgeschnitten und übereinandergeklebt. Detaillösungen für Wasserbecken, Brunnenanlagen, Pergolen oder Innenhöfe können sehr wirklichkeitsnah im M. 1:50 gebaut werden. Wesentlich bei einem Arbeitsmodell ist stets, daß mit einfachen Mitteln (Pappe, Holz, Styropur) und nicht zu großem Zeitaufwand bedeutsame Entwurfsteile körperhaft, dabei jedoch maßstabsgetreu dargestellt werden.

Entwurfsmodelle sind Modelle, die nach der Planvorlage eines Vorentwurfes oder Entwurfes hergestellt werden und als Entscheidungshilfe für die Meinungsbildung eines Bauherrn (Bauausschuß/Stadtrat) oder als Information für die Bürger einer Gemeinde konzipiert sind. Diese Modelle sollten sich in der Exaktheit der Darstellung von den Arbeitsmodellen unterscheiden. Sie sind daher am zweckmäßigsten von einem gelernten Modellbauer herzustellen.

Bei Planungswettbewerben gehört es häufig zur Leistung des Wettbewerbsteilnehmers, für die von ihm vorgeschlagene Lösung zusätzlich ein Modell abzugeben. Je nach der Aufgabenstellung kann dies z. B. bei städtebaulichen Wettbewerben ein einfaches Massenmodell im M. 1:500 sein oder die schon sehr ins Detail gehende Darstellung einer Fußgängerzone oder eines Marktplatzes im M. 1:200 **(Abb. 59)**.

Entwurfspläne

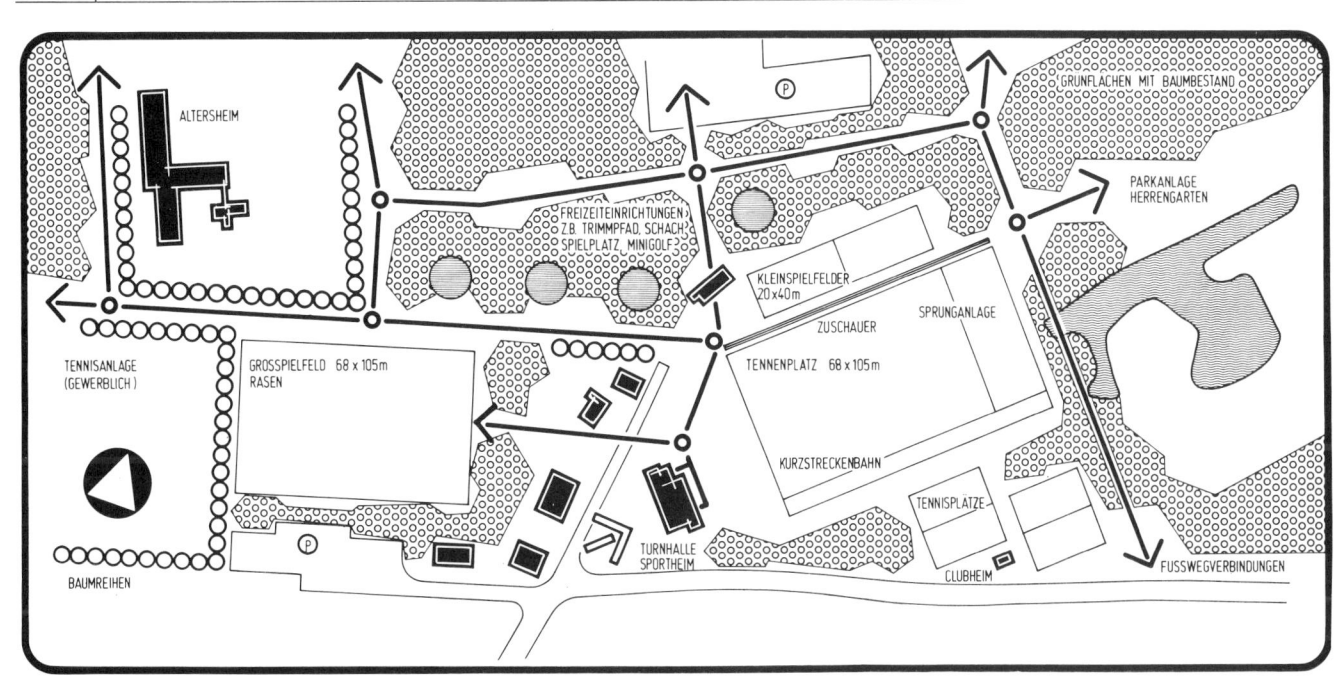

Abb. 58 Übersichtsplan

Abb. 59 Modell M. 1 : 500 zur städtebaulichen Gestaltung des Ortszentrums einer ländlichen Gemeinde. Gemeindeverwaltung, Kindergarten, Läden und ein Eikaufszentrum gruppieren sich um den »Marktplatz«
Das Modell ist mit einfachsten Mitteln hergestellt. Die Grundplatte ist entsprechend den Höhenschichtlinien aus mehreren Pappschichten aufgebaut (Stärke der Pappe 1 mm = 50 cm Höhendifferenz). Die Gebäude sind aus Hartstyropur geschnitten, die Bäume sind serienmäßige Holzperlen. Grundplatte weiß, Gebäude grau gespritzt. Gemeindeverwaltung und Kindergarten als »geplanten Baukörper« dunkelgrau hervorgehoben

Die für den Modellbau zur Verfügung stehenden Materialien sind sehr vielfältig. Wichtig ist, daß sie sich ohne allzu großen Arbeitsaufwand gut be- und verarbeiten lassen. Gips, Pappe oder Karton, weiches Holz (Balsaholz), Korkplatten, Kunststoffe oder Plexiglas sind für den Modellbauer alles geeignete Baustoffe, aus denen sich exakte Modelle herstellen lassen. Neben dem notwendigen handwerklichen Geschick gehört jedoch zum Modellbau auch Einfallsreichtum und ausreichend Phantasie. Für das Herstellen von Bäumen kann man z. B. die unterschiedlichsten Materialien wie Holzkugeln, kleine Bürsten, Moos, Fruchtstände von Erlen, Zweige und Samenstände vieler Stauden verwenden. Genauso wie beim graphisch gut gestalteten Plan kommt es auch hier letztlich auf die aufeinander abgestimmte Materialwahl an, die das harmonische Gesamtbild ergibt.

Zum Schluß noch ein Wort über die Farbe im Modellbau. Nicht das bunte, farbenfreudige Modell wirkt am besten, sondern das mit wenigen, zurückhaltenden Farben hergestellte überzeugt am ehesten, wobei naturfarbenes Holz oder Korkmodelle auch sehr wirkungsvoll sein können.

Abb. 60 Schnitte und Perspektive. In der Darstellung anspruchsvollere Zeichentechnik. Kontrastreiche Schwarzweißzeichnung als Teil eines Wettbewerbsprojektes (Zeichnung: Hoffmann) (zu 5.3.4)

5.3.7 Erläuterungsbericht und Kostenschätzung

In den vorausgegangenen Kapiteln ist mehrfach herausgestellt worden, daß die zeichnerische Darstellung eines Entwurfes so umfassend sein sollte, daß es zwischen Planverfasser und Auftraggeber zu keinen unterschiedlichen Auffassungen über die Planungsidee kommen kann. Auf der anderen Seite wurde aber auch betont, daß der Laie immer wieder Probleme beim Lesen und bei der Beurteilung von Plänen hat. Darüber hinaus treten bei vielen Planungsaufträgen eine Reihe von planungsrelevanten Faktoren auf, die entweder nicht zeichnerisch dargestellt werden können oder außerhalb des eigentlichen Planungsgebietes liegen. Diese Bindungen können baurechtlicher Art sein (Abstandsflächen, Feuerwehrzufahrten), sie können in teilweise schlechten Baugrundverhältnissen liegen, in Vorgaben der Verkehrsplanung oder in Forderungen und Auflagen des Landschafts- und Naturschutzes. Aus diesen Gründen ist es erforderlich, jedem Entwurf einen Erläuterungsbericht beizufügen, der noch einmal in knapper und übersichtlicher Form die gestalterische Gesamtidee aufzeigt und auf die Einflüsse hinweist, die nicht unmittelbar aus dem Plan ablesbar sind.

Dieser Erläuterungsbericht soll keine seitenlange Wiederholung der Plandarstellung und auch keine langatmige Aufzählung des Planungsprogrammes sein, son-

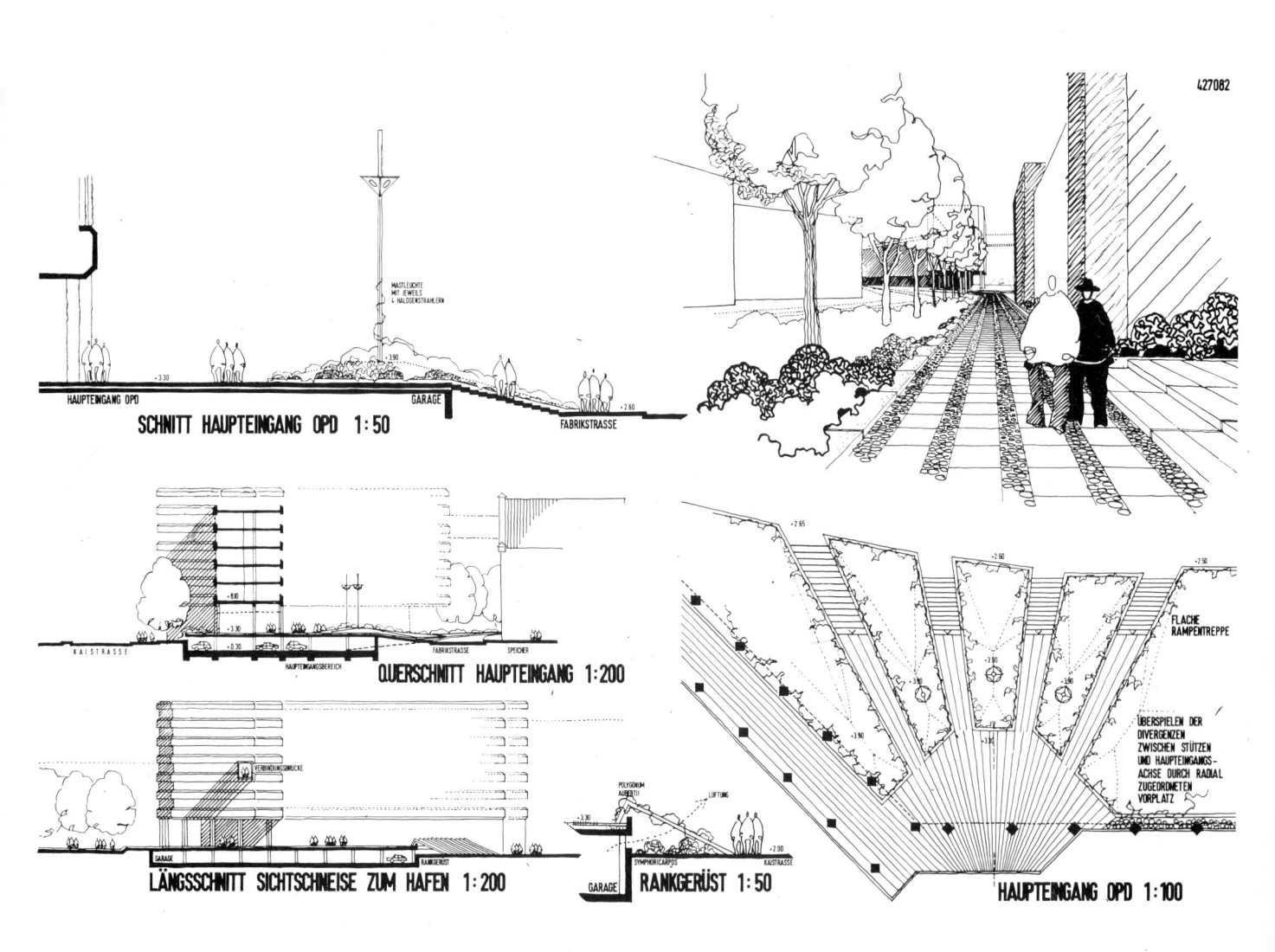

Entwurfspläne

ERLÄUTERUNG IN WORT UND BILD

VOR DER HAUSTÜR
DIE DER HAUSTÜR VORGELAGERTEN EINGANGSHÖFE VERBINDEN WOHNUNG UND FREIRAUM
SIE SIND SELBST TEIL DES FREIRAUMES, BEGINN DER SPIEL- UND KOMMUNIKATIONSZONE, DIENEN ALS TREFFPUNKT, WERDEN ZU SPIELSTELLEN
SPEZIFISCHE BEPFLANZUNG IN JEDEM HOF BILDET ORIENTIERUNGSMERKMAL
SICHERUNG DER BEPFLANZUNG HIER, WIE IM GESAMTEN WOHNWEGBEREICH DURCH ANGEHOBENE PFLANZBEETE
PERGOLEN ÜBERSPANNEN DEN RAUM, SIND BRÜCKE ZWISCHEN PFLANZE UND BAUWERK

AUF DER STRASSE
BAUMGRUPPEN AUF BEIDEN STRASSENSEITEN CHARAKTERISIEREN DIE WOHNSTRASSEN
FUSSWEGBEGLEITENDE GRÜNSTREIFEN TRENNEN GARAGENHÖFE UND VORPLÄTZE VOM ZUFAHRTSVERKEHR
BEBAUUNG TRITT ZURÜCK – STRASSENGRÜN DOMINIERT
GARTENHOF ABSCHIRMENDE, BERANKTE HOLZLAMELLENZÄUNE AUF DEN STRASSENOSTSEITEN GLIEDERN DEN RAUM UND VERBINDEN ÖFFENTLICHES UND PRIVATES GRÜN
PLATZSITUATION AN DEN WENDEHÄMMERN WIRD DURCH GRÜNÜBERSTELLUNG SO KLEINRÄUMIG WIE MÖGLICH GEHALTEN

AUF DEM SPIELPLATZ
VOLLSTÄNDIGE INTEGRATION DES SPIELRAUMES IN DAS FUSSLÄUFIGE VERKEHRSNETZ KOMMT DEM BEDÜRFNIS DER SPIELENDEN NACH BEACHTUNG ENTGEGEN
AUS HOLZELEMENTEN ZUSAMMENGESETZTE SPIELRÄUME ERMÖGLICHEN BEI OFFENHALTUNG DER NUTZUNG VIELFÄLTIGE SPIEL- UND BEWEGUNGSABLÄUFE
FLÄCHENBELAG AUS KUNSTSTOFF SOWIE ANGEMESSENE DIMENSIONIERUNG DER SPIELELEMENTE SORGEN FÜR DIE REAL MÖGLICHE UNFALLSICHERHEIT
WEITESTMÖGLICHER ABSTAND ZU FAHRSTRASSEN VERHINDERT HERAUSRENNUNFÄLLE

IM GARTENHOF
JE NACH DEN BEDÜRFNISSEN DER BENUTZER DIE ERWEITERUNG DES WOHN-, SPIEL- ODER HOBBYRAUMES UM DEN KLIMATISCH BEVORZUGTEN FREIRAUM
DREI DIFFERENZIERT AUSGEBILDETE RÄUME MIT SCHWERPUNKTEN PFLANZE-SPIEL-AUFENTHALT WERDEN ANGEBOTEN
FUNKTIONSGERECHTE BEPFLANZUNG, BEFESTIGTE AUFENTHALTS- UND SITZFLÄCHE (BETONPLATTEN, GRANITPFLASTER)
HOLZLAMELLENZAUN ALS BERANKTE ABSCHIRMUNG ZUR STRASSE ODER ZUM WOHNWEG

IM WOHNWEG
IM PFLASTER STEHENDE BÄUME BILDEN ORIENTIERUNGSZEICHEN, PRÄGEN MIT DEN RAUMEINDRUCK UND ERGÄNZEN DIE GEBAUTEN STRUKTUREN. DIE BIOLOGISCHE STRUKTUR "BAUM" BELEBT DEN RAUM DURCH LICHT UND SCHATTEN, SIE BESTIMMT DAS FREIRAUMKLIMA UND SCHAFFT BEHAGLICHKEITSZONEN. KLEINFORMATIGES BETONPFLASTER (GRAU) UNTERSTÜTZT DEN INTIMEN RAUMCHARAKTER
ANTHRAZITFARBENE PLATTENSTREIFEN MARKIEREN ÖFFENTLICHE FLÄCHEN
MÖBLIERUNG WIE Z.B. SITZPOLLER, BÄNKE REGEN ZUM WOHNEN VOR DER HAUSTÜR AN, ERMÖGLICHEN KONTAKTE, WERDEN ZU SPIELSTELLEN

Abb. 61 Erläuterungen für ein Spielraumkonzept in einem Wohnquartier. Die Darstellung in Wort und Bild ist als großformatiger Plan für eine Bürgerinformation gezeichnet worden. Plakatartige Wirkung in der Anordnung von Bild und Text und in der Ausbildung der Schriftgrößen

dern anhand einer übersichtlichen Gliederung die Planungsentscheidungen begründen.

Es gibt für einen Erläuterungsbericht kein allgemeinverbindliches Schema, zu unterschiedlich sind die Objekte, die Planungsprogramme, äußeren Einflüsse und die Vorstellungen der Planer. Als Leitfaden soll hier die Gliederung für eine Sportanlage aufgeführt werden, die in leicht abgewandelter Form sicher auch für andere Projekte verwendet werden kann.

1. Vorhandene Situation
Hier Beschreibung der örtlichen/städtebaulichen/landschaftlichen Situation des Geländes. Hinweise auf nicht sichtbare, aber die Planung beeinflussende Faktoren z. B. hoher Grundwasserstand, schlechter Baugrund, Vorgaben in der Ent- oder Versorgung, baurechtliche Bestimmungen, Landschaftsschutz, Immissionsschutz.

2. Gestalterische Gesamtidee
a) Äußere Erschließung
   Anbindung an das vorhandene Straßennetz, Nahverkehr, Zuordnung der Parkplätze, Trennung von Fußgänger- und Fahrverkehr, Nachweis der benötigten Parkplätze.
b) Innere Erschließung
   Wegeführung für Sportler und Zuschauer, Zufahrtsmöglichkeiten für Krankenwagen und Fahrzeuge zur Pflege und Unterhaltung.
c) Standort des Gebäudes (Sportheim, Umkleide- und Sanitärgebäude),
   Lage im Grundstück, zum Haupteingang, zu den Parkplätzen, zu benachbarten Gebäuden.
d) Lage der einzelnen Sportplätze
   In Abhängigkeit von der Topographie oder dem Baugrund,
   Funktionsabläufe im Wettkampf- oder Übungssport, Beziehungen zum Gebäude, zu den Himmelsrichtungen, zu den Zuschaueranlagen.
e) Einbindung in den Landschaftsraum
   Anbindung an vorhandene Grünelemente, Ausnutzung einer vorhandenen Talsituation, Blickbeziehungen in die Landschaft, Erdmodellierungen.

3. Generelle Angaben über den vorgesehenen technischen Ausbau
Kurze Beschreibung des Entwässerungssystems, Anschluß an vorhandene Vorflut oder Versickerung auf dem Grundstück. Materialien für Wege- und Platzflächen, Mauern, Zuschauereinrichtungen, Einzäunungen, Ballfanggitter, Barrieren. Konstruktiver Aufbau der einzelnen Sportplätze. Begegnungs- und Beleuchtungsanlagen.

4. Generelle Aussagen über die Bepflanzung
Vorgesehene Baumarten, Gehölzauswahl für Windschutz- oder Sichtschutzpflanzungen, bodendeckende Gehölze. Vorgeschlagene Pflanzgrößen.

5. Generelle Aussagen über notwendige Pflegemaßnahmen
Pflegeprogramm für die Rasenflächen, intensiv (Sportrasen) oder extensiv für die Gehölzflächen. Pflege der Tennenflächen und der kunststoffgebundenen Beläge.

Die im Rahmen dieser Gliederung gemachten Angaben stellen keine Checkliste dar, nach der nun jeder Erläuterungsbericht für eine Sportanlage abgefaßt werden kann. Sie sollten nur verdeutlichen, daß der Erläuterungsbericht als Bestandteil des Entwurfes die Aufgabe hat, den gedanklichen Entwurfsprozeß des Planverfassers für den Außenstehenden nachvollziehbar zu machen und damit zu einem besseren und schnelleren Verständnis der Planung beizutragen.

Fast jede Objektplanung hat als Hintergrund den konkreten Bauwunsch eines Auftraggebers. Er muß, wenn er sein Bauvorhaben realisieren will, Finanzmittel bereitstellen, und deshalb taucht in vielen Fällen schon sehr frühzeitig die Frage nach den zu erwartenden Baukosten auf. Diese Baukosten werden auf der einen Seite bestimmt durch die Programmvorgaben des Bauherrn und auf der anderen Seite durch die Fähigkeit des Architekten, mit seinem Entwurf eine Ausgewogenheit von Aufwand und Nutzen bei einem Bauobjekt herzustellen. Kosten und Wirtschaftlichkeitsberechnungen sind in der Praxis stets begleitende Maßnahmen in der Vorentwurfs- und Entwurfsphase. Dabei nimmt auch hier mit dem Fortschritt des Planungsablaufs die Intensität und die Genauigkeit der Kostenermittlung zu.

Ausschnitt aus einer Kostenberechnung

Lfd. Nr.	Anzahl Menge	Gegenstand	Einzelpreis DM Pf	Gesamtpreis DM Pf
1	...	m² Frostschutzkies der Körnung 0/60 mm, 30 cm stark für befahrbare Flächen einbauen.		
2	...	m² Kiestragschicht der Körnung 0/32 mm, 15 cm stark für Gehwege und Platzflächen einbauen.		
3	...	lfm Betonbordsteine 8 × 25 × 100 cm in Beton setzen.		
4	...	lfm Rasenbordsteine, 5 × 20 × 50 cm in Beton setzen.		
5	...	m² Verbundpflaster, 8 cm stark auf 5 cm Sandbett verlegen.		
6	...	m² Betonrechteckpflaster 20/10/8 cm auf 5 cm Sandbett verlegen.		
7	...	m² Klinkerflächen 240 × 115 × 52 mm auf 5 cm Sandbett verlegen.		
8	...	m² Rasenflächen mit 15 cm Oberboden andecken.		
9	...	m² Bodenverbesserungsmittel (Torf und Humusdünger) auf den Vegetationsflächen einarbeiten.		
10	...	m² Vegetationsflächen fräsen.		
11	...	m² Rasenansaat, 25 g/m² herstellen.		

Pläne und Beispiele

Nach der DIN 276 (Hochbaukosten), in der auch die Kosten der Außenanlagen mit erfaßt werden, sind die einzelnen Stufen der Kostenermittlung folgendermaßen beschrieben:

Die Kostenschätzung ist die überschlägige Ermittlung der Gesamtkosten nach Kostenrichtwerten (z. B. DM/m^2 Kinderspielplatzfläche, Sportplatzfläche). Als Berechnungsgrundlage dienen Bedarfsangaben (z. B. an einem Sportstättenleitplan) und großmaßstäbliche Planungsskizzen.

Die Kostenberechnung ist die Emittlung der angenäherten Gesamtkosten auf der Grundlage von detaillierten Flächenprogrammen und durchgearbeiteten Vorentwurfs- oder Entwurfszeichnungen. Dabei werden die Kosten aus exakt ermittelten Massen und Durchschnittswerten von Einheitspreisen (DM/m^2 Klinkerpflaster oder Rasenansaat) errechnet.

Der Kostenanschlag dient zur genauen Ermittlung der tatsächlich zu erwartenden Kosten anhand von Auftragnehmerangeboten, die auf der Grundlage der vom Architekten erstellten Leistungsverzeichnisse eingeholt werden.

Die Kostenfeststellung ist der Nachweis der tatsächlich entstandenen Kosten eines Bauwerks, d. h., die Schlußabrechnung aller erbrachten Leistungen. Schon dieser kleine Einstieg in das Gebiet der Kostenermittlung zeigt die engen Wechselwirkungen zwischen der Entwicklung einer Entwurfsidee und den daraus resultierenden Baukosten auf. Je präziser ein Bauentwurf durchgearbeitet und dargestellt ist, desto genauer können die Massenermittlungen und die daraus resultierenden Kosten sein.

Für den Berufsanfänger soll das Muster einer Kostenberechnung (links, Ausschnitt) den Einstieg in diese Materie erleichtern.

5.4 Pläne und Beispiele

In allen vorhergehenden Kapiteln sind zahlreiche Hinweise, Anregungen und Informationen gegeben worden, die bei der »Herstellung« einer Planzeichnung zu berücksichtigen sind. Um dem Anfänger einen abschließenden Überblick über die vielfältigen Möglichkeiten der graphischen Gestaltung von Entwürfen in den verschiedenen Maßstäben zu vermitteln, wird der Textteil durch eine Reihe von Entwürfen für unterschiedliche Planungsaufgaben in der Freiraumplanung ergänzt.

Es muß an dieser Stelle noch einmal betont werden, daß diese Pläne nicht nach dem Gesichtspunkt ausgewählt worden sind, »so und nicht anders« wird ein Entwurf gezeichnet. Sie sollten lediglich demonstrieren, welche Gesichtspunkte bei der graphischen Gestaltung eines Planes zu beachten sind und welchen Informationsgehalt ein Plan haben muß, damit er die Planungsvorstellungen des Entwurfsverfassers eindeutig wiedergibt.

Da es sich bei allen Beispielen um Verkleinerungen von zum Teil großformatigen Plänen handelt, sind zum besseren Verständnis der Herstellungstechnik alle Pläne mit einem Steckbrief versehen, der sowohl die Verknüpfung der Entwurfsidee mit der graphischen Darstellung als auch die benötigten Hilfsmittel aufführt.

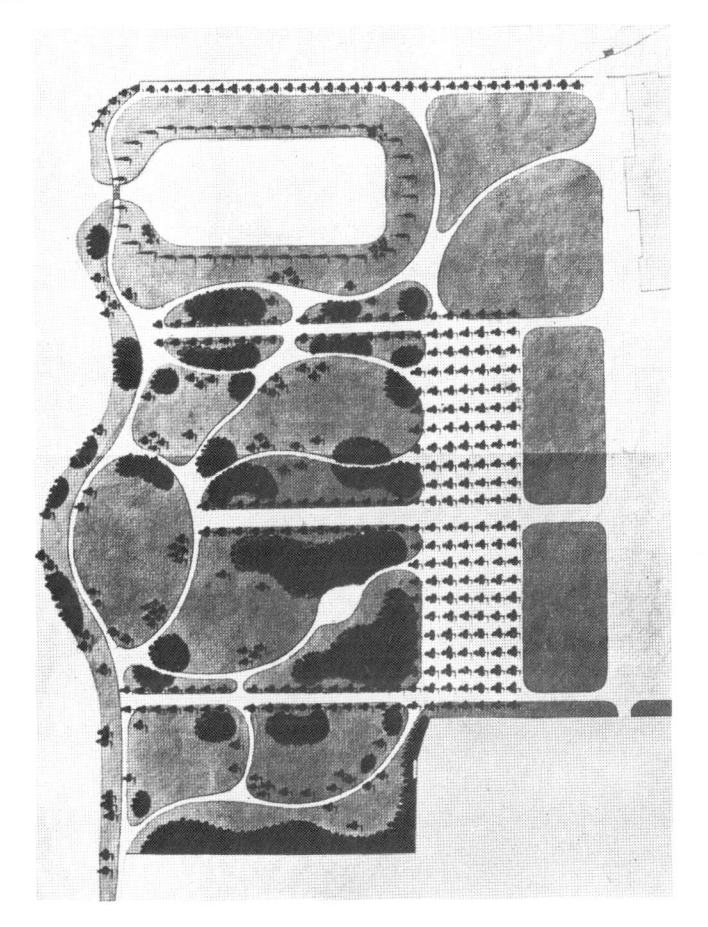

Abb. 62 Lustgarten Potsdam

Auch das Zeichnen von Plänen ist einer gewissen Entwicklung, um nicht zu sagen Mode, unterworfen. Um hier einmal gewisse längerfristige Tendenzen aufzuzeigen, sind auch einige »historische« Pläne mit in die Beispielsammlung aufgenommen worden.

5.4.1 Historische Pläne

Alle Gedanken, Hinweise und Empfehlungen zum Thema »Das Zeichnen von Gartenplänen« sind der Ausdruck unseres heutigen Verständnisses, unserer heutigen Gestaltungsvorstellungen und unseres Zeitempfindens beim Gestalten von Gärten und Gartenlandschaften.

Auch wenn jeder Zeichnung eine bestimmte Abstraktionseigenschaft anhaftet, so muß man sie immer auf dem jeweiligen zeitgenössischen Hintergrund sehen, aus dem heraus sich ja nicht nur die geistigen Grundlagen der Gartenkunst, das Form- und Raumempfinden entwickelt haben, sondern auch die Art und Weise der Plandarstellungen. Aus diesem Grunde ist es sicherlich interessant, sich auch einmal exemplarisch mit einigen Plänen vergangener Epochen der Gartenkunst zu beschäftigen, um dann vielleicht festzustellen, daß es unabhängig vom jeweiligen Zeitgeist, von der inhaltlichen Aussage und von den wechselnden Vorstellungen über den Garten, den Park oder die Landschaft doch eine ganze Anzahl allgemein-gültiger Grundsätze in der graphischen Gestaltung von »Gartenplänen« gibt.

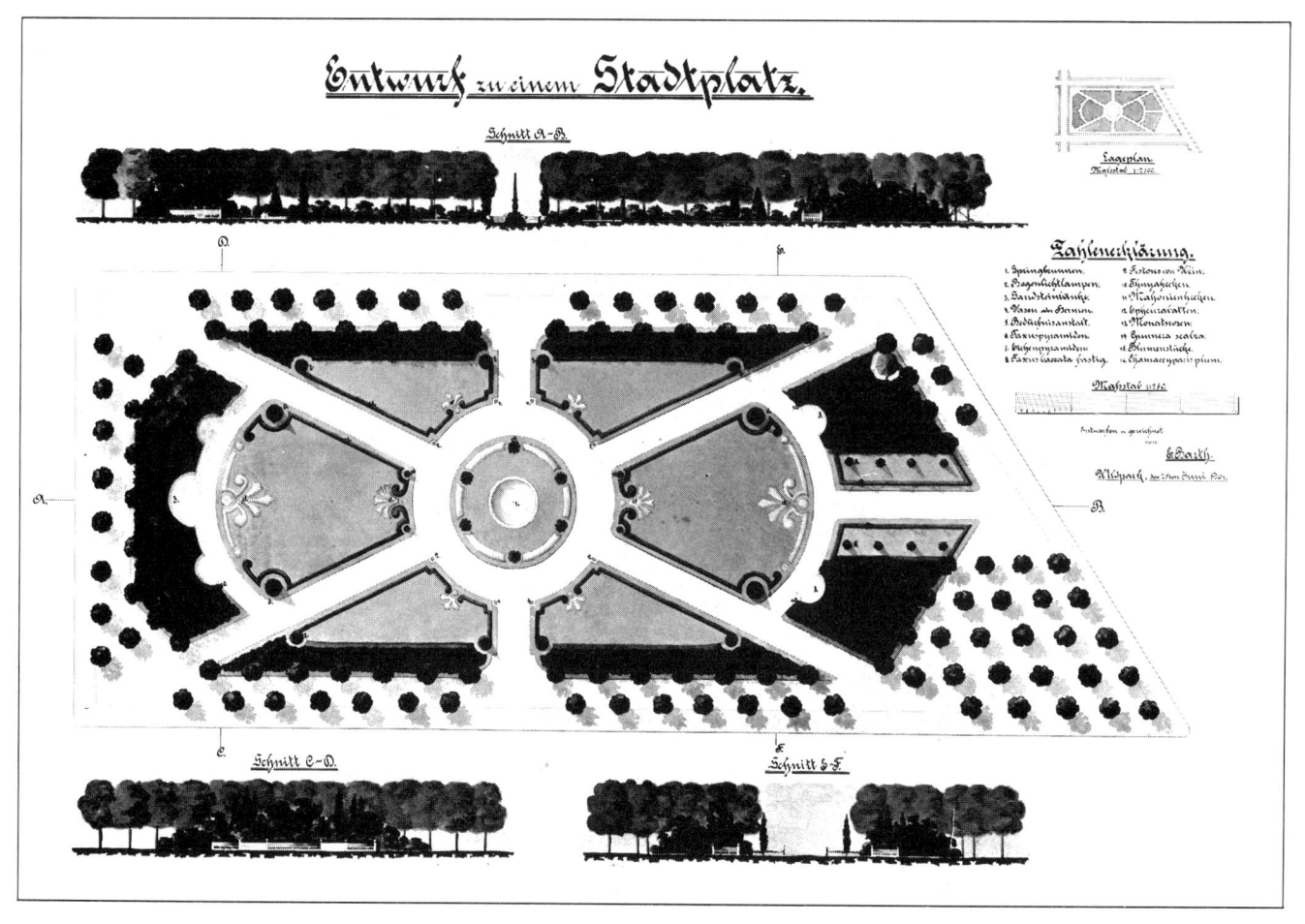

Abb. 63 Entwurf zu einem Stadtplatz

Die Idee zur Gestaltung von Landschaftsgärten ist in England durch Dichter und Maler vorbereitet und entwickelt worden. Aus malerischen Grundelementen heraus wurden die Vorstellungen einer idealisierten Landschaft entwickelt, die dann in der Forderung gipfelten, daß der Gärtner ein Maler sein müßte.

Die in dieser Zeit entstandenen Pläne würden wir heute als Gemälde bezeichnen, so malerisch wurden die Grundrisse der Gärten dargestellt. Humphrey Repton (1752–1818), einer der bekanntesten englischen Landschaftsarchitekten, zeichnete die von ihm entworfenen Gartenszenen als malerische Ansichten. Diese Art der Plandarstellung fand damals weite Verbreitung. Auch Fürst Pückler (1785–1871) hat in der Planung seiner Gartenlandschaften in Muskau und Branitz von dieser Art der Plandarstellung regen Gebrauch gemacht und sich vom Maler Schirner viele Gartenszenen zeichnen lassen.

Als Beispiel für die malerische Lageplandarstellung wird hier der Entwurf zum Lustgarten Potsdam von Peter-Joseph Lenné (1789–1866) aus dem Jahre 1818 gezeigt. Dieser im Original kolorierte Plan stellt in überzeugender Weise das Wege- und Platzsystem dar, ferner die raumbildenden Gehölzpflanzungen, Baumreihen und Einzelbäume und die großen Wiesen- oder Rasenflächen. Die malerische Grundhaltung von Entwurf und Darstellung ist unverkennbar. Der Entwurf von Erwin Barth (1880–1933) für einen Stadtplatz aus dem Jahre 1901 zeigt noch in der Darstellung alle malerischen Elemente aus der Zeit des Landschaftsgartens, die Gestaltung des Platzes würden wir wohl damals wie heute als »Architekturplatz« bezeichnen. Ab 1900 entwickelten sich in der Architektur, im Städtebau und in der Kunst andere Akzente. Auf Ausstellungen in Düsseldorf (1904) oder Mannheim wurden Haus und Garten als eine Einheit dargestellt. Man sprach von Architekturgärten, der Garten wurde vergleichbar mit dem Grundriß des Hauses. Zusammen mit dieser neuen sachlich-architektonischen Auffassung der Gartenkunst entwickelte sich auch eine ebenso sachliche und klare graphische Darstellung der Pläne. Wir sehen dies deutlich in dem von Erwin Barth 1921 entworfenen Stadtplatz, der ganz klar als architektonischer Platz konzipiert worden ist und auch in seiner ganzen Plangraphik fast technisch wirkt, ganz im Gegensatz zu dem Plan aus dem Jahre 1901. Die Bäume werden mit einer klaren und einfachen Umrißlinie gezeichnet, der Mittelpunkt des Baumes (Stamm) wird mit einem Punkt dargestellt. Gehölz- und Staudenflächen werden mit unterschiedlichen Signaturen gezeichnet, Wasserflächen schraffiert und Mauern und Treppen als technische Bauteile maßstabsgerecht wiedergegeben.

Pläne und Beispiele

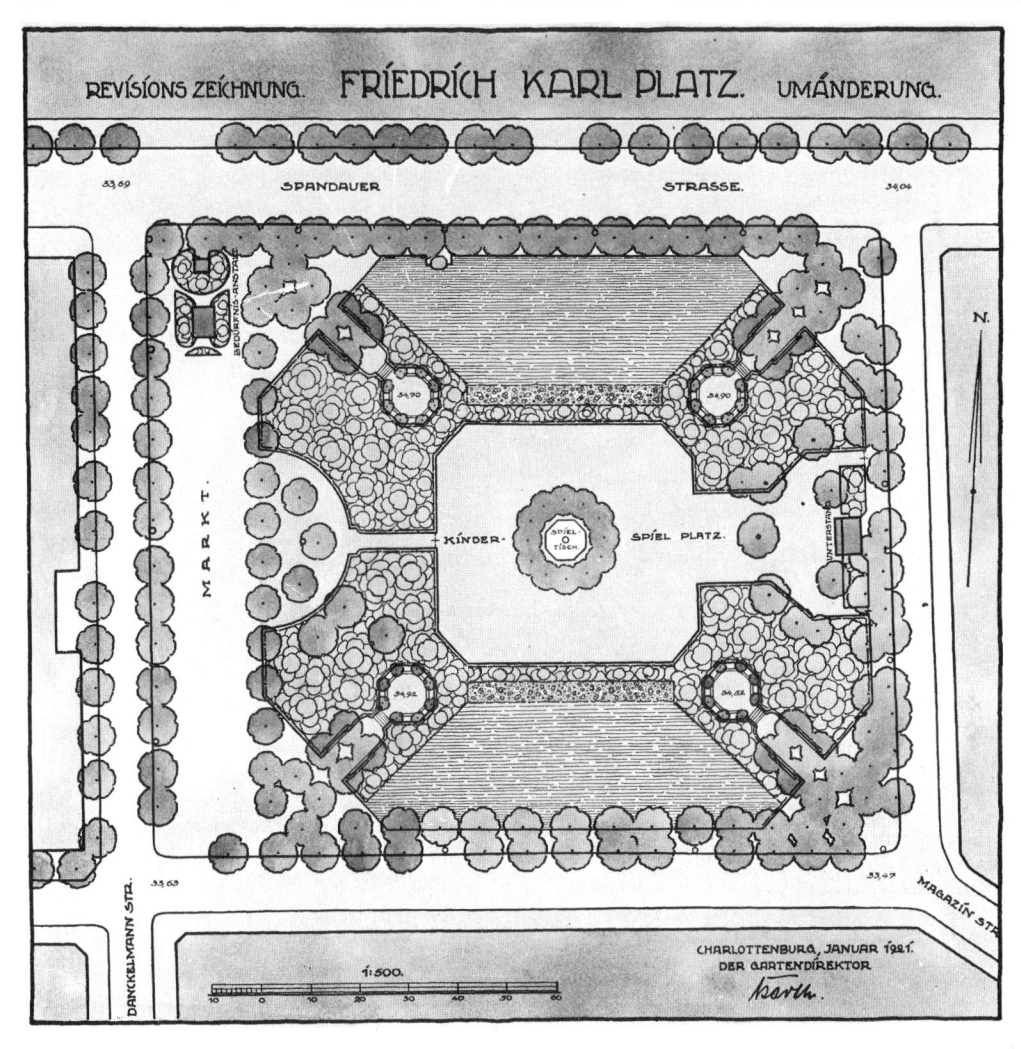

Abb. 64 Entwurf eines Stadtplatzes

Dieser Plan ist in seiner graphischen Gestaltung so gut und damit zeitlos, daß er auch allen unseren heute erhobenen Forderungen nach gut lesbaren, informativen und die Planungsidee graphisch überzeugend dargestellten Zeichnungen entspricht. Ebenso hat der Entwurf von Willy Lange für einen Villengarten (veröffentlicht 1927) nichts mehr mit der gedankenlosen Weiterführung landschaftlicher Stilelemente im Hausgarten gemeinsam.

Durch ein klares Grundrißkonzept werden bewohnbare Räume im Freien entwickelt; die »Raumkunst im Freien« ist das neue Schlagwort für die Gestaltung von Gärten und Parkanlagen. Die zeichnerische Darstellung paßt sich diesen neuen Vorstellungen der Freiraumplanung vollständig an oder, anders ausgedrückt, es besteht eine eindeutige Übereinstimmung zwischen der Entwurfsidee und der Fähigkeit des Entwerfers/Zeichners, dieses geistige Konzept auch zeichnerisch darzustellen.

Mit dem Entwurf von Gustav Allinger für einen Landgarten (ca. 1935) haben wir nun einen Plan vor uns, der alle Forderungen erfüllt, die wir heute an die zeichnerische Qualität, die Wiedergabe der Entwurfsidee, den Informationsgehalt und an die individuelle Handschrift einer Entwurfszeichnung stellen.

Das Grundrißkonzept ist klar erkennbar, die raumbildenden Gehölzpflanzungen sind durch die schraffierte Signatur bildbestimmend. Die erheblichen Höhendifferenzen sind durch die Höhenschichtlinien, die Böschungssignaturen und die Treppendarstellungen für den Betrachter sofort aus dem Plan ablesbar. Auch Einzelheiten wie Sprungbrett am Schwimmbecken oder Hinweise auf Wege- und Platzbefestigungen fehlen nicht. Dieser freihändig gezeichnete Entwurf könnte auch heute noch, 50 Jahre später, einem Bauherrn ohne Bedenken als Vorentwurf vorgelegt werden, so zeitlos ist er in seiner zeichnerischen Qualität und in seinem Informationsgehalt.

Dieser kurze Rückblick auf einige Pläne, die exemplarisch sind für viele andere aus der gleichen Zeit, sollte zeigen, daß sich Planaussage und -darstellung in ihren jeweiligen Epochen immer entsprochen haben und daß die Qualität eines Entwurfes ihren Ausdruck finden muß in der gekonnten zeichnerischen Darstellung.

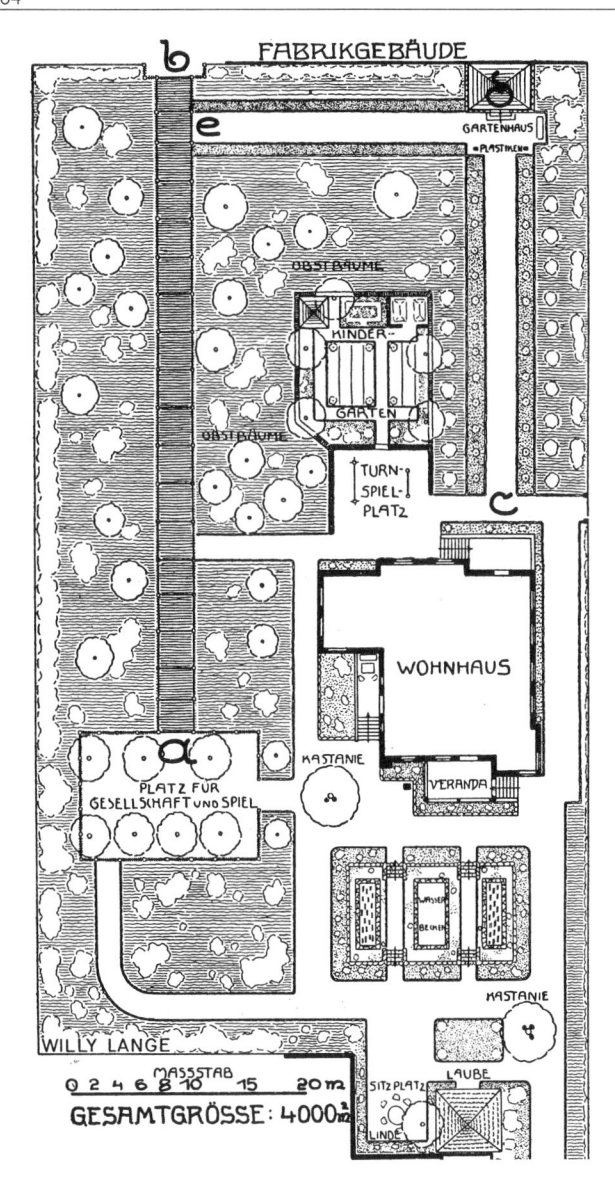

5.4.2 Pläne im Maßstab 1:500

Abb. 67 – 68 – 69

5.4.3 Pläne im Maßstab 1:200

Abb. 70 – 71 – 72 – 73 – 74 – 75 – 76 – 77

5.4.4 Pläne im Maßstab 1:100

Abb. 78 – 79

5.4.5 Pläne im Maßstab 1:50

Abb. 80 – 81

5.4.6 Planausschnitte in Originalgröße

Abb. 82 – 83 – 84

Literatur (Kap. 1–5)

Allinger, G., 1955: Schöne Wohngärten in Stadt und Land. München: F. Bruckmann
Barth, E., 1980: Katalog zur Ausstellung, Berlin
Bilzer, B., 1971: Begriffslexikon der Bildenden Künste, Bd. 1 und 2. Reinbek: Rowohlt
Gerkan, M. von, 1982: Die Verantwortung des Architekten. Stuttgart: Verlag G. Hatje
Heuser, K. Chr., 1976: Freihändig zeichnen und skizzieren. Wiesbaden und Berlin: Bauverlag
Keller, H., 1976: Kleine Geschichte der Gartenkunst. Berlin und Hamburg: Verlag Paul Parey
Lange, W., 1927: Gartenpläne. Leipzig: Verlag J. J. Weber
Portmann, K.-D., Ulrike Portmann, 1969: Symbole und Sinnbilder in Bauzeichnungen. Wiesbaden und Berlin: Bauverlag
Schinkel, K.-F.: Katalog zur Ausstellung. Berlin 1982

Abb. 65 Entwurf eines Villengartens

Abb. 66 Entwurf eines Landgartens

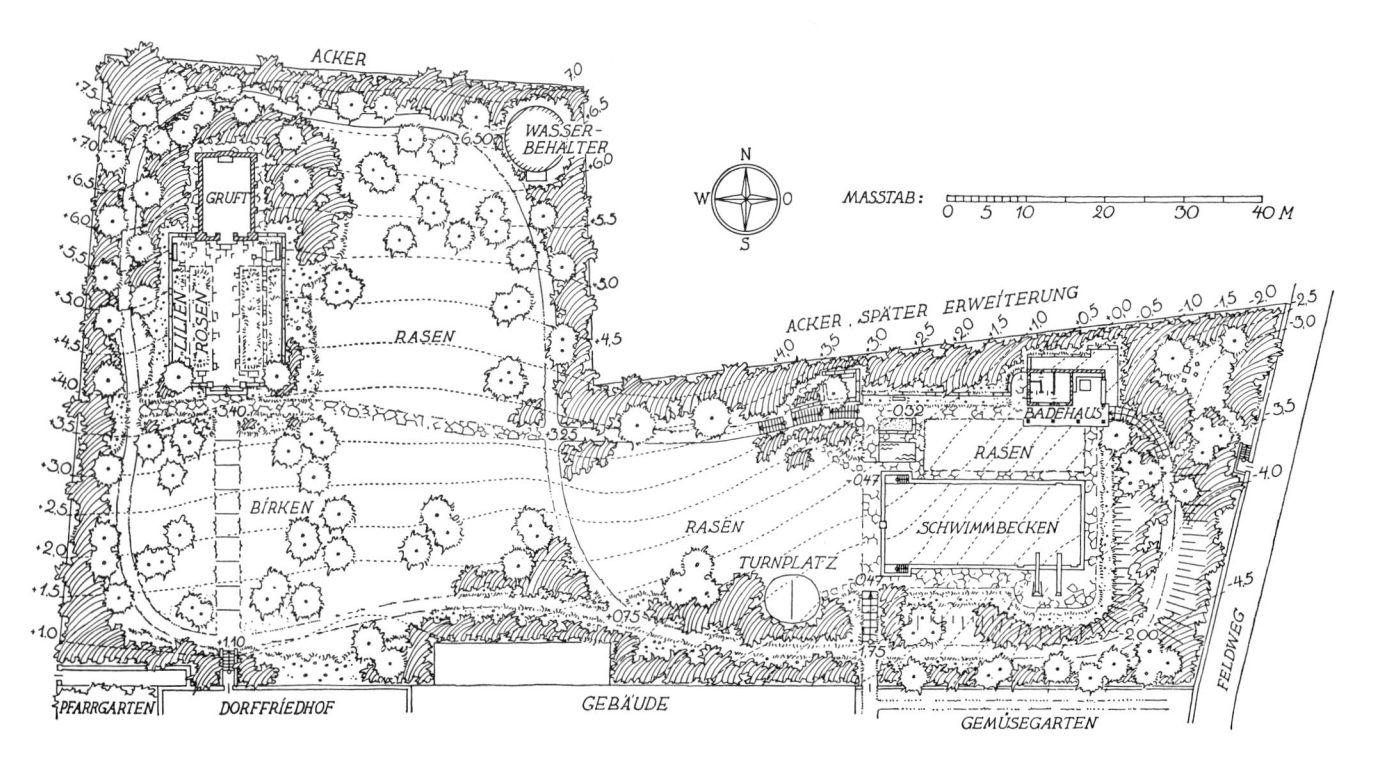

Pläne und Beispiele

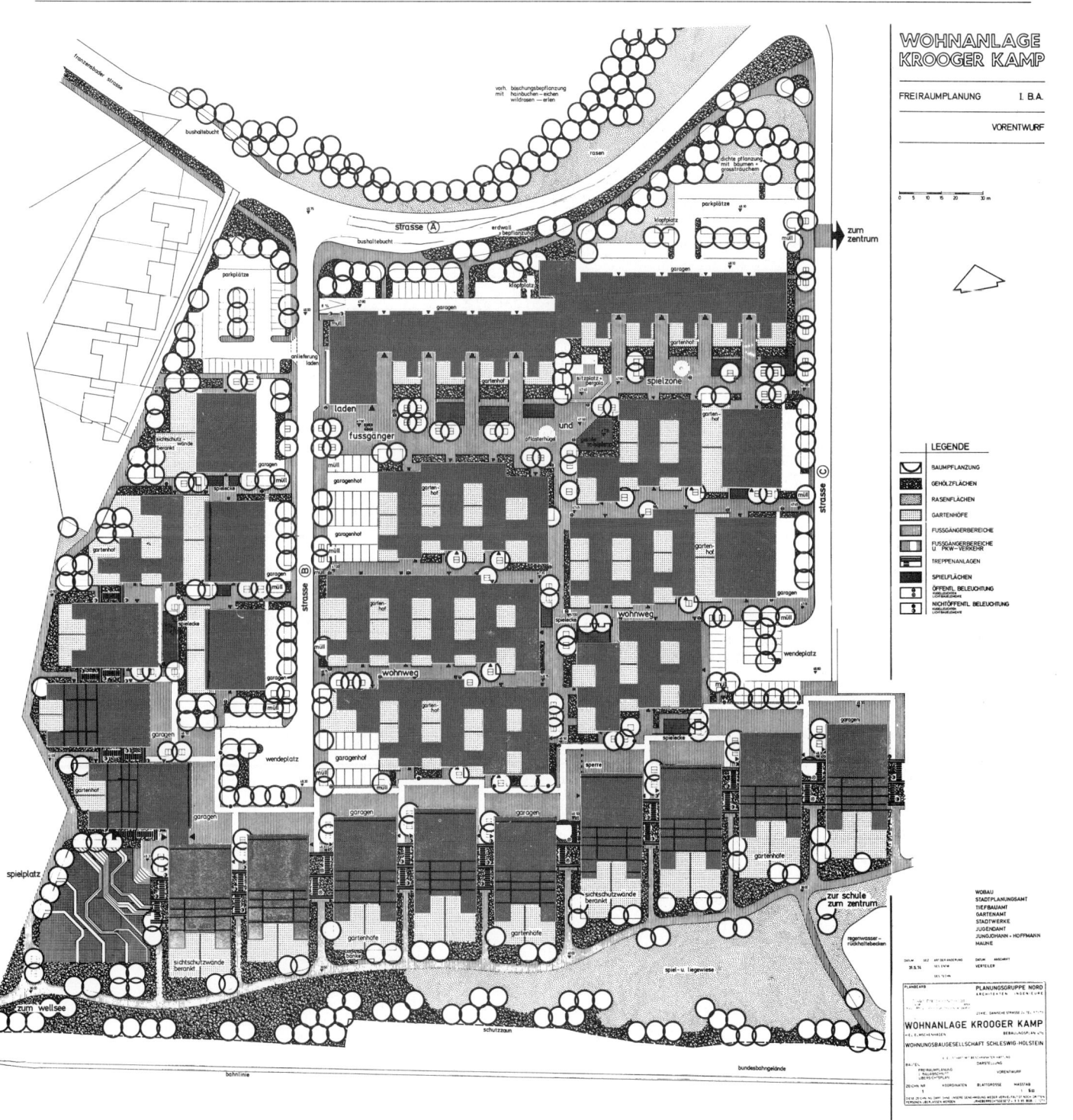

Abb. 67 Vorentwurf M. 1 : 500. Wohnanlage mit sechsgeschossigen Gebäuden im Norden, Terrassenhäusern im Süden und Westen, sowie Gartenhofhäusern im Zentrum. Erschließungsstraße im Norden, Gelände fällt von Nord nach Süd
Originalgröße: 135 × 130 cm. Tuschezeichnung auf Transparentpapier. *Tuschefüller:* Variant 0.2, 0.4, 0.6, 1.2, 2.0 mm. Varioscript 3, 4, 5 mm. *Beschriftung:* Standardgraph, fette gerade Mittelschrift (DIN 1451 – 202 3, 4, 5 mm). *Gebäude:* Grautonfolie, Silhouette 1639 90 %. *Wegeflächen:* schraffiert mit 0.4 mm Variant (verkehrsfrei).
Rasenflächen: gepunktet mit 4 mm Varioscript
Bei der Darstellung dieses Vorentwurfes sollte möglichst klar die städtebauliche Gesamtidee herausgearbeitet werden. Anordnung der Gebäudegruppen, Erschließung durch Strichstraßen, zusammenhängendes, verkehrsfreies Fußgängersystem mit Spielzonen und Bäumen als dominierendes Großgrün. Die Lesbarkeit der Geschoßzahlen für die Gebäude ist durch die Verkleinerung verlorengegangen

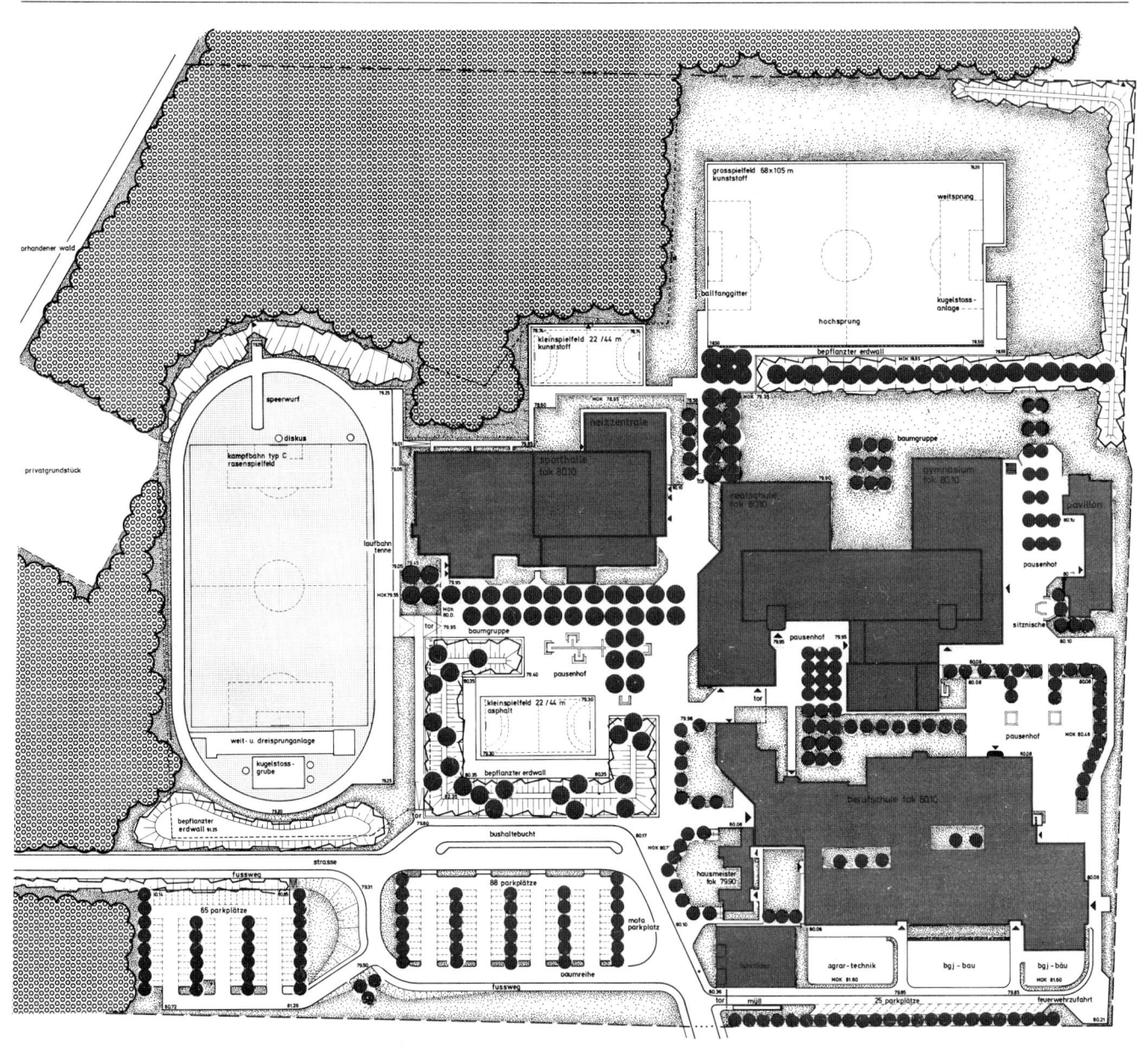

Abb. 68 Entwurf M. 1 : 500. Schulzentrum, bestehend aus Berufsschule, Realschule und Gymnasium sowie Sporthallenkomplex in Nachbarschaft zur Kampfbahn
Originalgröße: 78 × 137 cm. Tuschezeichnung auf Transparentpapier. *Tuschefüller:* Variant 0.2, 0.4, 0.6, 0.8, 1.2 mm. Varioscript 3, 4, 5/ 8 mm. *Beschriftung:* Schriftschablonen Standardgraph fette gerade Mittelschrift DIN 1451 Nr. 202 2,5, 4, 5 mm/Projektbezeichnung 8 mm Architektenschrift Nr. 219, 14 mm. *Gebäude:* Grautonfolie Silhouette 1638 – 80 %. *Bäume:* Grautonfolie Silhouette 1639 – 90 %. *Wald:* Rasterfolie Letratone LT 168. *Rasenflächen:* gepunktet mit Varioscript 4 mm. *Sportrasen:* Folie Letratone LT 148
Die Darstellung geht aus von der Großflächigkeit der einzelnen Planungselemente – Gebäudegruppen – Sportflächen – Waldflächen – Erschließungsflächen. Im Nahbereich der Gebäude dominieren Baumreihen und Baumgruppen, deshalb hier in der Darstellung Kontrast zum vorhandenen Wald. Die Lesbarkeit der Gebäudebezeichnung ist durch die Verkleinerung verloren gegangen

Abb. 69 Vorentwurf M. 1 : 500. Öffentliche Grünanlagen mit Restaurant, kleinem See, Spieleinrichtungen und einem Rosengarten am Rande einer Kreisstadt
Originalgröße: 86 × 107 cm. Tuschezeichnung auf Transparentpapier. *Tuschefüller:* Variant 0.2, 0.4, 0.6, 0.8, 1.2 mm. Varioscript 3 mm, 4 mm,/8 mm. *Beschriftung:* Architektenschrift Nr. 219–4,6,20 mm. *Höhenlinien:* gepunktet
Plandarstellung in eine vorgegebene Katasterkarte, deshalb kräftige Strichstärken. Der in den Randzonen vorhandene Gehölz- und Baumbestand wurde als Kontrast zu den links und rechts angrenzenden Flächen mit Kreissignatur gezeichnet. Der Plan ist im Original koloriert worden

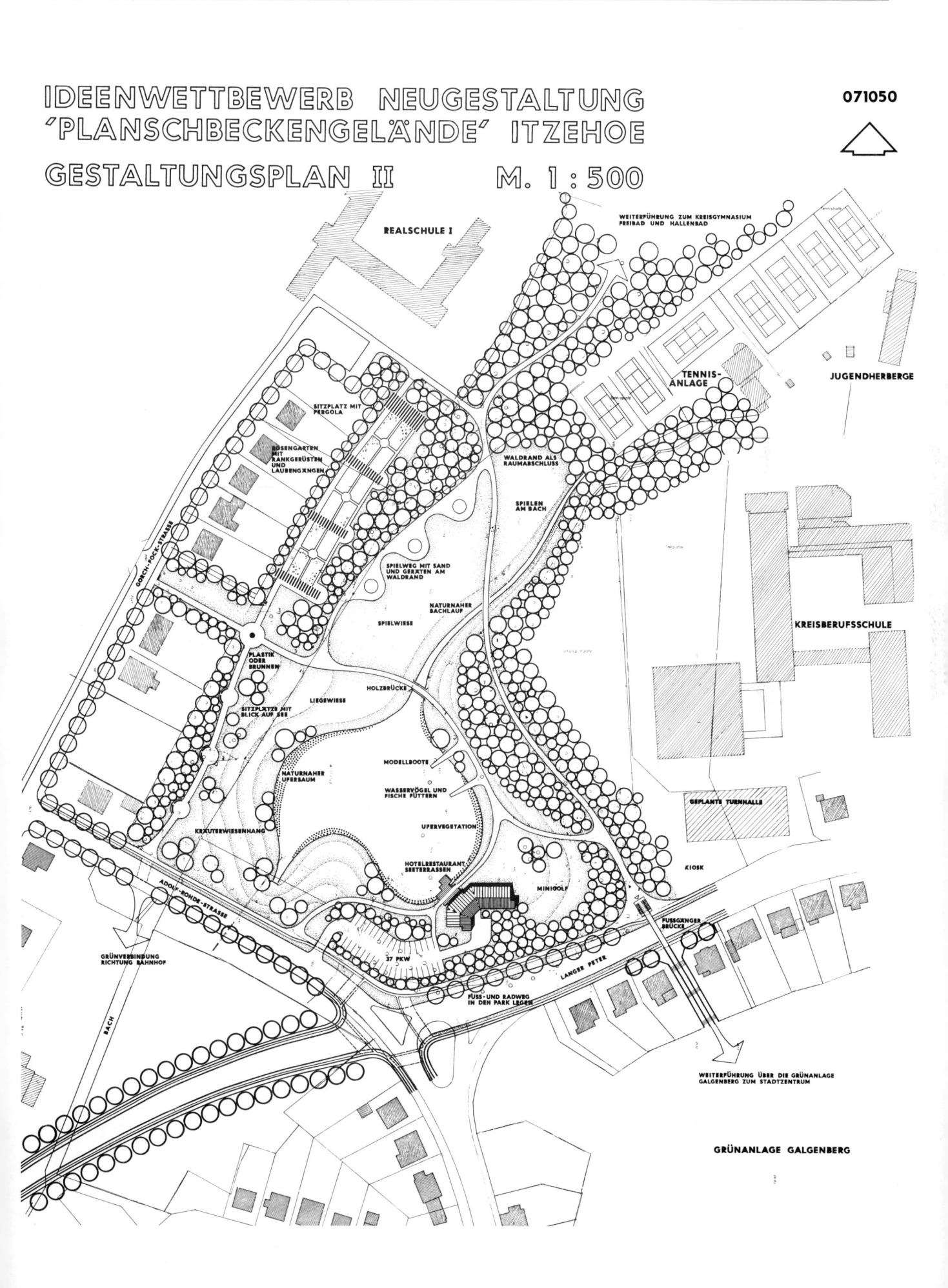

IDEENWETTBEWERB NEUGESTALTUNG 'PLANSCHBECKENGELÄNDE' ITZEHOE
GESTALTUNGSPLAN II   M. 1:500

071050

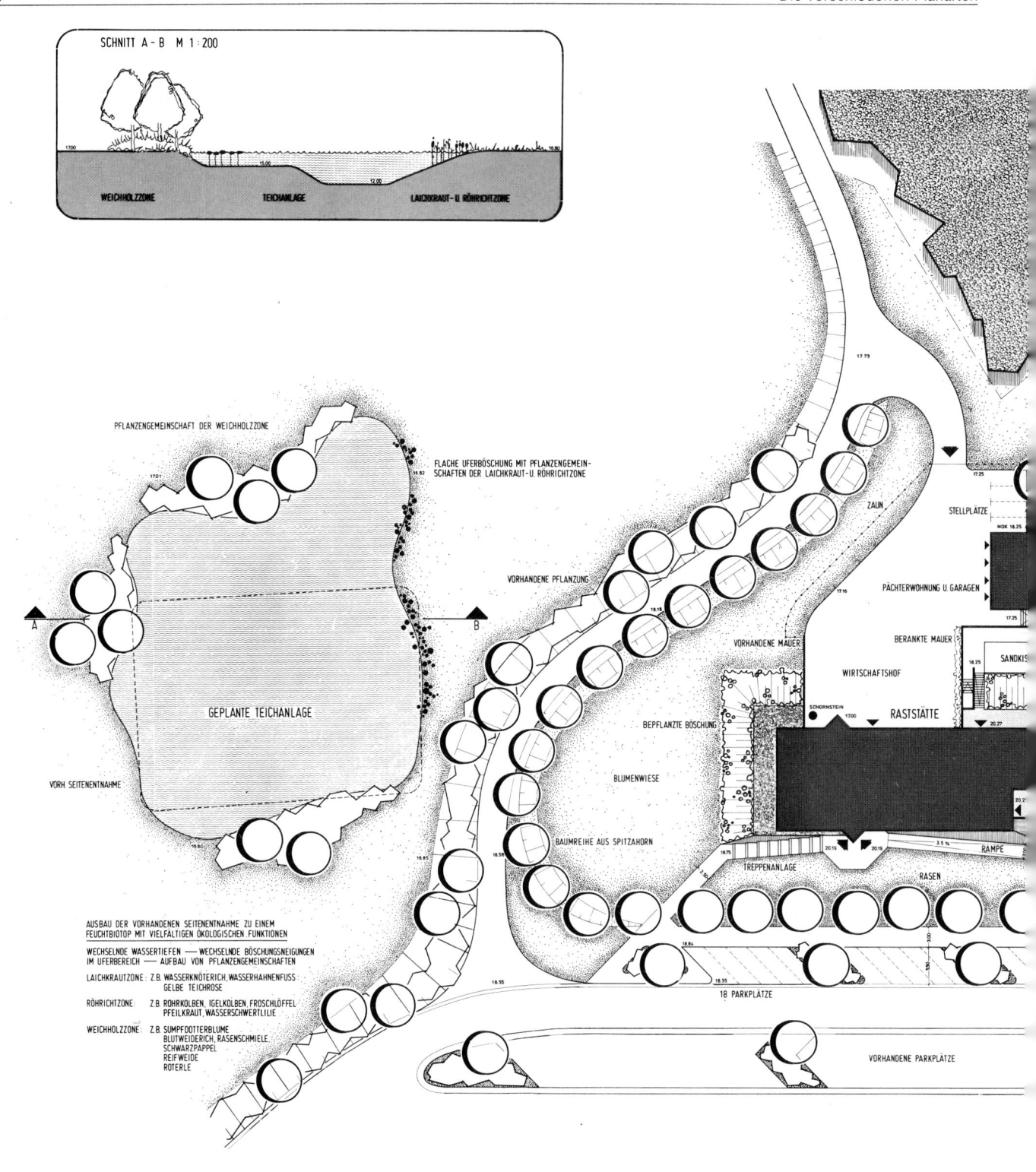

Abb. 70 Entwurf M. 1 : 200. Raststätte an einer Autobahn
Originalgröße: 85 × 165 cm. Tuschezeichnung auf Transparentpapier.
Tuschefüller: Variant 0.2, 0.4, 0.6, 0.8, 1.2 mm. Varioscript 4 mm,
5 mm / 8 mm. *Beschriftung:* Schriftschablone Standardgraph, gerade
Engschrift, m̄ DIN 17 Nr. 264, 5 mm + 7 mm. *Projektbezeichnung:*
Architektenschrift Nr. 219 – 16 m, + fette gerade Mittelschrift DIN
1451 Nr. 202 – 8 mm. *Gebäude:* Grautonfolie Pantone – Letraset
schwarz. *Wasserflächen:* Folie mit Wellensignatur Silhouette Nr. 373.
Waldrand: Folie – Letratone LT 139. *Rasenflächen:* gepunktet mit
Varioscript 4 mm.
Plandarstellung wird bestimmt durch vorhandenen Waldrand, die
Teichanlagen, die Baumreihen und die Rasenflächen. Die Gebäude
sind als optische Orientierungspunkte schwarz angelegt

Pläne und Beispiele

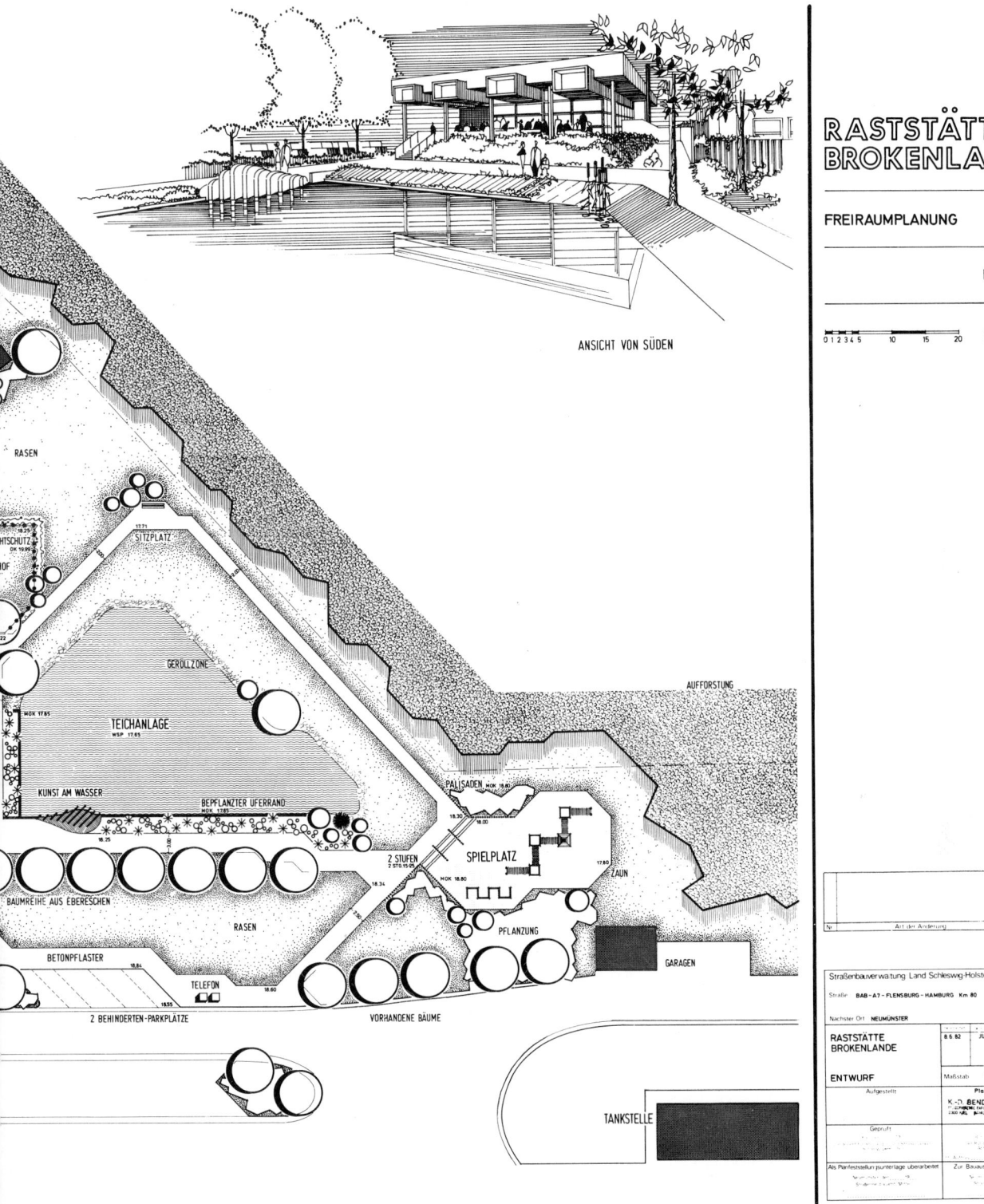

ANSICHT VON SÜDEN

RASTSTÄTTE
BROKENLANDE

FREIRAUMPLANUNG

ENTWURF

Pläne und Beispiele

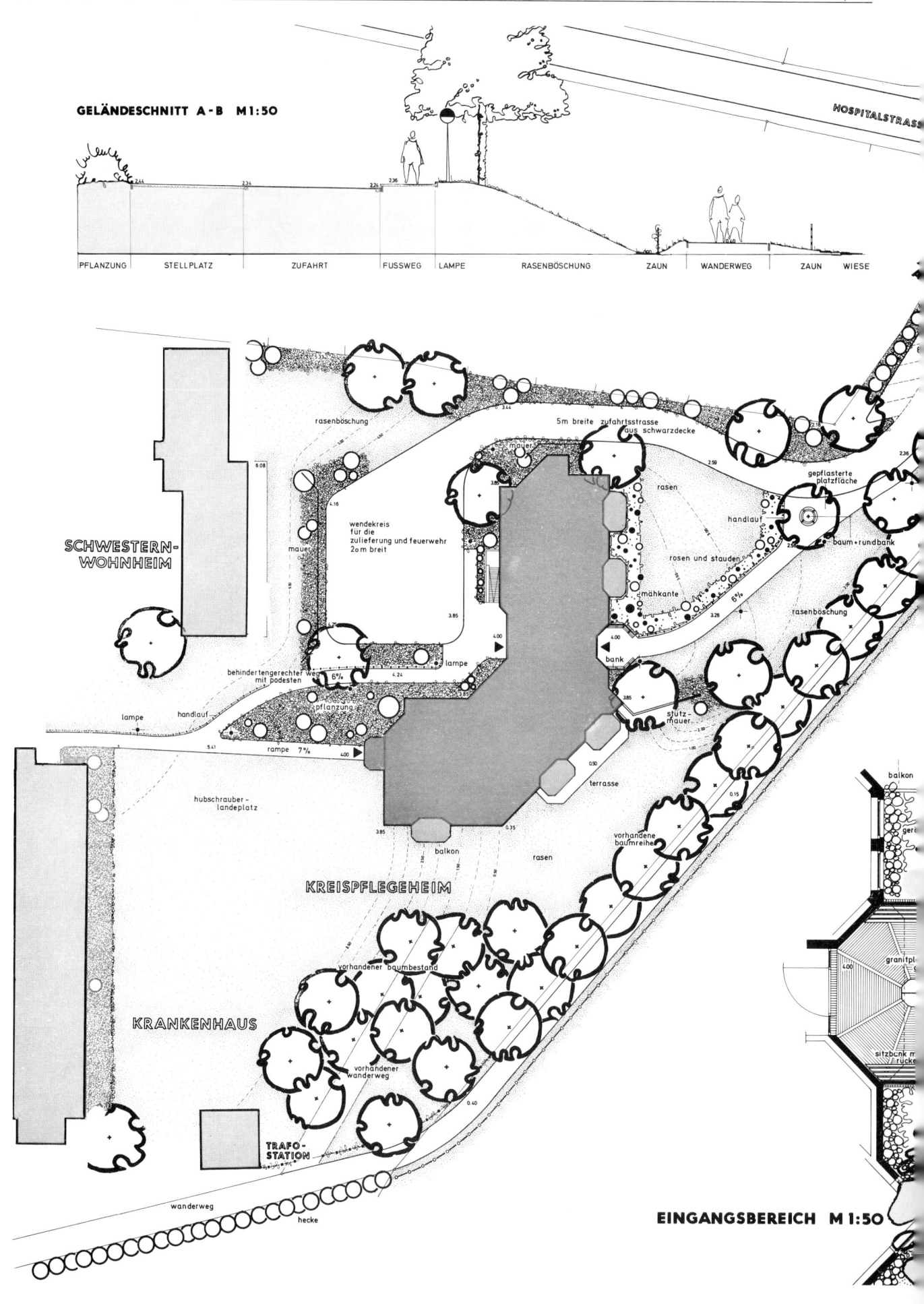

GELÄNDESCHNITT A-B M1:50

| PFLANZUNG | STELLPLATZ | ZUFAHRT | FUSSWEG | LAMPE | RASENBÖSCHUNG | ZAUN | WANDERWEG | ZAUN | WIESE |

HOSPITALSTRASSE

SCHWESTERN-WOHNHEIM

rasenböschung
5m breite zufahrtsstrasse aus schwarzdecke
mauer
rasen
gepflasterte platzfläche
handlauf
baum+rundbank
rosen und stauden
mähkante
rasenböschung
wendekreis für die zulieferung und feuerwehr 2o m breit
mauer
behindertengerechter weg mit podesten
lampe
bank
pflanzung
stützmauer
handlauf
lampe
rampe 7%
terrasse
hubschrauber-landeplatz
balkon
rasen
vorhandene baumreihe

KREISPFLEGEHEIM

vorhandener baumbestand
vorhandener wanderweg

KRANKENHAUS

TRAFO-STATION

wanderweg
hecke

balkon
granitpl
sitzbank m rück

EINGANGSBEREICH M1:50

Pläne und Beispiele

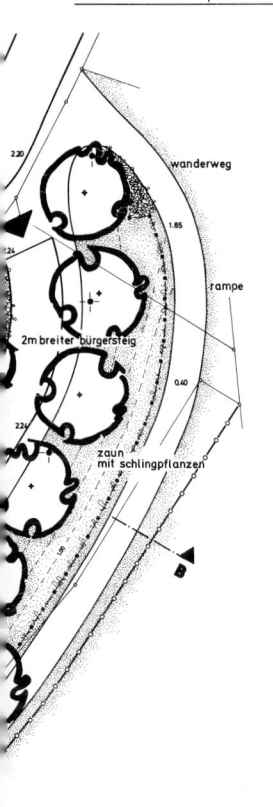

KREISPFLEGEHEIM OLDENBURG-HOLST.

FREIRAUMPLANUNG

ENTWURF

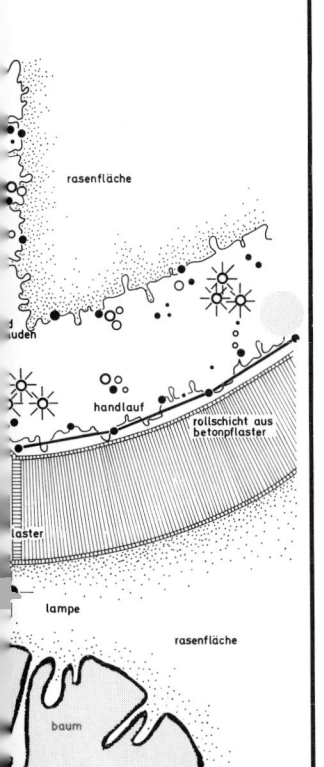

0 5 10 15 20M

bauherr : KREIS OSTHOLSTEIN

architekt : K.-D. BENDFELDT + PARTNER
FREISCHAFFENDE GARTEN- U LANDSCHAFTSARCHITEKTEN BDLA
2300 KIEL · DÄNISCHE STRASSE 24 · TEL. 04 31/9 41 64

| blatt 2 | m. 1:200 | datum 13.1.1981 |
| gez. MA | | gepr. |

Abb. 71 Entwurf M. 1 : 200. Altenpflegeheim als Bestandteil einer Krankenhausanlage
Originalgröße: 89 × 109 cm. Tuschezeichnung auf Transparentpapier.
Tuschefüller: Variant 0.2, 0.4, 0.6, 0.8, 1.2 mm. Varioscript 2, 3, 4, 5, 8 mm. *Beschriftung:* Schriftschablone Standardgraph – fette gerade Mittelschrift DIN 1451 Nr. 202 2 mm, 2.5 mm, 4 mm. Architektenschrift Nr. 219 – 6, 8, 14 mm. *Gebäude:* Grautonfolie Silhouette 1639 – 90 %, 1637 – 70 %, 1636 – 60 %. *Bäume:* Filzstift Edding 3000 – orange.
Rasenflächen: gepunktet mit Varioscript 3 mm
Plandarstellung wird bestimmt durch die zentrale Lage des Gebäudes und dem überwiegend vorhandenen Großbaumbestand. Differenzierte Darstellung von niedrigen Pflanzflächen (Bodendeckern) mit Solitärgehölzen und intensiver Stauden- und Rosenpflanzung im Eingangsbereich

Pläne und Beispiele

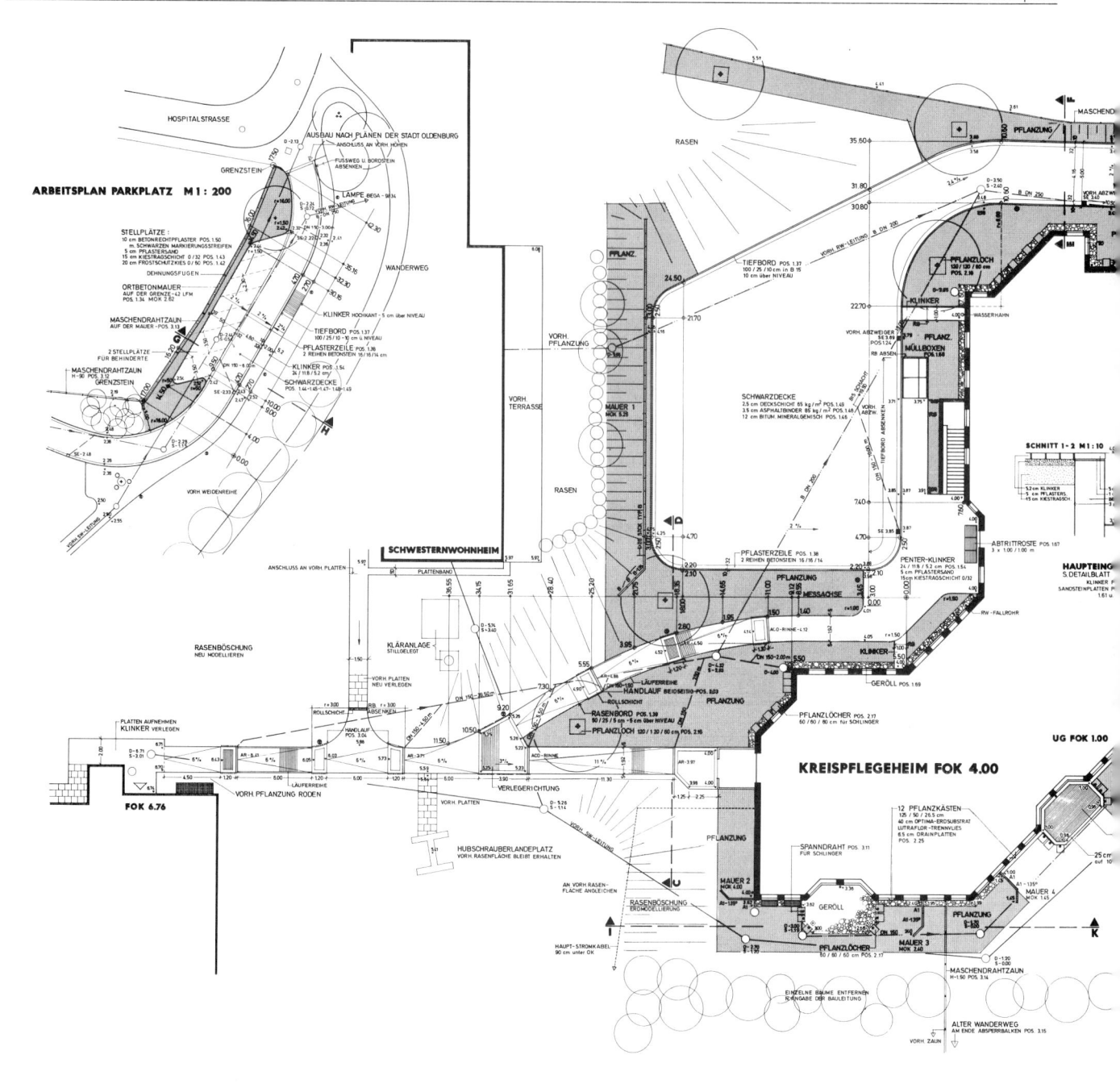

Pläne und Beispiele

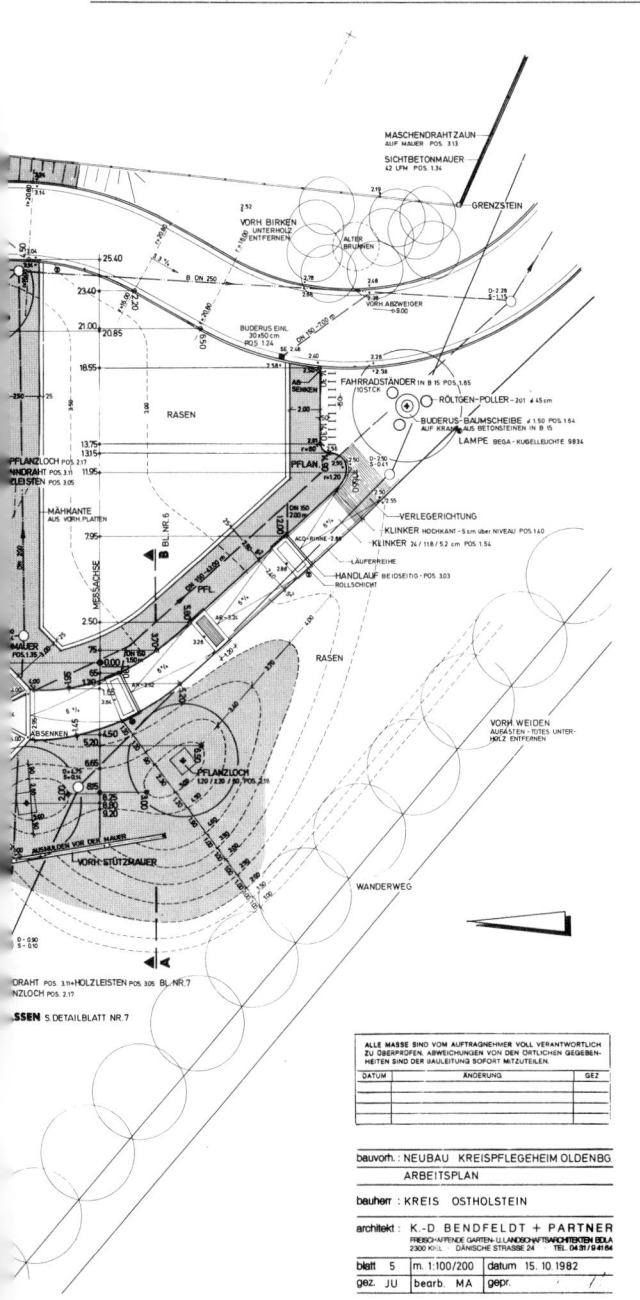

Abb. 72 Arbeitsplan M. 1 : 200. Arbeits-, Detail- und Bepflanzungspläne sind Weiterentwicklungen der Entwurfspläne. Um die unterschiedlichen zeichnerischen Ausdrucksmöglichkeiten zu demonstrieren, werden bei diesem Projekt einmal alle Planungsphasen dargestellt
Originalgröße: 82 × 136 cm. Tuschezeichnung auf Transparentpapier.
Tuschefüller: Variant 0.2, 0.4, 0.6, 0.8 mm, Varioscript 3, 4 mm.
Beschriftung: Schriftschablone Standardgraph – fette gerade Mittelschrift DIN 1451 Nr. 202 2.5, 3, 4 mm. Architektenschrift Nr. 219 – 4, 5, 6, 8 mm. *Pflanzflächen:* Grauntonfolie Silhouette 1634 40 % Plandarstellung ausgeführt als klare Strichzeichnung. Hervorhebung der Pflanzflächen, hier stärkere Oberbodenandeckung und intensivere Düngung und Bodenbearbeitung

Pläne und Beispiele

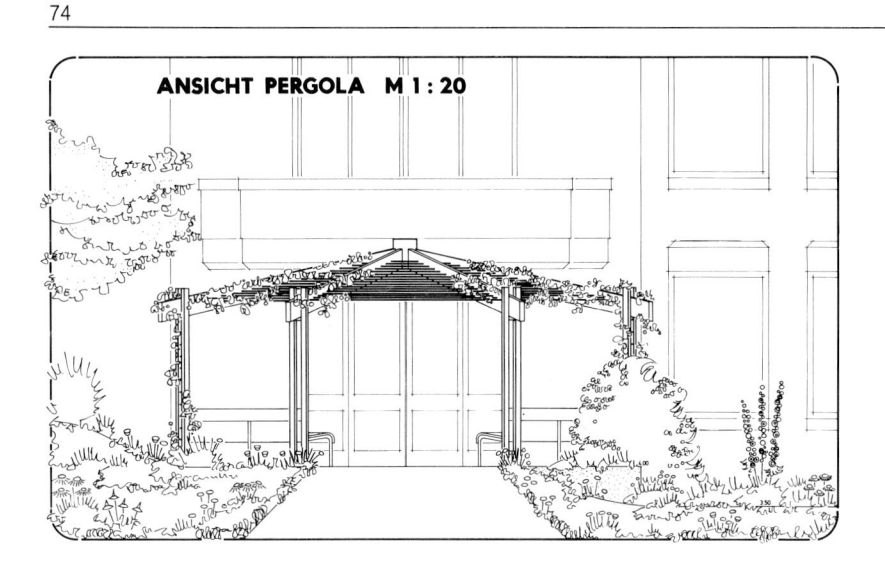

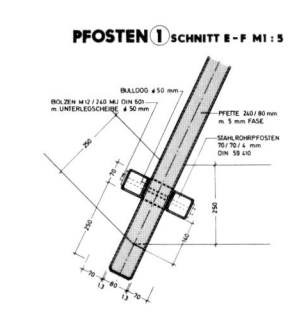

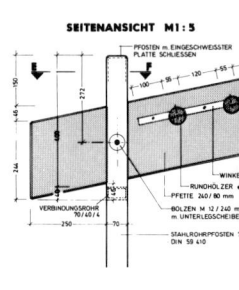

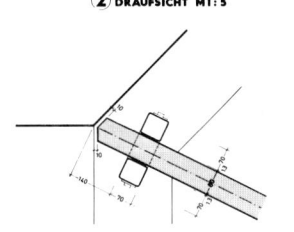

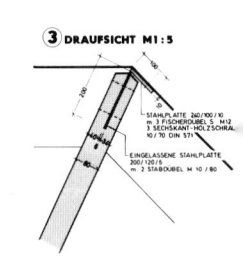

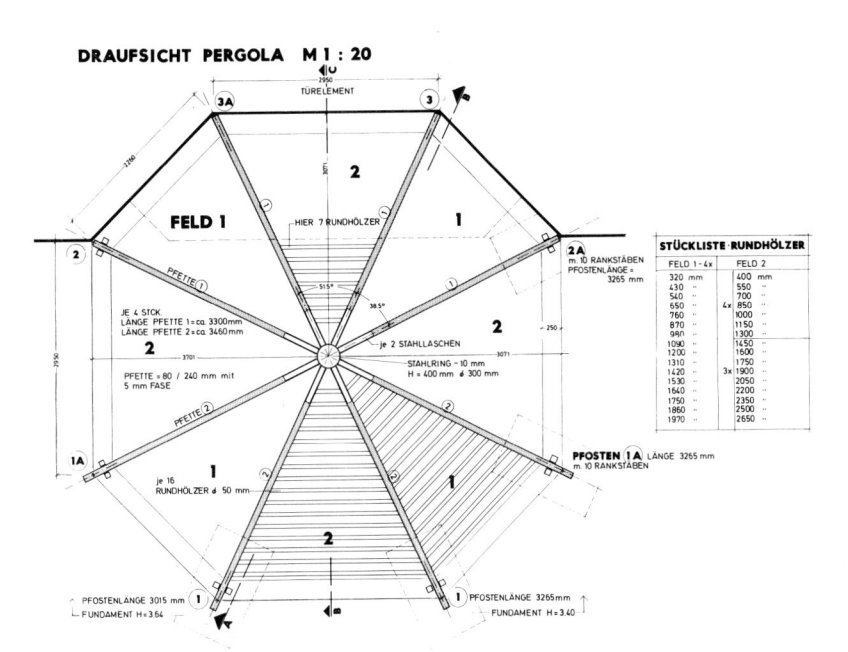

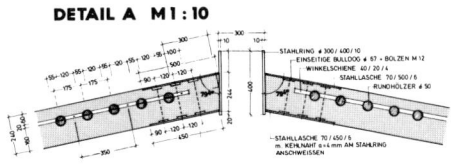

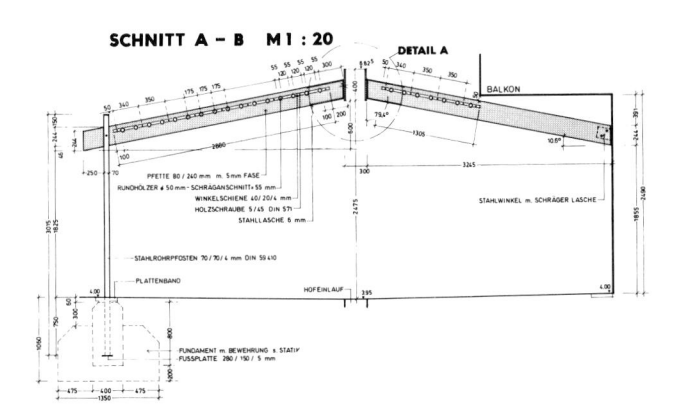

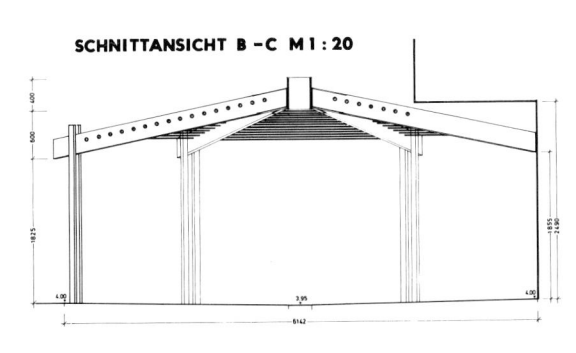

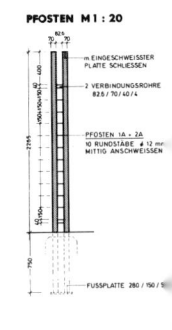

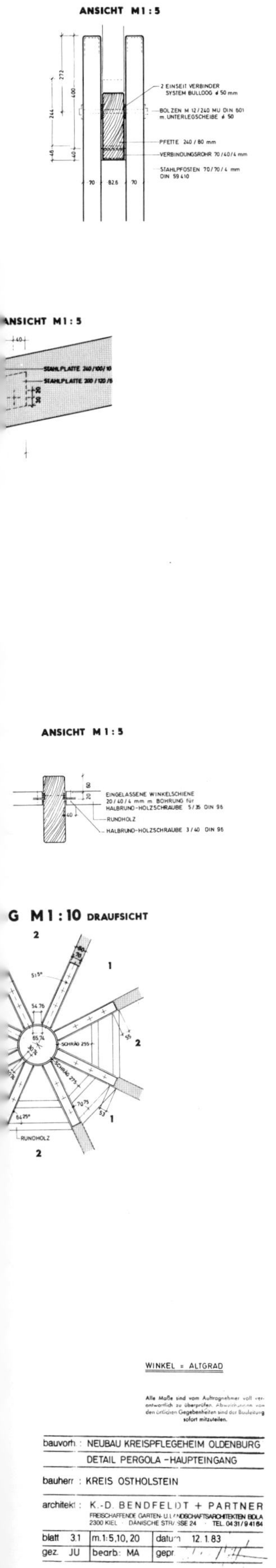

Pläne und Beispiele

◀ **Abb. 73** Detailplan M. 1 : 20/10/5
Originalgröße: 99 × 123 cm. Tuschezeichnung auf Transparentpapier.
Tuschefüller: Variant 0.2, 0.4, 0.6, 0.8, 1.2 mm. Varioscript 3, 4 mm.
Beschriftung: Schriftschablone Standardgraph – fette gerade Mittelschrift DIN 1451 Nr. 202 2.5 mm, 3 mm, 4 mm. Architektenschrift Nr. 219 – 5 und 8 mm. *Holzelemente:* Grauntonfolie Silhouette 1635 – 50 %
Plandarstellung ausgeführt als klare Strichzeichnung mit differenzierten Strichstärken. Hervorhebung der Holzelemente durch selbstklebende Folie, dadurch bessere Lesbarkeit der Zeichnung

Seite 76/77: ▶

Abb. 74 Bepflanzungsplan M. 1 : 100
Originalgröße: 83 × 133 cm. Tuschezeichnung auf Transparentpapier.
Tuschefüller: Variant 0.2, 0.4, 0.6, 0.8, 1.2 mm, Varioscript 3, 4 mm.
Beschriftung: Schriftschablone Standardgraph – fette gerade Mittelschrift DIN 1451 Nr. 202 3 mm, 4 mm
Plandarstellung ausgeführt als Strichzeichnung mit Schraffuren. Vorhandener Gehölzbestand dünne Strichstärken, geplante Bäume kräftige Strichstärken. Solitärgehölze in differenzierten Symbolen, flächige Pflanzungen mit unterschiedlichen Schraffuren oder Punktraster

Abb. 75 Bepflanzungsplan M. 1 : 50 ▶▶
Originalgröße: 64 × 114 cm. Tuschezeichnung auf Transparentpapier.
Tuschefüller: Variant 0.2, 0.4, 0.6, 0.8, 1.2 mm. Varioscript 4 mm.
Beschriftung: Schriftschablone Standardgraph – fette gerade Mittelschrift DIN 1451 Nr. 202 4 mm
Plandarstellung entsprechend der differenzierten Bepflanzung in kräftiger Schwarzweißtechnik. Solitärstauden, Solitärgehölze und Rosen mit unterschiedlichen Symbolen, flächige Pflanzung Schraffuren und Punktraster, teilweise Verwendung von Folie, z. B. Geranium sanguineum Album

Abb. 74

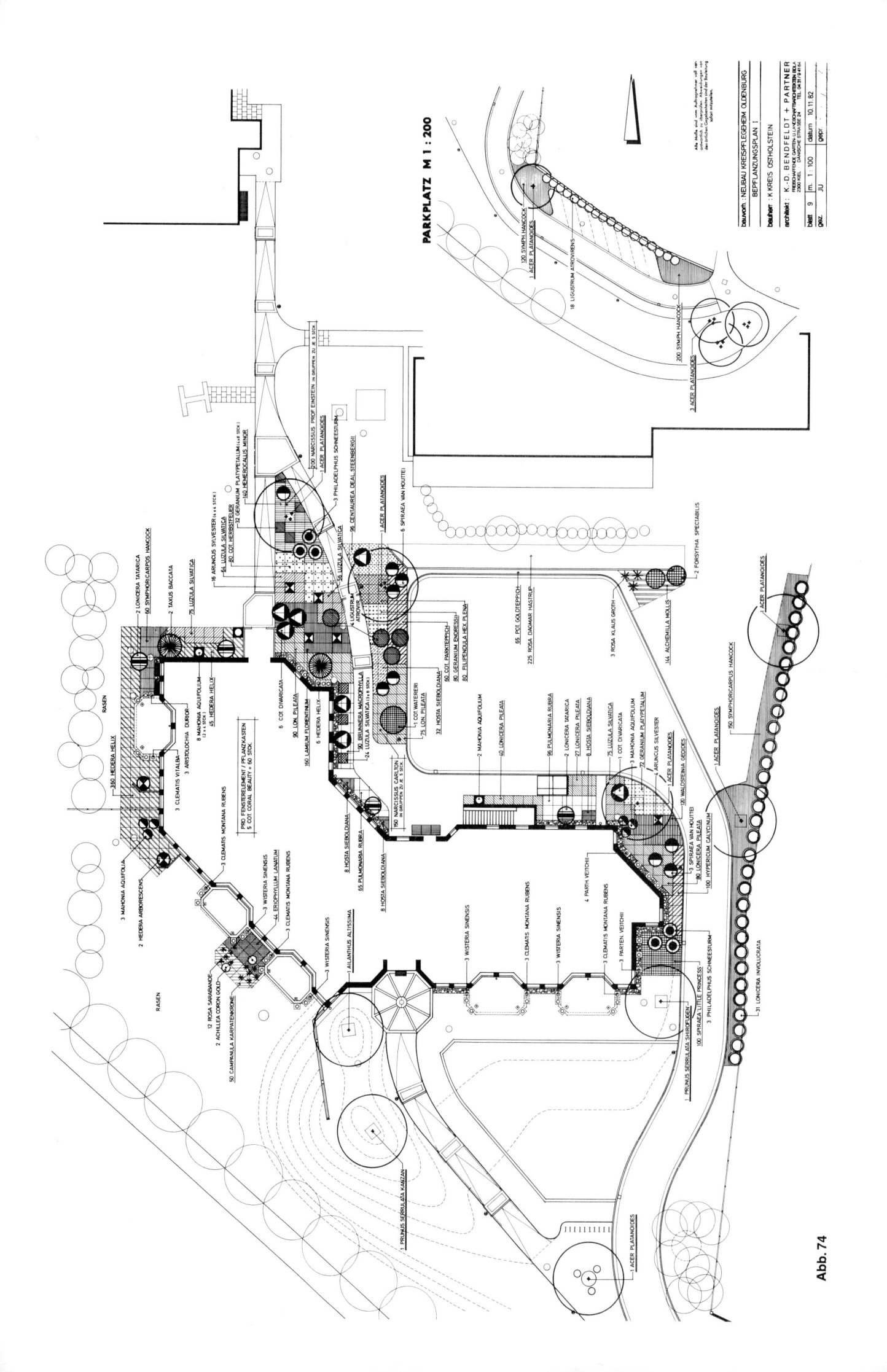

Abb. 75

Bauvorh.: NEUBAU KREISPFLEGEHEIM OLDENBURG
BEPFLANZUNGSPLAN II
Bauherr: KREIS OSTHOLSTEIN
Architekt: K.-D. BENDFELDT + PARTNER
FREISCHAFFENDE GARTEN- U. LANDSCHAFTSARCHITEKTEN BDLA
2300 KIEL · HANSESTRASSE 24 · TEL. 04 31 / 43 41 54

Blatt: 10 | **m.:** 1 : 50 | **Datum:** 18.11.82 | **gez.:** JU

Pflanzenliste (Beschriftungen im Plan)

- 25 COT. PARKTEPPICH
- 3 PHILADELPHUS 'DAME BLANCHE'
- 60 LAV. MUNSTEAD
- 20 POT. GOLDTEPPICH
- 40 GERANIUM ENDRESSII
- 20 POT. GOLDTEPPICH
- 3 ROSA MÄRCHENLAND
- 20 AVENA GLAUCA
- 35 GERANIUM ENDRESSII
- 32 GYSOPH. ROSENSCHLEIER
- 60 LAV. MUNSTEAD
- 25 POT. HACHMANNS GIGANT
- 25 SALVIA MAINACHT
- 20 GERANIUM ENDRESSII
- 20 POT. GOLDTEPPICH
- 30 LAVANDULA MUNSTEAD
- 2 ROSA ELMSHORN
- 20 POT. HACHMANNS GIGANT
- 5 PYRAC. SOLEIL D'OR
- 30 GERANIUM ENDRESSII
- 20 GYPSOPHYLLA ROSENSCHLEIER
- 3 ROSA LICHTKÖNIGIN LUCIA
- 8 ROSA SARABANDE
- 15 POT. GOLDTEPPICH
- 25 PRUNELLA WEBBIANA ROSEA
- 8 ROSA SARABANDE
- 30 CHRYSOGONUM VIRGINIANUM
- 35 CAMPANULA KARPATENKRONE
- 5 KOLKWITZIA AMABILIS
- 8 ROSA SARABANDE
- 20 POT. GOLDTEPPICH
- 80 GERANIUM ENDRESSII
- 9 ROSA EYEPAINT
- 25 PRUNELLA W. ROSEA
- 25 CAMPANULA KARPATENKRONE
- 20 GYPSOPHYLLA ROSENSCHLEIER
- 4 BUDDLEIA ALTERNIFOLIA
- 3 ROSA SCHNEEWITTCHEN
- 25 POT. GIBSONS SCARLET
- 20 LAV. MUNSTEAD
- 35 GERANIUM ENDRESSII
- 1 CLEMATIS TANGUTICA
- 3 PYRACANTHA SOLEIL D'OR
- 30 LAV. MUNSTEAD
- 25 GERANIUM PLATYPETALUM
- 1 LONICERA HENRYI
- 1 VIBURNUM BURKWOODII
- 3 MAHONIA AQUIFOLIA
- 1 HOLODISCUS DISC. ARIIFOLIUS
- 2 PARTHENOCISSUS VEITCHII
- 60 GERANIUM SANG. ALBUM
- 110 EUONYMUS FORT. DARTS BLANKET
- 1 COT. WATERERI
- 3 HYDRANGEA ARB. GRANDIFLORA
- 120 LONICERA PILEATA
- 80 EUONYMUS FORT. DARTS BLANKET
- 100 COT. DAMM EICHHOLZ
- 80 ROSA FLEURETTE
- 80 POT. GOLDTEPPICH
- 90 LAV. MUNSTEAD
- 50 GERANIUM SANGUINEUM ALBUM
- 120 GERANIUM ENDRESSII
- 5 HYDRANGEA PETIOLARIS
- 7 JUNIPERUS CHIN. PFITZ. OLD GOLD
- 70 COT. HERBSTFEUER
- 1 CHAENOMELES CRIMSON + GOLD
- 15 GERANIUM ENDRESSII
- 2 COT. CONSPICUA DECORA
- 2 HELENIUM BAUDIR LINNE
- 32 GYPSOPHYLLA ROSENSCHLEIER
- 18 ASTER HERMANN LÖNS
- 2 HELENIUM GOLDENE JUGEND
- 32 ASTER HERMANN LÖNS
- 50 CAMPANULA KARPATENKRONE
- 35 ROSA SARABANDE
- 20 POT. GOLDTEPPICH
- 8 CAMPANULA KARPATENKRONE

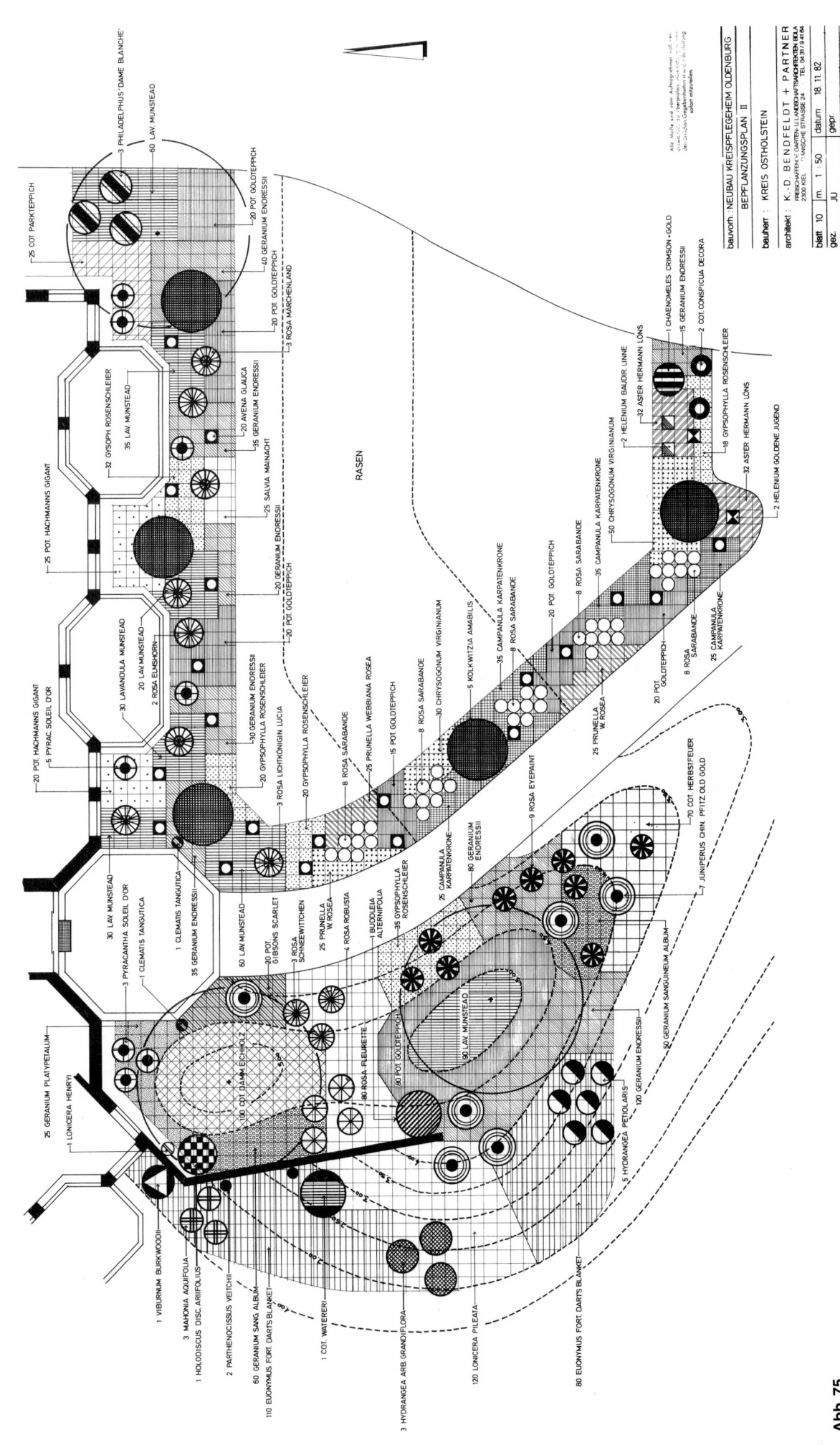

RASEN

Pläne und Beispiele

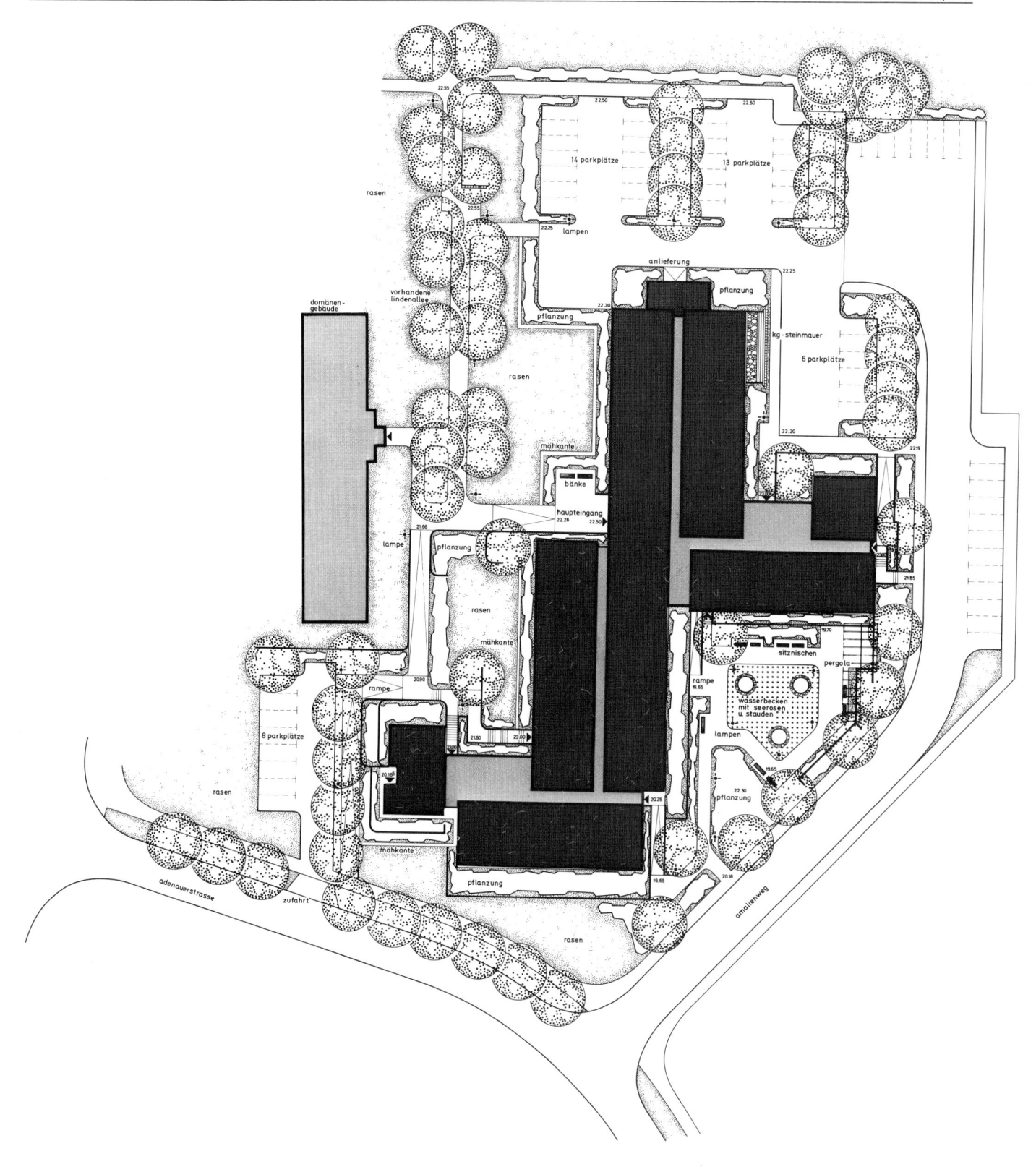

Pläne und Beispiele

DRK - ALTEN - U. PFLEGEHEIM KRONSHAGEN

FREIRAUMPLANUNG

ENTWURF

MASSTAB 1 : 200

bauherr	DRK - KREISVERBAND RENDSBURG - ECKERNFÖRDE
architekt	K.-D. BENDFELDT + PARTNER FREISCHAFFENDE GARTEN-U LANDSCHAFTSARCHITEKTEN BDLA 2300 KIEL · DÄNISCHE STRASSE 24 TEL. 04 31 / 9 41 64
blatt 2	m. 1 : 200	datum 4. 12. 1979
gez. LE.	gepr.	

◀ **Abb. 76** Entwurf M. 1 : 200. Dreigeschossiger Baukörper auf einem knappen Grundstück. Im Südosten vertieft liegender, windgeschützter Gartenhof mit Pergola, Wasserbecken, Stauden- und Rosenpflanzungen
Originalgröße: 87 × 100 cm. Tuschezeichnung auf Transparentpapier. *Tuschefüller:* Variant 0.2, 0.3, 0.4, 0.6 mm, Varioscript 3, 4, 8 mm. *Beschriftung:* Schriftschablone Standardgraph – fette gerade Mittelschrift DIN 1451 Nr. 202 2.5, 4 mm. *Gebäude:* Grautonfolie Silhouette 1638 – 80 %, Silhouette 1636 – 60 %. *Rasenflächen:* gepunktet mit Varioscript 3 mm. *Bäume:* gepunktet mit Varioscript 8 mm
Plandarstellung mit dominierender Gebäudegruppe und kontrastierenden lockeren Baumsignaturen. Das Gebäude wirkt im Original nicht so dunkel wie in der Verkleinerung. Mauerelemente (Kronenbreiten 10–20 cm) als breite schwarze Striche

Seite 80/81:

Abb. 77 Entwurf M. 1 : 200. Reine Ballsportanlage auf sehr knapper ▶ Grundstücksfläche. Trennung und Abschirmung der einzelnen Spielfelder durch ca. 3.00 m hohe bepflanzte Erdwälle. Im Zentrum der Anlage das Sportheim, in der Südwestecke eine Tennishalle
Originalgröße: 98 × 168 cm. Tuschezeichnung auf Transparentpapier. *Tuschefüller:* Variant 0.2, 0.4, 0.6, 0.8, 1.2 mm. Varioscript 4, 5, 8 mm. *Beschriftung:* Schriftschablone Standardgraph – fette gerade Mittelschrift DIN 1451 Nr. 202 4, 5, 8 mm. *Gebäude:* Grautonfolie Silhouette 1639 – 90 %. *Bäume:* Silhouette 1638 – 80 %. *Rasenflächen:* gepunktet mit Varioscript 5 mm. *Wegeflächen:* schraffiert mit Variant 0.4 mm
Plandarstellung als kontrastreiche Schwarzweißzeichnung. Die Entwurfsidee, Raumbildung durch Baumreihen, wird aus dem Plan klar ablesbar. Das Wegesystem setzt sich durch die Schraffur eindeutig von den Spielflächen ab

Abb. 78 Entwurf M. 1 : 100. Dorfplatz im Zentrum einer kleinen ländli- ▶▶ chen Gemeinde. Planung eines Dorfteiches mit einer Platzanlage für Veranstaltungen und kleinem Spielplatz. Räumlicher Abschluß nach Westen durch bepflanzten Erdwall
Originalgröße: 84 × 136 cm. Tuschezeichnung auf Transparentpapier. *Tuschefüller:* Variant 0.2, 0.4, 0.6, 0.8, 1.2, 2.0 mm. Varioscript 3, 4, 5 mm. *Beschriftung:* Schriftschablone Standardgraph DIN 1451 Nr. 202, 2, 5 mm. Architektenschrift Nr. 219 – 5, 6, 8 mm. *Gebäude:* schraffiert. *Teich:* Folie, Wellensignatur Nr. Silhouette 373. *Rasenflä-che:* gepunktet mit Varioscript 5 mm
Plandarstellung als kräftige Schwarzweißzeichnung. Räumlich dominiert das alte Fachwerkhaus am Nordrand des Platzes, daher auch betonte Darstellung der Dachaufsicht. Klare graphische Abgrenzung der entwurfsbestimmten Flächen. Dorfplatz im Grauton der Lichtpause, Rasenflächen stark punktiert, Wasserfläche mit Wellenfolie. Als Kontrast zu den Flächen die Baumsignaturen

SPORTZENTRUM FLINTBEK

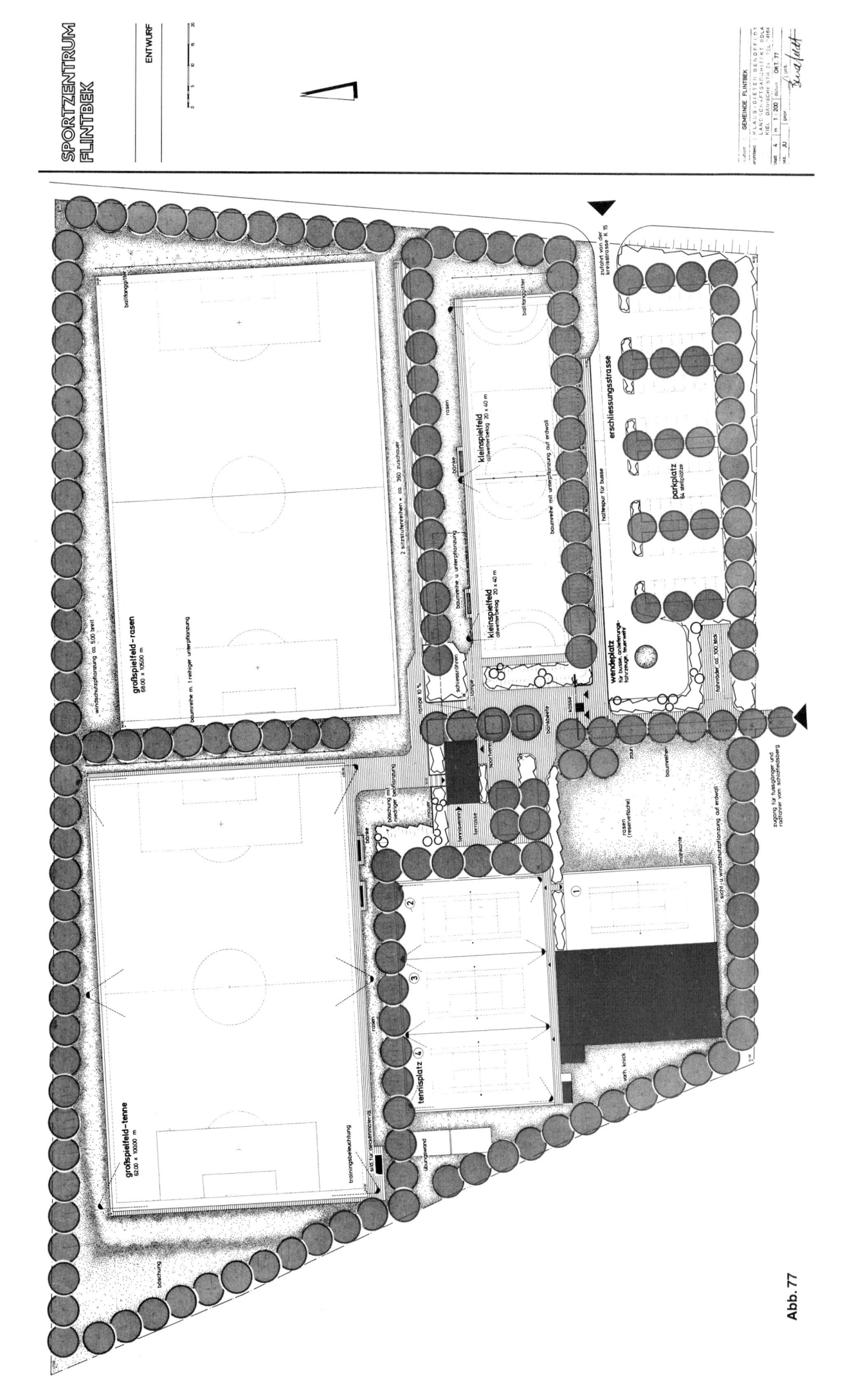

ENTWURF

Abb. 77

DORFPLATZ PROBSTEIERHAGEN

FREIRAUMPLANUNG

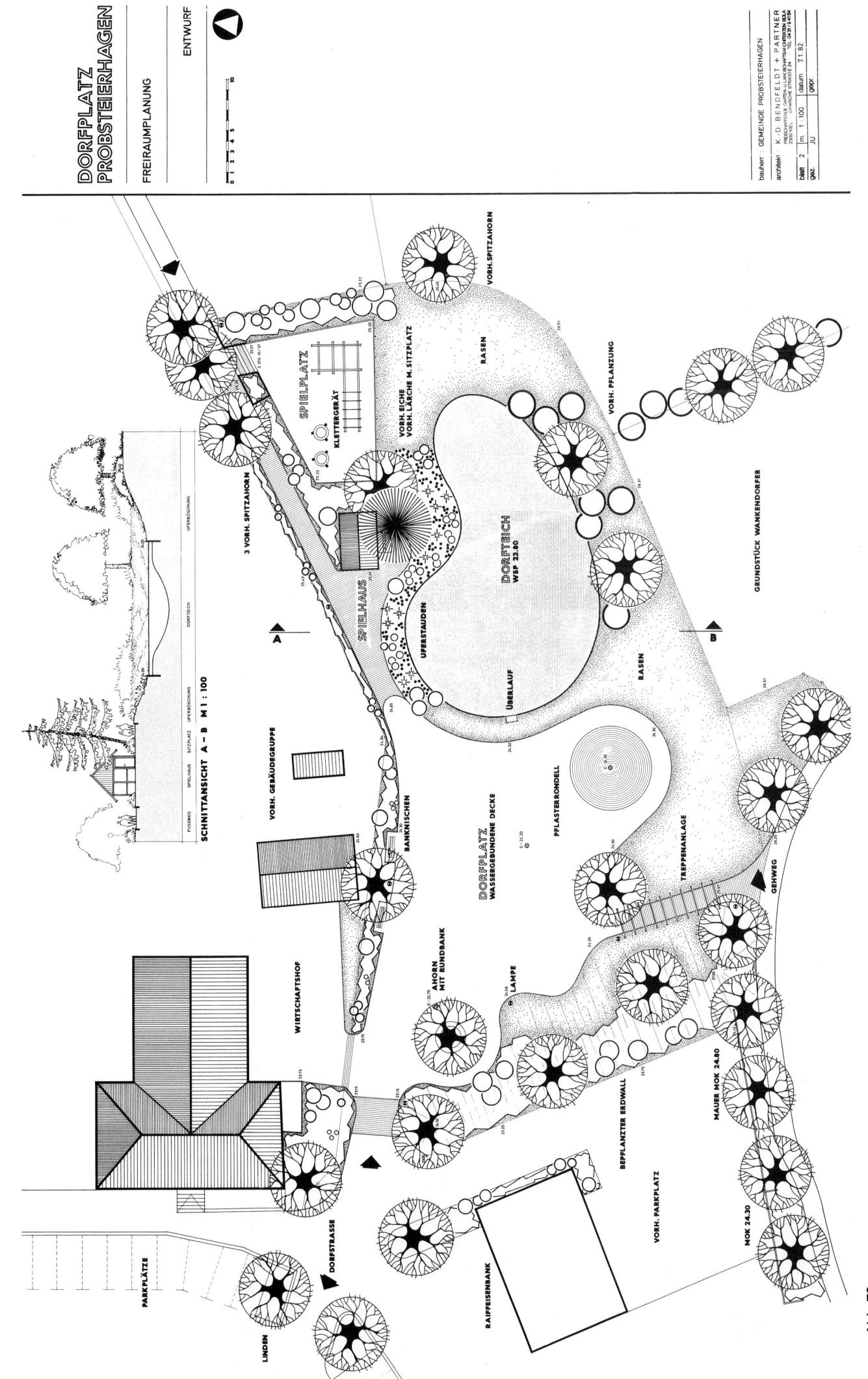

ENTWURF

0 1 2 3 4 5 10

bauherr: GEMEINDE PROBSTEIERHAGEN
architekt: K.-D. BENDFELDT + PARTNER
PREISGARTEN, GARTEN U. LANDSCHAFTSARCHITEKTEN BDLA
2300 KIEL, DÄNISCHE STRASSE 24 TEL. 0431/91194
blatt 2 | m 1:100 | datum 7.1.82 | gepr.
gez. JU

SCHNITTANSICHT A-B M 1:100

FUSSWEG — SPIELHAUS — SITZPLATZ — UFERBÖSCHUNG — DORFTEICH — UFERBÖSCHUNG

Beschriftungen (Lageplan):

- VORH. SPITZAHORN
- SPIELPLATZ
- KLETTERGERÄT
- VORH. EICHE
- VORH. LÄRCHE M. SITZPLATZ
- RASEN
- VORH. PFLANZUNG
- 3 VORH. SPITZAHORN
- SPIELHAUS
- UFERSTAUDEN
- DORFTEICH WSP 23.80
- GRUNDSTÜCK WANKENDORFER
- ÜBERLAUF
- RASEN
- VORH. GEBÄUDEGRUPPE
- BANKNISCHEN
- DORFPLATZ WASSERGEBUNDENE DECKE
- PFLASTERRONDELL
- TREPPENANLAGE
- GEHWEG
- WIRTSCHAFTSHOF
- AHORN MIT RUNDBANK
- LAMPE
- BEPFLANZTER ERDWALL
- MAUER MOK 24.80
- VORH. PARKPLATZ
- MOK 24.30
- DORFSTRASSE
- RAIFFEISENBANK
- LINDEN
- PARKPLÄTZE

Abb. 78

Pläne und Beispiele

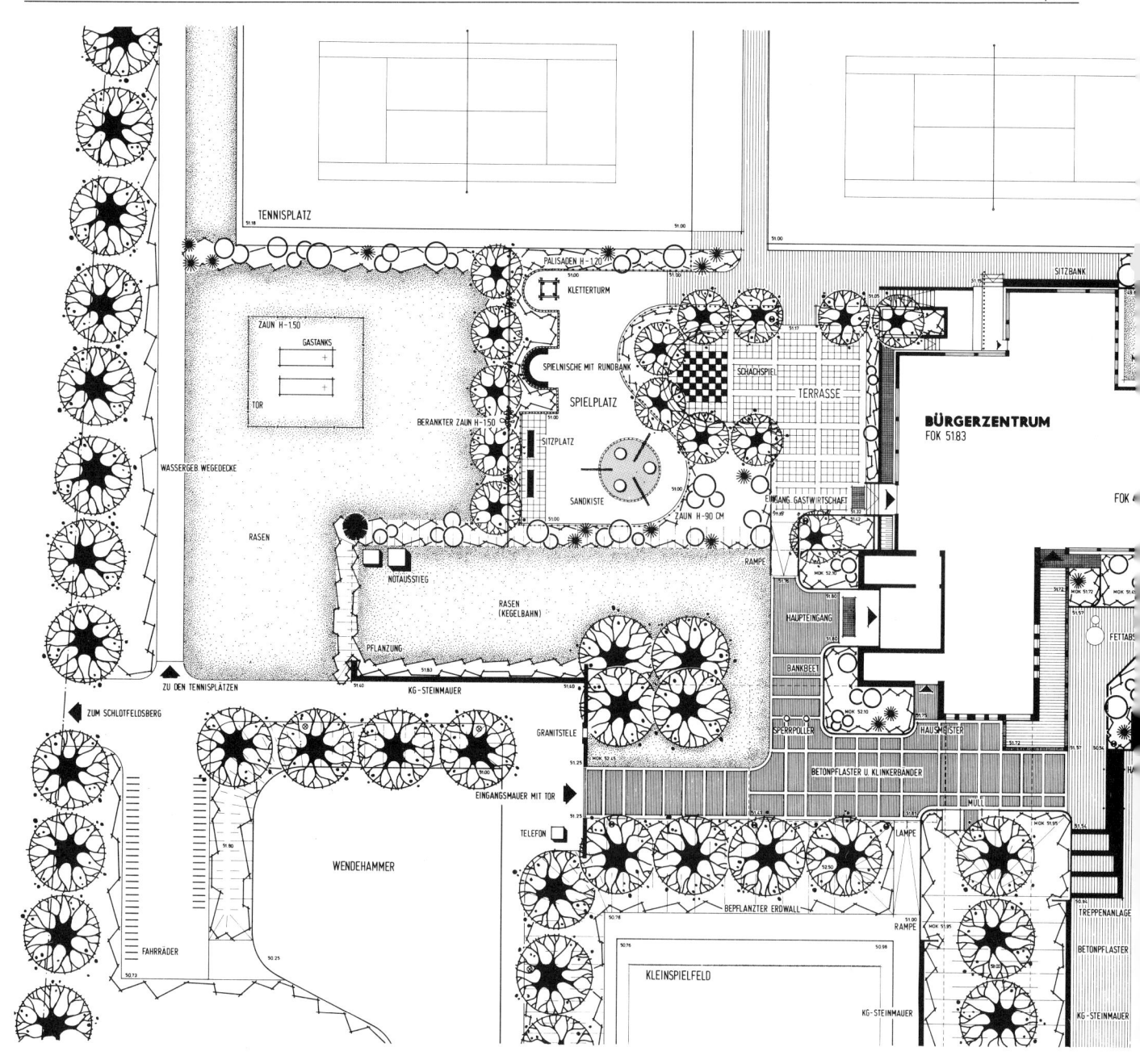

Pläne und Beispiele

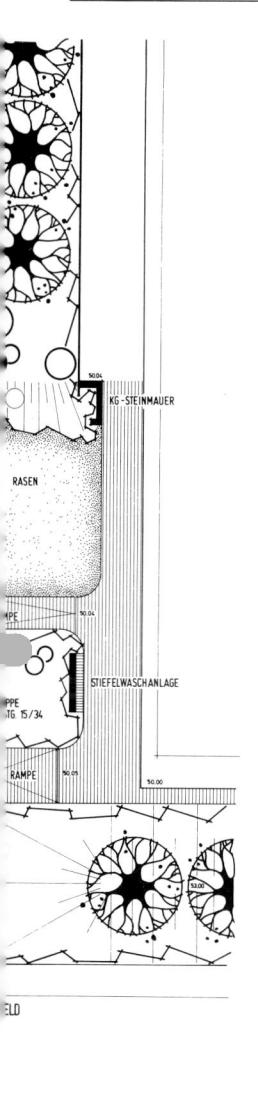

Abb. 79 Entwurf M. 1 : 100. Weiterentwicklung des Sportheimes aus der Abbildung Nr. 77. Gebäude mit Gaststätte, Sanitär-, Umkleide- und Clubräumen, Hausmeisterwohnung. Im Süden unterirdische Kegelbahn, nach Osten unterirdischer Kleinkaliberschießstand
Originalgröße: 81 × 136 cm. Tuschezeichnung auf Transparentpapier. *Tuschefüller:* Variant 0.2, 0.4, 0.6, 0.8, 1.2 mm. Varioscript 3, 4, 5 mm. *Beschriftung:* Schriftschablone Standardgraph – gerade Engschrift m̄ DIN 17 Nr. 264 5, 7 mm. Standardgraph DIN 1451 Nr. 202 – 2.5 mm. Architektenschrift Nr. 219 8 mm. *Platz- und Wegeflächen:* schraffiert mit Variant 0.2 mm. *Mauern:* Schwarz. *Rasenflächen:* gepunktet mit Varioscript 4 mm.
Klare Darstellung eines differenzierten Freiflächenprogrammes mit entsprechenden graphischen Mitteln. Unterschiedliche Belagsstrukturen sind eindeutig ablesbar. Die Verwendung von Grautonfolie bei den Treppenanlagen nördlich des Gebäudes hat bei der Verkleinerung zu einer unerwünschten Schwärzung dieser Flächen geführt.

Seite 84/85:

Abb. 80 Vorentwurf M. 1 : 50. Wasserspiegel im Innenhof einer Sparkasse. Dreiklang von immergrünen Pflanzen, Steinen und Wasser ▶
Originalgröße: 63 × 103 cm. Tusche / Bleistiftzeichnung auf Transparentpapier. *Tuschefüller:* 0.5 mm. *Filzstift:* Edding 3000. *Bleistift:* H 3 und H 4. *Beschriftung:* Architektenschrift Nr. 219 – 6, 8 mm
Kombinierte Darstellung von Freihandzeichnung (Grundriß und Schnittansicht) und exakter Zeichnung (Detail Wasserspiel) mit unterschiedlichen Stiften. Da der Vorentwurf koloriert worden ist und nicht primär für eine Verkleinerung gezeichnet wurde, sind die Bleistiftstriche zu schwach

Abb. 81 Entwurf M. 1 : 50. Entwurf für einen Hausgarten ▶▶
Originalgröße: 65 × 110 cm. Kombinierte Tusche-, Filzschreiber- und Bleistiftzeichnung auf Transparentpapier. *Tuschefüller:* Variant 0.2, 0.4 mm. *Bleistift:* H 4. *Beschriftung:* Schriftschablone Standardgraph, fette gerade Mittelschrift DIN 1451 Nr. 202 5 und 8 mm.
Plandarstellung als Kontrast zwischen befestigten Flächen (Schraffuren), Rasenflächen und Pflanzflächen. Der Maßstab 1 : 50 erlaubt das Darstellen vieler Möblierungselemente, dadurch läßt sich dem Bauherren die Planungsidee wesentlich besser vermitteln

Seite 86/88:

Abb. 82 Planausschnitt M. 1 : 500. (Ausschnitt M. 1 : 500 aus Abb. 67). Der Plan ist in einen vorhandenen Bestandsplan (Lage- und Höhenaufmaß) gezeichnet worden und wurde farbig angelegt. Kräftige Strichstärken für Baumsignaturen, Wege- und Uferränder, um die vorhandene Plandarstellung zu überspielen. Höhenschichtlinien durch Punktieren herausgearbeitet

Abb. 83 Planausschnitt M. 1 : 200. (Ausschnitt aus einem Entwurf M. 1 : 200 für ein Stadtzentrum). Mauern, Treppen und die unterschiedlichen Belagsstrukturen der Platzflächen sind aus dem Plan klar ablesbar. Die Verwendung von Schraffuren und Folien schafft abgestufte, helle und dunkle Flächen, die dem Plan eine gewisse »Tiefenwirkung« geben. Wesentlich für die gute Lesbarkeit eines Planes ist das Arbeiten mit unterschiedlichen Strichstärken

Abb. 84 Planausschnitt M. 1 : 100. (Ausschnitt M. 1 : 100 aus Abb. 79). Durch unterschiedliche Schraffuren klar herausgearbeitete Oberflächenstruktur der Wege- und Platzflächen. Hervorhebung der Mauern durch volle schwarze Striche. Pflanzflächen hell als Kontrast zu den Wege- und Platzflächen. Genaue Höhenangaben als Ergebnis sorgfältiger planerischer Überlegungen

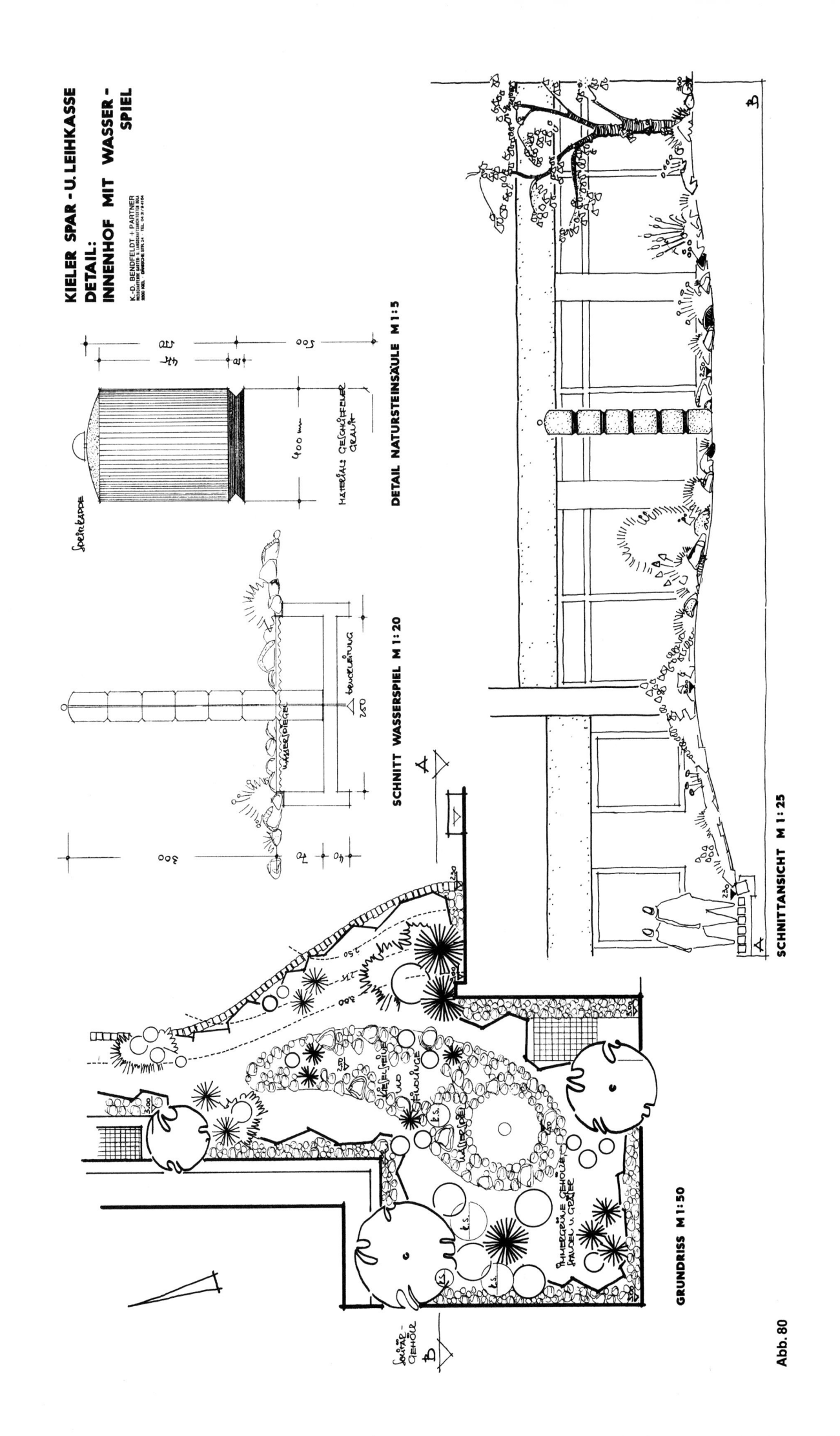

KIELER SPAR- U. LEIHKASSE
DETAIL:
INNENHOF MIT WASSER-
SPIEL

K.-D. BENDFELDT + PARTNER

DETAIL NATURSTEINSÄULE M 1:5

SCHNITT WASSERSPIEL M 1:20

GRUNDRISS M 1:50

SCHNITTANSICHT M 1:25

Abb. 80

Abb. 81

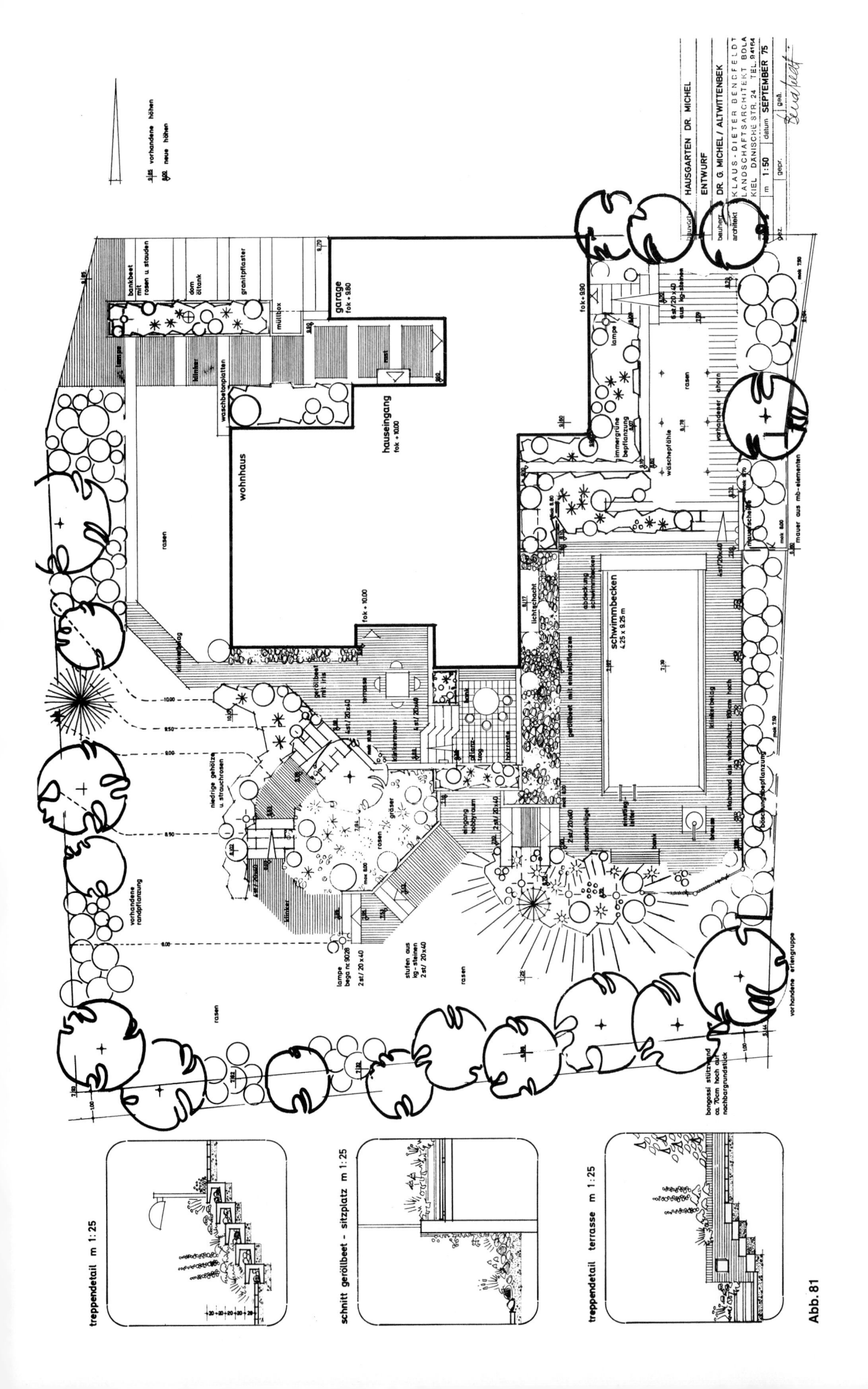

HOLZBRÜCKE

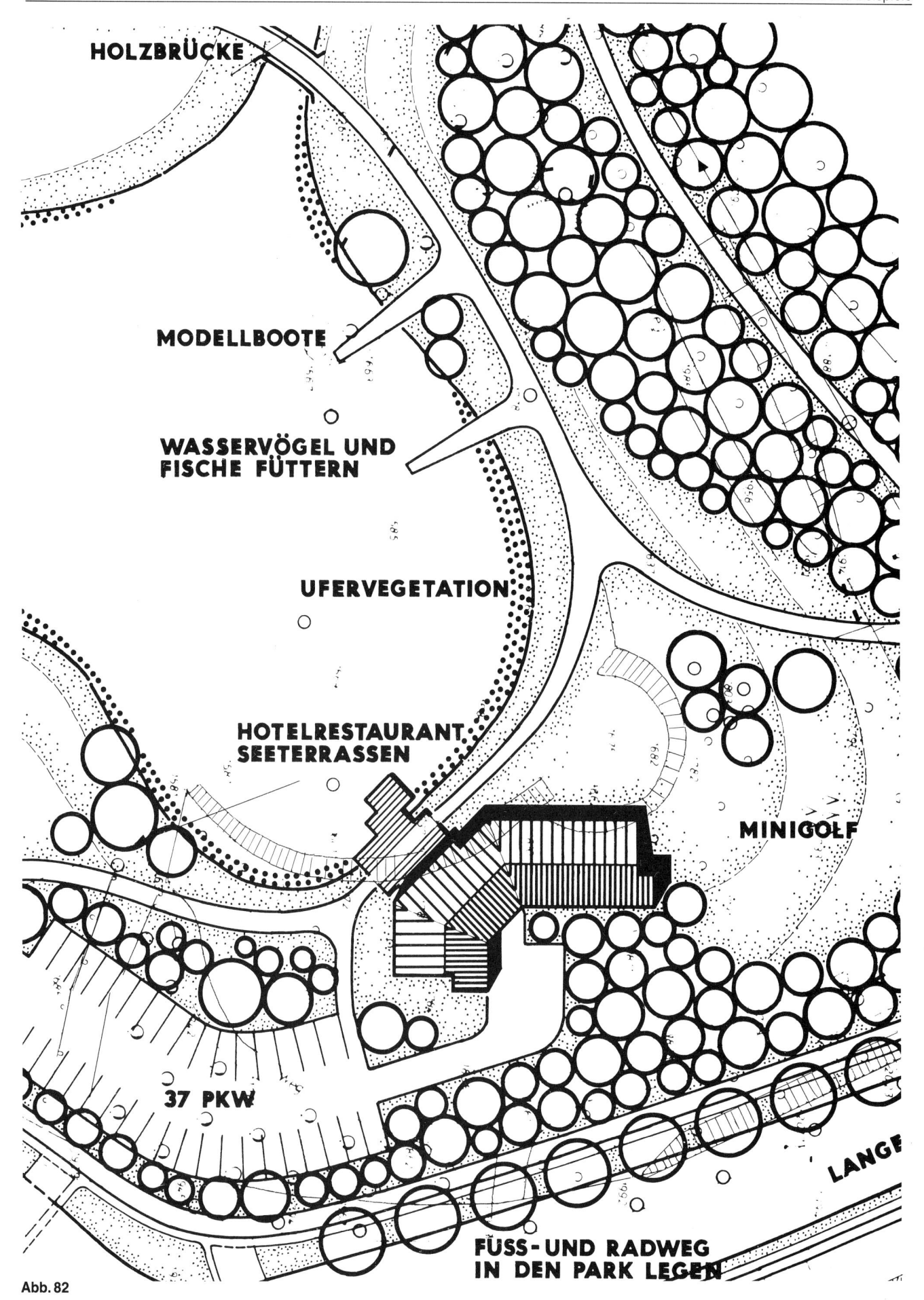

MODELLBOOTE

**WASSERVÖGEL UND
FISCHE FÜTTERN**

UFERVEGETATION

**HOTELRESTAURANT
SEETERRASSEN**

MINIGOLF

37 PKW

LANGE

**FUSS- UND RADWEG
IN DEN PARK LEGEN**

Abb. 82

Pläne und Beispiele

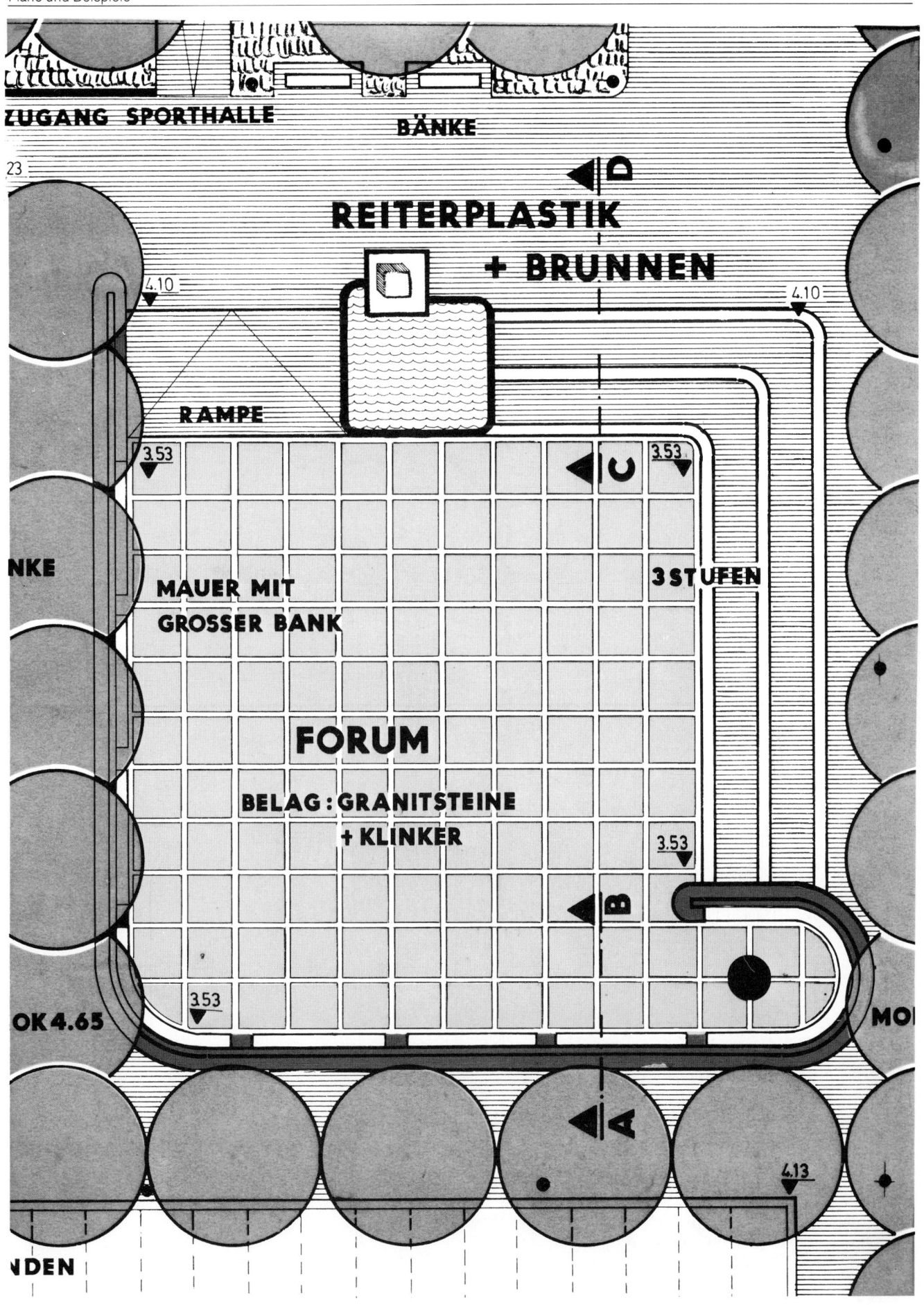

ZUGANG SPORTHALLE   BÄNKE

REITERPLASTIK
+ BRUNNEN

RAMPE

MAUER MIT
GROSSER BANK

3 STUFEN

FORUM

BELAG: GRANITSTEINE
+ KLINKER

OK 4.65

Abb. 83

Pläne und Beispiele

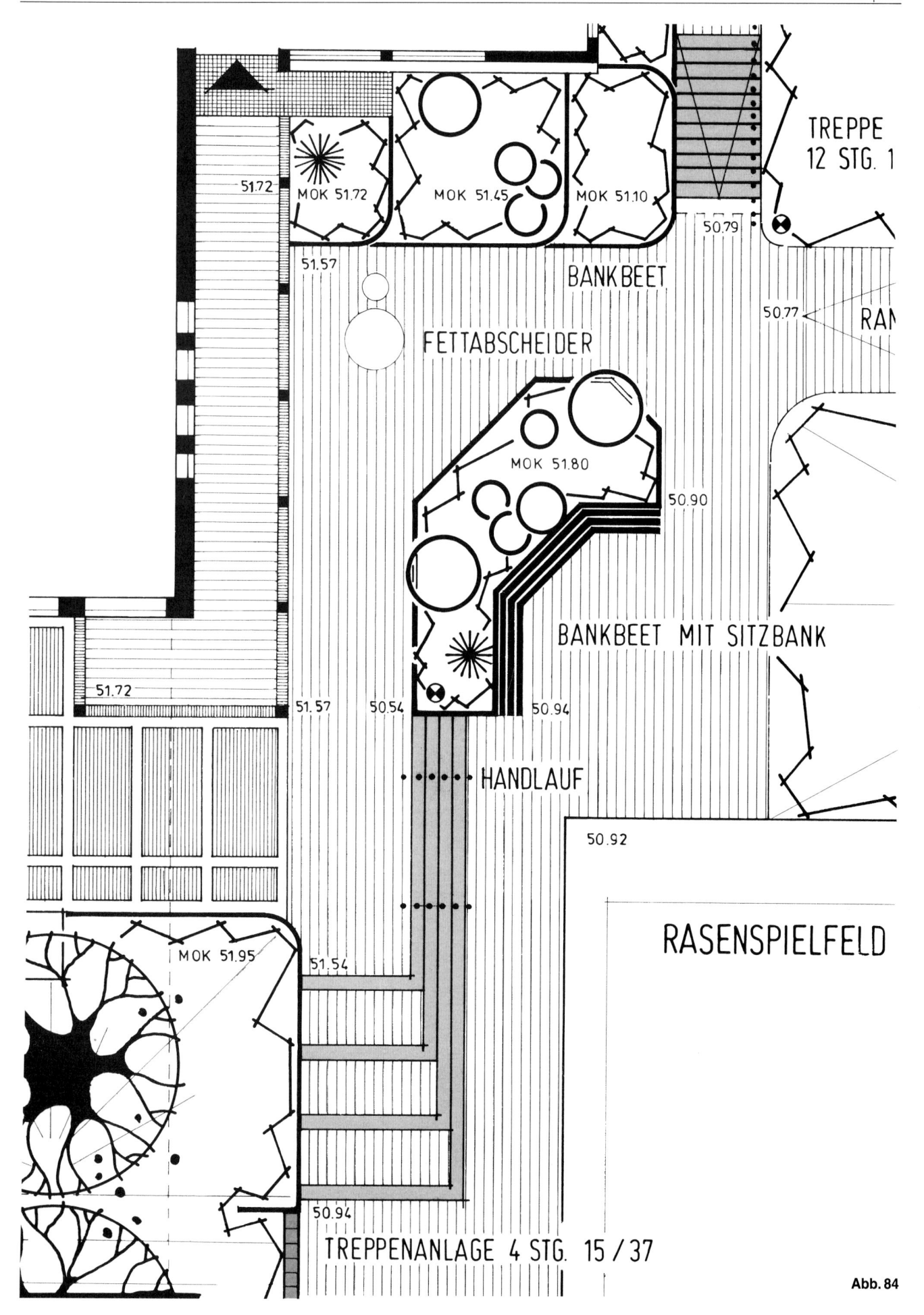

TREPPE
12 STG. 1

MOK 51.72 MOK 51.45 MOK 51.10

51.72

51.57

50.79

BANKBEET

50.77

FETTABSCHEIDER

MOK 51.80

50.90

BANKBEET MIT SITZBANK

51.72

51.57 50.54 50.94

HANDLAUF

50.92

RASENSPIELFELD

MOK 51.95 51.54

50.94

TREPPENANLAGE 4 STG. 15 / 37

Abb. 84

6 Konstruktion und Darstellung von Perspektiven

Bei einer Zeichnung, der eine perspektivische Konstruktion zugrunde liegt, treffen zwei verschiedene Arbeitsvorgänge zusammen: zunächst die Konstruktion anhand perspektivischer Regeln und Gesetze, danach die zeichnerische Ausarbeitung.

So entsteht nach einem Grundriß eine perspektivische Skizze, die eine dreidimensionale Ansicht des in einer Ebene dargestellten Lageplanes vermittelt.

6.1 Erläuterungen zur Konstruktion von Zentral- und Übereckperspektive

Über die Möglichkeiten perspektivischer Konstruktionen gibt es zahlreiche Literatur, in der mehrere Arten von Konstruktionsmethoden dargestellt sind. Hier sollen vorwiegend die im Bereich der Freiraumplanung wichtigen behandelt werden, also Konstruktionsarten, die verhältnismäßig einfach zu erstellen sind und lediglich den Zweck zu erfüllen haben, als Grundlage für eine zeichnerische Darstellung zu dienen.

Die zeichnerische Ausführung ist immer der eigentliche Zweck und das Ziel aller Vorarbeiten. Darum widmen sich auch die nachfolgenden Ausführungen diesem Gebiet mit besonderer Ausführlichkeit. Man unterscheidet je nach Standpunkt zum Objekt *Zentral- und Übereckperspektiven*, in deren Vorfeld noch die Isometrien anzusiedeln sind, die zwar eine dreidimensionale, aber keine perspektivische Ansicht wiedergeben **(Abb. 85–87)**.

6.1.1 Das Blickfeld

Eine perspektivische Konstruktion vollzieht die naturgegebene Sehweise des menschlichen Auges nach, wobei das optische Erfassen durch einige Umstände begrenzt und beeinflußt wird. Das Blickfeld des Menschen ist erheblich eingegrenzt. Etwa 23° umfaßt der Sehwinkel, in dem alles noch klar erkannt wird, darüber und darunter werden die Konturen ungenauer.

Ständige Bewegung der Augen und laufende Blickwendungen lassen uns diese Eingrenzungen nicht so bewußt werden. Dagegen ist eine Perspektive nur in einer auf einen Punkt fixierten Richtung konstruierbar. Man kann allerdings dabei einen größeren Sichtwinkel als der Mensch erfassen, ähnlich wie mit einem Weitwinkelobjektiv beim Photographieren.

6.1.2 Der Standpunkt

Bei Feststellung des Standpunktes zum Objekt ist von entscheidender Bedeutung die Richtung, die Entfernung und die Höhe. Man muß zunächst überlegen, was man mit einer Perspektive zeigen will. Soll der Blick von einem auch in der Realität möglichen Standpunkt dargestellt werden, dann müssen Standort, Entfernung und Augenhöhe dieser Realität entsprechen. Unterschiedliche Eindrücke entstehen, wenn man entweder in direkter Richtung mitten vor dem Motiv steht oder etwas zur Seite, nach links oder rechts geht. Die ausgewogenste Ansicht entsteht immer von einem mittleren Standpunkt aus. Ein übertriebenes seitliches Ausscheren führt zu Verzerrungen und verhindert im äußersten Fall eine dreidimensionale Wahrnehmung. Bei größeren, breitgelagerten Objekten muß man vor allem beachten, daß alle Einzelteile noch in einem günstigen Blickwinkel erfaßt werden **(Abb. 88)**.

6.1.3 Die Entfernung

Für die Entfernung des Standpunktes vom Objekt ist ebenfalls der mittlere Bereich am günstigsten. Das hängt immer auch von Größe und Umfang des Motivs ab. Rückt man zu nahe heran, kann die perspektivische Wirkung verzerrt erscheinen, wie man es von entsprechenden photographischen Aufnahmen her kennt. In zu großer Entfernung sind Einzelheiten nicht mehr erkennbar **(Abb. 89)**.

6.1.4 Die Augenhöhe

Die Höhe des Standpunktes, von dem aus man blickt, genauer gesagt, die Höhe der Augen des Betrachters über dem Boden, der »Grundebene«, wird als »Augenhöhe« bezeichnet. Der waagerechte Blickstrahl vom Auge zum Hintergrund endet am Horizontpunkt. Bei seitlichem Weiterwandern des Blickes reihen sich die Horizontpunkte zur Horizontlinie aneinander **(Abb. 90)**.

6.1.5 Die Grundebene

Die Ebene, auf der der Grundriß aufliegt, die »Grundebene«, kann tiefer oder höher liegen als die des Betrachters, in Abhängigkeit seines Standpunkts. Sie ist waagerecht und liegt auf Null. Alle Erhebungen werden von Null aus konstruiert. Die Horizontlinie geht immer von der Augenhöhe des Betrachters aus **(Abb. 91)**.

6.1.6 Die Sichthöhe

Ein erhöhter Standpunkt mit einer entsprechend hoch angesetzten Augenhöhe gibt die Sicht von oben auf das Motiv als »Vogelperspektive«. Sie ermöglicht einen guten Über- und Einblick. Das entspricht allerdings meist nicht den Gegebenheiten, denn man wird in den seltensten Fällen einen derart erhöhten Standpunkt einnehmen können.

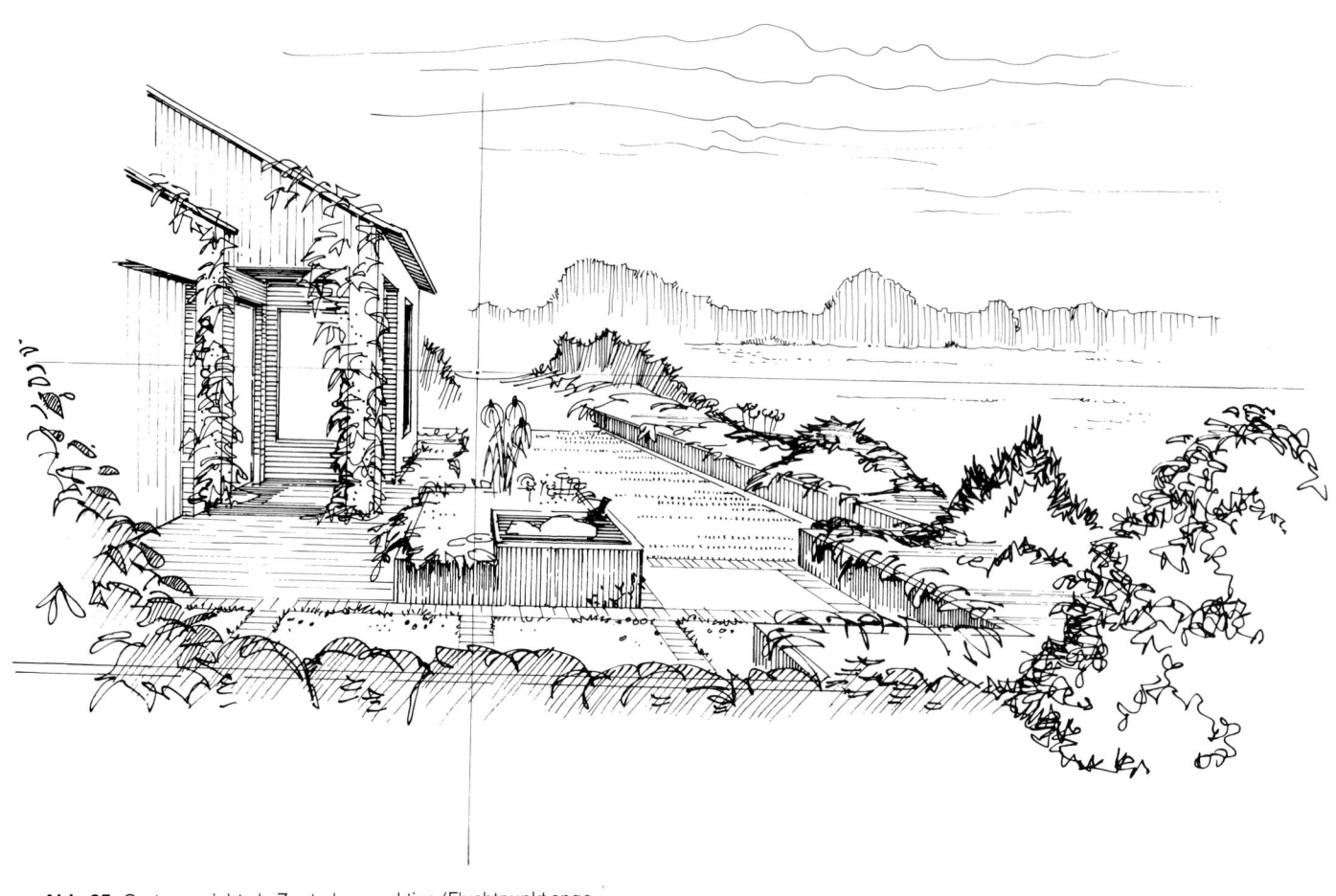

Abb. 85 Gartenansicht als Zentralperspektive (Fluchtpunkt angedeutet)

Abb. 86 Gartenansicht als Übereckperspektive (Fluchtpunkte angedeutet)

Erläuterungen zur Konstruktion von Zentral- und Übereckperspektive

Abb. 87 Aufsicht als verkürzte Isometrie

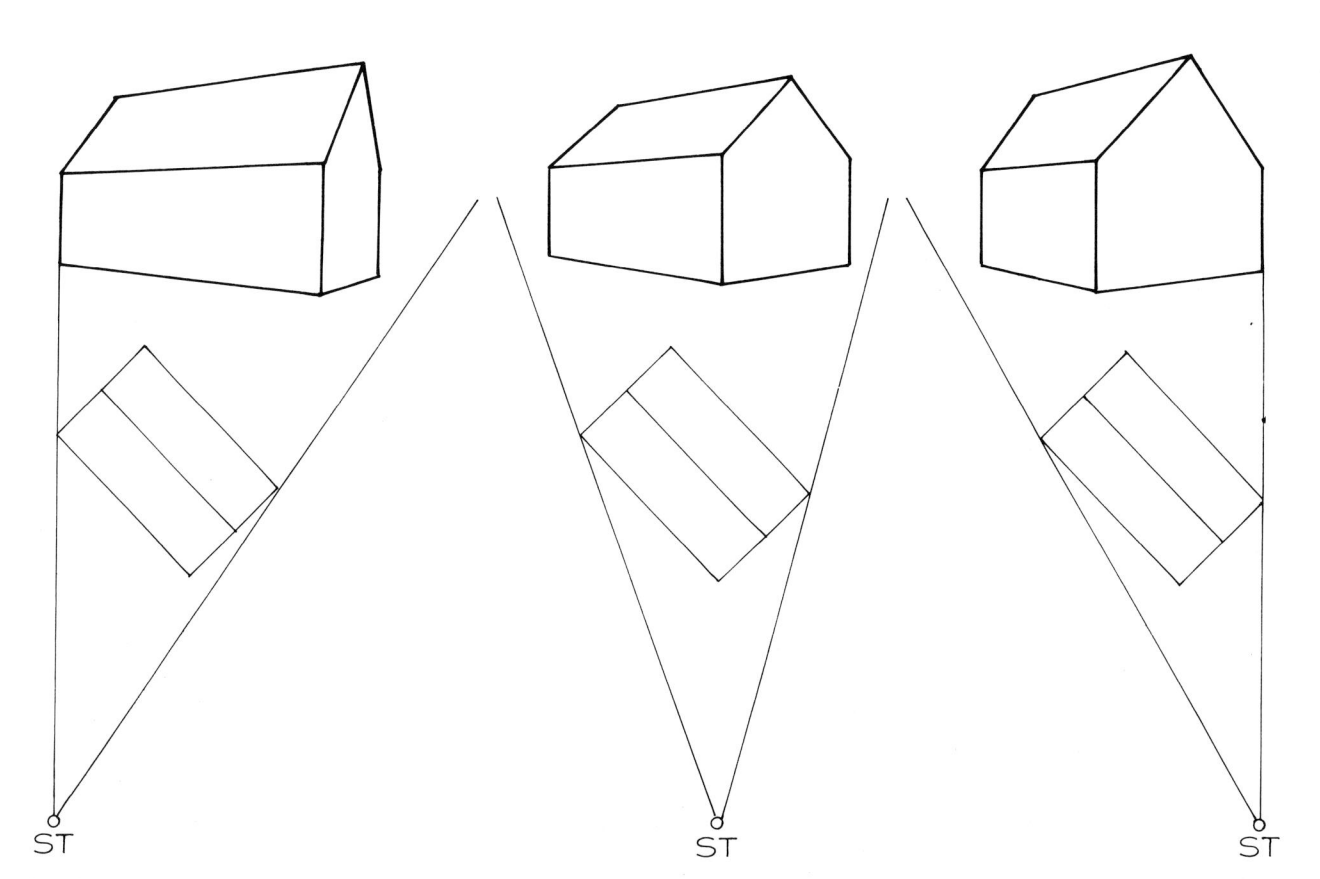

Abb. 88 Das gleiche Gebäude aus gleicher Entfernung und in derselben Augenhöhe von drei verschiedenen Standpunkten aus gesehen

3   10   25

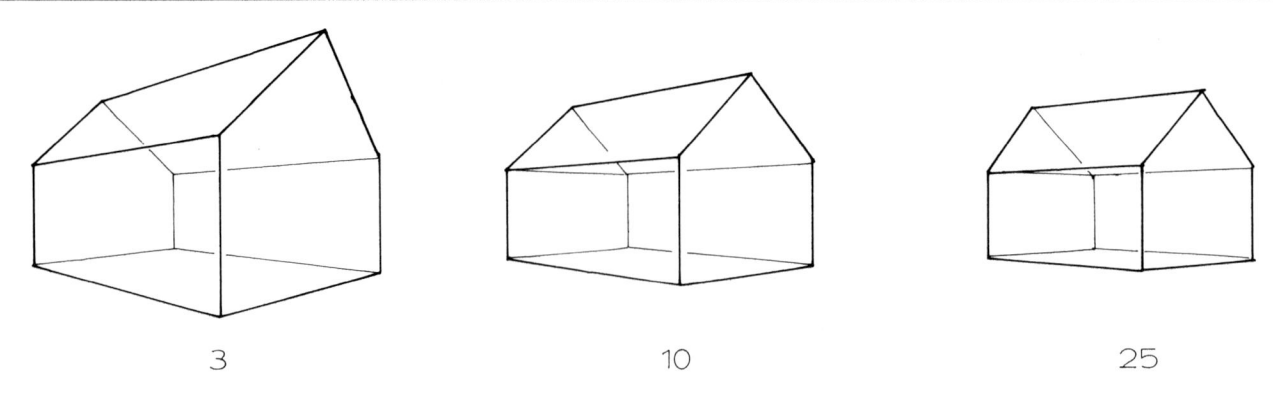

Abb. 89 Das gleiche Gebäude mit derselben Augenhöhe aus verschiedenen Entfernungen gesehen (3, 10 und 25 m)

Abb. 90 Die Augenhöhe deckt sich mit der Horizontlinie

Ein extrem tiefer Standpunkt (»Froschperspektive«) läßt ein Motiv größer und weiträumiger erscheinen. Die normale Augenhöhe kann etwa mit 1,70 m angenommen werden und gibt eine Ansicht in der meist wahrgenommenen Weise wieder **(Abb. 92)**.

6.1.7 Rechtwinklige Körper

Bei der Konstruktion einer Perspektive ist es unumgänglich, daß die einzelnen Objektteile rechtwinklig zueinander liegen: Nur solche Körper lassen sich entweder von dem einen Fluchtpunkt in der Mitte (bei der Zentralperspektive) oder von den zwei waagerecht auf der Horizontlinie links und rechts außerhalb liegenden Fluchtpunkten (bei der Übereckperspektive) konstruieren **(Abb. 93, 94)**.

Wenn Objektteile in stumpfen oder spitzen Winkeln zueinander liegen, muß die Rechtwinkligkeit durch Hilfslinien oder Hilfspunkte hergestellt werden, oder es müssen für die nicht mehr im rechten Winkel liegenden Teile neue Fluchtpunkte benutzt werden **(Abb. 95, 96)**.

6.1.8 Höhenkonstruktion

Maßgebend für die Konstruktion von Höhen in der Perspektive ist der Eckpunkt des Objektes, der im Grundriß auf der Grundkante der »Bildebene« liegt. In ihm wird die maßstabgerechte Höhe senkrecht angetragen. Perspektivisch verändern sich gleiche Höhen nach vorn oder hinten. Sie werden mittels der Fluchtpunkte von den Höhen auf der Senkrechten über dem oben erwähnten Eckpunkt auf die anderen Senkrechten übertragen.

6.1.9 Konstruktion von Kurven

Auch Kreise, Ellipsen und Kurven werden durch Einfügung in Quadrate oder Rechtecke konstruiert, wobei die einzelnen, gefundenen Punkte kurvenartig verbunden werden und somit das perspektivische Bild entsteht **(Abb. 97, 98)**.

Erläuterungen zur Konstruktion von Zentral- und Übereckperspektive 93

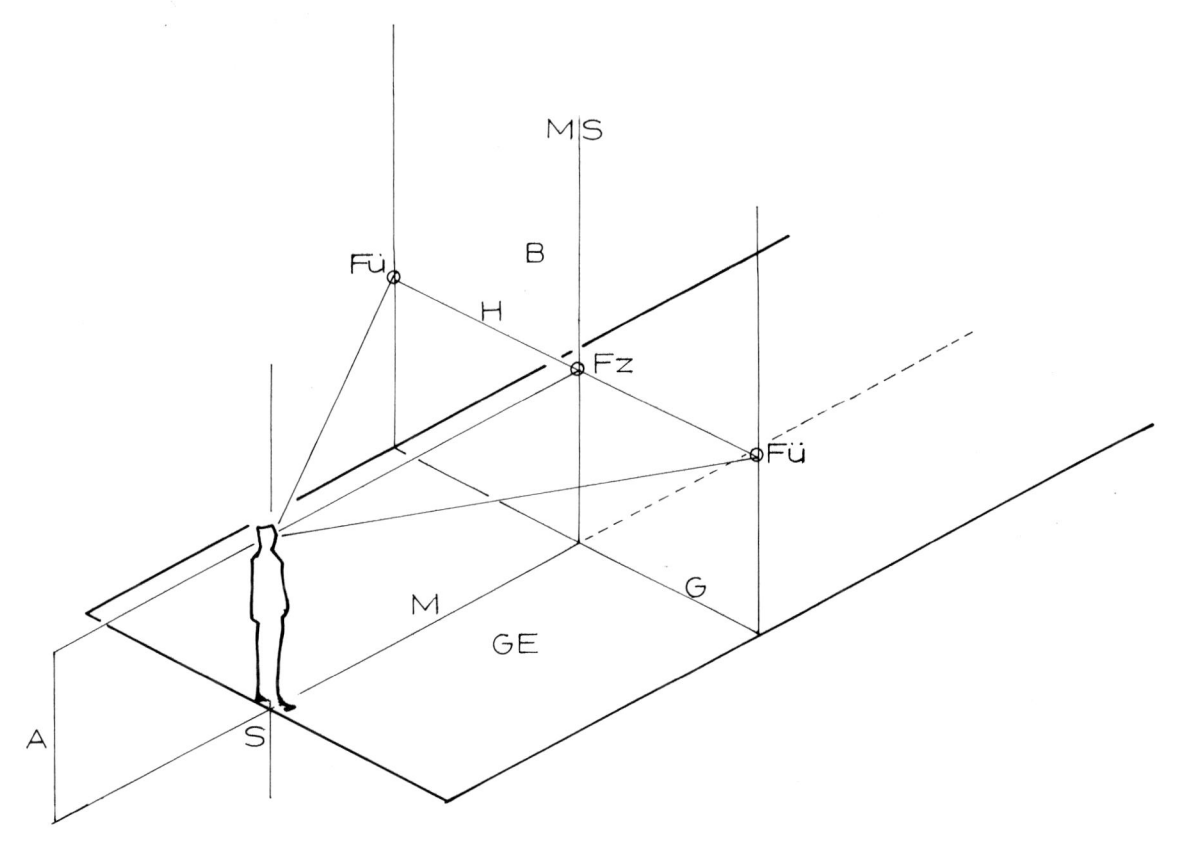

Abb. 91 Schema der perspektivischen Konstruktion auf eine Bildebene, auf die das dahinterliegende Objekt projeziert wird (Perspektive vom lateinischen »*perspicere*« = hindurchsehen)
A = Augenhöhe. S = Standpunkt. GE = Grundebene. G = Grundkante. M = Mittellinie. MS = Mittelsenkrechte. Fz = Fluchtpunkt für Zentralperspektive. Fü = Fluchtpunkt für Übereckperspektive. H = Horizontlinie. B = Bildebene

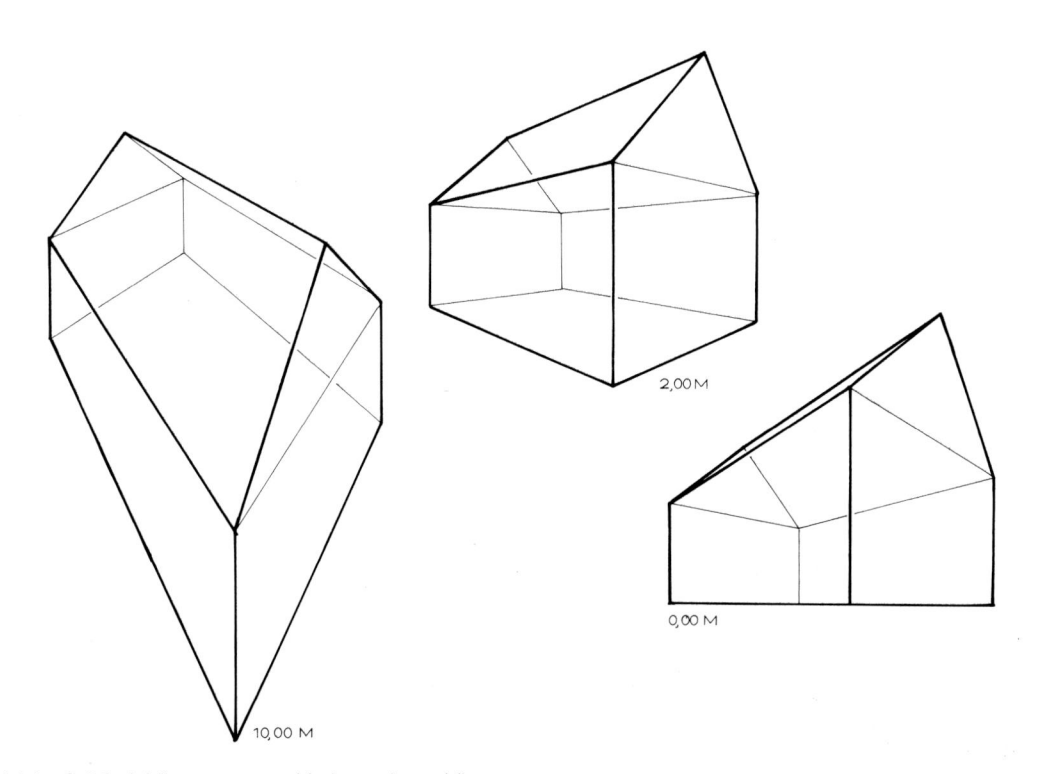

Abb. 92 Der gleiche Gebäudekörper aus verschiedenen Augenhöhen bei gleich entferntem Standpunkt

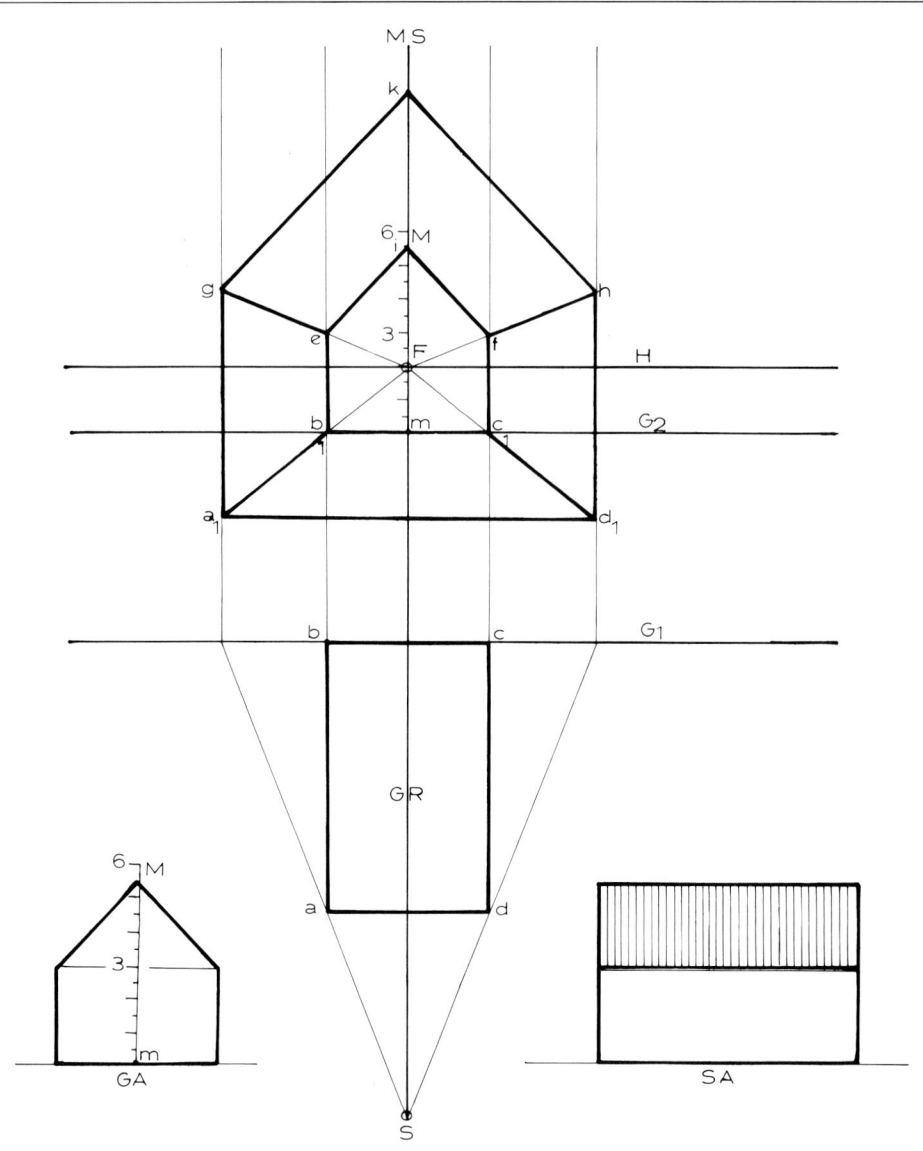

Abb. 93 Grundlage der Konstruktion einer Zentralperspektive. Durchführung der Konstruktion bei einem Gebäudeinnenraum:
1. Rechtwinkligen Grundriß (GR) mit einer Seitenkante (b-c) an waagerechte Grundkante (G 1) legen
2. Mittelsenkrechte (MS) errichten
3. Standort (S) unterhalb des Grundrisses (GR) auf MS festlegen. Entfernung beliebig
4. Horizontlinie (H) waagerecht oberhalb beliebig festlegen
5. Schnittpunkt H und MS = Fluchtpunkt (F)
6. Grundkante oberhalb (G 2) parallel unter H im Abstand der angenommenen Augenhöhe. Der Abstand wird im Maßstab des Grundrisses gemessen, von m auf G 2 aus den Maßstab (M) senkrecht auf der Mittelsenkrechten (MS) eintragen
7. Durch Übertragen der Grundrißeckpunkte b und c von G 1 auf G 2 ergeben sich b 1 und c 1
8. Durch Verbindung vom Standpunkt (S) mit den Grundrißeckpunkten a und d ergeben sich links und rechts Schnittpunkte auf G 1. Von diesen Schnittpunkten aus werden Senkrechte errichtet
9. In b 1 und c 1 maßstäbliche Höhen der Gebäudeseitenwände errichten, es ergeben sich die Punkte e und f. Firsthöhe auf G 2 an Mittelsenkrechter = m – i. Oberkante Seitenwände (e und f) mit Firsthöhenpunkt verbinden = Dachneigung
10. Von F aus Strahlen über b 1, c 1, e, f, i auf die in 8. errichteten Senkrechten und Parallelverschiebungen der Dachneigungen i-e und i-f ergeben die vordere Giebelansicht k-g-a1-d1-h. G und H liegen immer waagerecht. Der Grundriß kann auch mit der Vorderkante a-d an G 1 angelegt werden, dann entwickelt sich die Konstruktion von G 1 bzw. G 2 nach hinten und wird entsprechend kleiner

Erläuterungen zur Konstruktion von Zentral- und Übereckperspektive

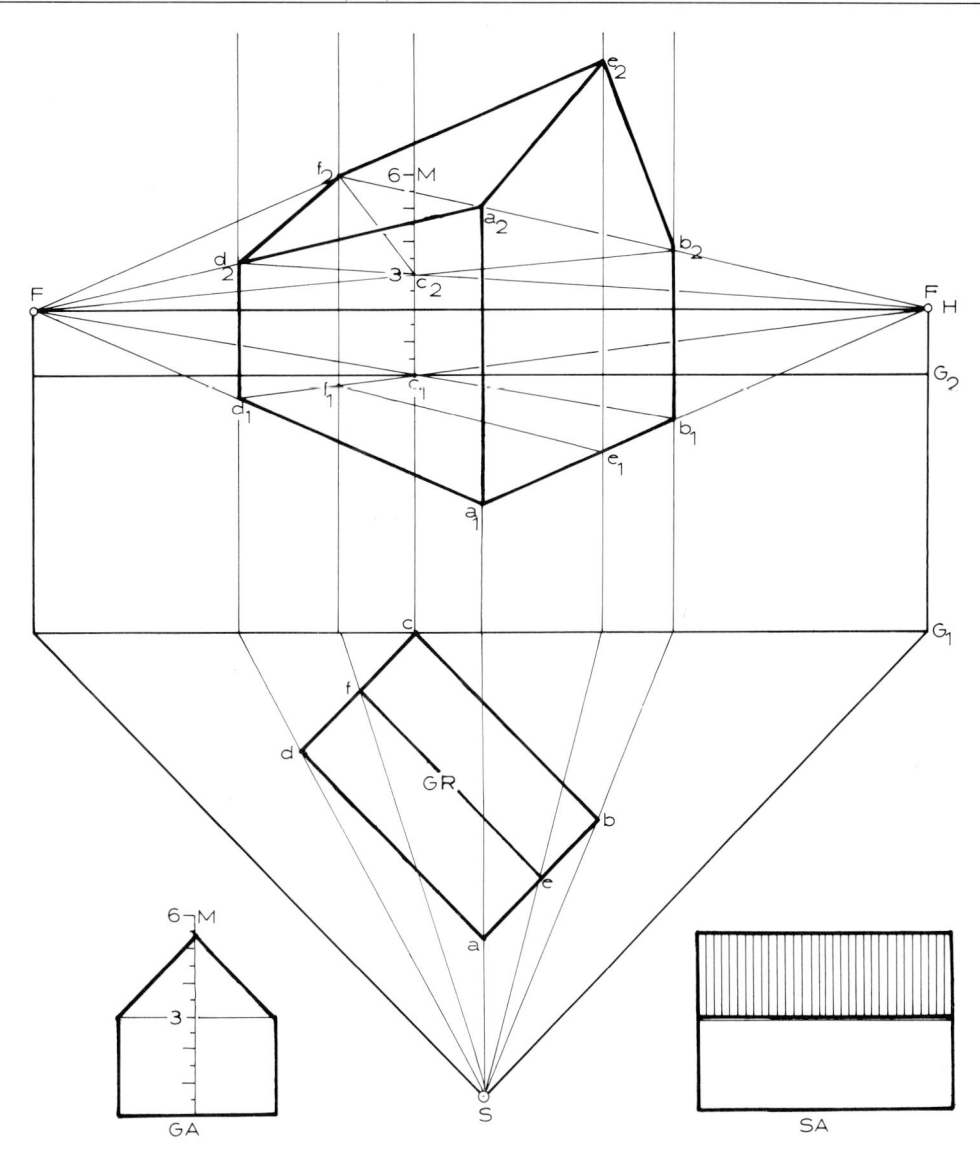

Abb. 94 Grundlage der Konstruktion einer Übereckperspektive. Durchführung der Konstruktion bei einem Gebäude mit Satteldach:
 1. Rechtwinkligen Grundriß (GR) diagonal mit einem Eckpunkt (c) an die waagerechte Grundkante (G 1) legen
 2. Standpunkt (S) unterhalb des Grundrisses im gewünschten Abstand festlegen. Lage etwa in der Mitte. Es müssen die Seitenflächen des Gebäudes etwa gleich breit im Sichtfeld liegen. Deshalb sollen die Winkel d-S-a und a-S-b annähernd gleich sein
 3. Im Standpunkt (S) einen rechten Winkel errichten, dessen Schenkel zu den Seitenkanten des Grundrisses (a-b und a-d) parallel laufen und die Grundkante (G 1) schneiden
 4. Von diesen Schnittpunkten aus Senkrechte errichten bis zur oberhalb anzulegenden Grundkante (G 2). G 2 läuft parallel zu G 1
 5. Im Abstand der gewünschten Augenhöhe (Maßstab wie Grundriß) oberhalb G 2 als Parallele die Horizontlinie (H) ziehen. Durch Fortführen der in 4. errichteten Senkrechten ergeben deren Schnittpunkte auf H den rechten und linken Fluchtpunkt (F)
 6. Von dem auf der Grundkante (G 1) liegenden Eckpunkt des Grundrisses »c« Senkrechte auf G 2 und Maßstab senkrecht antragen (M). Maßwerte entsprechen denen des Grundrisses
 7. Vom Standpunkt aus über die Eckpunkte des Grundrisses a, b, und d Verbindungen bis auf G 1 verlängern. Von diesen Schnittpunkten auf G 1 Senkrechte über H hinaus errichten

 8. Zur perspektivischen Konstruktion der Grundfläche zunächst vom rechten und linken Fluchtpunkt aus über c 1 hinaus nach links bzw. rechts unten verlängern bis zu den Schnittpunkten auf den Senkrechten, die sich nach 7. aus der Verlängerung von Sb und Sd ergeben haben. Dadurch entstehen die Punkte b1 und d1. Punkt a1 als vierter Eckpunkt ergibt sich aus dem Schnittpunkt der Verlängerung von F (rechts) – b1 und F (links) – d1
 9. Die Konstruktion der Trauflinien geht vom Maßstab (M) über c1 aus. Dabei Traufhöhe aus der Giebel- bzw. Seitenansicht entnehmen und auf M abtragen (c2). Von c2 aus mittels der Fluchtpunkte Traufhöhe auf Gebäudeecken über b1 und d1 übertragen; es ergeben sich b2 und d2. Dadurch läßt sich a2 konstruieren
 10. Auf die Senkrechte über f1 wird die Firsthöhe ebenfalls aus den Ansichten entnommen und von M aus übertragen. Es ergeben sich f2 und e2 (f1 wie e1 werden in gleicher Weise wie die Eckpunkte ermittelt, siehe 7.)
 11. Die sichtbare, perspektivische Dachfläche ergibt sich aus der Verbindung von f2-d2-a2-e2

Abb. 95

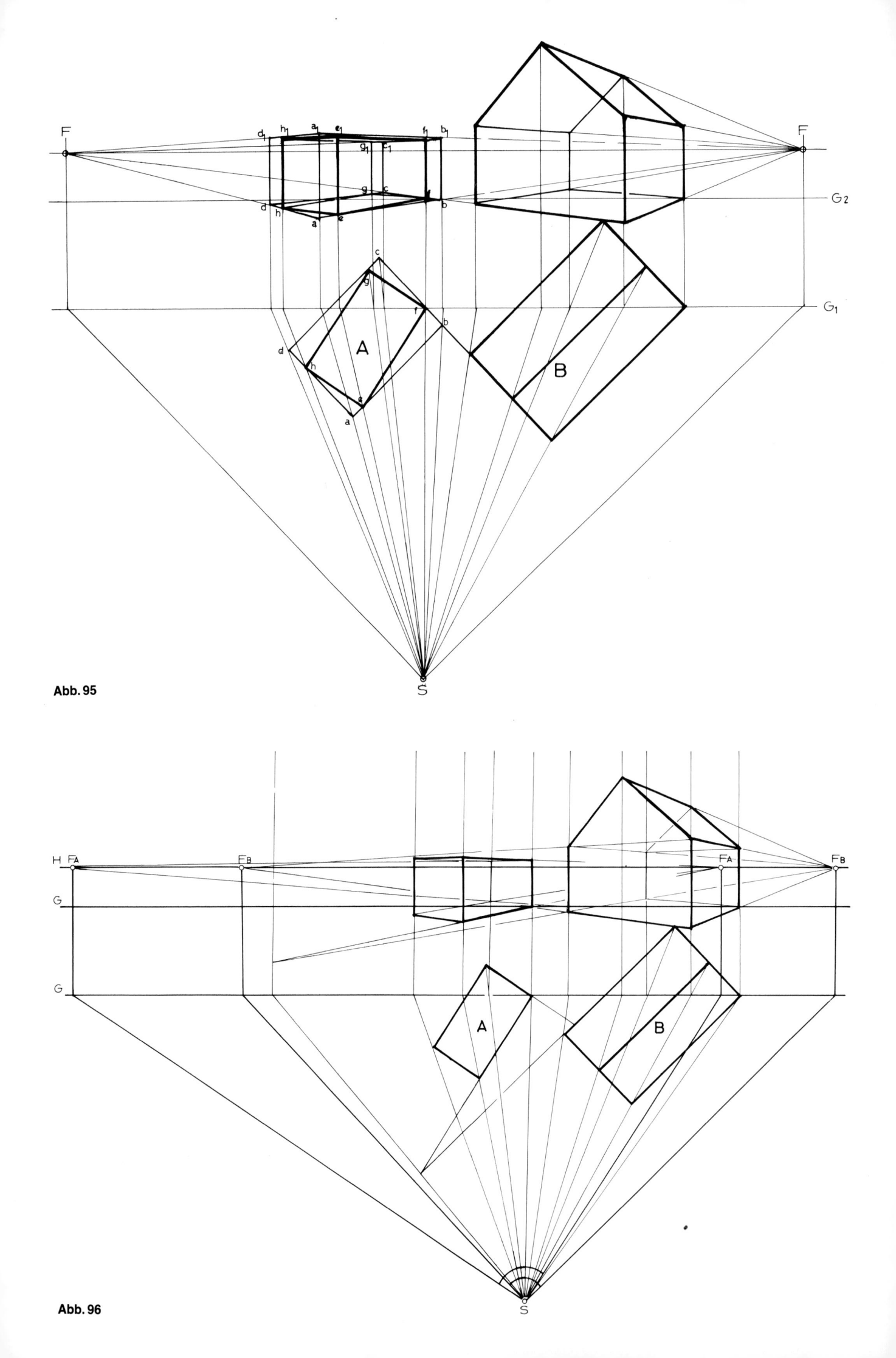

Abb. 96

Erläuterungen zur Konstruktion von Zentral- und Übereckperspektive

◀ **Abb. 95** Haus (B) und Garage (A) liegen *nicht* parallel zueinander: Baukörper A = Garage e-f-g-h wird in einen zweiten Baukörper a-b-c-d eingepaßt, der parallel zum Haus (B) liegt. Die Konstruktion von Haus und zweitem Baukörper kann vom gleichen Fluchtpunkt aus erfolgen. Anschließend werden die Garagenecken e-f-g-h konstruiert und miteinander verbunden. Sie liegen an den vier Wänden des zweiten Baukörpers a-b-c-d

◀ **Abb. 96** Eine andere Möglichkeit für die Situation der Abb. 95: Haus (B) und Garage (A) liegen *nicht* parallel zueinander. Beide Baukörper müssen getrennt voneinander konstruiert werden bei gleichem Standpunkt, gleicher Grundkante und gleicher Horizontlinie. Für jeden der beiden Baukörper ergeben sich andere Fluchtpunkte

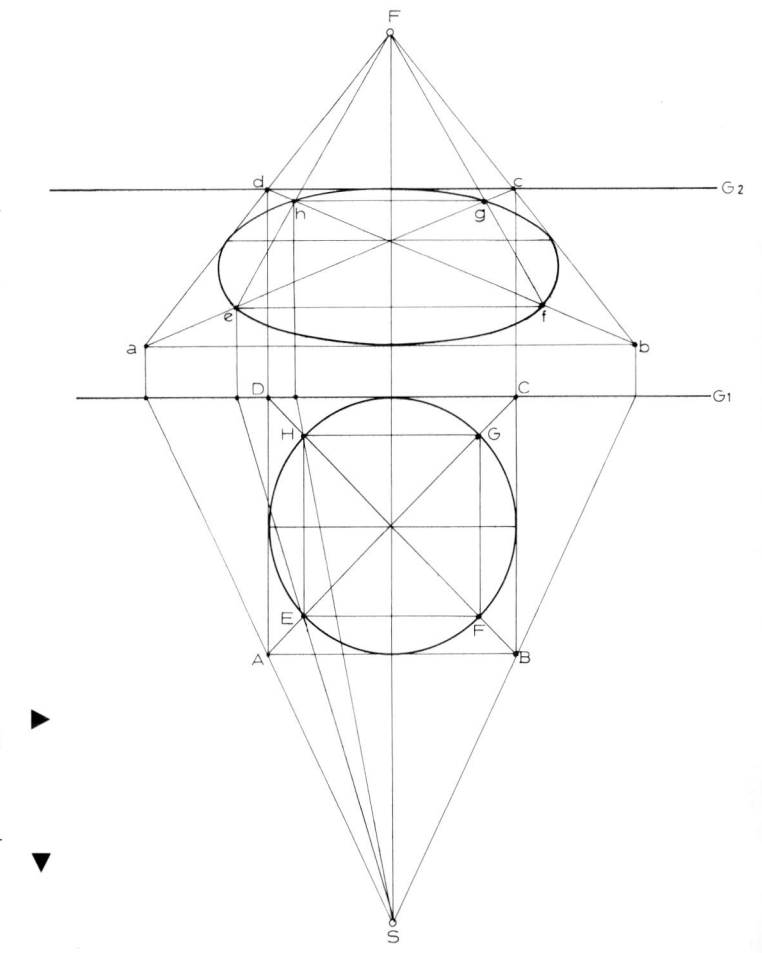

Abb. 97 Perspektivische Konstruktion eines *Kreises* ▶
1. Der Kreis wird im Grundriß in parallel liegende Quadrate eingefügt (ABCD und EFGH). Das äußere Quadrat liegt mit der Seite D-C auf der Grundkante. 2. Die Konstruktion erfolgt als Zentralperspektive

Abb. 98 Konstruktion einer *Kurve* ▼
1. Die Kurve wird im Grundriß in Rechtecke (ABCD) und Quadrate eingefügt. Ein Eckpunkt (C) liegt auf der Grundkante. 2. Die Konstruktion erfolgt als Übereckperspektive

6.2 Verwendung von Netzperspektiven

Etwas ausgedehntere Objekte verlangen eine größere Konstruktionsfläche, die arbeitstechnisch nicht immer günstig ist. Daher kann man eine Konstruktion verwenden, die sich aus der »Netzperspektive« herleitet. Die Arbeitsfläche läßt sich hierbei eingrenzen, dadurch wird eine bessere Handhabung ermöglicht. Diese Konstruktion eignet sich besonders für Blickpunkte von oben herab mit einer großen Augenhöhe. Das Prinzip der Netzperspektive beruht auf perspektivischen Quadratnetzen, in die Grundriß bzw. Aufriß des Objektes übertragen wird. Dabei lassen sich Übereck- und Zentralperspektive in annähernd gleicher Art konstruieren **(Abb. 99)**.

Es ist nicht erforderlich, jeweils die Quadratnetze vollständig zu zeichnen, denn es werden immer nur diejenigen Eckpunkte eines Körpers ermittelt, die für eine perspektivische Darstellung notwendig sind **(Abb. 100)**.

6.3 Isometrische Darstellungen

Bei einer Isometrie werden die Körperhöhen auf den meist in der Diagonalen liegenden Grundriß im gleichen Maßstab aufgetragen, so daß immer eine Aufsicht entsteht.

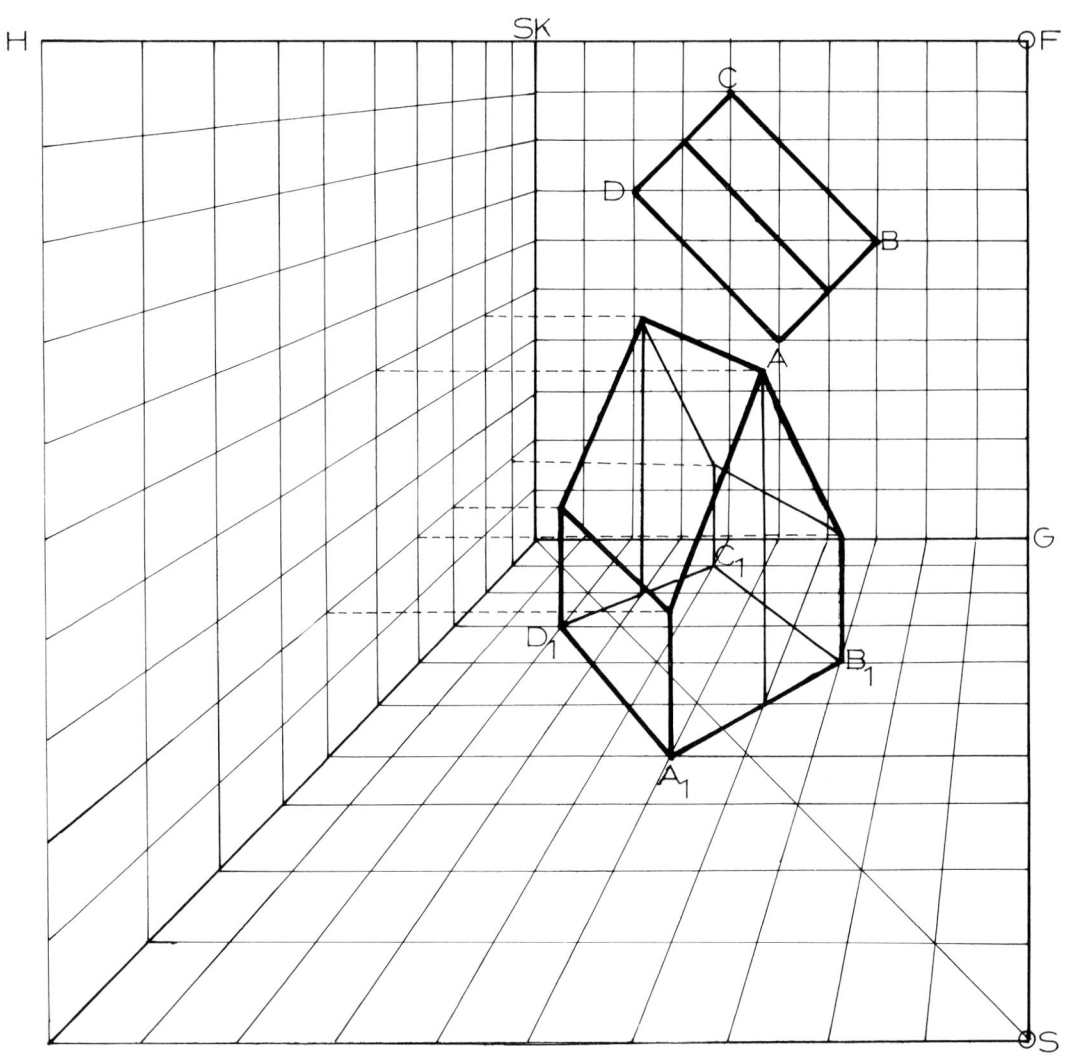

Abb. 99 Prinzip einer *Netzperspektive*
Ein Gebäudegrundriß (A-B-C-D) wird in ein Quadratnetz eingefügt. Das Quadratnetz wird von der Seiten- (SK) und Grundkante (G) aus perspektivisch erweitert, indem die Koordinaten vom Fluchtpunkt (F) aus verlängert werden. Die Gebäudeeckpunkte werden vom Grundriß (A-B-C-D) auf das perspektivische Grundnetz übertragen ($A_1B_1C_1D_1$). Beim Maßstab für die Höhen wird vom 0-Punkt der Seitenkante (SK) ausgegangen. Die Höhen werden vom perspektivischen Seitennetz aus auf die Senkrechten über den Eckpunkten ($A_1B_1C_1D_1$) übertragen

Isometrische Darstellungen

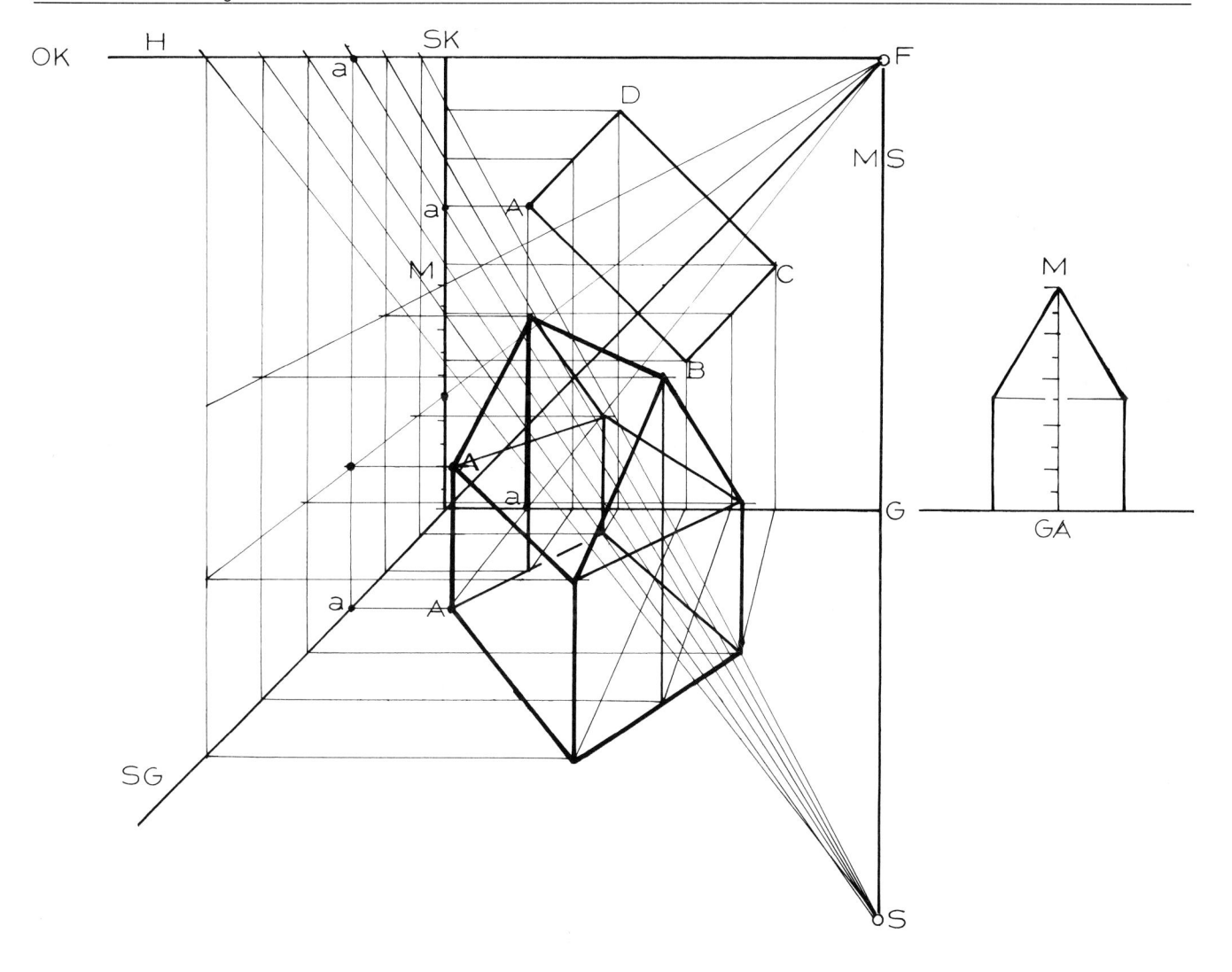

Abb. 100 Konstruktion nach dem Prinzip der *Netzperspektive*. (Zur Konstruktion erübrigt sich das Quadratnetz, da die Eckpunkte der Körper selten auf den Schnittpunkten des Quadratnetzes liegen. Es müssen folglich Zwischenpunkte konstruiert werden). Der Fluchtpunkt liegt in angenommener Augenhöhe über der Grundkante (G) auf der Mittelsenkrechten (MS). Der Standpunkt liegt unterhalb ebenfalls auf der Mittelsenkrechten. Die Höhen werden von der Grundkante (G) aus auf der Seitenkante (SK) im Maßstab des Grundrisses abgetragen. Vom Grundriß (A-B-C-D) werden Waagerechte bis zum Schnittpunkt mit der Seitenkante (SK) geführt. Danach wird vom Standpunkt (S) aus über diese Schnittpunkte verlängert bis zur Horizontlinie (H). Von H aus wird dann jeweils ein Lot auf die Seitengrundkante (SG) gefällt. Von den dabei entstandenen Schnittpunkten auf SG werden Waagerechte in Richtung MS gezogen, wie man es in der Skizze an der Konstruktion des Eckpunktes A über die verschiedenen Schnittpunkte verfolgen kann. Von A im Grundriß wird ferner ein Lot auf die Grundkante (G) gefällt und von dort aus vom Fluchtpunkt (F) her nach vorn verlängert. Dadurch ergibt sich ein Schnittpunkt mit der Waagerechten von SG aus und der Punkt A der perspektivischen Konstruktion. Mit den anderen Eckpunkten wird entsprechend verfahren

6.3.1 Isometrie

Die Höhen- und Längenmaße sind im Hintergrund die gleichen wie im Vordergrund. Eine perspektivische Wirkung kann deshalb nicht erzielt werden. Daher eignet sich eine Isometrie lediglich zur dreidimensionalen Wiedergabe eines eher kleinen Objektes. Bei der Darstellung eines längeren, sich nach hinten in den Raum erstreckenden Baukörpers entsteht leicht der Eindruck, als ob er hinten höher sei als vorn. Eine Perspektive vermittelt in einem solchen Fall die richtige Vorstellung **(Abb. 101)**.

6.3.2 Verkürzte Isometrie

Für eine weitere Verwendung einer Isometrie kann man den Grundriß in eine etwas flachere Lage umkippen. Damit läßt sich trotz gleichbleibender Maße im Hintergrund der geringen perspektivischen Wirkung etwas nachhelfen. Man vermittelt den Eindruck, als ob man aus Flugzeughöhe auf ein Objekt herabschaut. Zur Konstruktion bleibt ein Eckpunkt (der unterste oder ein in der Mitte liegender, je nach Größe des Grundrisses) fest auf einer waagerechten Linie als Basis liegen. Von allen übrigen aus werden die Entfernungen bis zur Basis um die Hälfte gekürzt (Abb. 87) **(Abb. 102)**.

Abb. 101 *Isometrie* einer Folge von Treppenstufen: A = Grundriß. B = Isometrische Darstellung. Höhenmaße werden auf den diagonal liegenden Grundriß 1 : 1 aufgetragen. C = Darstellung in *verkürzter Isometrie*. Durch die unterste Ecke des diagonal liegenden Grundrisses (a) wird eine Waagerechte gezogen. Alle weiteren Grundrißecken (b, c, d) und Zwischenpunkte werden auf die halbe Entfernung von dieser Waagerechten abgesenkt (Beispiel b-b_1). Die Höhen werden dann maßstäblich auf die neuerhaltenen Punkte aufgetragen

Abb. 102 Vergleich zwischen Isometrie und verkürzter Isometrie an einem Gebäude mit entfernt dahinter liegender Garage. Bei Baukörpern mit erheblicher Länge macht sich die fehlende Perspektive als Mangel bemerkbar und kann durch die verkürzte, isometrische Darstellung etwas gemildert werden

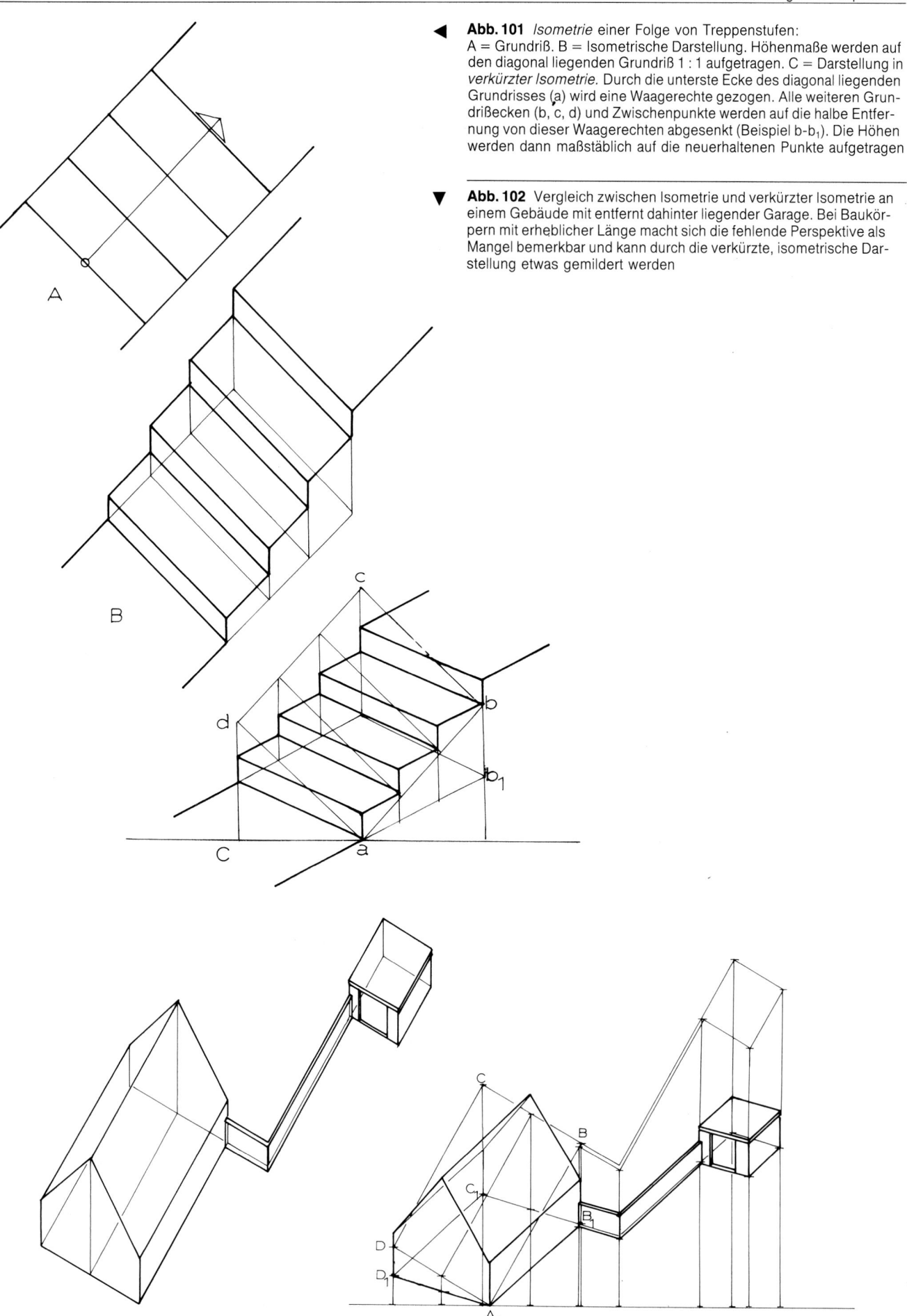

6.4 Schattenkonstruktion

Jeder Körper wirft bei Beleuchtung durch Sonne oder Licht einen Schlagschatten auf die Ebene, auf der er steht. Die Länge des Schattens hängt von der Richtung und vom Einfallswinkel des Lichtes ab.

Im Freien liegt die Lichtquelle als Sonne im Unendlichen und daher sind die Strahlen parallel. Sonnenschatten direkt von rechts oder links läßt sich einfach konstruieren. Die je nach Sonnenstand einfallenden Strahlen werden in den oberen Eckpunkten des Körpers angelegt. Von den jeweils darunter liegenden Eckpunkten werden zu den herabfallenden Strahlen hin Waagerechte gezogen. Die entstandenen Schnittpunkte werden dann miteinander verbunden. Die Verbindungslinie umschließt mit der unteren sichtbaren Kante des Körpers die Schattenfläche **(Abb. 103, 104)**.

Beim Blick mit oder gegen eine Lichtquelle fällt der Schatten nach hinten oder dem Betrachter entgegen. So läßt sich bei flachem Lichtwinkel ein langgezogener Schatten konstruieren. Aber nur in wenigen Fällen wird es in Freiräumen bei perspektivischen Darstellungen erforderlich, solche ausgedehnten Schattenflächen zu zeigen. Man wird sich meist mit der Andeutung eines Fußschattens begnügen, um das Wesentliche in der Zeichnung nicht zu beeinträchtigen **(Abb. 105–107)**.

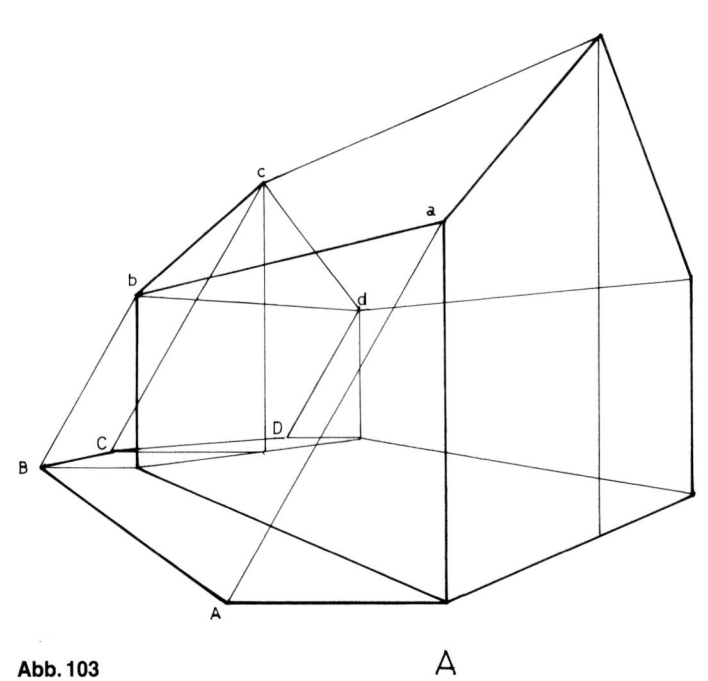

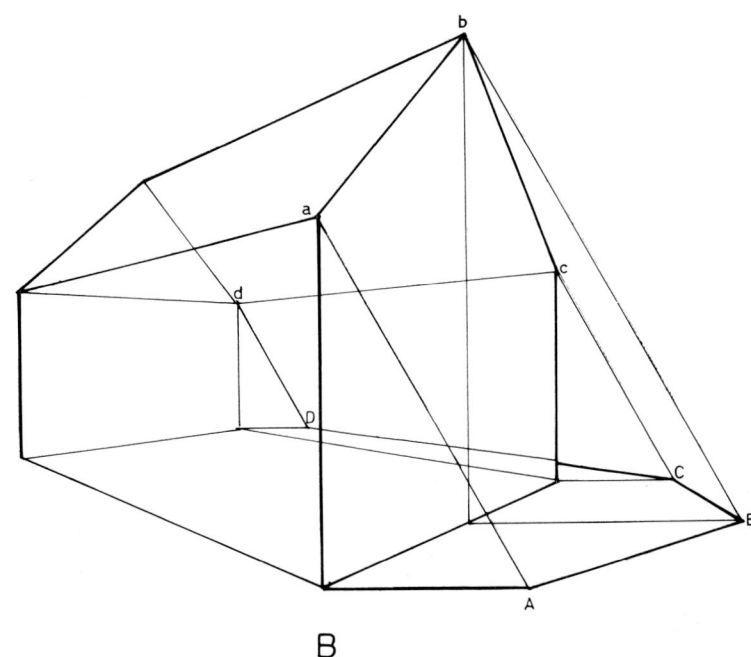

Abb. 103 Schattenkonstruktion bei parallelem Lichteinfall von rechts im Winkel von 60°

Abb. 104 Schattenkonstruktion bei parallelem Lichteinfall von links

Abb. 103　　A

Abb. 104　　B

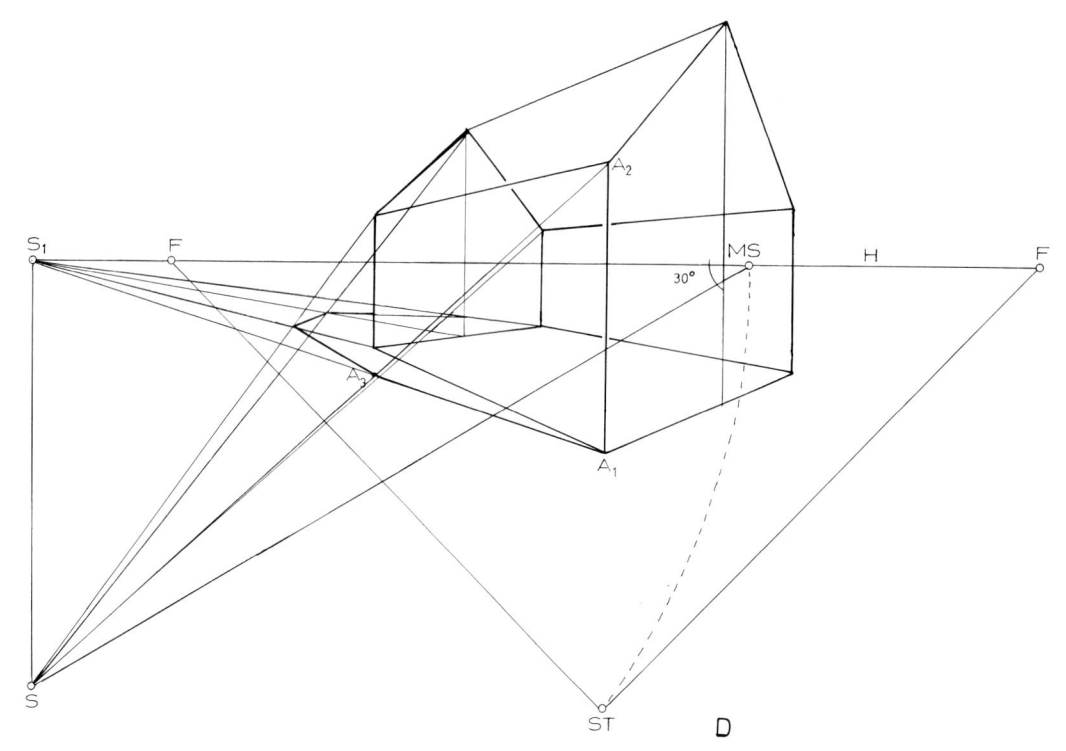

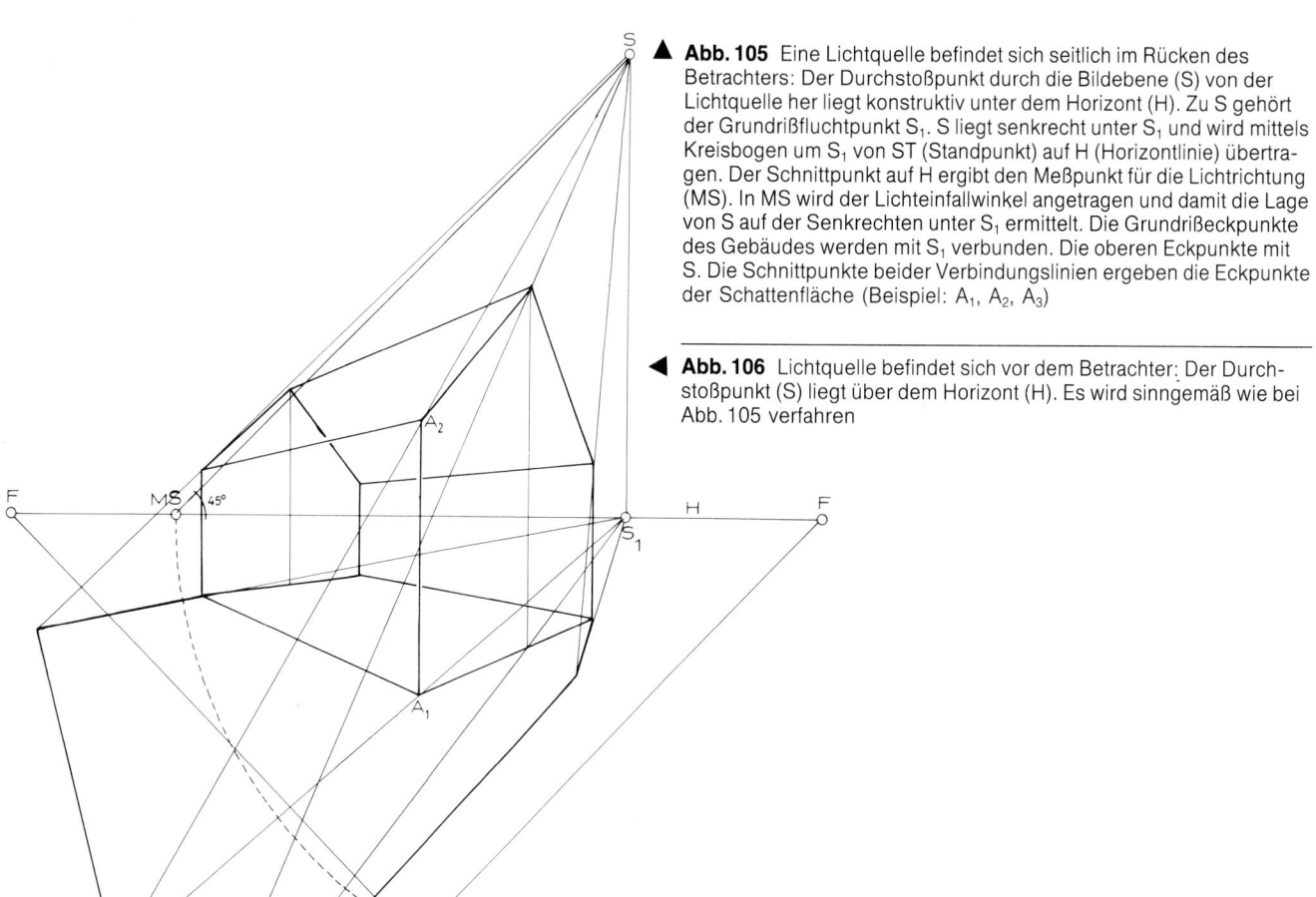

Abb. 105 Eine Lichtquelle befindet sich seitlich im Rücken des Betrachters: Der Durchstoßpunkt durch die Bildebene (S) von der Lichtquelle her liegt konstruktiv unter dem Horizont (H). Zu S gehört der Grundrißfluchtpunkt S_1. S liegt senkrecht unter S_1 und wird mittels Kreisbogen um S_1 von ST (Standpunkt) auf H (Horizontlinie) übertragen. Der Schnittpunkt auf H ergibt den Meßpunkt für die Lichtrichtung (MS). In MS wird der Lichteinfallwinkel angetragen und damit die Lage von S auf der Senkrechten unter S_1 ermittelt. Die Grundrißeckpunkte des Gebäudes werden mit S_1 verbunden. Die oberen Eckpunkte mit S. Die Schnittpunkte beider Verbindungslinien ergeben die Eckpunkte der Schattenfläche (Beispiel: A_1, A_2, A_3)

Abb. 106 Lichtquelle befindet sich vor dem Betrachter: Der Durchstoßpunkt (S) liegt über dem Horizont (H). Es wird sinngemäß wie bei Abb. 105 verfahren

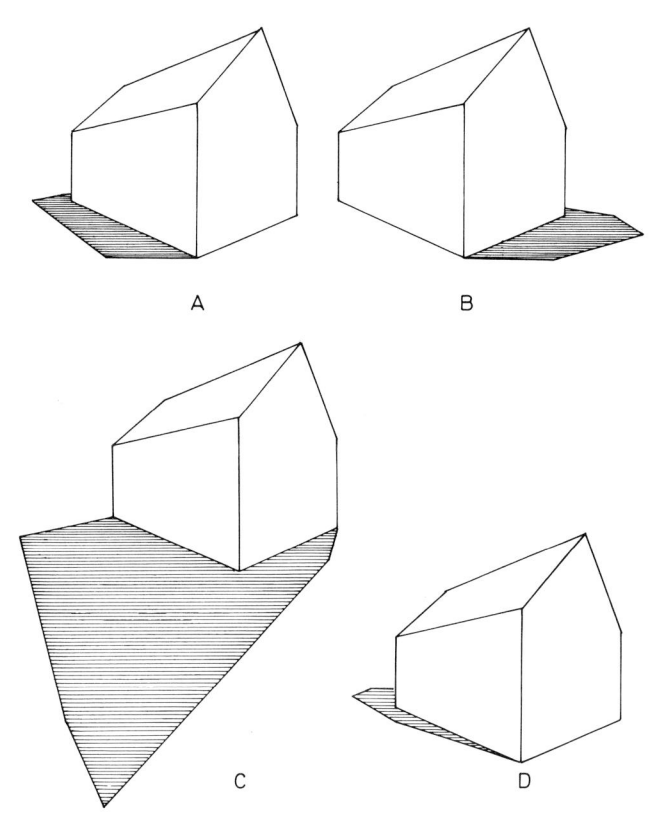

Abb. 107 Darstellung der Schattenflächen nach Abb. 103–106

6.5 Wasserspiegelung

Bei der Spiegelung eines Objektes in einer ruhigen Wasserfläche ist der Abstand des Wasserspiegels zur Augenhöhe des Betrachters für das Spiegelbild bestimmend. Je höher der Blickpunkt liegt, um so kürzer erscheint die Spiegelung.

Ein gespiegelter Körper hat die gleichen Fluchtpunkte wie der wirkliche. Die einzelnen Höhen der senkrechten Kanten werden von den Fußpunkten aus in gleicher Größe von der Bildebene aus nach unten konstruiert. Dabei muß man sich vorstellen, daß der Wasserspiegel bis unter den Körper führt. Als Spiegelbild ist er dann nur so weit in der davor liegenden Wasserfläche zu sehen, wie er dort hineinreicht (**Abb. 108, 109**).

6.6 Konstruieren und Zeichnen nach Motiven im Freien

Eine Zeichnung aus freier Hand unterliegt den gleichen konstruktivischen Voraussetzungen wie die bereits geschilderten Konstruktionen nach Grundrissen. Eine Skizze nach einem Motiv im Freien soll den Vorgang verdeutlichen. Als Beispiel dient ein Gartenhaus mit Sitzplatz, Baum und Staudenbeet. Der Standpunkt des Zeichners wird in einiger Entfernung so gewählt, daß er eine Übereckansicht gestattet (**Abb. 110**).

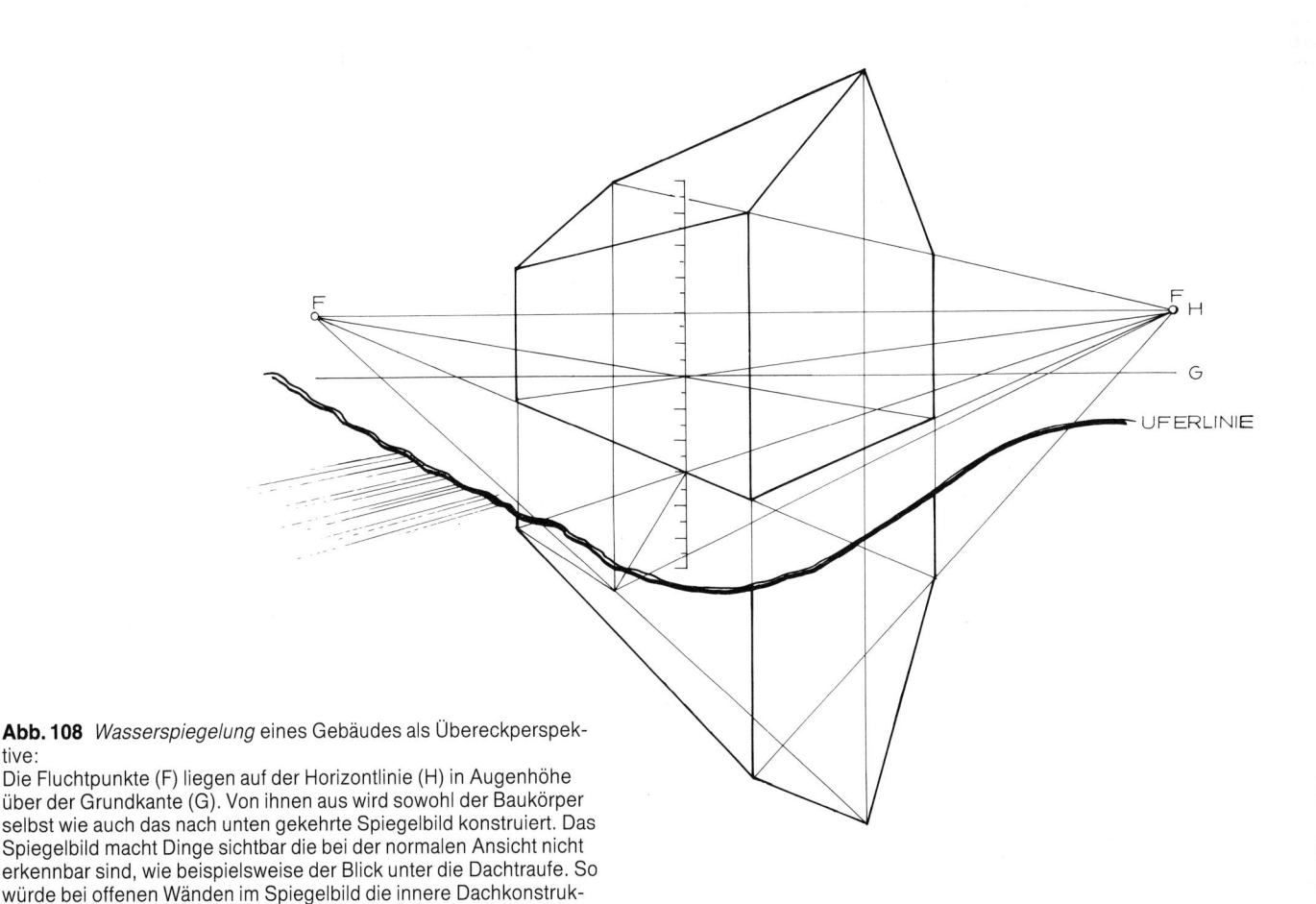

Abb. 108 *Wasserspiegelung* eines Gebäudes als Übereckperspektive:
Die Fluchtpunkte (F) liegen auf der Horizontlinie (H) in Augenhöhe über der Grundkante (G). Von ihnen aus wird sowohl der Baukörper selbst wie auch das nach unten gekehrte Spiegelbild konstruiert. Das Spiegelbild macht Dinge sichtbar die bei der normalen Ansicht nicht erkennbar sind, wie beispielsweise der Blick unter die Dachtraufe. So würde bei offenen Wänden im Spiegelbild die innere Dachkonstruktion sichtbar werden

Abb. 109 Darstellung der Wasserspiegelung

Abb. 110. Der Zeichenstift muß immer im *rechten* Winkel zur Blickrichtung, parallel zur Projektionsebene, gehalten werden. Maße werden mit immer gleich lang ausgestrecktem Arm genommen

Konstruieren und Zeichnen nach Motiven im Freien

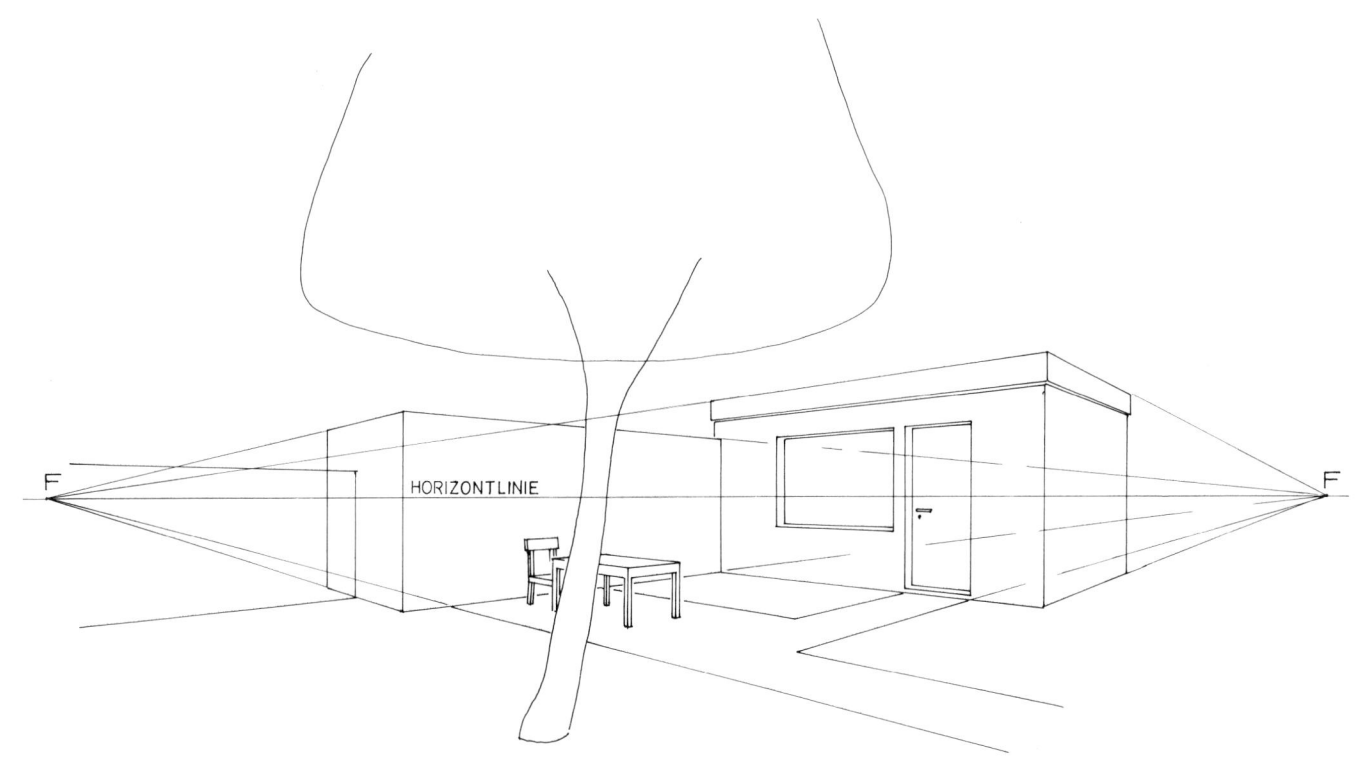

Abb. 111 Die Handskizze im Freien (Abb. 110) dient zur Anfertigung dieser Konstruktionsskizze. Letztere bildet die Unterlage für die Freihanddarstellung

Abb. 112 Die fertige Darstellung anhand der Konstruktionsskizze (Abb. 111)

Der Kopf wird zu einem Photoapparat, die Augen werden zu Photolinsen, der Körper wird zum Stativ.

Wir müssen beim Zeichnen, zunächst beim perspektivischen Konstruieren, gleiche Kopf- und Körperhaltung beibehalten. Im Sitzen beträgt der Abstand vom Boden bis zu den Augen 1,20 m; das ist die sogenannte Augenhöhe. Wenn wir den Kopf waagerecht zur Seite drehen, können unsere Augen eine Reihe von Punkten festhalten, die auf dieser Augenhöhe liegen.

Wäre die Sicht frei, würden wir am Horizont eine Linie in dieser Augenhöhe ziehen können: die immer waagerecht verlaufende »Horizontlinie«. Auf diese Linie führen alle in der Wirklichkeit waagerechten Linien und Körperkanten fallend oder ansteigend hin, die wie die Kanten und Flächen des Gartenhauses im rechten Winkel zueinander stehen. Zum Fallen oder Ansteigen der Linien ist anzumerken, daß alle waagerechten Kanten oberhalb der Augenhöhe zum Hintergrund hin fallen, alle unterhalb der Augenhöhe ansteigen. Senkrechte Linien und Kanten bleiben in der Zeichnung in jedem Falle senkrecht.

Wenn man »vor der Natur« zeichnet, müssen Längen und Höhen zueinander im Verhältnis stimmen, auch die Längen der sich in den Hintergrund verkürzenden Linien.

6.6.1 Projektion auf eine Zeichenebene (Glasplatte)

Wie man dabei theoretisch vorgehen kann, sei an folgender Methode erläutert: Man stellt in leicht gestreckter Armlänge entfernt vor sich eine Glasplatte senkrecht auf und projiziert auf diese Glasplatte mit Lineal und Filzschreiber alle Objektkanten, die man durch die Scheibe erkennen kann. Dann verkürzt sich eine nach hinten laufende Dachtraufe auf die Horizontlinie hin in fallender Richtung. Sämtliche nach hinten fallenden oder ansteigenden Linien treffen darüber hinaus, je nachdem, ob sie nach rechts oder links führen, in je einem Punkt dem rechten oder linken Fluchtpunkt, zusammen. Sie liegen in jedem Falle auf der Horizontlinie (Abb. 86). Ihre Lage ermittelt man beim Zeichnen durch Fortführen mehrerer nach rechts oder links in den Hintergrund verlaufender Linien oder Objektkanten. Sie werden sich alle in einem einzigen Punkt, dem Fluchtpunkt, treffen.

Bei einer »Zentralperspektive« verhalten sich die Dinge ganz ähnlich, nur sieht man hier nicht die Körper über Eck, sondern man blickt zentral mitten in das Motiv hinein und hat daher auf einer gedachten senkrechten Mittelachse nur *einen* zentralen Fluchtpunkt, in dem alle Linien und Kanten zusammentreffen. Auf dieser Mittelachse liegt neben dem Fluchtpunkt, durch den ebenfalls die Horizontlinie waagerecht führt, in Verlängerung nach vorn auch der Standpunkt des Betrachters (Abb. 85).

6.7 Konstruieren und Zeichnen nach Dia

6.7.1 Dia im Großformat auf Leinwand

Um sich vom Zeichnen im Freien unabhängig zu machen sowie auch zu Übungszwecken, ferner, um in der Praxis Objekte noch präziser auf einer Zeichenebene zu erfassen, kann man ein Dia auf eine Leinwand projizieren. Dabei setzt man sich in die Achse des

Abb. 113 Anfertigung einer Konstruktionsskizze nach der Natur auf einer durchsichtigen Glasscheibe. Im Verfahren die gleiche Methode wie bei einer Handskizze (Abb. 110), aber zu Übungszwecken in der Handhabung anschaulicher

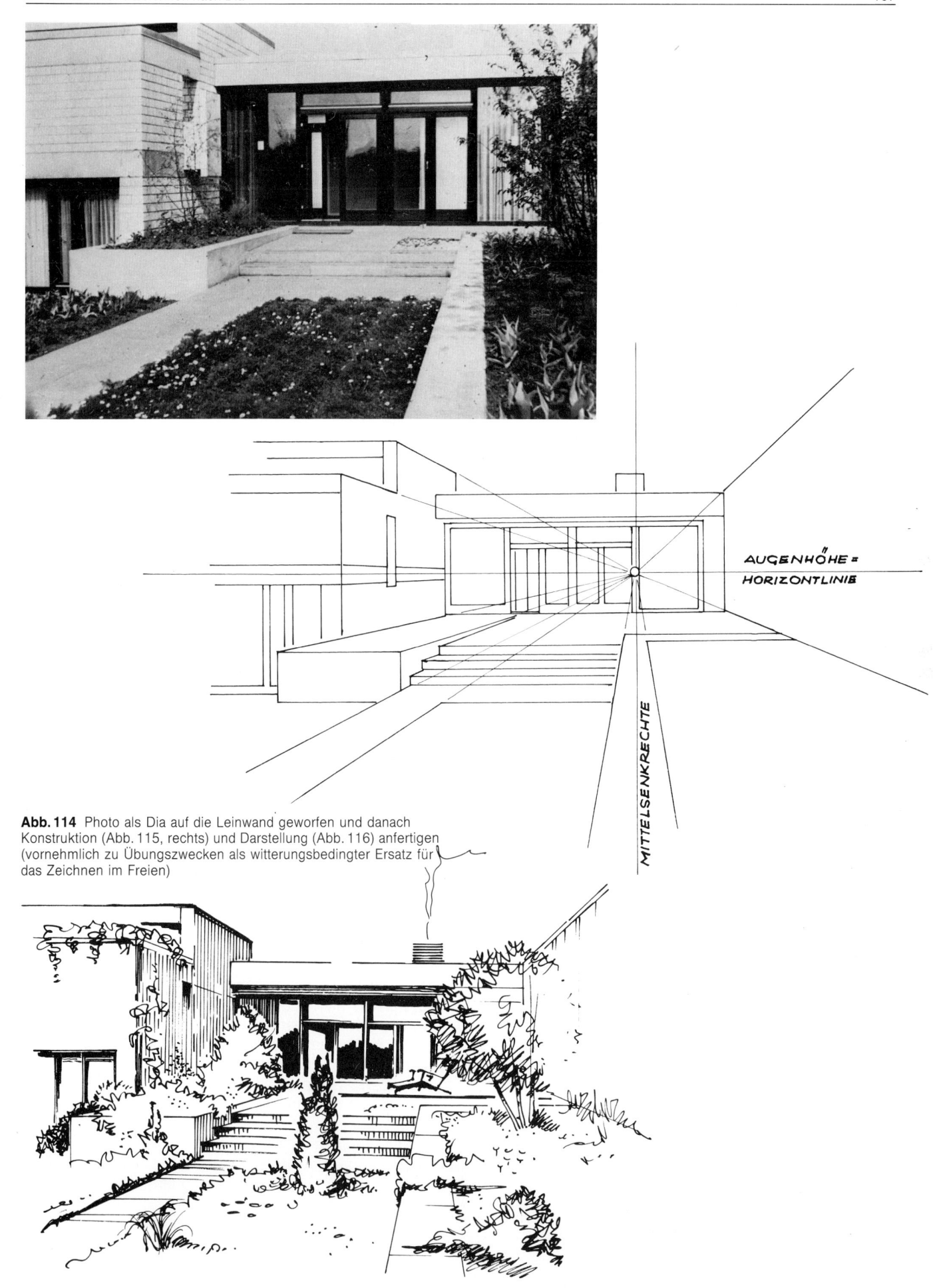

Konstruieren und Zeichnen nach Dia

AUGENHÖHE = HORIZONTLINIE

MITTELSENKRECHTE

Abb. 114 Photo als Dia auf die Leinwand geworfen und danach Konstruktion (Abb. 115, rechts) und Darstellung (Abb. 116) anfertigen (vornehmlich zu Übungszwecken als witterungsbedingter Ersatz für das Zeichnen im Freien)

Projektors und überträgt die Linien von der Leinwand auf das Zeichenpapier, wobei man mittels eines durchsichtigen Lineals mit Zentimeterskala die Abstände messen und übertragen kann. Das Lineal muß allerdings immer in gleicher Entfernung vom Auge gehalten werden. Dieses Zeichnen nach einem Dia eignet sich besonders zum Einüben; dem Anfänger wird so perspektivisches Sehen zur Selbstverständlichkeit. Bei dieser Methode verhält man sich übrigens wie beim Konstruieren und Zeichnen eines Motivs nach der freien Natur **(Abb. 114–116)**.

6.7.2 Dia im DIN A4-Format auf Glasfläche

Noch schneller und unkomplizierter lassen sich nach einem Dia Zeichnungen herstellen, wenn man das Dia seitenverkehrt auf eine Glasplatte wirft, über die man Transparentpapier spannt. Dann lassen sich mit Blick auf den Projektor alle Linien mittels Lineal auf das Papier durchzeichnen. Durch Verändern des Abstandes vom Projektor zur Glasscheibe läßt sich auch die gewünschte Größe der Zeichnung genau einstellen. Augenhöhe, Horizontlinie und Fluchtpunkte können anschließend am Zeichentisch ermittelt und weitere Ergänzungen in die Zeichnung perspektivisch genau eingetragen werden. Nach dieser Methode verfährt man, um einen Konstruktionsvorgang zu vereinfachen und zu beschleunigen.

Eine Zeichnung als Erläuterung zu einem Entwurf ist zwar eine wirksame Ergänzung, sollte aber nur bei angemessenem Arbeitsaufwand in Erwägung gezogen werden.

7
Grundbegriffe der zeichnerischen Darstellung

Bevor man mit dem Zeichnen beginnt, muß man ein handliches und verwendbares Format für die Darstellung ins Auge fassen. DIN-Formate bieten sich an, wobei DIN A3 und DIN A4 die geeigneten Größen sind. DIN A3 läßt sich auch verwenden, wenn die fertige Zeichnung etwa auf DIN A4 verkleinert werden soll; denn verkleinert stellt sich meist ein noch besserer graphischer Effekt ein. DIN A4 eignet sich besonders als Standardformat zur Einordnung in Texte und Akten.

Nach den bisher geschilderten Mitteln und Wegen zur Konstruktion mit perspektivischer Genauigkeit, die immer für derartige Zeichnungen anzustreben ist, muß man sich um eine sinnvolle und verständliche, aber auch reizvolle und »bestechende« Darstellung bemühen. Dabei können Handzeichnungen und Skizzen alter Meister wertvolle Anregungen geben. Das gilt für alle Epochen seit der Renaissance: Einige Dinge finden unser besonderes Interesse, so etwa die graphischen Ausdrucksmittel, die Art der Strichführung und die Wahl des Standpunktes, ferner die intensive Ausführung oder nur die Andeutung einzelner Bildbereiche.

Letzteres wird uns immer wieder beschäftigen; denn gerade auf wohlüberlegtem *Weglassen* kann Reiz und Effekt wie auch die beabsichtigte Suggestivkraft der in unserem speziellen Fall geforderten Zeichnung beruhen. Das heißt: Stets so wenig wie möglich und nur das Nötigste hervorheben. Zu viele Striche führen leicht zu verwirrender Strichelei und zur Unkenntlichkeit. Der Betrachter sollte nie vor einer Zeichnung erst lange rätseln müssen, vielmehr sollte alles Wesentliche sofort erkennbar sein.

Solche Zeichnungen können und sollen nicht mehr anbieten als die bildartige Ergänzung der in einem Entwurf festgelegten Planungsabsicht. Optisch leicht erfaßbar sind sie damit ein wichtiges Mittel zu genauerer Erläuterung und besserer Information (Abb. 120, 129, 135). Wenn diese Bestimmung auch ganz klar jeden Anspruch auf eine gehobene Kunstkategorie ausschließt, können die Skizzen dennoch durchaus gewisses künstlerisches Niveau besitzen und – je nach Verfasser – sogar unterschiedliche Auffassungen von Zeichentechnik und individuellem graphischen Stil aufweisen.

Die folgenden Vorschläge und Anregungen zur graphischen Darstellung sind als Hinweise gemeint, wie man verfahren kann; es sollen keine bindenden und unumstößlichen Regeln sein. Es ist vorstellbar, daß man auch andere Wege einschlagen kann oder einen anderen graphischen Vortrag anwendet.

7.1 Zeichenmaterial

Es gibt eine reiche Auswahl an Geräten und Material zum Zeichnen. Man sollte davon das Zweckmäßigste auswählen, damit sich die beabsichtigte Wirkung am einfachsten erreichen läßt. Da fast vorwiegend Schwarzweiß-Techniken in Frage kommen, ist eine gewisse Eingrenzung vorgegeben. Schließlich sollten alle graphischen Mittel der eher schlichten Art unserer zeichnerischen Produkte angemessen sein.

Zunächst wähle man möglichst transparentes Papier, das es in Blöcken (DIN A3 und A4) oder in Rollen gibt. Man kann damit Lichtpausen und Kopien anfertigen, wodurch bei der photomechanischen Vervielfältigung der Schwarzweiß-Effekt noch erhöht wird. Transparentpapier ermöglicht wiederholtes, verfeinerndes Durchzeichnen, wovon man regen Gebrauch machen sollte. Keinesfalls sollte man die lineare Grundkonstruktion zur detaillierten Endzeichnung vervollkommnen. Sie dient immer nur als Unterlage und kann eventuell für eine Variante wiederverwendet werden.

Für das Zeichnen verwende man einen Tuschzeichner oder Filzschreiber mit fester Spitze. Es soll vor allem ein klarer und sauberer Strich erreicht werden. Es kommt darauf an, daß das Schreibgerät bei normaler, unverkrampfter Handhaltung Zeichenbewegungen in alle Richtungen hin gestattet, was bei heutigen Schreibern möglich ist und Freiheit und Beweglichkeit beim Zeichnen sehr unterstützt. Die früher verwendeten Stahlfedern ließen sich schwieriger handhaben und setzten Übung und Fertigkeit voraus.

Der gleichmäßige Tuschefluß muß gewährleistet sein. Man kann verschiedene Strichstärken verwenden. Normalerweise nimmt man Stärken von 0,5 bis 0,8 mm. Zu feine Schreiber mit 0,2 mm und darunter verführen zu unnötigen und vielen Strichen. Ein starker Strich erlaubt dagegen nur geringe Detailangaben.

Doch sollte man sich nicht mit einem beliebigen Schreibgerät begnügen, sondern unter dem vielseitigen Angebot auf Suche gehen, bis man glaubt, etwas der eigenen Hand Gemäßes gefunden zu haben.

Vom Bleistift trennt man sich am besten bald. Er verführt zum Radieren, was man sich gar nicht erst angewöhnen sollte. Besser ist es, immer wieder ein neues Blatt über die angefangene Skizze zu legen, was die Durchsichtigkeit des Papiers ermöglicht. Diese Arbeitsweise erscheint anfangs schwierig, macht sich aber bald bezahlt, weil man zur Konzentration gezwungen wird und daher schneller eine gute Strichführung beherrscht.

Bei einer Bleistiftzeichnung besteht die Gefahr, von der klaren, linearen Darstellung in eine flächige und getönte Manier zu verfallen. Dadurch werden die Konturen unscharf und verschwommen. In der Lichtpause oder Photokopie ist eine Bleistiftzeichnung dann nur noch von schwacher Wirkung.

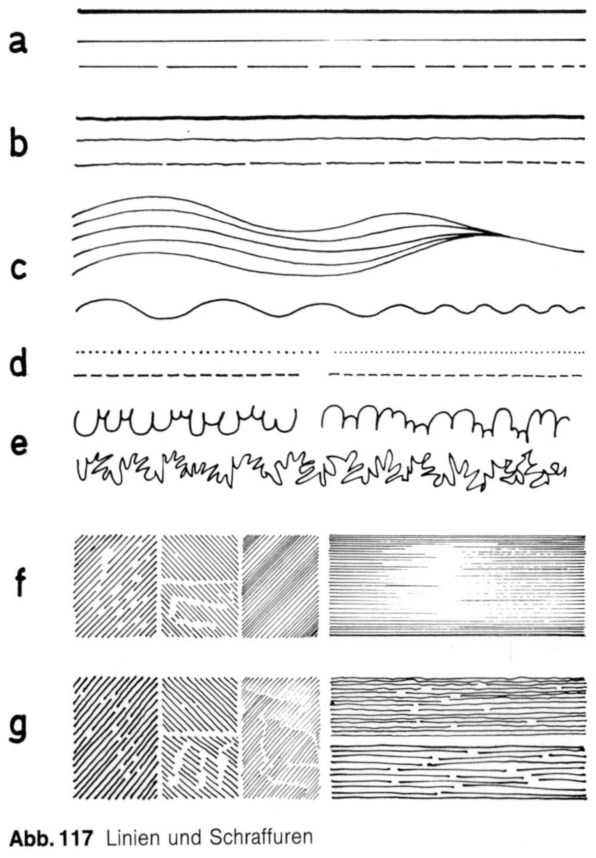

7.2 Zeichen- und Darstellungstechnik

Nach der Wahl des richtigen Materials geht es an die zeichnerische Aussage. Dabei ist eine übersichtliche, dem Laien verständliche und leicht lesbare Zeichnung anzustreben. Das erreicht man am ehesten, wie schon angedeutet, durch eine *lineare* Zeichentechnik.

7.3 Liniendarstellung

Zunächst muß man die Darstellung einfacher Linien beherrschen.

Die häufigsten Formen und Entstehungsarten der Linien sind

a) am Lineal geschlossen oder unterbrochen gezogene,
b) freihändig gerade, geschlossen oder unterbrochen gezogene,
c) freihändig in Wellenbewegungen gezogene,
d) punktierte und gestrichelte,
e) geschwungene, kreisförmige oder verschlungene,
f) Schraffuren aus parallelen Linien, dichter und weiter
g) auseinanderliegende, am Lineal oder freihändig gezogene.

Den einzelnen Schraffurstrich zieht man bei freihändiger Zeichnung immer nur so lang, wie es mit der aufliegenden Hand möglich ist. Danach setzt man wieder neu an **(Abb. 117)**.

Abb. 117 Linien und Schraffuren

LICHTKANTEN

Abb. 118 Einzelne in die Tiefe gestaffelte Bildelemente werden durch Absetzen mittels ›Lichtkanten‹ voneinander abgehoben

Abb. 119 (gegenüber, oben) Bildtiefe durch Hervorhebung von Vordergrund, Mittel- und Hintergrund

Abb. 120 (unten) Hinweise auf darstellerische Elemente:
A. Mittel der Tiefenwirkung: Linearperspektivische Wirkung der Gebäudekanten. Abnehmende Detaillierung zum Hintergrund. Wechsel der Strichstärke: von vorn nach hinten abnehmend. Vorderlichtkulisse durch linke Fichtengruppe. Lichtkanten zwischen den hintereinander liegenden Elementen. Gestaffelte Wolkenschichten. B. Betonung der Flächenrichtungen durch Schraffuren (Mauern, Rasen). C. Belichtete Oberkante. D. Fensterscheiben an besonnter Seite mit dunklen Spiegelungsreflexen; an der Schattenseite unbetonte Fensterflächen. E. Im Vordergrund Sicht von oben auf Gehölze

7.4 Bildtiefe und Tiefenstaffelung

Jedes Motiv führt in Staffelungen vom Vordergrund zum Hintergrund. Da man in der Nähe die Einzelheiten besser erkennt, wird man diese genauer ausführen. Dadurch ergibt sich bereits eine gewisse Tiefenwirkung. Sie wird durch linearperspektivische Elemente in Form nach hinten führender Wegekanten, Zäune oder Hauslinien und ähnlichem besonders unterstrichen.

In die Tiefe gesehen, stehen die Bildgegenstände hintereinander gestaffelt wie zum Beispiel eine Buschgruppe, dahinter ein Gebäude, dann folgend Bäume und weiter ansteigendes Gelände mit einem Waldsaum als Abschluß, darüber der Himmel. Bei einer Photographie in Schwarzweiß gehen diese Einzelobjekte in helleren und dunkleren Tönen von vorn nach hinten nahtlos ineinander über. So entspricht es auch der wirklichen Erscheinung. In einer Zeichnung hebt man dagegen die Objekte voneinander ab, indem man sie durch »Lichtkanten« trennt (Abb. 85, 121).

Lineare Perspektive, abnehmende Detaillierung zum Hintergrund und gestaffeltes Absetzen durch »Lichtkanten« bewirken gemeinsam die räumliche Tiefenillusion in einer Zeichnung. Da sie meistens nur einfarbig erstellt wird, sind Tiefenwirkungen durch diese Mittel wie auch die Charakterisierung der Bildgegenstände durch typische Detailangaben viel entscheidender als bei farbigen Darstellungen.

7.5 Silhouettenwirkung

Als richtige Vorstellung gilt allgemein, daß Gebäude, Büsche oder Bäume, wie auch alle anderen Gegenstände, von oben her beleuchtet sind. Nach unten zum Boden hin nimmt die Helligkeit ab, oft herrscht dort Dunkelheit oder Schatten. In einer Zeichnung, die sich auf das Charakteristische zu beschränken sucht, kann das umgekehrt aussehen. Die einzelnen Objekte stehen als Silhouette gegen einen hellen Hintergrund, so daß der obere Bereich sich trotz stärkerer Beleuchtung dunkel abhebt. Nach unten zu fällt zwar weniger Licht, und es ist dunkler; dennoch bleibt die Zone graphisch ausgespart und damit auf dem Papier hell. Wenn man daher herausragende Objekte gegenüber anderen Bildzonen silhouettenhaft etwas stärker betont, steigert man insgesamt die Lesbarkeit der Zeichnung (Abb. 116).

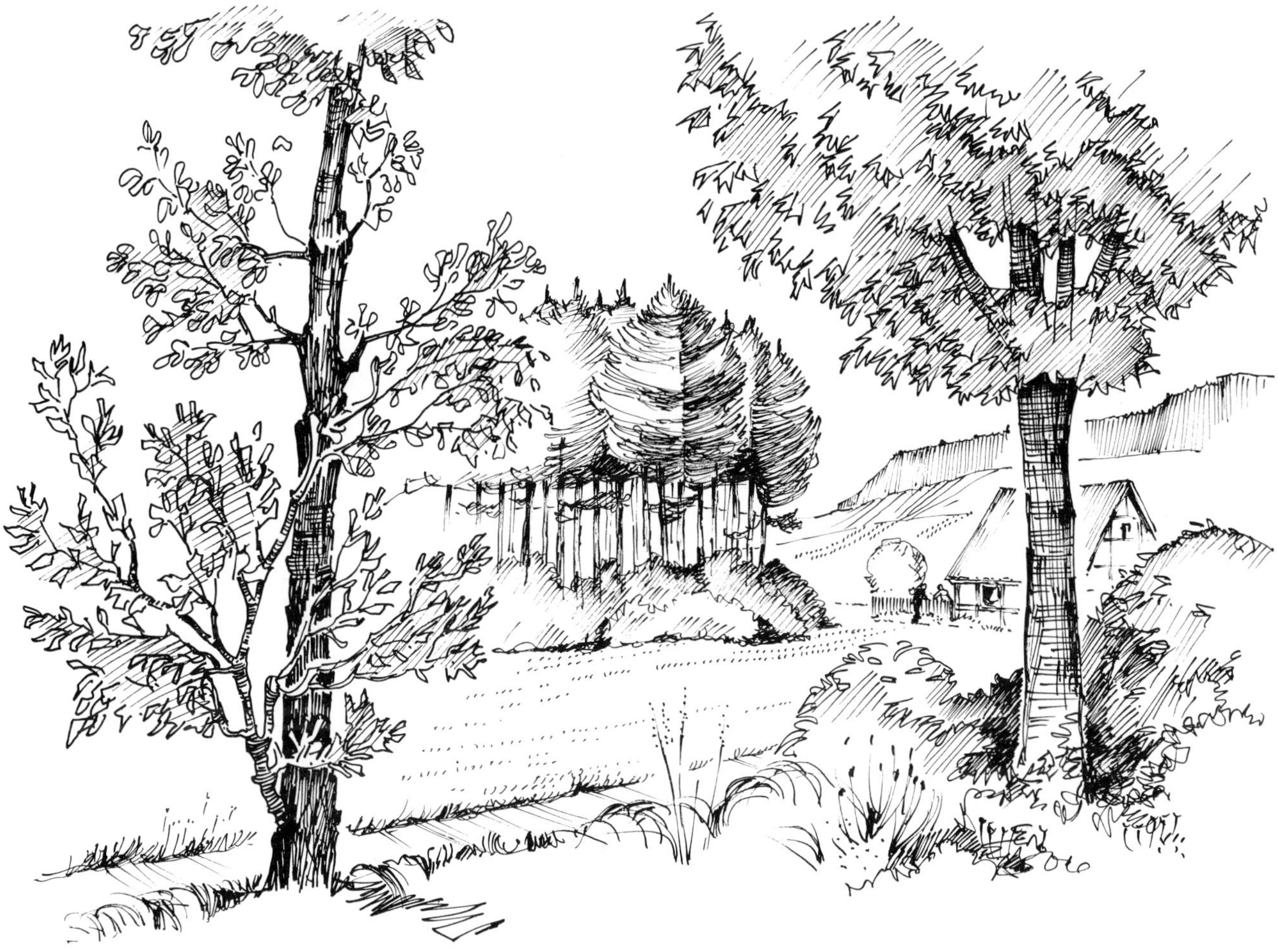

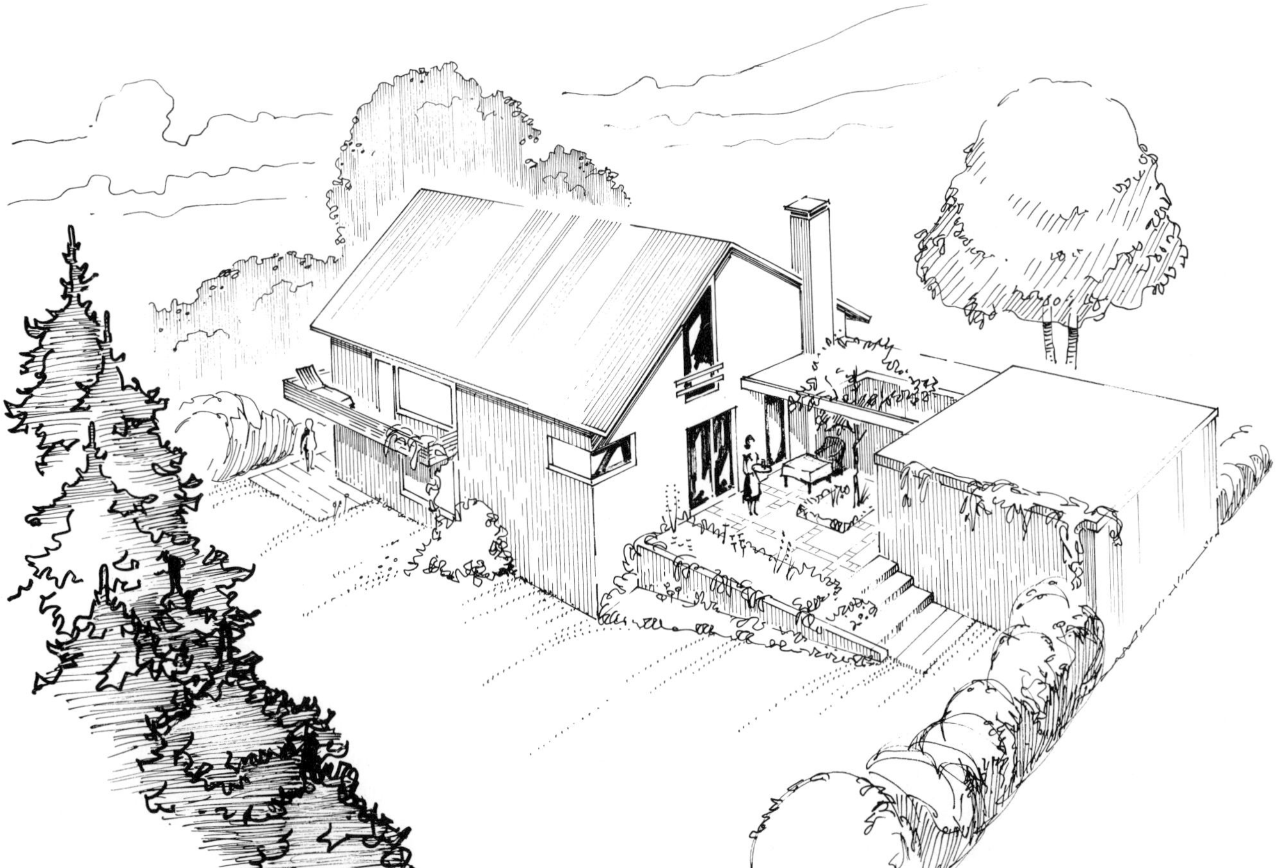

Abb. 121 Silhouettenwirkung: Hell vor dunkel und umgekehrt

Abb. 122 Böschungsverlauf durch entsprechende Schraffurneigung, im Vordergrund und Hintergrund verdichtet

7.6 Flächigkeit und Flächenlage

In einer Ansichtsskizze können verschieden gelagerte Flächen zusammentreffen. Senkrechte Wände und Mauern, geneigte Dächer oder Rampen, ebene Wege-, Rasen- oder Wasserflächen, schließlich in Kurven geschwungene Böschungen, Hügel und Höhenzüge. Die unterschiedliche Lage und Struktur dieser Flächen sollten für den Betrachter einer Zeichnung leicht erkennbar sein.

Im vorderen Bereich oder im Hintergrund einer Fläche, am Rande oder vom Rande her, werden Lage und Richtung durch verschiedene Schraffur betont. Im Mittelgrund kann sie zurücktreten, wie es die Skizze einer Böschung demonstriert. Eine an beiden Enden angedeutete Schraffur genügt, um die gesamte Böschung anzugeben. Die Linie einer Böschungskante braucht nicht immer ganz durchgezogen zu werden, denn sie kann auch durch Schraffuren verdeutlicht sein. Greifen wir als besonders anschaulich ein mit Stützmauern und Böschungen terrassiertes Gelände heraus: In einer Schrägaufsicht lassen sich die verschieden geneigten Flächen durch Schraffuren darstellen. Dabei führen bei waagerechten Flächen die Schraffurstriche zum jeweiligen Fluchtpunkt, bei den abgeböschten Flächen je nach Steigung zu einem Fluchtpunkt oberhalb davon hin. Durch die Art der Schraffur, gepunktet, gestrichelt oder nach anderen Abkürzungsprinzipien, läßt sich die Struktur der Flächen von ihrer Beschaffenheit her unterschiedlich wiedergeben **(Abb. 122–124)**.

Flächigkeit und Flächenlage

Abb. 123 Konstruktion eines terrassierten Geländes

Abb. 124 Darstellung eines terrassierten Geländes mit pflanzlicher Einfassung

8 Darstellung von Baukörpern, Bauteilen und Baustoffen

8.1 Wege, Platten und Pflasterflächen

Hierbei handelt es sich um meist ebene Flächen mit geringem Quergefälle, das optisch nicht ins Gewicht fällt. Wege mit wassergebundener Decke besitzen eine gleichmäßig fein strukturierte Oberfläche und sind häufig beidseitig eingefaßt von Wiesen, Rasen, Stauden oder Gehölzen. Wo nicht kurzgeschorener Rasen gemeint ist, entsteht am Rande durch die Vegetationsdecke ein Pflanzenwulst, unter dem sich den Weg entlang eine Schattenkante bildet. Von dort aus sollten quer über den Weg Schattenschraffuren gezogen werden. Sie betonen die ebene Lage des Weges und steigern die Tiefenwirkung. Solche Querschraffuren sollten möglichst nicht in regelmäßigen Abständen erfolgen, weil sie sonst wie beabsichtigte Muster oder wie regelmäßige Plattenfugen erscheinen würden. Damit stößt man auf ein generelles Problem, das bei allen Darstellungen beachtet werden sollte und ebenso wichtig ist, wie die schon erwähnte Zurückhaltung bei zeichnerischen Angaben:

Bei allen Strukturangaben innerhalb einer Fläche, aber auch in der gesamten Zeichnung, sollten stereotype Wiederholungen vermieden werden. Spannung durch Wechsel sollte zwischen Einzelform und Ballung herrschen, so daß dem Auge ständig ein neuer Anreiz zum Hinschauen geboten wird.

Die Querschraffuren eines Weges gelten für Schatten- und Strukturlinien sowie als optische Stützen für den Betrachter der Zeichnung. Sie müssen in unauffälliger Weise und in unregelmäßigen Abständen voneinander eingezeichnet werden, einmal dichter und dann wieder im weiteren Abstand, nach hinten oder nach vorn gedrängter. Bei Plattenwegen bietet sich durch Fugen zwischen den Platten eine weitere Möglichkeit zur Strukturierung. Man sollte die quer zum Wege liegende Fuge gegenüber der längs führenden betonen. Vom Rande eines Weges oder einer Plattenfläche her müssen die Fugen stärker hervortreten als in der Mitte.

Pflaster aus Klinker oder Steinen setzt man in Strukturen von parallelen, rechtwinkligen oder netzförmig angeordneten Linien um, die sich zum Rande hin oder nach vorn und hinten verdichten können **(Abb. 125–127)**.

8.2 Treppenanlagen

Eine Treppe besteht aus einer Folge von Stufen: die einzelne Stufe setzt sich aus der flach liegenden Auftrittsfläche und der senkrechten Steigungskante zusammen. Die Auftrittsfläche erscheint meist heller, so daß Helligkeitsunterschiede bei Blockstufen durch senkrechte Schraffur auf der Steigungskante hervorgehoben werden. Bei anders konstruierten Treppen oder Stufen, wie beispielsweise Legestufen, ist ihre Besonderheit durch Schattenlinien zu betonen. Ferner können Treppen einseitig an Mauern angelehnt oder von zwei senkrechten Mauerscheiben eingefaßt sein, wobei die Situation durch Schattenwurf verdeutlicht wird **(Abb. 128, 129)**.

Abb. 125 Weg mit wassergebundener Decke

Treppenanlagen 115

Abb. 126 Plattenweg

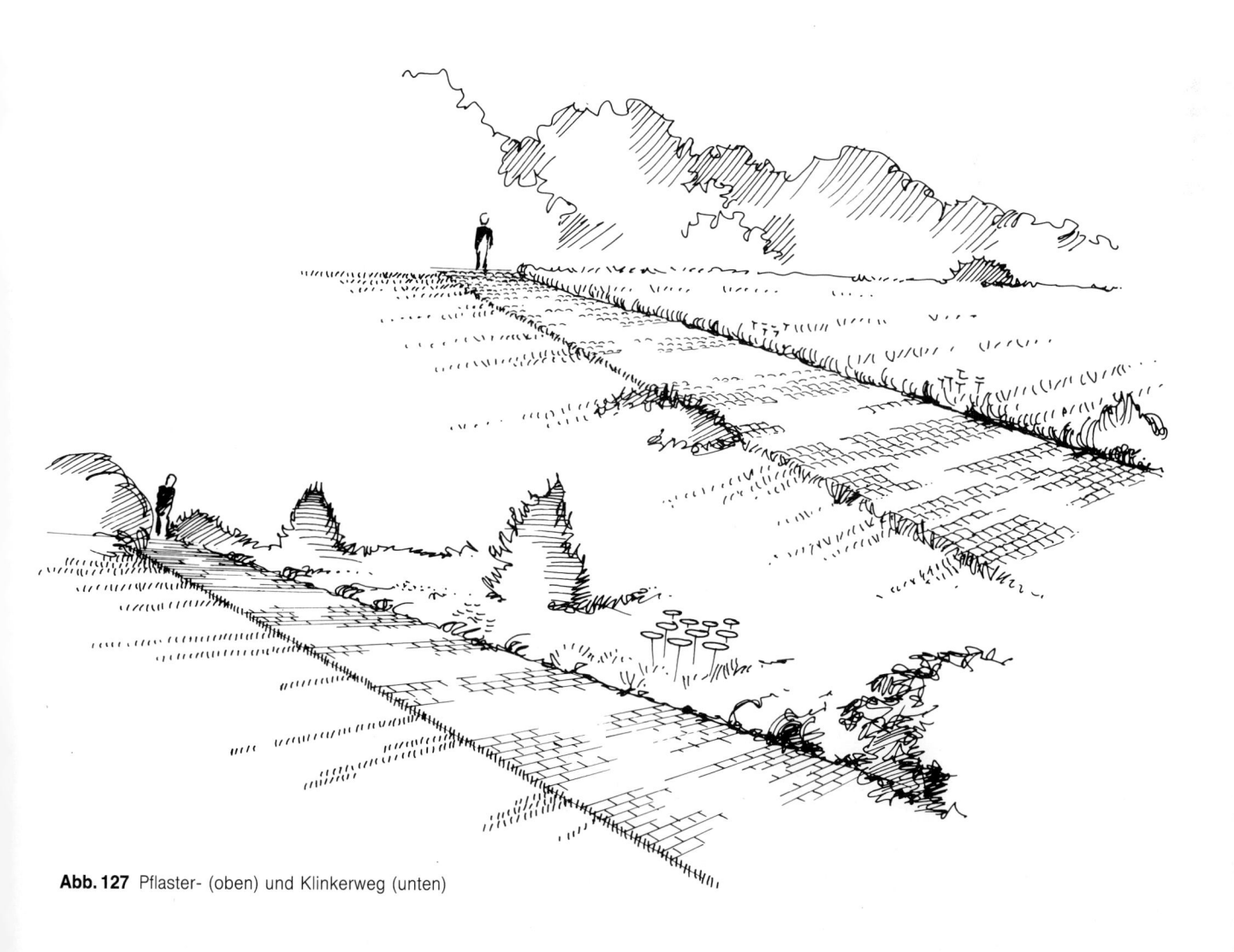

Abb. 127 Pflaster- (oben) und Klinkerweg (unten)

◀ **Abb. 128** Blockstufen und Plattenstufen

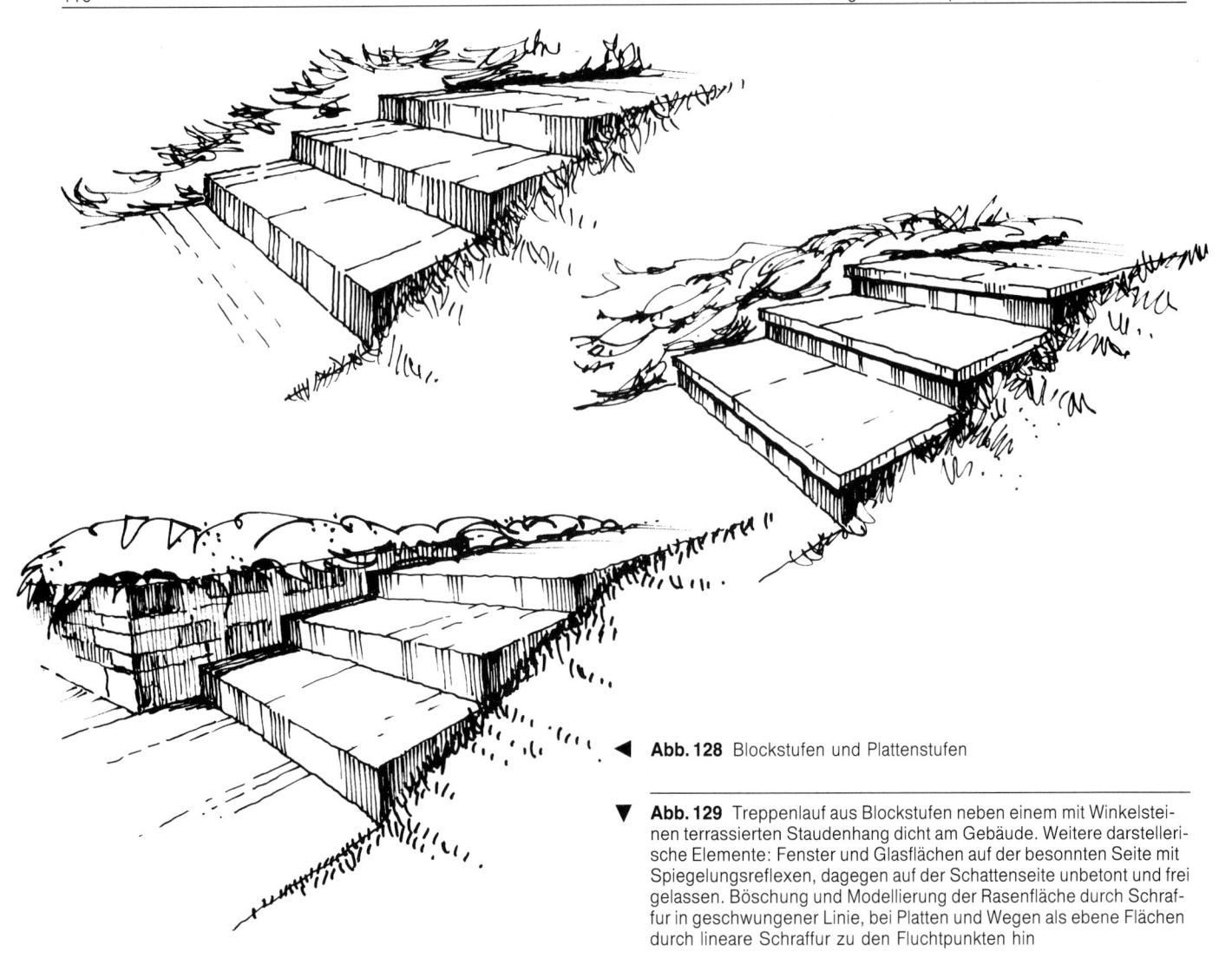

▼ **Abb. 129** Treppenlauf aus Blockstufen neben einem mit Winkelsteinen terrassierten Staudenhang dicht am Gebäude. Weitere darstellerische Elemente: Fenster und Glasflächen auf der besonnten Seite mit Spiegelungsreflexen, dagegen auf der Schattenseite unbetont und frei gelassen. Böschung und Modellierung der Rasenfläche durch Schraffur in geschwungener Linie, bei Platten und Wegen als ebene Flächen durch lineare Schraffur zu den Fluchtpunkten hin

8.3 Mauern, Sichtschutzwände und Pergolen

Mauern können aus Naturstein oder Ziegelmauerwerk hergestellt sein. Sie können aber auch aus verputztem Mauerwerk bestehen. Außerdem haben sie meist eine Abdeckung in Form einer knapp überstehenden, aufliegenden Platte oder einer glatt anliegenden Rollschicht.

Aus diesen Materialien ergeben sich für den Zeichner verschiedenartige Ansichtsflächen und Fugenbilder. Es genügt meist, die gradlinigen Fugen bei Verwendung von Ziegelsteinen oder die versetzten Fugen bei Natursteinmauerwek nur in den Randzonen oben, unten oder am seitlichen Ende darzustellen. Der größere Teil der inneren Mauerfläche kann dann fest ohne Signatur bleiben **(Abb. 130)**.

Eine überkragende Abdeckplatte ist durch eine kräftige, direkt darunter angelegte Schattenkontur von der Mauerwand abzuheben. Wesentlich ist: Die gesamte Oberkante einer Mauer muß betont werden. Sie erscheint als festbegrenzter Körper im Raum. Der Mauerfuß liegt in einer dunkleren Zone, kann also mit sparsamen graphischen Angaben, nicht unbedingt mit

Abb. 130 Mauern aus unterschiedlichem Material

Abb. 131 Holzzäune und Sichtschutzwände

Schattenschraffuren, auskommen. Alles, was sich unterhalb oder neben der Mauer befindet, liegt in der gleichen, schwachen Belichtungszone (Abb. 148, 152).

Auf geputzter oder geschlämmter Mauer erscheinen im Sonnenlicht kleine, unregelmäßige »Putznasen«, die durch kurze Striche und Winkel angedeutet werden können. Zäune und Sichtschutzwände aus Holz sind meist aus senkrechten und waagerechten Latten zusammengefügt. Ihre Richtung und Gliederung läßt sich dadurch andeuten, daß man die Kanten der Latten vor allem von den Enden her zeichnet.

Bei einer langen Reihe von Latten kann auch hier wieder die Einzelangabe unterbrochen werden oder gar wegfallen. Ein waagerechter Riegel als oberer Abschluß wird durch Schattenflecke am Ansatzpunkt der darunter stehenden Senkrechtlatten abgehoben. Einzelne Pfosten, die Riegel oder Pfetten tragen, werden ebenfalls direkt unterhalb der Auflagestelle mit einem Schatten versehen. So wird das schwebende Aufliegen betont und besser erkennbar gemacht. Holzmaterial kann man bei naher Sicht unter Umständen durch andeutendes Nachzeichnen seiner Maserung lebendig darstellen **(Abb. 131, 132)**.

Abb. 132 Wohnweg mit einem Sichtschutzzaun an der rechten Seite (Zentralperspektive), links Reihenhäuser. In den Vorgärten vorwiegend Rasenflächen, dargestellt durch kleine, senkrechte Striche als Linien in Richtung der Fläche verlaufend. An den Rändern der Rasenflächen sind die Strichsignaturen verdichtet, generell aber sparsam verwendet. Ein in die Tiefe führender Weg ist durch waagerechte Schraffurlinien gekennzeichnet. Sie sind vom Rand des Weges zur Mitte hin gezogen und laufen dort aus

8.4 Gebäude, Dächer und Fassaden

Bei der zeichnerischen Umsetzung gliedert sich ein Gebäude in Dachbereich und senkrechte Fassaden mit Fenstern, Balkonen, Türen und Sockel. Dach und Fassade sind meist durch eine optisch betonte Trauflinie getrennt. Dächer werden nur als Sattel- oder Walmdächer sichtbar. Flachdächer verschwinden für den Zeichner bei normaler Augenhöhe. Die Neigung bei Satteldächern kann durch parallele Schraffuren betont werden. Die Art der Schraffur bringt das Material der Dachhaut zum Ausdruck, wie etwa glatte Pappeindeckung, schuppenartiger Schiefer oder Ziegel. Die Firstlinie bildet den oberen Abschluß. Sie braucht nicht in jedem Falle als Linie durchgezogen zu werden, sondern kann durch eine gerade abschließende Dachschraffur markiert werden. Eine betont ausgebildete Firstpfanne wird jedoch am besten durch eine Doppellinie dargestellt (Abb. 86, 87, 109, 120, 129).

Dach und Gebäudekörper trennt die Trauflinie, die immer unter dem etwas überkragenden Dach als Schattenband, je nach Breite des Überstandes, zum Ausdruck kommen sollte. Ein mehr oder weniger betontes Gesims fällt dagegen allerdings noch ganz anders ins Gewicht (Abb. 90, 112, 116, 132).

Der Gebäudekörper mit seinen aufrechten Fassaden kann alle möglichen technisch, funktionell oder architektonisch charakterisierenden Elemente besitzen. Hinzu tritt das Material der Verblendung, ob Anstrich, Putz, Klinker und Platten mit Fugen oder Naturstein. Man muß sich entscheiden, wieweit die Angabe solcher Strukturen für das eigentliche Thema der Zeichnung von Bedeutung ist. Zur Andeutung eines Baukörpers im Hintergrund kann tatsächlich unter Umständen schon die Umrißlinie genügen **(Abb. 133)**.

Ein Gebäude wirft bei Besonnung einen sich klar abzeichnenden Schlagschatten, dessen Größe konstruktiv genau ermittelt und für eine Darstellung in sei-

Abb. 133 Im Vordergrund ein Doppelhaus aus Klinker mit schieferverkleidetem Giebel und Dach. Besonnte Fassade mit Spiegelungen in den Glasflächen. Rechte Gebäudeseite ist beschattet und daher zurückhaltend dargestellt hinter dem grafisch betonten Baum. Vorgarteneinfassung durch eine halbhohe Hecke. Sie steht in der Bildmitte vor dem im Hintergrund unterhalb gelegenen Gebäudekomplex. Diese Gebäude sind auf Grund der Entfernung in ihrer Fassadengliederung nur teilweise angedeutet mit besonnten, im Schatten wie im Halbschatten gelegenen Außenansichten. Betonte Trennung von Vordergrund und Hintergrund durch Silhouettenwirkung und Lichtkanten. Übereckperspektive mit mehreren Fluchtpunkten (Abb. 96)

ner vollen Ausdehnung durchaus übernommen werden kann. Oft genügt aber schon die Andeutung eines Schattens am Gebäudefuß (Abb. 107).

8.5 Fenster und Glasflächen

Fast jedes Gebäude weist Fenster oder etagenweise Fensterreihen auf. Beim Blick in eine Straßenschlucht sieht man zwei gegenüber liegende Fassaden, wobei die besonnte entschieden stärker belichtet ist. Auf beiden Straßenseiten befinden sich Fenster, die unterschiedlich in Erscheinung treten und deshalb auch grundsätzlich anders gezeichnet werden müssen. Auf der besonnten Seite wirken die Fenster wie Spiegel, was durch einen kräftigen Schwarzweiß-Effekt in den Fensterbegrenzungen zum Ausdruck gebracht werden muß. Auf der Schattenseite gibt es keine derartig starken Lichtunterschiede, die Fensterreihen wirken hell und spiegeln nicht. Hier genügt es, wenn man lediglich die linearen Elemente bezeichnet, etwa den Fensterrahmen und einen Teil der Sprossen.

Bei einem Gebäude im Hintergrund genügen Andeutungen einzelner Fenster im oberen Randbereich.

Bei einer aus der Nähe betrachteten Fensterscheibe lassen sich bei Besonnung im Detail zahlreiche Spiegelungseffekte und am Rande tiefe Dunkelheiten grafisch darstellen, was der Zeichnung verblüffende Lebendigkeit einbringen kann (Abb. 85, 87, 112, 116, 120, 129, 133).

9
Darstellung von natürlichen Bestandteilen: Wasser, Pflanzen, Landschaften

9.1 Wasserbecken, natürliche Gewässer, sprudelnde Wasser

Die Wasseroberfläche in einem Becken erscheint im zeichnerischen Vortrag ähnlich wie ein Spiegel, besonders wenn das Wasser tief oder der Beckenboden dunkel ist. Bei Besonnung ist die Lichtspiegelung wiederum besonders stark und von Bewegungen und Wellen unterbrochen. Es treten immer gerundete oder geschwungene Linien auf, wie es dem sanft bewegten Element des Wassers entspricht. Eine stille Wasserfläche zeigt dagegen eine ebene und gradlinige Struktur. Sie läßt sich mit feinen, dichten, waagerechten Strichen am Lineal treffend darstellen. Am Becken- oder Uferrand wird die Wasserlinie durch dichte parallele Striche betont dunkel dargestellt. Sie wird dadurch gut erkennbar. Im mittleren Bereich der Wasserfläche können freie Stellen ausgespart bleiben, denn dort kann Spiegelung auftreten. Aus dem Wasser herausragende Halme oder Pflöcke werfen ihr Spiegelbild unmittelbar unten am Fuß ins Wasser **(Abb. 134, 135)**.

Bei natürlichen Gewässern, Bächen und Flüssen, Teichen und Seen ist die Uferzone meist mit Wildstauden und Gehölzen bewachsen, oder eine Wiese reicht dicht ans Wasser heran. In allen Fällen wird man die Wasserfläche direkt am Ufer wieder dunkel halten, besonders da, wo Bäume und Sträucher dicht vom Ufer her über die Wasserfläche ragen (Abb. 109, 139). So ist die Oberfläche des Wassers, je nach Art des Gewässers, ob stehend oder fließend, glatt oder bewegt darzustellen. Das kann bis zur graphischen Andeutung eines

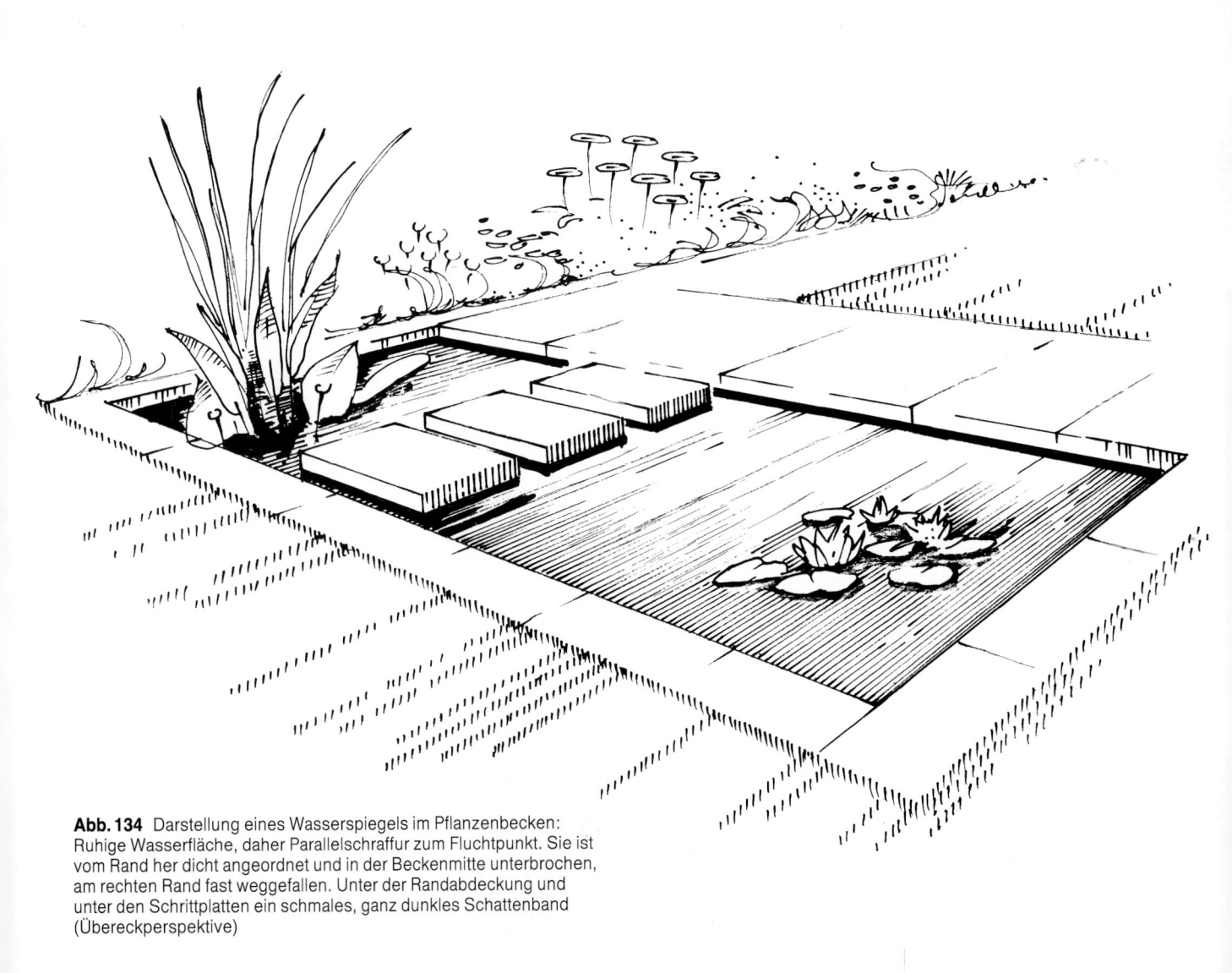

Abb. 134 Darstellung eines Wasserspiegels im Pflanzenbecken: Ruhige Wasserfläche, daher Parallelschraffur zum Fluchtpunkt. Sie ist vom Rand her dicht angeordnet und in der Beckenmitte unterbrochen, am rechten Rand fast weggefallen. Unter der Randabdeckung und unter den Schrittplatten ein schmales, ganz dunkles Schattenband (Übereckperspektive)

▲ **Abb. 135** Die spiegelnden Wasserflächen in den Becken wirken in ihren Schattenflächen ähnlich wie die großen Glasflächen am Gebäude. Die aufragenden Flächen des Hauses und der berankten Mauer wie die Platten- und Pflasterflächen zwischen Becken und Beeten sind betont durch senkrechte bzw. ebene Schraffuren. (Zentralperspektive)

Abb. 136 Der bewegte Schwung eines herabfließenden Wildbaches ▼ und seine wechselnden, flachen und steilen Uferränder werden durch entsprechende Strich- und Linienreihen dargestellt. Unterhalb der Uferlinie eine dunkle Schattenzone. Die die Skizze in waagerechten Schwüngen quer durchziehenden Signaturen betonen die Tiefenwirkung

Abb. 137 Die Fläche des Sees wird durch wenige, vertikale Elemente in der Tiefe gegliedert. Das jenseitige Ufer ist durch Dunkelheit betont. Dahinter bekommt erst nach erheblichem, räumlichen Abstand der Höhenrücken Kontur und hebt sich als Silhouette gegen den offenen Himmel ab. Die Tiefenwirkung wird durch die kräftigen Gehölzkonturen im Vordergrund links und rechts gesteigert. Dadurch erhält das Motiv Rahmen und Halt ohne auseinander zu fließen

Abb. 138 Felsnase mit spärlicher Vegetation im Meer eintauchend. Die klare Spiegelung wird durch eine leichte Wellenbewegung unterbrochen, dargestellt durch flach hingezogene, offene Streifen

leichten Wellenschlages führen. Dramatische Situationen wie Brandungswellen sind zu vermeiden. Die gebotene Zurückhaltung bei einer Erläuterungsskizze würde dadurch aufgegeben und falschen künstlerischen Ambitionen Spielraum gegeben werden.

Bei bewegterem Wasser, wie bei einem Bach, sollte die Lebhaftigkeit durch betonteres Hell-Dunkel in der Spiegelung und durch ein flotteres Linienspiel in der Zeichnung zum Ausdruck kommen, wobei nicht unbedingt in etwaiger Quantität der Striche eine bessere Wirkung ersichtlich würde **(Abb. 136)**.

Weite Wasserflächen müssen in der Wiedergabe Großflächigkeit erkennen lassen. Hierbei sind kaum Elemente der Tiefenwirkung vorhanden, es sei denn, die Gegenstände auf dem Wasser (ein Boot oder ein herausragender Pfahl) gäben Maßstäbe für Entfernungen an. Wo diese fehlen, kann nur durch Schraffuren, die sich zum Hintergrund verdichten, oder durch große und zusammenhängende, offengelassene oder schraffierte Flächen Weite angedeutet werden (Abb. 192) **(Abb. 137, 138)**.

Abb. 139 Wiesen- und Weidegelände mit einer durch Strichlinien dargestellten, natürlichen Modellierung. Im Vordergrund ein Wassertümpel. Abnahme der Detaillierung als Mittel der Tiefenwirkung

9.2 Rasenflächen

Ein Rasen setzt sich aus unzähligen, ziemlich gleichmäßig senkrecht aufgerichteten, kurzen Halmen zusammen, die einen bürstenartigen, gleich hohen oberen Abschluß haben. In der Darstellung erscheint Rasen in Reihen kleiner senkrechter Striche (nicht Punkte). Die Strichreihen verlaufen zur Betonung der Lage der Rasenfläche in Richtung auf den Fluchtpunkt zu. Am Rande der Rasenfläche verdichten sich die Strichreihen, zur Mitte zu können sie aufgelockert sein mit mehr oder weniger großen Unterbrechungen bis zum völligen Wegfall.

Rasen überzieht meist ebene Flächen und wirkt insgesamt glatt und teppichartig. Bodenwellen und Böschungen kommen durch eine entsprechende Führung der Strichlinien zum Ausdruck (Abb. 85, 112, 120, 125, 129, 132, 134).

9.3 Wiesen

Im Gegensatz zum Rasen erscheint eine Wiese in sich bewegt. Die Halme der Gräser sind länger und büschelartig gebogen. Dazwischen treten höhere Kräuter und

Wiesen

Abb. 140 Schema und Darstellung eines Staudenbeetes in einem von Zaun oder Mauer gebildeten Winkel. Die Staudenfläche als flacher Körper (Matratze), dazwischen einige wenige Solitärstauden herausragend

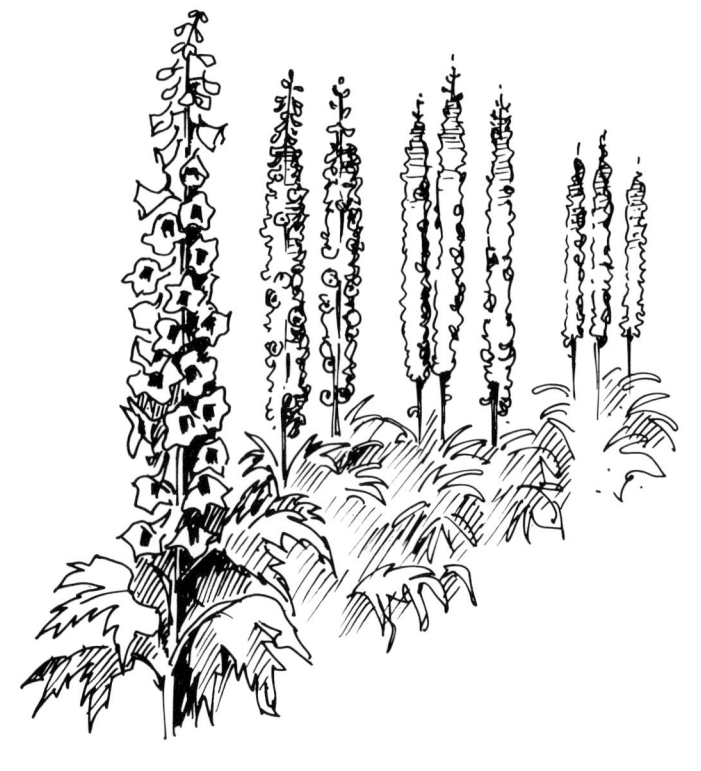

RITTERSPORN

FINGERHUT

PHLOX

Abb. 141 Staudenstudien im Detail und aus der Entfernung. Abb. 142–146 weitere Stauden und Gräser

einzelne Wildblumen in Erscheinung. Von der Anlage her ist eine Wiese meist nicht so sorgfältig geebnet und wirkt natürlicher als Rasen. In der Darstellung ist eine Wiese zwischen Rasen und Staudenbeet einzuordnen. Sie bildet eine Polsterdecke, deren Rand zu einem Weg hin durch eine Schattenkante sichtbar zu machen ist. Wiesen erstrecken sich oft über große Flächen und überziehen Böschungen und Bodenwellen. Die Detaildarstellung nimmt zum Hintergrund ab, aber durch Strichlinien und Schraffuren können die verschiedenen wellenartigen Bodenbewegungen veranschaulicht werden (Abb. 118, 124, 127, 136) **(Abb. 139)**.

Je höher eine Bodenbepflanzung aufragt, wie es in den folgenden Kapiteln beschrieben wird, je mehr einzelne Pflanzenteile sich optisch ablösen und herausragen, desto mehr Atmosphärisches dringt in die Lücken und Zwischenräume: Das sind Licht- und Schattenreflexe, hervorgerufen durch Gegenlicht, Wassertropfen,

Wiesen

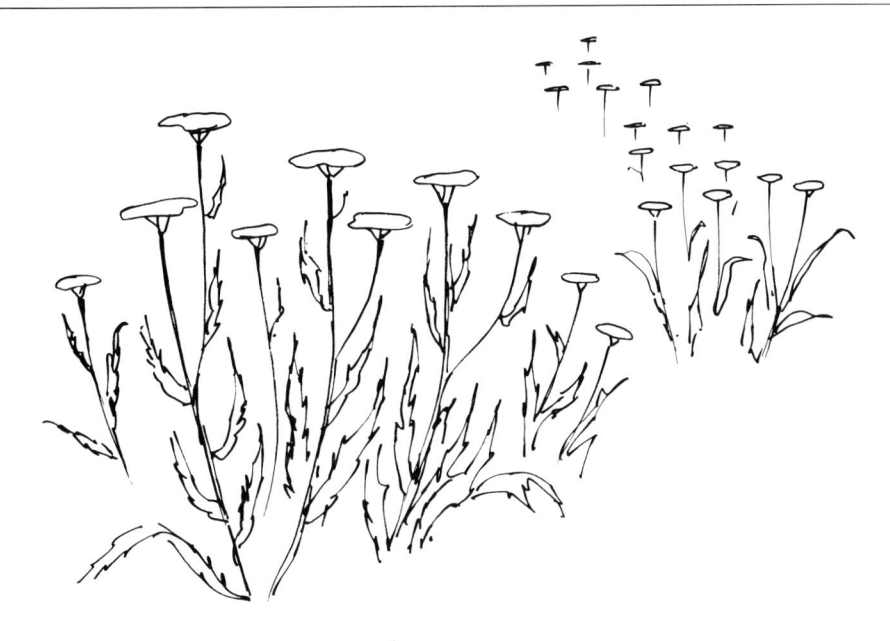

ACHILLEA

Abb. 142

SCHWERTLILIE

Abb. 143

BLAUSTRAHLHAFER

Abb. 144

glänzendes oder mattes Blattwerk und andere Erscheinungen. Neben klar Erkennbarem findet sich undeutliches Geflimmer. Das sind für ein gezeichnetes Gartenmotiv entscheidende Stimmungseffekte. Sie lassen sich durch Gruppen von »schwirrenden« Punkten wiedergeben, deren Anwendung sehr vielseitig ist und immer wiederkehren kann (Abb. 86, 109, 112, 136, 140, 170, 188, 190, 193).

9.4 Staudenflächen

Sie wirken gegenüber Wiesen wie ein noch stärker profiliertes Bodenpolster mit herausragenden Solitärpflanzen. In ihrer optischen Erscheinung bestehen sie aus einem dicken Teppich oder aus einem aufliegenden wulstigen Körper, ähnlich einer »Matratze«, aus dichter Pflanzensubstanz. Vereinzelt ragen aus ihr unterschiedlich hohe Pflanzen mit typischen Blatt- und Stengelformen in die Höhe. Davon sollte man auch wiederum nur so viele andeuten, wie zum Erkennen unbedingt erforderlich sind (Abb. 86, 112, 116, 120, 125, 129, 134).

Die Artenvielfalt sollte stets nur in knappen, charakteristischen Akzenten in Erscheinung treten, wobei man einige auffällige Formen in ihren Varianten immer wieder aufgreifen kann: Rittersporn- und Fingerhutrispen, runde Blütenkugeln vom Phlox, tellerartige Dolden der Achilleen oder Büschel von Staudengräsern **(Abb. 140–146)**.

Staudenflächen 129

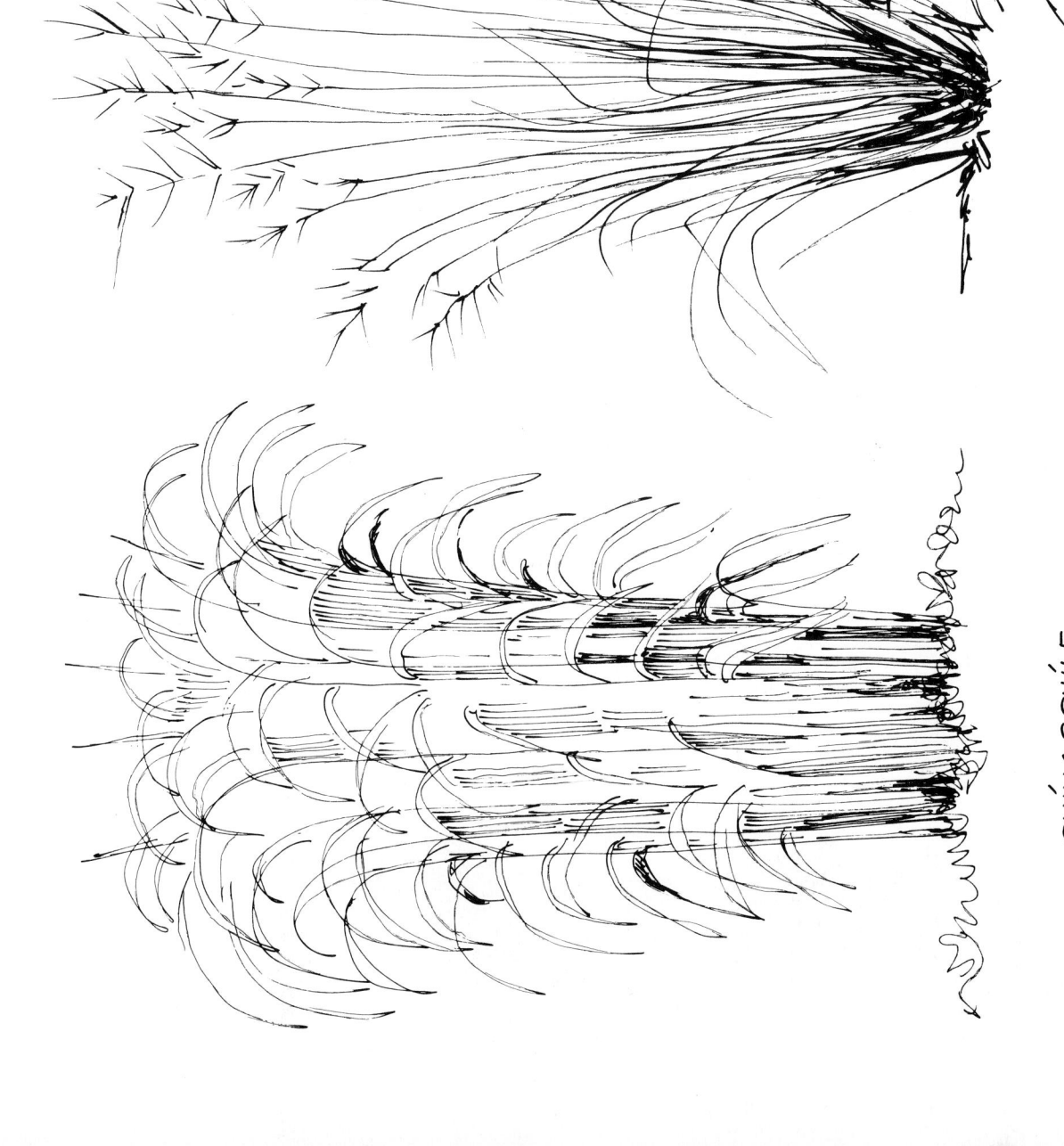

CHINASCHILF

Abb. 145

Abb. 146

9.5 Bodendecken

Bodendecken bestehen meist nur aus einer Pflanzenart, häufig handelt es sich dabei um Kleingehölze. Als klassische Vertreter können die niedrigen Cotoneaster gelten. Sie liegen flach auf oder hängen an Böschungen herab. Kleine Endtriebe sind als aus der Masse herausragend anzugeben. Der Gesamteindruck der Oberfläche sollte sich als etwas zerzaust und aufgelockert, nicht glatt und gleichmäßig darstellen. Lücken zwischen den Pflanzen, die Vertiefungen bilden, werden dunkel schraffiert **(Abb. 147)**.

Außerdem gibt es sehr ebenmäßige Bodendecken mit gleich hohem, oberem Abschluß und einheitlicher Gesamtwirkung wie beispielsweise Pachysandra terminalis. Das ergibt zeichnerisch ein ruhiges Bild. Die Randkanten sind im allgemeinen aufgelockert und werden von einzelnen Trieben durchbrochen. Auf angrenzenden Wegen und Plattenflächen bilden sich Schattenkanten aus, was mit wenigen kräftigen Strichen verdeutlicht wird (Abb. 85, 112, 119, 128) **(Abb. 148)**.

Abb. 147, 148 Bodendecken auf einem ebenen Beet und auf einer Böschung, teilweise über eine Stützmauer herabhängend (Kleingehölze wie etwa Cotoneaster-Arten)

Abb. 148

9.6 Kleingehölze

Als Kleingehölze werden diejenigen angesprochen, die im wörtlichen Sinne klein bleiben und nicht höher als einen Meter werden. Sie werden meist als Solitäre zwischen niedrigen Stauden und Bodendecken verwendet. Die Wuchsform bei diesen Kleingehölzen fällt sehr unterschiedlich aus, die Skala geht von laubabwerfenden über immergrüne Laubgehölze (hierbei stark vertreten die niedrigen Rhododendronarten) bis zu Nadelgehölzen (Kleinkoniferen). Es treten Ei-, Kegel- und Säulenformen sowie kugel- und nestartiger Wuchs auf. Ferner gibt es Gewächse mit geschwungenen, aufliegenden Wedeln oder sperrig wachsendem Geäst. Diese verschiedenen Einzelformen sollte man vereinfacht wiedergeben, ohne die Eigenart einer speziellen Art allzu deutlich durchzuzeichnen; es genügt jeweils die Kontur **(Abb. 149)**.

Häufig liegen die Gehölze dicht am Boden und bilden Schlagschatten. Blatt- und Nadelform lassen sich andeutend wiedergeben. Silhouettenkontur bietet sich vor allem bei Säulenformen an, wobei dann der obere Bereich dichter schraffiert wird, also graphisch dunkler erscheint.

132 Darstellung von natürlichen Bestandteilen: Wasser, Pflanzen, Landschaften

Abb. 149 Verschiedenartige Kleingehölze, alleinstehend, in Gruppen und in Aufsicht gesehen

In der Entfernung reduziert sich die Wiedergabe wie bei allem Darzustellenden auf die charakteristische Gesamtform (Abb. 116, 119, 127, 129).

9.7 Schlingpflanzen

Schling- und Kletterpflanzen winden sich an Gerüsten, vor Hauswänden oder an Pergolen empor, klettern in der Höhe waagerecht weiter und hängen in lockeren Schwüngen und Bögen in den Raum. Es entsteht eine Beziehung zwischen Pflanze und Pfosten oder Gerüst. Dieses Zusammenspiel sollte zum Ausdruck kommen, denn das kletternde Gewächs braucht Unterstützung. Bei der Vorzeichnung geht man zunächst von der blattlosen Struktur der Pflanze aus, damit Triebrichtungen und Vergabelungen im Aufbau organisch stimmen. Erst danach fügt man die Blattmasse hinzu **(Abb. 151)**.

Es gibt unterschiedliche Blüten-, Blatt- und Triebformen, an die man sich zeichnerisch anlehnt. Meist entfaltet sich die größte Pflanzenmasse in der Höhe. Andere Schlinger wie Weinarten bleiben dagegen bei günstigem Standort vom Fuß an voll belaubt (Abb. 85, 86, 112, 116, 129, 130, 131) **(Abb. 150, 152)**.

9.8 Überhängende Pflanzen

Ähnliche Erscheinungen treten bei Gewächsen auf, die oberhalb einer Stützmauer gepflanzt sind und herabhängen oder hinter einer Mauer stehen und darüber hinwegragen. Bei ihrer Darstellung ist zu beachten, daß sie auf der Mauerkrone dick aufliegen und sich meist bogig nach unten von der Wandfläche abwenden, auf der sich ihr Schattenwurf abzeichnet (Abb. 148) **(Abb. 153)**.

9.9 Strauchartige Gehölze

Hierzu gehören im Sommer belaubte, aber auch immergrüne Sträucher, ebenso Nadelgehölze mit strauchartigem Wuchs, der unterschiedlich ausfallen kann. Der Aufbau eines Gehölzes zeichnet sich klar im unbelaubten Zustand durch die Stellung und Vergabelung des Astwerkes ab. Man sollte beim Zeichnen immer von der laublosen »Skelettstruktur« ausgehen, wobei Naturstudien sehr hilfreich sein können **(Abb. 154–156)**.

Es finden sich in die Höhe strebende Wuchsformen wie bei Amelanchien, Haselnuß oder Flieder, oder runde teils überhängende wie bei Forsythien oder Wei-

(Fortsetzung S. 138)

WILDER WEIN

Abb. 150 Eine Mauer mit überrankendem, wildem Wein

134 Darstellung von natürlichen Bestandteilen: Wasser, Pflanzen, Landschaften

Abb. 151 Kletterrose; links im belaubten Zustand, blühend; rechts Aufbau der Triebe; in der Mitte dieselbe Pflanze aus Entfernung, daher weniger detailliert

Strauchartige Gehölze

Abb. 152 Clematis: links Detailstudie, rechts unbelaubte Triebformen, in der Mitte aus mittlerer Entfernung

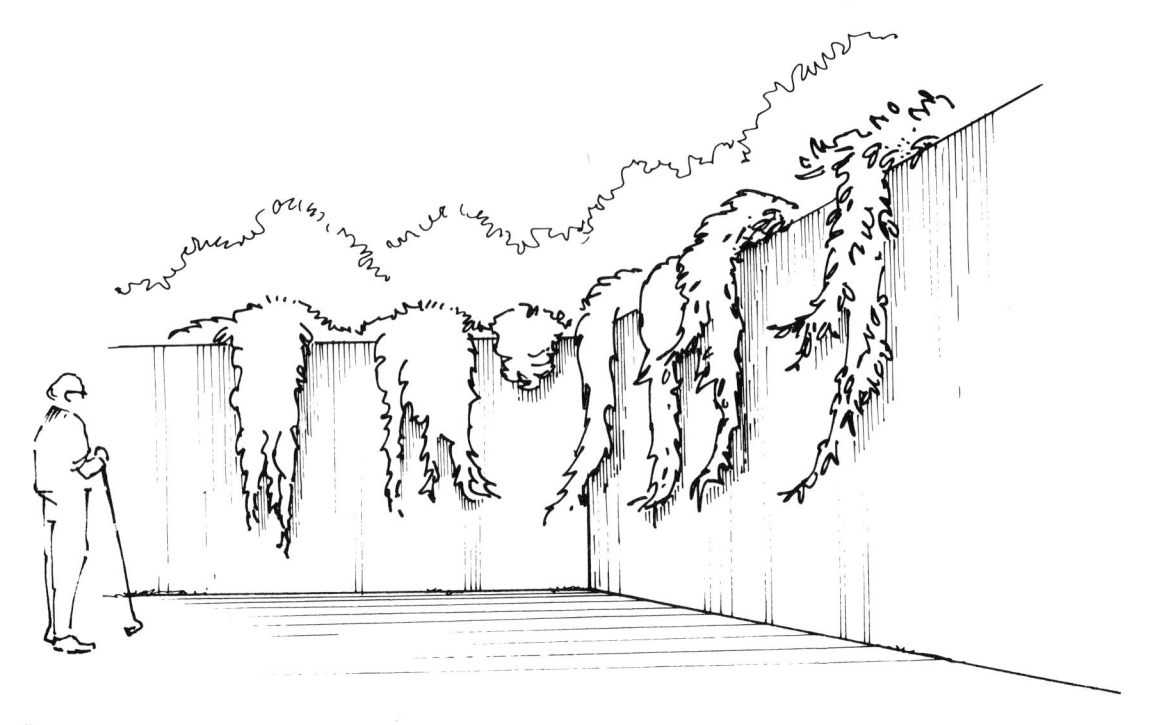

Abb. 153 Über eine Stützmauer herabhängende Gehölze

Abb. 154 Skizze nach der Natur von Acer ginnala aus Abb. 155

Strauchartige Gehölze

Abb. 155 Acer ginnala in einem Innenhof

Abb. 156 Vereinfachte Darstellung von Acer ginnala aus Abb. 155

gelien. Daneben gibt es viele Zwischenformen und Übergänge, aber auch aus dem Rahmen fallende bizarre oder sparrige Gewächse, die wegen ihrer fernen Herkunft einen exotischen Charakter aufweisen und diesen auch in der Darstellung behalten sollen (Aralien oder Korkenzieherhasel). Ihre Form und Gestalt ist allenfalls anzudeuten. Die Größe der verschiedenen Straucharten im ausgewachsenen Zustand schwankt gleichfalls erheblich. Sie kann zwischen eineinhalb bis zu vier m betragen. Außerdem gibt es auffallende Blütenformen als Kugeln, Rispen oder Dolden, wie Rhododendron, Schneeball oder Sommerflieder, die sich sämtlich gut darstellen lassen **(Abb. 157–159)**.

Einige Straucharten heben sich mehrtriebig vom Boden ab und bilden darüber eine dichte Laubkrone. Andere liegen mit ihren gebogenen Trieben fast auf dem Boden auf und wirken dadurch in ihrer Gesamterscheinung wie eine flache Kugel oder wie ein eiförmiger Kegel. Bei ihnen bildet sich schon unmittelbar am Boden ein Schlagschatten. Sträucher und auch Bäume sollte man ihren natürlichen Wuchsphasen entsprechend vom Boden aus von unten nach oben zeichnen, denn die Verzweigung bis in die obersten Triebe und Äste baut sich von unten her auf. Darauf sollte man besonders bei Naturstudien achten **(Abb. 160–162)**.

Meist sind Buschgruppen darzustellen, die aus verschiedenartigen größeren und kleineren Exemplaren zusammengesetzt sind. Die Unterschiedlichkeit sollte nicht allzusehr hervorgehoben werden, aber die Gruppierung und Staffelung hinter- und nebeneinander, die gegenseitige Beschattung sowie Zusammenfügung durch Ineinanderwachsen kann indes zum Ausdruck gebracht werden **(Abb. 163–165)**.

Solitärgehölze im Rasen oder im Staudenbeet, deren Reiz im Aufbau von Geäst, Blatt- und Blütenformen besteht, wirken in einer Zeichnung, besonders zum Zeitpunkt des Laubausbruchs bestechend, wenn das Geäst noch die Erscheinung bestimmt (Abb. 155).

Hier kann man der Verführung erliegen, neue eigenwillige Wuchsformen zu erfinden, wie sie als »Architektenbäume« bekannt sind. Sie sind oft nur verselbständigtes graphisches Element und widersprechen meist den natürlichen Gegebenheiten.

Eine Reduzierung auf ganz charakteristische Erscheinungsformen ist zwar durchaus geboten, man sollte sich aber vor einer allzu groben Entstellung der Natur hüten.

Bei den strauchartigen Nadelgehölzen finden wir häufig säulenartige, gestrafft zylindrische bis leicht nach

(Fortsetzung S. 146)

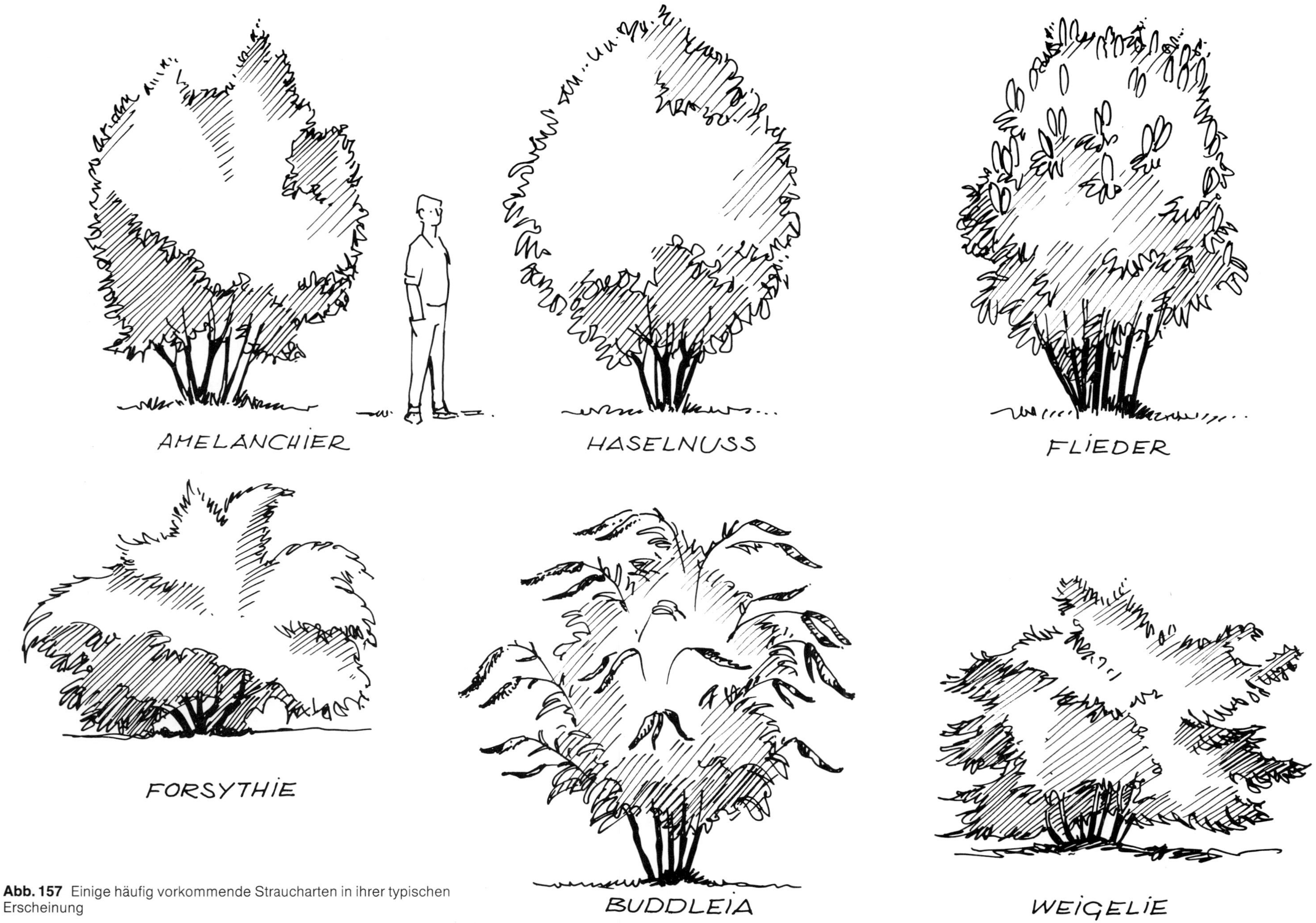

Abb. 157 Einige häufig vorkommende Straucharten in ihrer typischen Erscheinung

Darstellung von natürlichen Bestandteilen: Wasser, Pflanzen, Landschaften

FLIEDER

WEIGELIE

HASELNUSS

BUDDLEIA

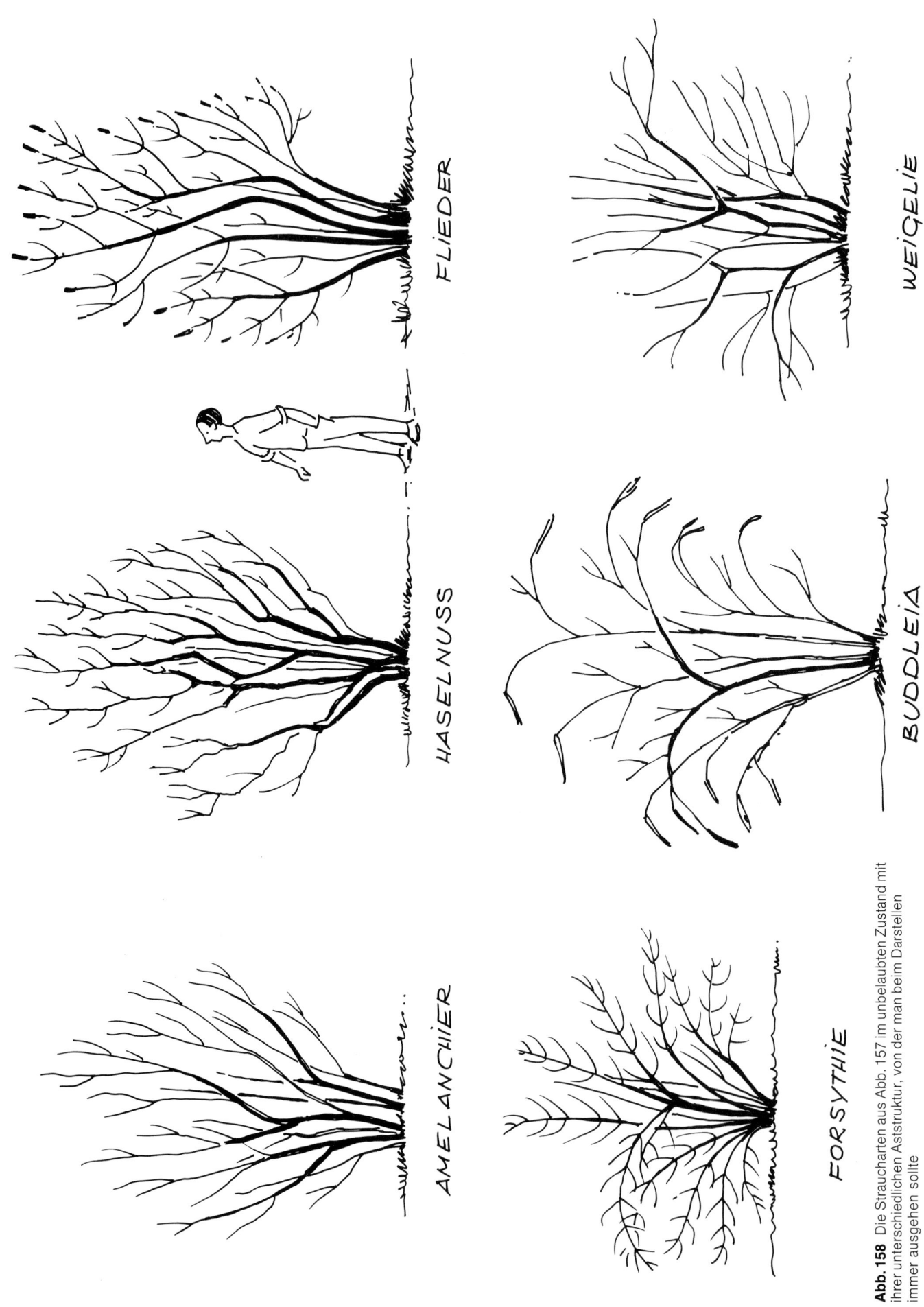

AMELANCHIER

FORSYTHIE

Abb. 158 Die Straucharten aus Abb. 157 im unbelaubten Zustand mit ihrer unterschiedlichen Aststruktur, von der man beim Darstellen immer ausgehen sollte

Strauchartige Gehölze

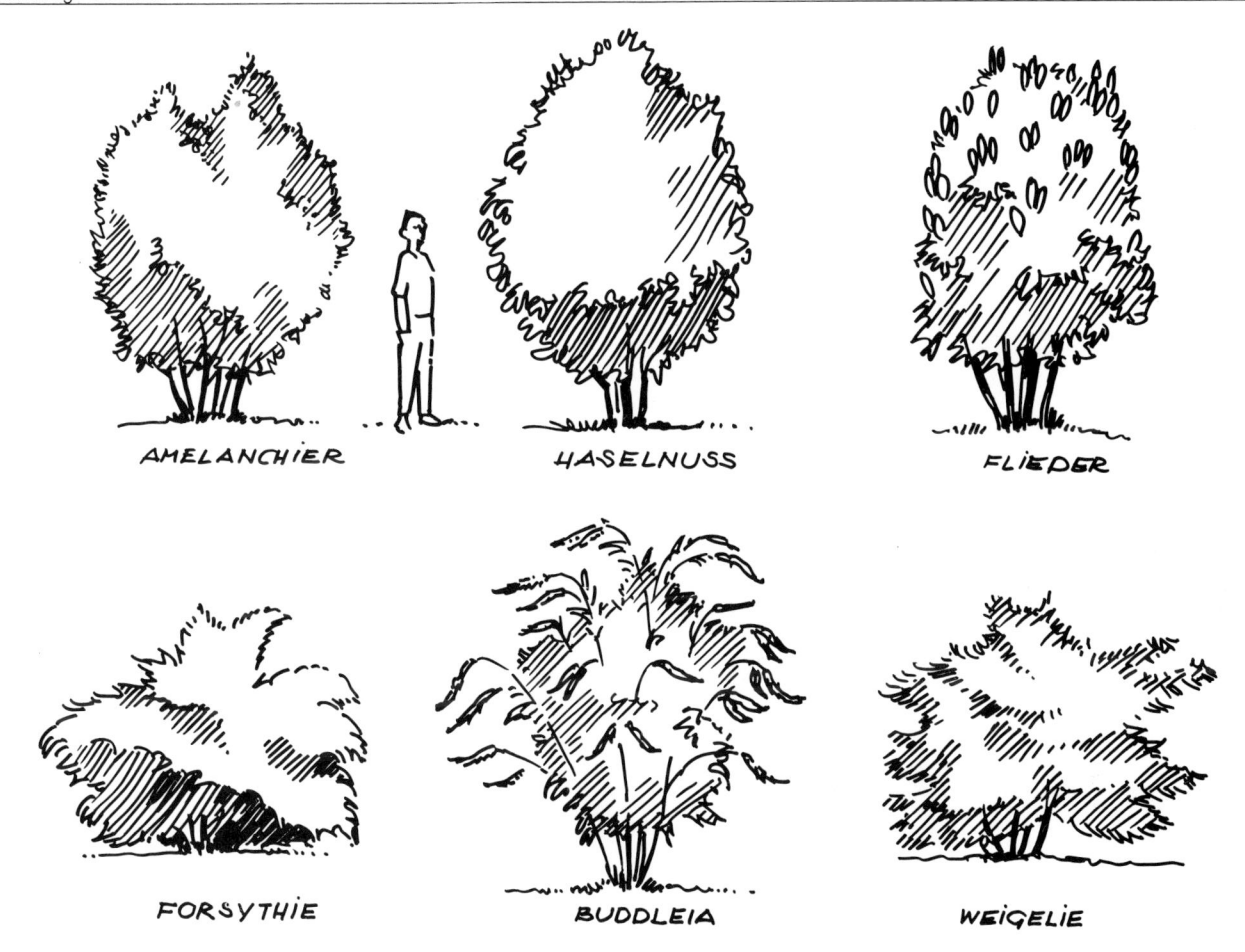

AMELANCHIER   HASELNUSS   FLIEDER

FORSYTHIE   BUDDLEIA   WEIGELIE

Abb. 159 Dieselben Straucharten der Abb. 157 aus einiger Entfernung, weniger detailliert dargestellt

ESSIGBAUM   ARALIE

Abb. 160 Zwei bizarre, etwas exotisch wirkende Straucharten (Aralia elata und Rhus typhina)

Abb. 161 Feingliedriger Cotoneaster an einer besonnten Wand

Abb. 162 Die Naturstudie der Abb. 161 beschränkt sich auf charakteristische Merkmale. Die unzähligen Blätter werden nur so weit angedeutet, daß ihre Fülle erahnt werden kann

Abb. 163 Gestaffelte Gruppe aus verschiedenen Straucharten ▼ **Abb. 164** Naturskizze der Strauchgruppe aus Abb. 163

Abb. 165 Vereinfachte Darstellung der Strauchskizze aus Abb. 164

Abb. 166 (unten) Eine junge Kiefer in einer Skizze nach der Natur
(Abb. 167) und für eine Perspektive stilisiert (Abb. 168)

Abb. 167

Abb. 168

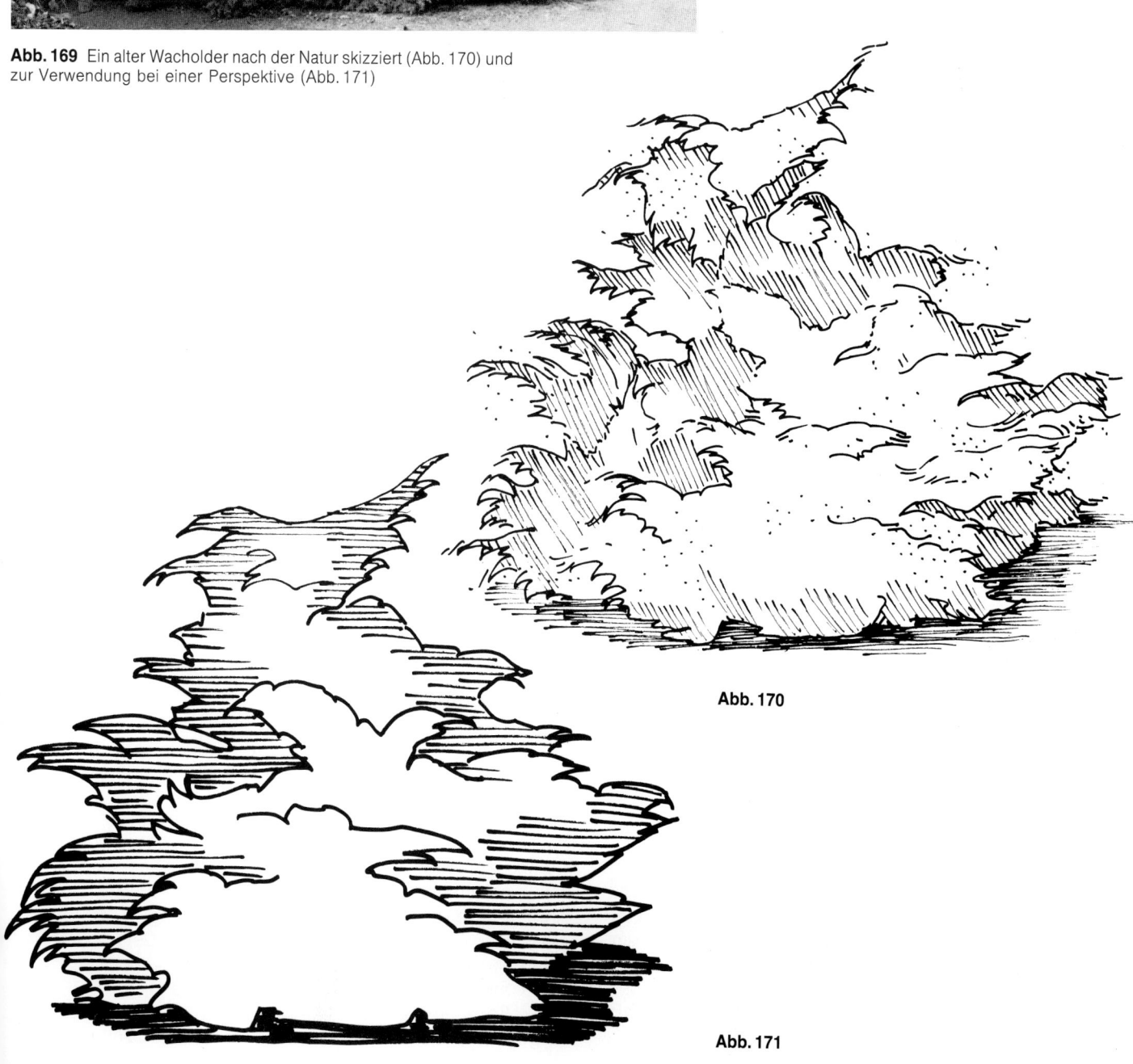

Abb. 169 Ein alter Wacholder nach der Natur skizziert (Abb. 170) und zur Verwendung bei einer Perspektive (Abb. 171)

Abb. 170

Abb. 171

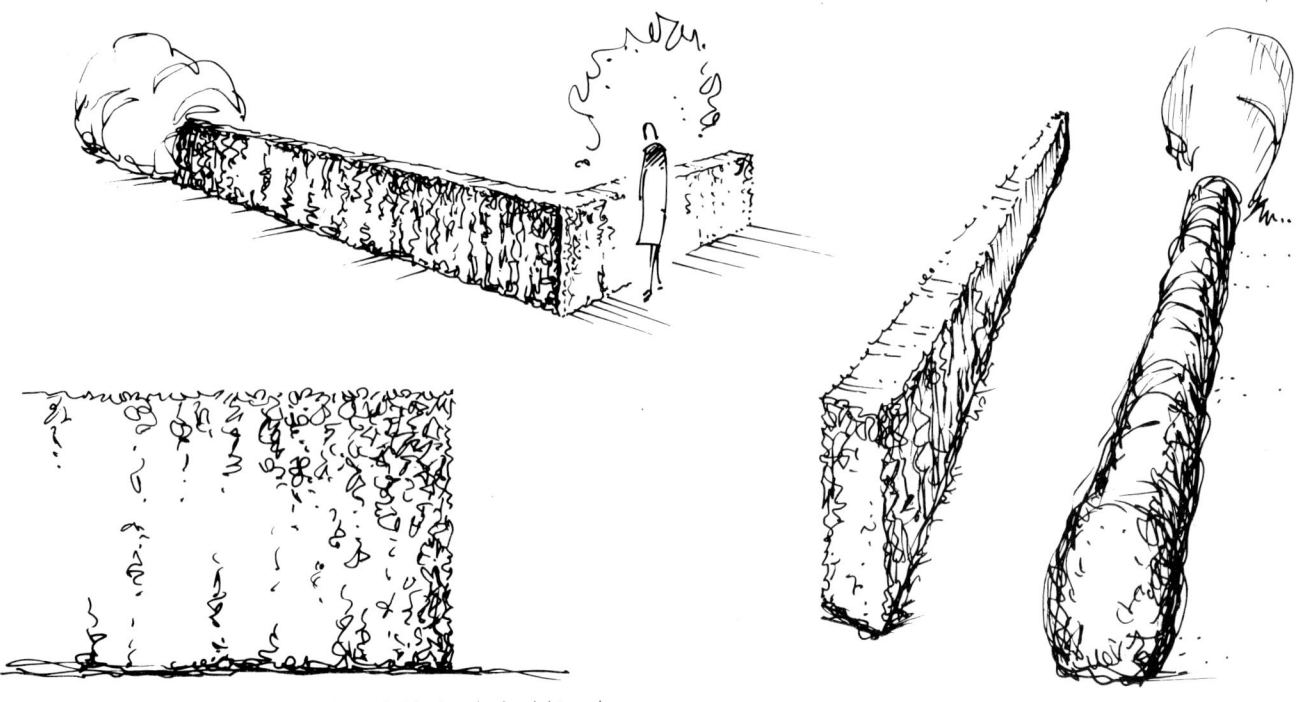

Abb. 172 Geschnittene und freiwachsende Hecken in Ansicht und Aufsicht

oben trichterartig erweiterte Arten (Wacholder oder Taxus). Durch ihr dichtes Nadelkleid wirken sie meist dunkel und kompakt. Im oberen Bereich tritt häufig ein silhouettenartiges Abheben vom Hintergrund auf, welches zeichnerisch zu einer gut erfaßbaren Wiedergabe führt (Abb. 116, 119, 121) **(Abb. 166–171)**.

Wählt man bei einer Perspektive einen erhöhten Standpunkt, um einen besseren Überblick zu geben, so stellt sich bei allen höher aufragenden Pflanzenarten das Problem der verkürzten Darstellung aus der Sicht von oben. Die sonst übliche Seitenansicht wandelt sich dabei in eine Schrägaufsicht.

Der sichtbare Teil des Dargestellten verschiebt sich über den Gipfel des Busches oder Baumes, und man bekommt noch den oberen Teil der Rückseite mit ins Blickfeld. Zugleich ist aber der untere Teil und damit das Aufsitzen auf dem Boden dem Blick entzogen. Darstellen läßt sich dies durch kreisartige Schraffuren, die das Volumen des Buschkörpers andeuten (Abb. 87, 120, 129).

9.10 Hecken

Unter Hecken versteht man freiwachsende Strauchreihen aus ein und derselben oder unterschiedlichen Gehölzarten. Hier bieten sich die gleichen zeichnerischen Ausdrucksmittel wie im vorangegangenen Kapitel über strauchartige Gehölze an. Handelt es sich aber um geschnittene Hecken, so verlangt dies die Darstellung einer straffen, architektonischen Form ohne Auflockerung, ähnlich der einer Mauer. Durch den periodischen Rückschnitt von Hecken bilden sich außen dichte, kleine Verästelungen, die wie eine geschlossene, undurchsichtige Oberfläche wirken (Abb. 119, 129, 133) **(Abb. 172)**.

Der belaubte Zustand ist für eine geschnittene Hecke die typische Form, in der man sie darstellen wird. Da die gesamte Heckenfläche kaum Unterschiede aufweist, genügt es, gegen die Ränder hin Signaturen oder Schraffuren zu verwenden, vor allem im oberen Bereich und an den seitlichen Enden. Die untere Kante setzt sich gegen den Boden durch eine energische, nicht zu exakte Schattenlinie ab.

Ein Heckenkörper kommt in der Aufsicht gut zum Ausdruck. Die bandartige Aufsichtsfläche hebt sich hell gegen die etwas dunkleren, aufrechten Seitenflächen ab. Laub- oder Nadelgehölze unterscheiden sich hier zeichnerisch nur unwesentlich.

9.11 Laubbäume

Bei Baumarten geht man in der Darstellung, ähnlich wie bei Sträuchern, zunächst von der Struktur im unbelaubten Zustand aus. Beim Vergleich der verschiedenen Arten kann man deutliche Unterscheidungen im Astaufbau und in der Verzweigung feststellen. Auch das Alter eines Baumes wirkt sich auf seinen Habitus aus. Generell sind charakteristische Wachstums- und Erscheinungsmerkmale bei alten Bäumen ausgeprägter als bei jungen. Linde, Eiche, Buche, Ahorn oder Pappel sind im ausgewachsenen Zustand schon von ferne zu erkennen und voneinander unterscheidbar **(Abb. 173–175)**.

Große Bäume mit geschlossener Krone, wie Linden, zeigen an ihrer Peripherie eine dichte Verzweigung, aus

Laubbäume

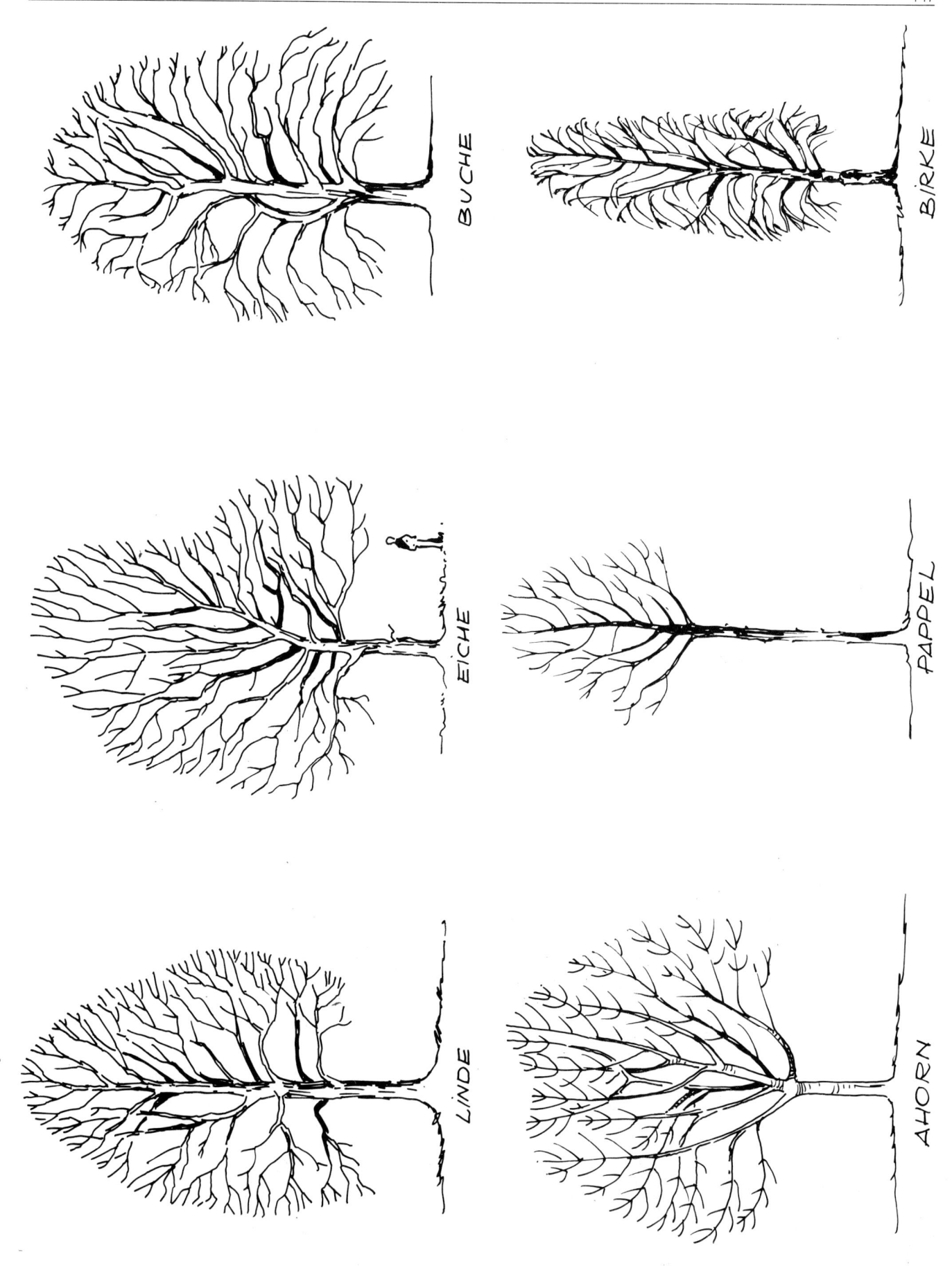

BUCHE   BIRKE

EICHE   PAPPEL

LINDE   AHORN

Abb. 173 Einige Baumarten im unbelaubten Zustand mit unterschiedlicher Aststruktur, die man im belaubten Zustand im Auge behalten muß

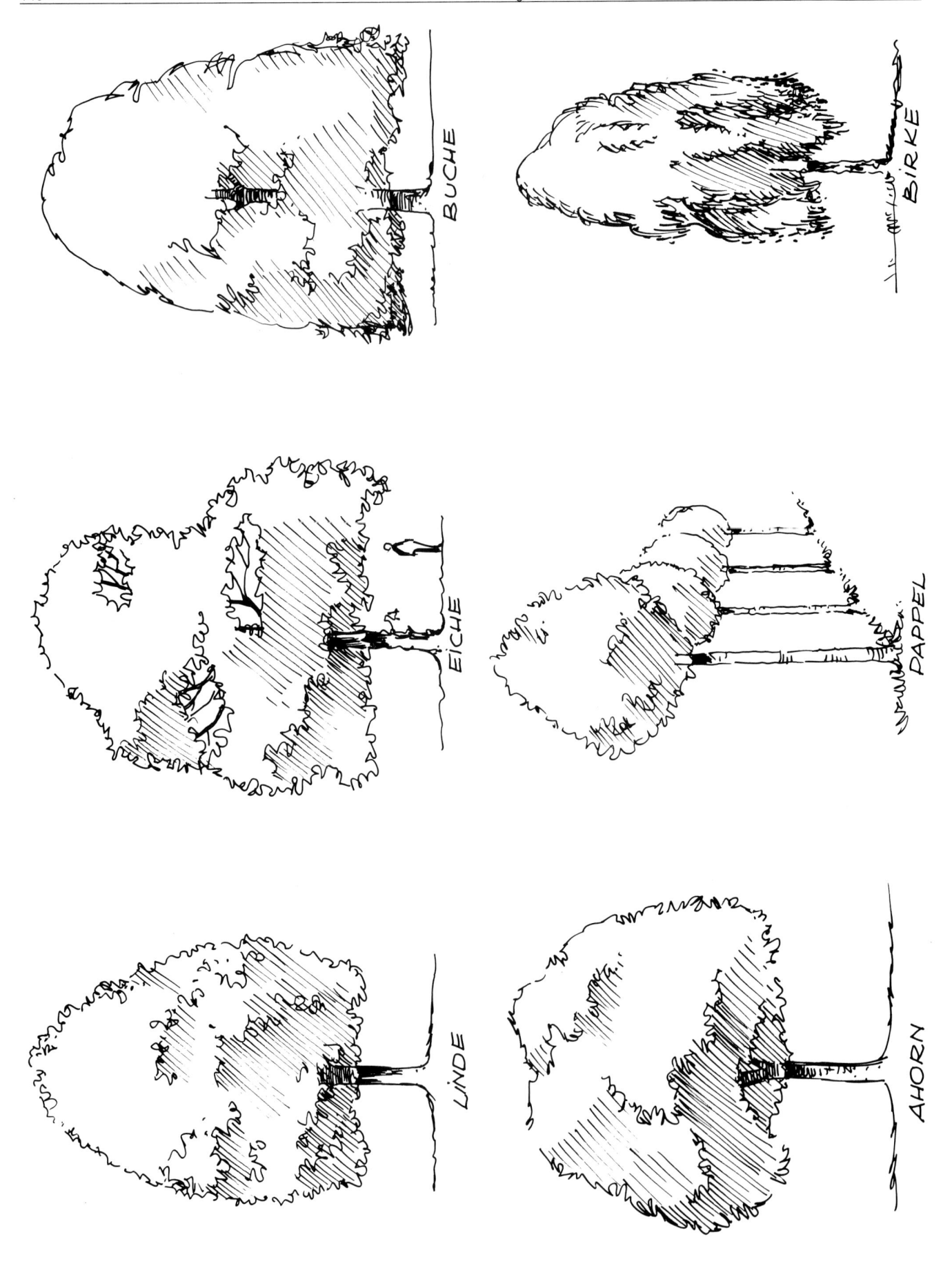

Darstellung von natürlichen Bestandteilen: Wasser, Pflanzen, Landschaften

Abb. 174 Dieselben Baumarten mit belaubter Krone

Laubbäume

LINDE   EICHE   BUCHE

AHORN   PAPPEL   BIRKE

Abb. 175 Die Bäume der Abb. 174 aus einiger Entfernung

Abb. 176

Abb. 176 (vorige Seite) Eine junge Linde in der Natur und in Skizzen nach der Natur (Abb. 177, 178, 179, oben, unten, rechts)

Laubbäume

Abb. 180 Vereinfachte Darstellung einer Säulenulme

Abb. 181 Darstellung nach natürlichem Vorbild und in der Abstrahierung (Abb. 182, rechts)

Abb. 183, 184, 185 (gegenüber) Acer sacharinum nach Naturvorbild und abstrahierend dargestellt

der sich in der Vegetationszeit das Blätterdach bildet. Im Inneren der Krone befinden sich die vom Hauptstamm aus sich verzweigenden Äste, die nach außen hin an Stärke abnehmen. Das Verjüngen der Äste von unten nach oben muß vor allem dann beachtet werden, wenn eine belaubte Baumkrone mit einzelnen offenen Lücken dargestellt werden soll, in der Astwerk zu sehen ist. Man kann das bei alten Eichen häufig beobachten. Im Bildvordergrund können am Kronenrand zur Verdeutlichung einzelne Blattformen wiedergegeben werden; es genügen dabei Andeutungen **(Abb. 176–179)**.

Der Gipfel einer Baumkrone erscheint normalerweise am hellsten, sofern er sich nicht silhouettenhaft gegen den Himmel abhebt. Die größte Dunkelheit herrscht in der unteren Mitte der Gesamtkrone. Sie kann durch eine Schrägschraffur als Fläche dargestellt werden. Manche Bäume, wie Rotbuchen, neigen ihre Äste bis zum Boden, so daß – auf einen einfachen Nenner gebracht – die Gesamtform wie ein oben abgerundeter Zylinder wirkt. Andere Bäume zeigen einen Stamm, auf dem die Krone als Kugel oder Ellipse aufsitzt. Unmittelbar unter der Krone ist der Stamm am stärksten beschattet, was durch Schraffur betont wird. So wird das »schwebende« Aufsitzen der Krone graphisch ausgedrückt **(Abb. 180–185)**.

Ein junger Baum hat meist einen glatten runden Stamm. Diese Rundung kann durch Kreisschraffur eine gewisse Naturtreue ausdrücken. Bei älteren Bäumen

Abb. 184

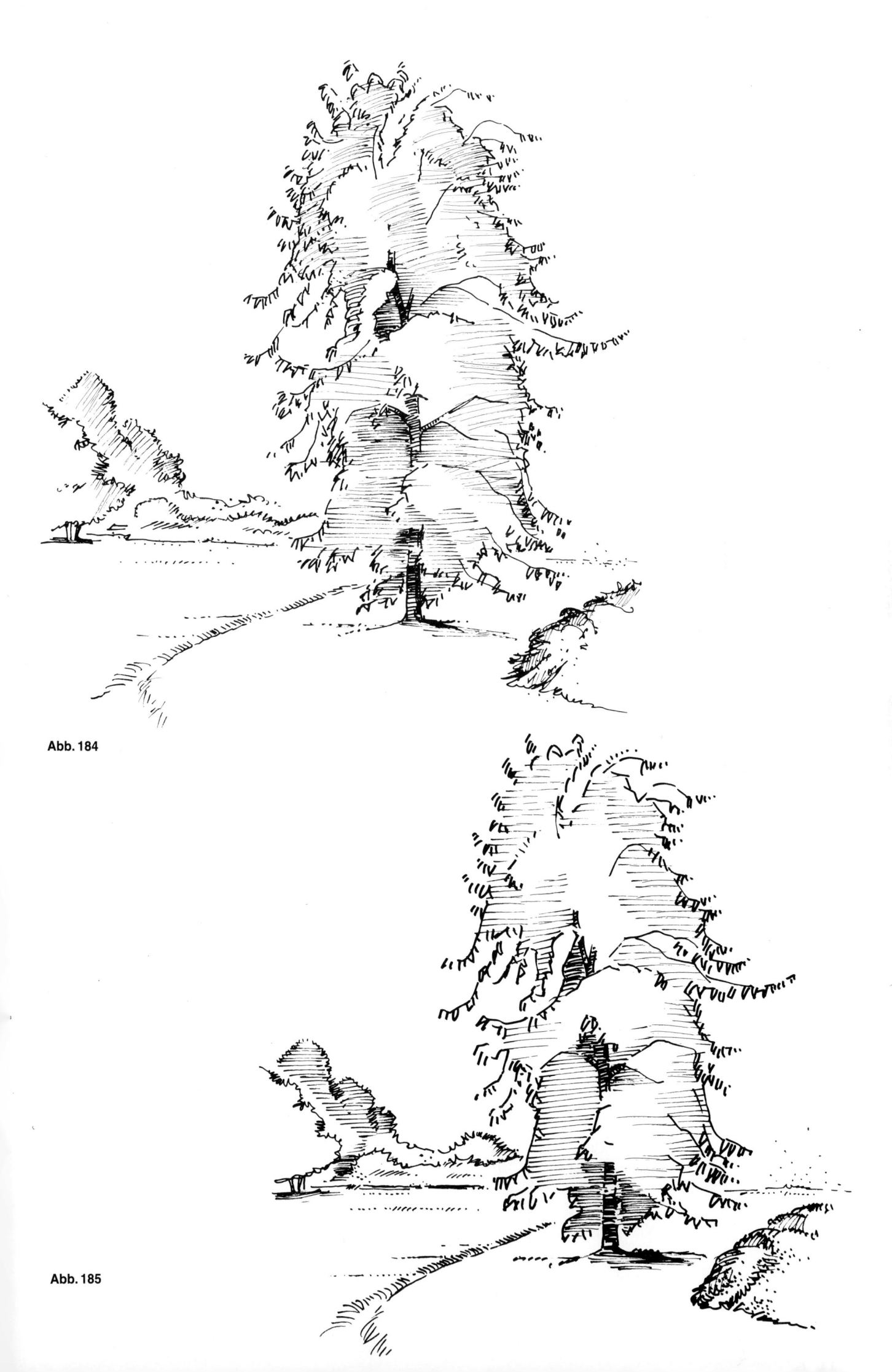

Abb. 185

Darstellung von natürlichen Bestandteilen: Wasser, Pflanzen, Landschaften

Abb. 186, 187 Gruppe junger Linden nach der Natur dargestellt

Landschaftsräume

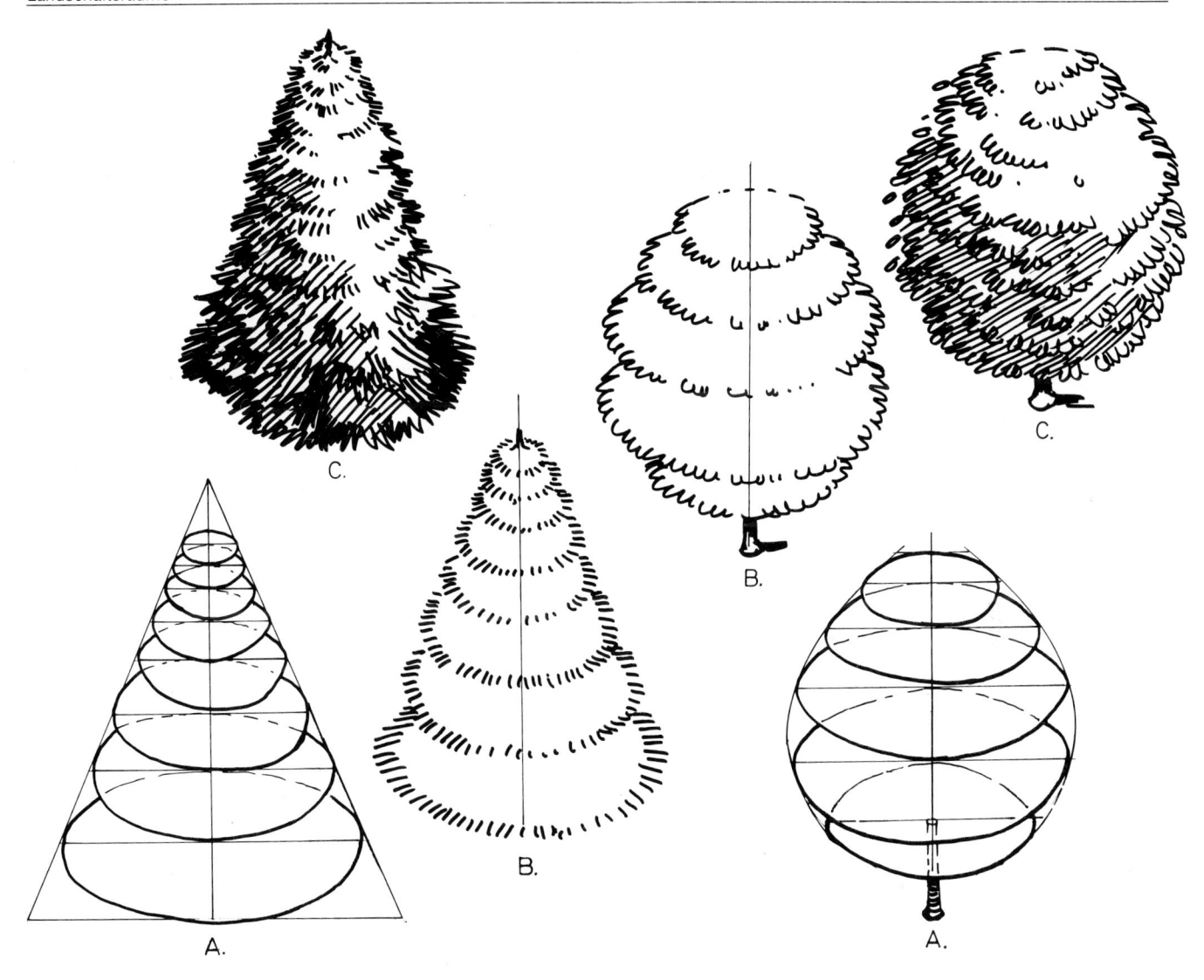

Abb. 188 Darstellung aus der Sicht von oben. Koniferen und Laubbäume: A. Schema der Aufsicht. B. Übertragung in Baumkonturen. C. Verwendbare Darstellung

bekommt die Rinde borkenhafte Konturen und Maserungen. Sie verlaufen meist in Stammrichtung senkrecht und verlocken zu zeichnerischen Effekten (Birken), wobei die Betonung einer belichteten bzw. einer im Schatten liegenden Stammseite die plastische Wirkung steigert (Abb. 112, 118).

Vom Vordergrund zum Hintergrund der Darstellung nehmen Größe und Detailangaben der Baumform ab. In der Ferne kann man sich auf einfache Randkonturen beschränken **(Abb. 186–187)**.

Bei Darstellungen aus einer Sicht von oben ist auf das Kapitel über strauchartige Gehölze zu verweisen. In der Aufsicht kann der Stamm dann verdeckt sein **(Abb. 188)**.

9.12 Nadelgehölze

Die pyramiden- und säulenartigen Formen von Fichten, Tannen und Lärchen sind in sich einheitlicher als die verschiedenen Laubbaumarten, bei denen die Krone meist aus einem Mitteltrieb und davon abgabelnden und sich verzweigenden Nebenästen besteht. Bei den Koniferen hebt sich meistens der Mittelstamm stark von den in Quirlen angeordneten Seitenästen ab. Eine gewisse Ausnahme bilden darin lediglich im Freistand aufgewachsene Kiefern, die eine ausladende Krone besitzen.

Abgesehen von der Lärche verbirgt die immergrüne Benadelung den Astaufbau der Koniferen, den man dennoch zeichnerisch immer zugrunde legen sollte **(Abb. 189, 190)**.

Im Freistand sind Nadelgehölze bis zum Erdboden hin beastet und liegen mit ihren Nadelwedeln auf dem Boden auf, so daß dort ein tiefer Schlagschatten entsteht. In der äußeren Erscheinung treten bei den verschiedenen Altersstufen nicht nur in der Größe, sondern auch in der Aststellung erhebliche Veränderungen auf (Abb. 118, 120).

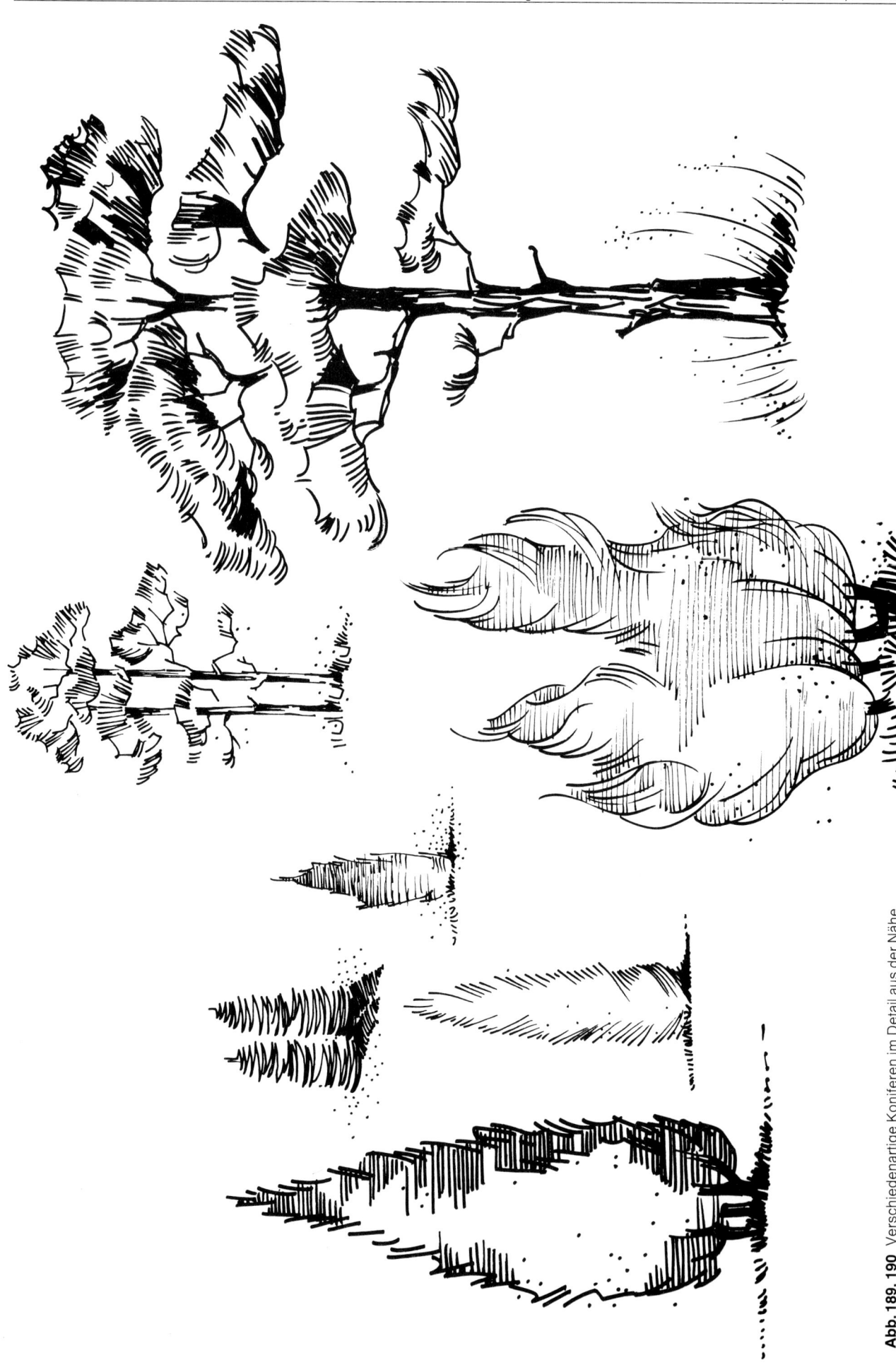

156 Darstellung von natürlichen Bestandteilen: Wasser, Pflanzen, Landschaften

Abb. 189, 190 Verschiedenartige Koniferen im Detail aus der Nähe und aus der Entfernung. Naturalistische und abstrahierende Darstellungen

Abb. 190

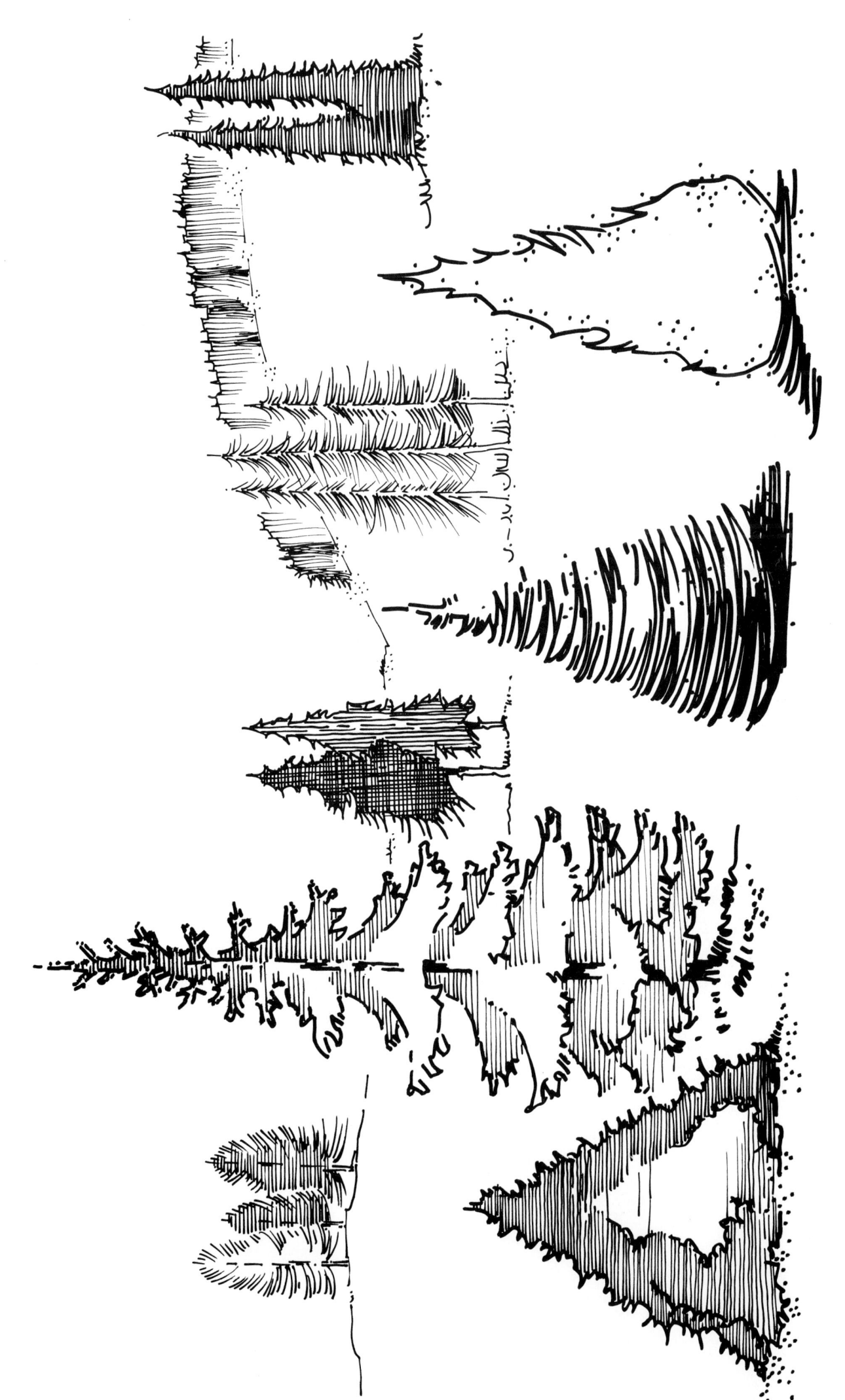

9.13 Landschaftsräume

Bei weiträumigem Blickfeld können die vorher beschriebenen Vegetationsformen in der Nähe wie in der Ferne neben Wegen, Straßen, Äckern, Wäldern, Flüssen, Seen, Ortschaften, Hügeln und Bergkuppen wesentliche Bestandteile der Darstellung sein. Bei einer derart großräumigen Zusammenfassung tritt das Detail in den Hintergrund. Dafür müssen der Verlauf einer Straße, eines Flusses, einer Hügelkette oder die Einordnung einer Ortschaft mit Gärten und Feldern erkennbar werden, wobei auch hier im fernen Hintergrund Einzelheiten oft nur erahnt werden sollen. Man darf deshalb immer nur darstellen, was noch klar unterschieden und wahrgenommen werden kann, etwa so:

Ein fernes Gebäude wird durch eine unverkennbare Dachform angedeutet. Es gilt, ganz typische graphische Abkürzungen zu erdenken, mit denen sich ein weit entfernter Bildgegenstand wiedergeben läßt. Ist das nicht möglich, so muß man darauf verzichten. Man sollte dem Betrachter der Zeichnung keine Rätsel aufgeben. Auf weite Entfernung können nur sehr vereinfachte Konturen Verwendung finden, die auf den ersten Blick erkennen lassen, was gemeint ist: Ein Segel auf dem Meer oder ein Kirchturm in der Ferne signalisieren ein Schiff oder ein Dorf (Abb. 137).

Der Himmel kann ganz ohne Signaturen bleiben, flüchtige Andeutung von Gewölk ist dennoch statthaft, einige Naturbeobachtung erwünscht. Dies ermöglicht hochziehende Wolkenstreifen durch langgezogene, leicht geschwungene Linien, oder auch gelegentlich Haufenwolken einzuzeichnen, ohne sich in der Darstellung dramatischer Himmelstimmungen festzufahren. Auch eine Kette von Zugvögeln belebt die Weite des Himmels. Sogar in der Sonne und Hitze flimmernde Atmosphäre läßt sich durch kleine Striche oder Punkte, mit Zurückhaltung verwendet, darstellen **(Abb. 192, 193).** Man betrachte dazu vergleichsweise eine Rohrfederzeichnung van Goghs in der Provence.

Abb. 192 Steilküste mit Felsstrukturen, ruhige, weite Wasserfläche, weiter Himmel und eine Kette von Zugvögeln ▶

Abb. 193 Hitzegeflimmer über sonniger Heidelandschaft. Schatten zwischen Felsbrocken ▶

Abb. 191 Flache Wiesenaue mit Kopfweiden im Mittelgrund. Im Hintergrund signalisieren Dachlinien und Kirchturm ein Dorf. Am Himmel Haufenwolken

Landschaftsräume

Abb. 192

Abb. 193

10
Figuren und bewegliche Gegenstände

Die im einzelnen beschriebenen architektonischen, pflanzlichen und landschaftlichen Elemente sind naturgemäß immer im gegenseitigen Zusammenhang darzustellen. Aus der jeweiligen Situation ergibt sich das Gewicht, das ihrer Wiedergabe zuzumessen ist. Bei ihnen allen handelt es sich immer um Bestandteile eines übergeordneten Motivs. Ihre Position im Bildaufbau ist an eine bestimmte Stelle gebunden. Allerdings können zur Belebung einer aus der Nähe gesehenen Szenerie »Ausstattungen« wie Stühle, Liegen, Tische, Sonnenschirme, Fahrzeuge und anderes ins Bild rücken. Sie dienen oft auf glückliche Weise als Maßstab, doch dürfen sie durch unzulängliche Formbeherrschung die Zeichnung nicht verderben. Menschliche Figuren lassen sich verwenden, die stehend, aufgelehnt, sitzend oder hockend, einzeln oder in Gruppen besonders gut Größenverhältnisse und Benutzbarkeit verdeutlichen (Abb. 87, 112, 116, 120, 129, 137, 138, 139, 192). Noch einmal: Bei der Darstellung von Figuren kommt es auf richtige Proportionen und charakteristische Bewegungshaltungen an. Im Detail sollte man größte Zurückhaltung üben, damit jeder anekdotische Zug vermieden wird. Gerade hier besteht die Gefahr, daß Verzerrungen oder anatomische Unrichtigkeiten karikaturistische Nebenwirkungen erzeugen und den Eindruck der Darstellung stören.

10.1 Menschliche Figuren als Maßstab und zur Verdeutlichung

Alle modischen Einzelheiten oder figürlichen Besonderheiten gilt es bei der Einbeziehung von Figuren zu meiden. Aus diesem Grunde greift man häufig zu reduzierter Darstellung und zeichnet Typen wie Holzpuppen oder Strichmännchen. Man muß sich aber, um einige vielleicht sogar individuelle Fertigkeit zu erlangen, mit

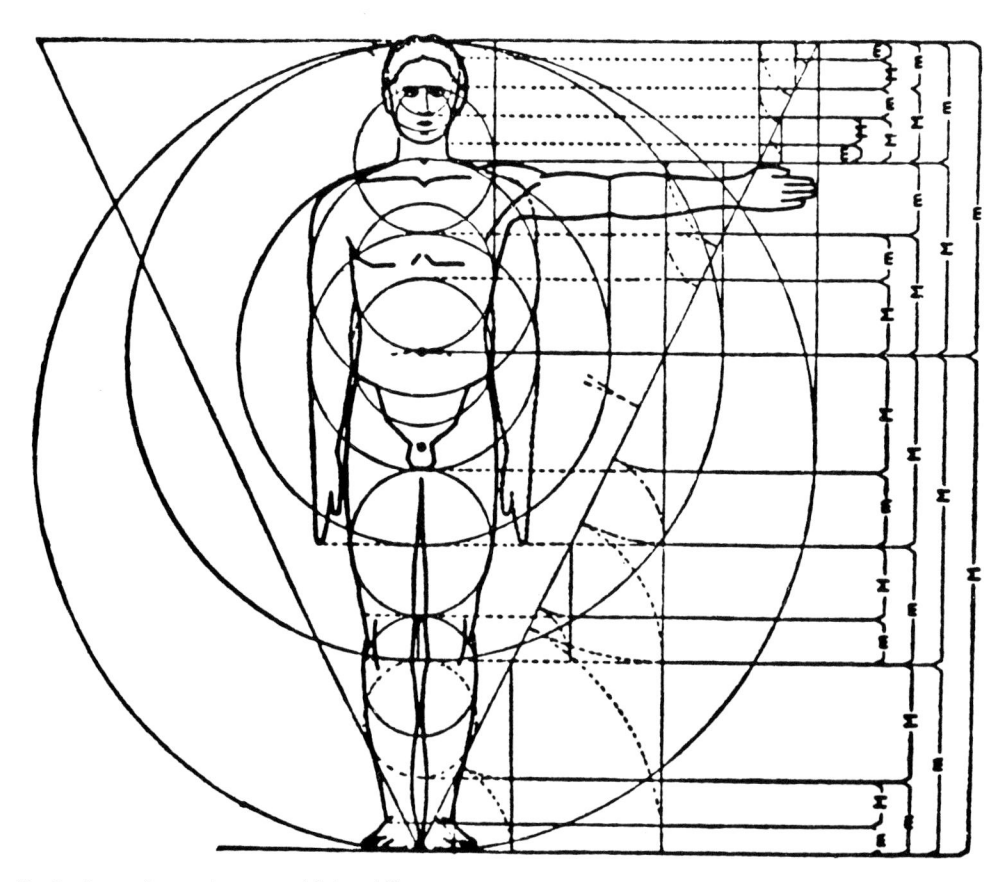

Abb. 194 Schema für die Proportionen des menschlichen Körpers nach Le Corbusier. Die Maßverhältnisse bauen sich über einzelne Körperabschnitte bis zum gesamten Körper kontinuierlich im Goldenen Schnitt auf

Abb. 195

der menschlichen Anatomie befassen. Denn es bestehen bestimmte Körperproportionen, die allgemeine Gültigkeit besitzen. Schon seit der Antike haben sich große Maler und Architekten mit diesen Körpergesetzen beschäftigt. Am bekanntesten sind die Studien zum menschlichen Körper von Vitruv, Leonardo da Vinci, Dürer und in neuerer Zeit das Schema des »Modulors« von Le Corbusier (Abb. 194).

Neben den Größenverhältnissen der einzelnen Körperteile und Gliedmaßen zueinander spielt die Körperhaltung im Stehen und Gehen eine Rolle. Im Stillstand lastet der Körper auf dem jeweiligen »Standbein«, das »Spielbein« ist einen halben Schritt vorgesetzt. Diese Verteilung des Gewichts setzt sich nach oben durch den Körper fort und wird an der herausgeschobenen Hüfte und der angehobenen Schulter erkennbar. In jeder Phase einer veränderten Körperhaltung verlagern sich Rumpf und Gliedmaßen, wobei man eine charakteristische Stellung treffen muß, ohne daß man sich allzu sehr in Einzelheiten verliert. In einiger Entfernung deutet man meist nur Kopf, Rumpf und Beine an. Der Kopf und die Schulterlinie heben sich am stärksten heraus. Die Schulterlinie kann als Silhouette einen leichten Schatten tragen. Die Neigung von Kopf und Rumpf gibt Auskunft darüber, ob man die Figur von vorn, von der Seite oder von hinten sieht (Abb. 110, 113, 120, 130, 131, 135, 153, 157, 159, 160).

Zeichnet man eine Perspektive aus normaler Augenhöhe, so verdeutlichen Figurengruppen die Raumtiefe auf den Hintergrund zu (Abb. 195). Die Köpfe werden auf der gleichen Höhenlinie gezeichnet (Abb. 90, 132).

Literatur (Kap. 6–10)

Coulin, C., 1966: Zeichenlehre. Stuttgart: Verlag J. Hoffmann.
Gull, E., 1946: Perspektivlehre. Erlenbach-Zürich: Verlag für Architektur.
Heuser, K. Chr., 1979: Freihändig Zeichnen, 3. Aufl. Wiesbaden und Berlin: Bauverlag.
Schaarwachter, G., 1967: Perspektive für Architekten, 2. Aufl. Stuttgart: Verlag G. Hatje.
Schmidt, R., 1976: Lehre der Perspektive, 3. Aufl. Wiesbaden und Berlin: Bauverlag.

11
Bepflanzungspläne

11.1 Definition – Funktion

Der Bepflanzungsplan ist – wie jeder andere Plan auch – ein zeichnerisches Ausdrucksmittel, das Gestaltungsideen festhalten und auch vermitteln soll. Ein Bepflanzungsplan kann als technischer Plan aufgebaut sein und der ausführenden Firma als Arbeitsgrundlage dienen (Arbeitsplan). Weiterhin kann der Bepflanzungsplan als Entwurf »graphisch« aufbereitet sein und dem Bauherrn die planerischen Gedanken des Garten- und Landschaftsarchitekten verdeutlichen. Bei manchen Planungen kann der Bepflanzungsplan in den Entwurf integriert werden, z. B. kann man viele Großgehölze und Bäume bereits im Entwurf darstellen (Demonstrationsplan).

Der Bepflanzungsplan gibt an, welche Pflanzen wohin gepflanzt werden. Bei der Planung werden u. a. berücksichtigt: Bodenstruktur, Wasserverhältnisse, Belichtung, vorhandene Bepflanzung, Konkurrenzverhältnisse zu anderen Pflanzungen, Blütezeittermin und Entwicklung der Pflanzung. Der Plan enthält weiter Angaben über die benötigten Mengen und Qualitäten, sowie notwendige Pflanzabstände. Eine Abstimmung mit anderen Detailplanungen ist notwendig. Bepflanzungspläne werden unterschieden in Gehölzpläne, Staudenpläne und kombinierte Bepflanzungspläne.

11.2 Arbeitspläne

Arbeitspläne sind für die Ausführung gedacht, d. h. sie müssen leicht lesbar sein, wobei Pflanzenkenntnisse vom Planer vorausgesetzt werden. Abbildung 196 stellt als Beispiel einen Arbeitsplan dar (Heuer 1982).

Zur besseren Veranschaulichung und für Studienzwecke können diese Arbeitspläne durch Schnitte, Höhenstufenpläne und Ansichten bei Wind-, Licht- und Lärmschutzpflanzungen erläutert werden.

11.3 Demonstrationspläne

Diese Art von Plänen sind graphisch besser aufgebaut und dienen zur Veranschaulichung der planerischen Ideen für den Bauherrn*. Zum besseren Verständnis

* vgl. Abb. 197 (Blecken 1968)

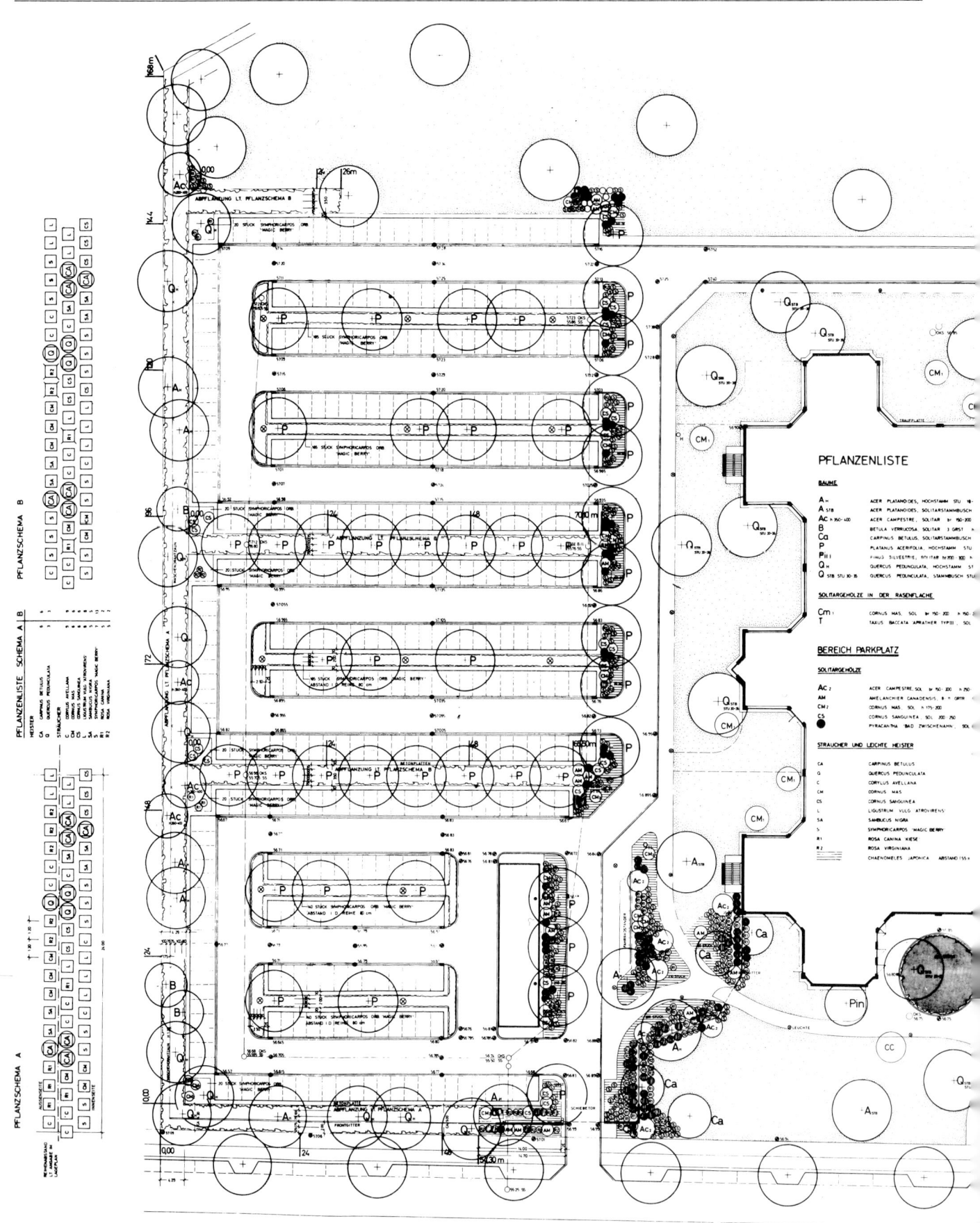

Abb. 196 Arbeitsplan (Hauptblatt Verwaltungsbau Touristik Union International, Heuer 1982) als Beispiel für einen differenziert dargestellten Bepflanzungsplan

Demonstrationspläne

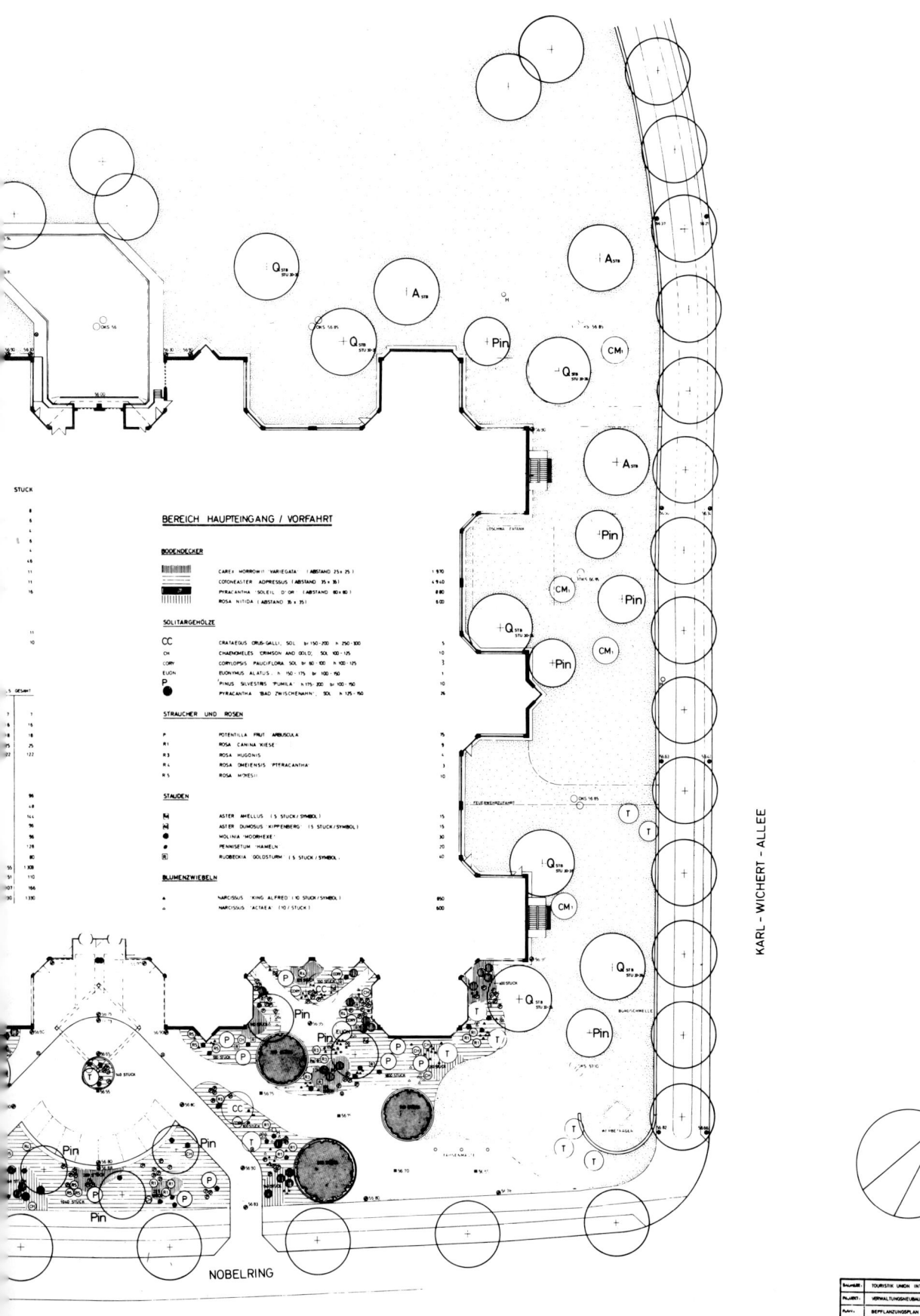

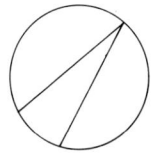

BEREICH HAUPTEINGANG / VORFAHRT

BODENDECKER

SOLITÄRGEHÖLZE

STRÄUCHER UND ROSEN

STAUDEN

BLUMENZWIEBELN

KARL - WICHERT - ALLEE

NOBELRING

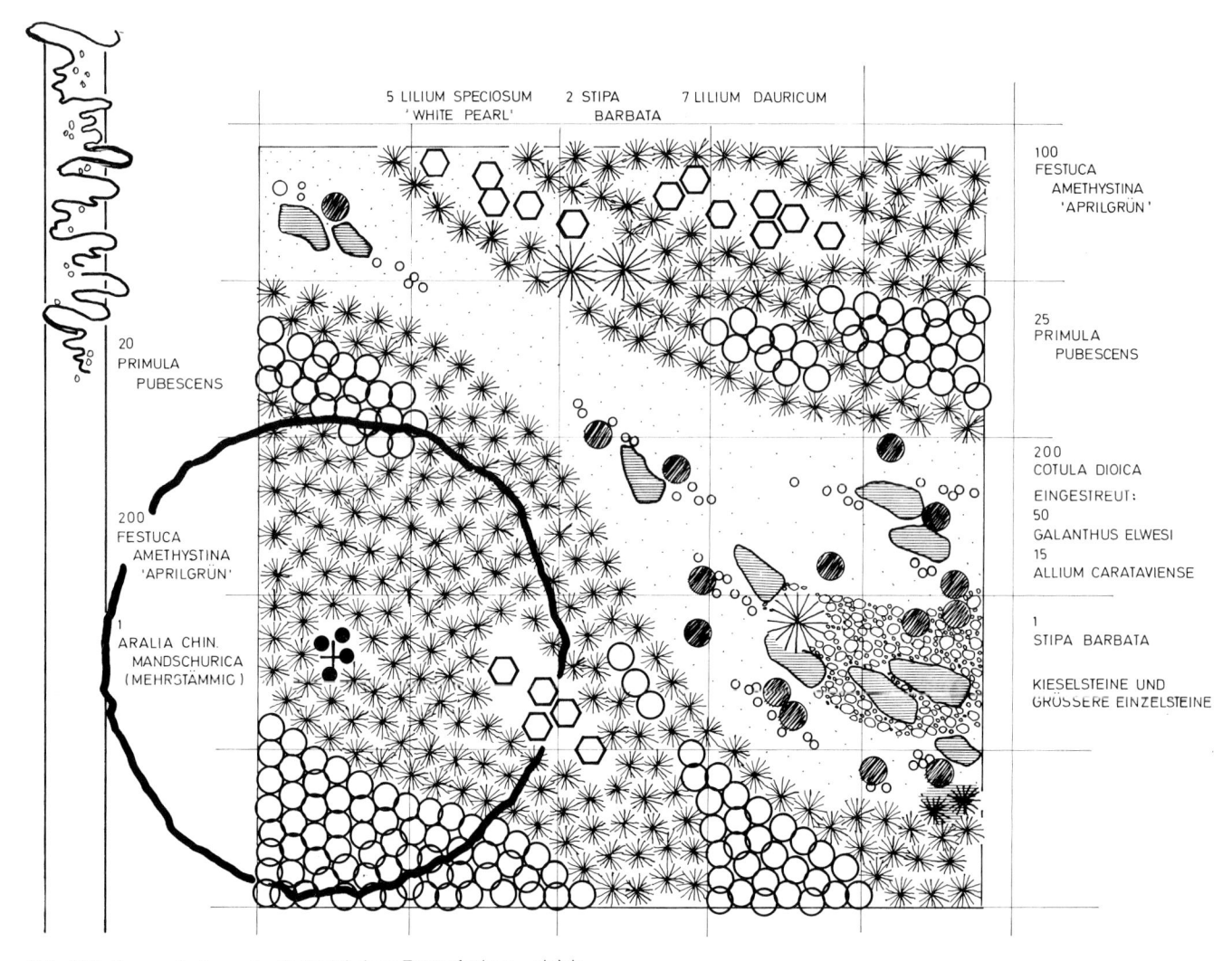

Abb. 197 Demonstrationsplan (Beispiel eines Entwurfsplans – gleichzeitig Arbeitsplan – mit betont grafischer Wirkung, Blecken 1968), zugleich als Arbeitsplan verwendbar. M. 1 : 20

kann hier auf stilistische Mittel des Entwurfs (vgl. Kap. 4) zurückgegriffen werden, ebenfalls können unterschiedliche Arten der Kolorierung angewendet werden. Für den Laien sollte die Lesbarkeit des Planes durch zusätzliche Verwendung der deutschen Pflanzennamen erleichtert werden. Dieses gilt besonders für Hausgartenpläne oder Demonstrationspläne für Versuchsgärten bzw. botanische Gärten.

11.4 Aufbau von Bepflanzungsplänen

11.4.1 Kennzeichnung von Einzelpflanzen

11.4.1.1 Gehölze

Alle Einzelpflanzen sollen auf dem Plan eingetragen werden und zu erkennen sein. Die einfachste Kennzeichnung der Pflanzen erfolgt durch unterschiedliche Kreisdurchmesser. Am besten lesbar sind namentliche Gehölzbezeichnungen, sofern die Überschaubarkeit und Lesbarkeit des Planes gewahrt bleibt. In größeren Plänen sind verschlüsselte Gehölzbezeichnungen durch Buchstaben zu verwenden (möglichst Anfangsbuchstaben der Arten, z. B. Q.r. = Quercus rubra), weiterhin Zahlen und Signaturen. Zeichnungen in verschiedenen Techniken und Kennzeichnung durch verschiedene Schraffierungen und Grautöne sind möglich.

a) Die beste Darstellung erfolgt durch Kreise, die dem mittleren Kronendurchmesser des Baumes entsprechen sollten, z. B. nach ca. 12, ca. 30 oder ca. 60 Jahren. In Arbeitsplänen sind »einfache Kreise« zu verwenden, dabei können die Pflanzennamen direkt angegeben werden oder durch Pflanzenschlüssel mit Abkürzungen, Buchstaben oder Zahlen.

b) Darstellung in einer Kombination von Entwurfs- und Bepflanzungsplänen. Hier können durch unterschiedliche Darstellungsweisen Unterschiede zwischen Laub- und Nadelgehölzen schon optisch herausgehoben werden (vgl. Abb. 72, 74, 75, 80, 81).
Die Pflanzenbezeichnungen sind wie unter a) zu verwenden. Solitärbäume können durch Maßketten schnell vom Plan übertragen werden, oft reicht auch ein Raster (1 Einheit = 1 qm).

c) Bei größeren Objekten mit kleinem Maßstab (z. B. in

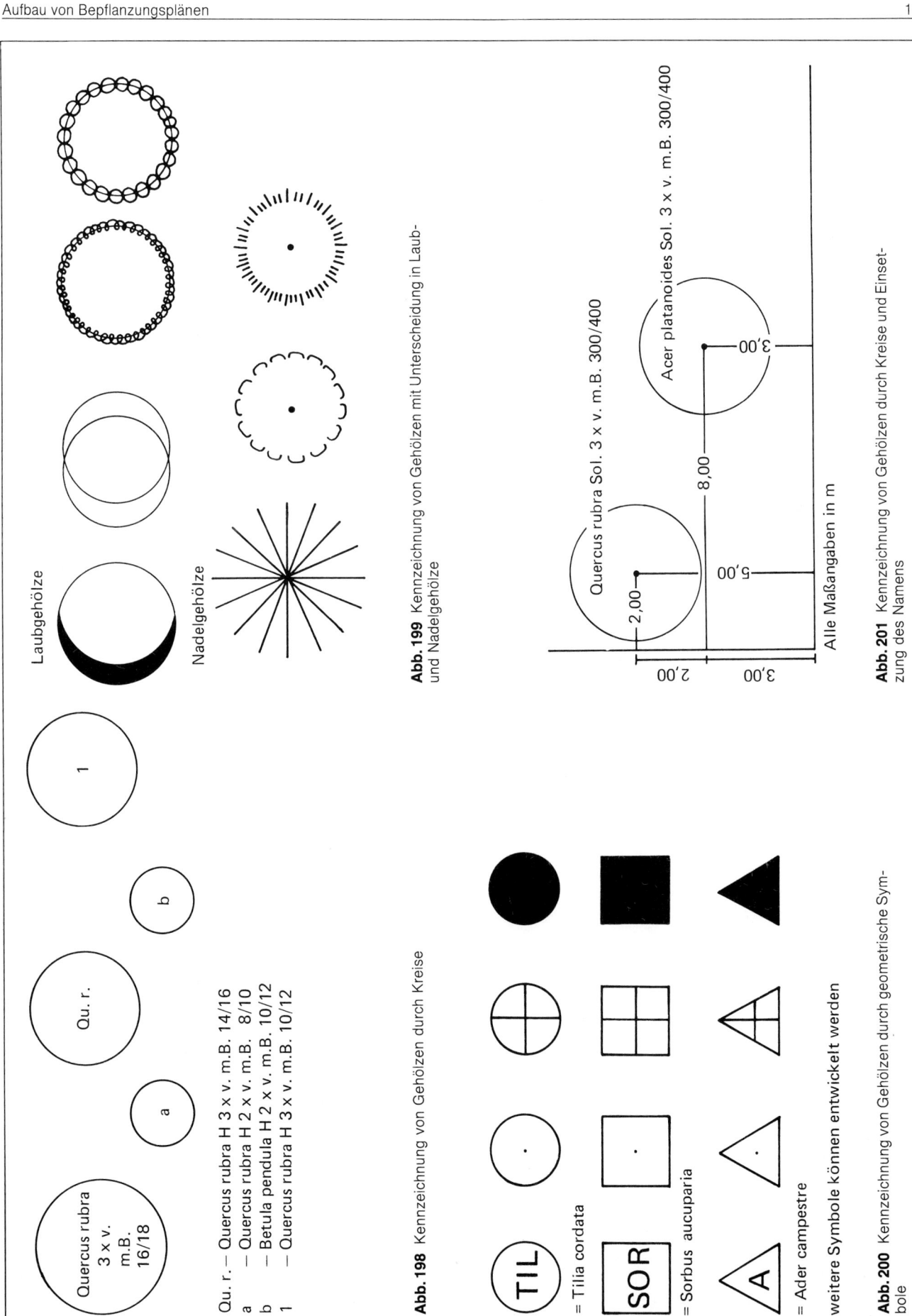

Aufbau von Bepflanzungsplänen

Quercus rubra
3 x v.
m.B.
16/18

Qu. r.

a   b   1

Qu. r. – Quercus rubra H 3 x v. m.B. 14/16
a   – Quercus rubra H 2 x v. m.B. 8/10
b   – Betula pendula H 2 x v. m.B. 10/12
1   – Quercus rubra H 3 x v. m.B. 10/12

Abb. 198 Kennzeichnung von Gehölzen durch Kreise

Laubgehölze

Nadelgehölze

Abb. 199 Kennzeichnung von Gehölzen mit Unterscheidung in Laub- und Nadelgehölze

TIL = Tilia cordata

SOR = Sorbus aucuparia

A = Ader campestre

weitere Symbole können entwickelt werden

Abb. 200 Kennzeichnung von Gehölzen durch geometrische Symbole

Quercus rubra Sol. 3 x v. m.B. 300/400

Acer platanoides Sol. 3 x v. m.B. 300/400

2,00   3,00   5,00   8,00   3,00

Alle Maßangaben in m

Abb. 201 Kennzeichnung von Gehölzen durch Kreise und Einsetzung des Namens

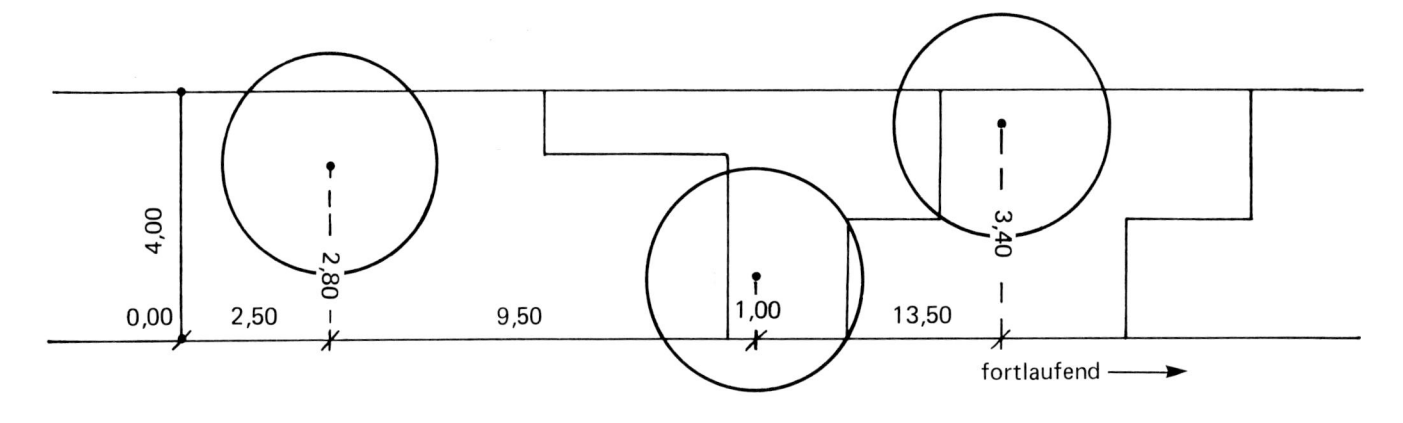

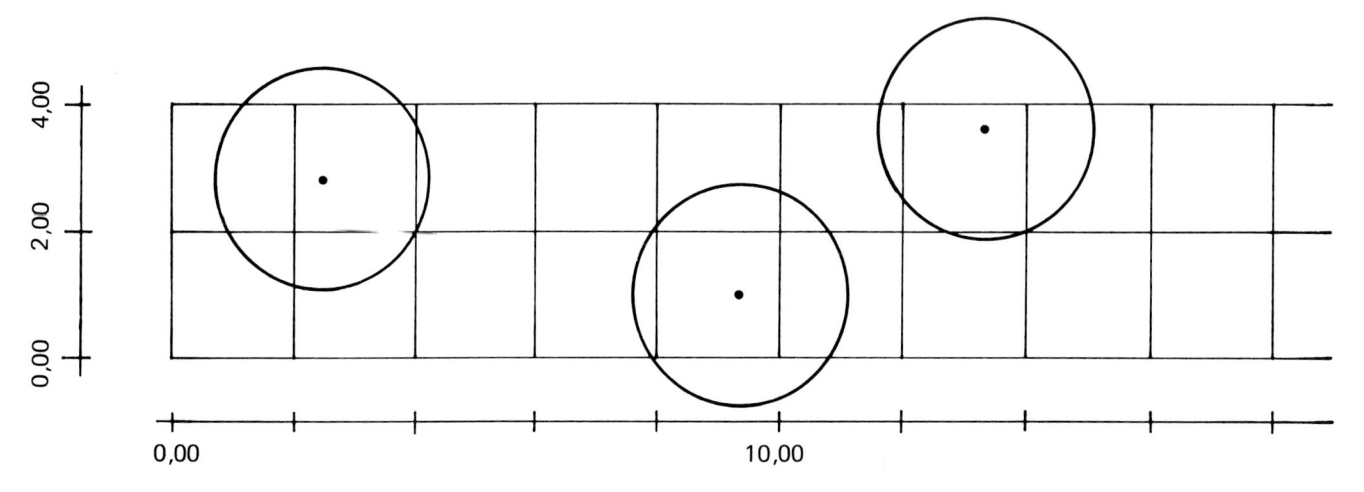

Abb. 202 Kennzeichnung von Gehölzen und bodendeckenden Grundpflanzungen durch Verwendung von Maßketten, Raster oder Folie

der freien Landschaft) empfiehlt sich die Anwendung geometrischer Symbole; die Symbole werden durch einen Schlüssel aufgelöst.
d) Sind nur wenige Einzelgehölze darzustellen, sollten sie durch Kreise und namentlich im Plan erscheinen. Durch genaue Abmessung muß der Standort im Plan festgelegt sein.
e) Besteht eine bodendeckende Grundpflanzung bzw. eine flächige Strauchpflanzung mit Einzelgehölzen, so sind diese ebenfalls durch genaue Einmessung anzugeben. Einzelgehölze sollten direkt bezeichnet werden. Sie können durch Folie herausgehoben werden.
Einzelpflanzen und Flächenpflanzungen treten meistens in Kombination auf. Hier sollte man auf schnelle und leichte Lesbarkeit des Planes achten. Mit einigen Blicken auf den Plan sollte das Auslegen der Pflanzen bzw. das Festlegen der Flächen und Punkte für Einzelgehölze erfolgen können.
Entweder durch eine Maßkette oder Anlegen eines Rasters (vgl. Abb. 202) sind Einzelgehölze einzumessen, Flächen verschiedenartig zu schraffieren oder durch Folie darzustellen.

11.4.1.2 Stauden

Die Grundformen bestehen aus Kreisen, Quadraten, Dreiecken und Sechsecken.
Die Weiterentwicklung der Grundformen nach Blekken (1968) zeigt Abbildung 203.
Diese Symbole müssen durch Schlüssel im Plan erläutert werden. Einzelstauden und Solitärstauden können im Plan direkt bezeichnet werden. Diese Symbole sollten in nicht zu unterschiedlicher Form nebeneinander gesetzt werden, um die »Spannung im Plan« nicht zur Unübersichtlichkeit ausufern zu lassen.

11.4.2 Kennzeichnung von Flächenpflanzungen

11.4.2.1 Gehölze

Flächendeckende Pflanzungen (sowie auch bodendeckende Pflanzungen) in größerer Menge werden überwiegend im öffentlichen Grün verwendet. Hier bieten sich folgende Darstellungsmöglichkeiten an (Ahles 1968):
a) Namentliche Bezeichnung und Abgrenzung durch

Aufbau von Bepflanzungsplänen

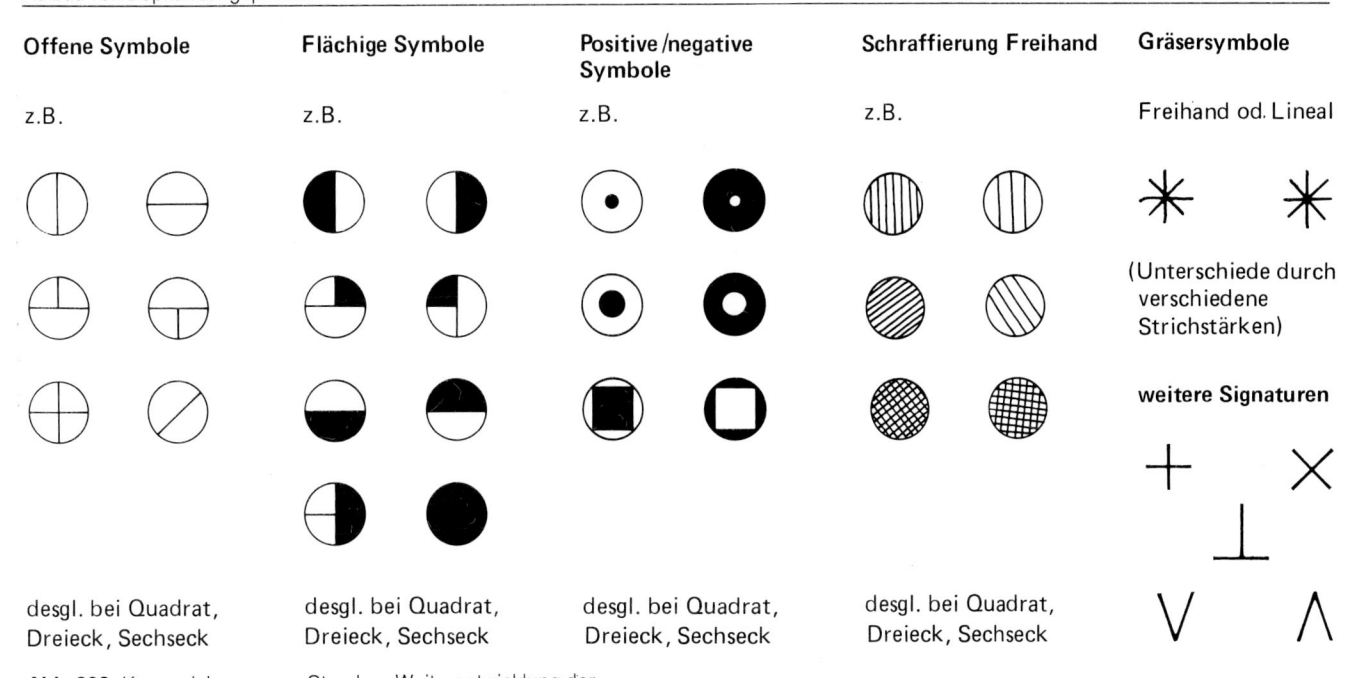

Offene Symbole	Flächige Symbole	Positive/negative Symbole	Schraffierung Freihand	Gräsersymbole
z.B.	z.B.	z.B.	z.B.	Freihand od. Lineal

Abb. 203 Kennzeichnung von Stauden; Weiterentwicklung der Grundformen Kreis, Quadrat, Dreieck, Sechseck (Blecken 1968)

Strichstärke:

Strichart:

Vollinie

Strichlinie

Freihandlinie

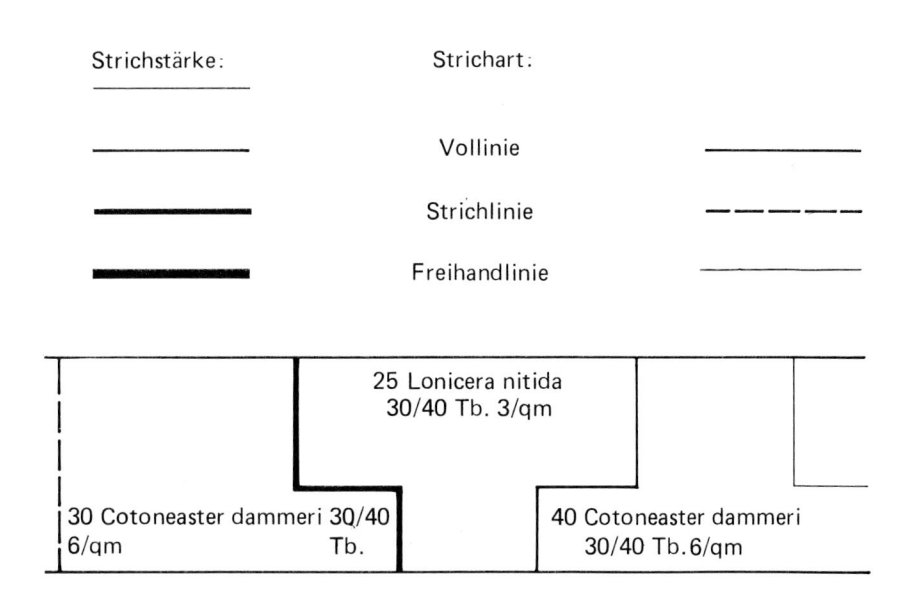

25 Lonicera nitida
30/40 Tb. 3/qm

30 Cotoneaster dammeri 30/40
6/qm Tb.

40 Cotoneaster dammeri
30/40 Tb. 6/qm

Abb. 204 Kennzeichnung von Flächenpflanzungen durch Verwendung von verschiedenen Strichstärken (Ahles 1968)

einfache Linien in verschiedenen Strichstärken (max. 3–4, evtl. Vollinie – Strichlinie).
b) Verschlüsselte Bezeichnung durch Buchstaben (Abkürzungen) und Hervorhebung der einzelnen Flächen durch verschiedene Klebefolien.
c) Verschlüsselte Bezeichnung durch Zahlen bzw. durch Buchstaben. Hervorhebung der einzelnen Flächen durch Klebefolien.
d) Verschlüsselte Darstellung durch verschiedene Schraffuren oder Raster.
Die Schraffuren können freihändig oder maschinell erstellt werden durch senkrechte, waagerechte und diagonale Linien. Hierbei können ebenfalls unterschiedliche Strichstärken und Linienabstände Berücksichtigung finden. Gitter- und Kreuzraster können verwendet werden. Punktraster und Grautöne können durch Folien erzielt werden (weite/enge Punkte, helle/dunkle Töne). Verschiedene Darstellungen können schwach liniert werden. Bei großflächigen Darstellungen mit wenigen Arten eignet sich am besten eine Rasterdarstellung aus Folie bzw. verschiedenen Schraffuren mit namentlicher Bezeichnung direkt in die Flächen.

80 Lg. v. — 80 Ligustrum vulgare 2 x v. 5–7 tr. 60/100 2/qm

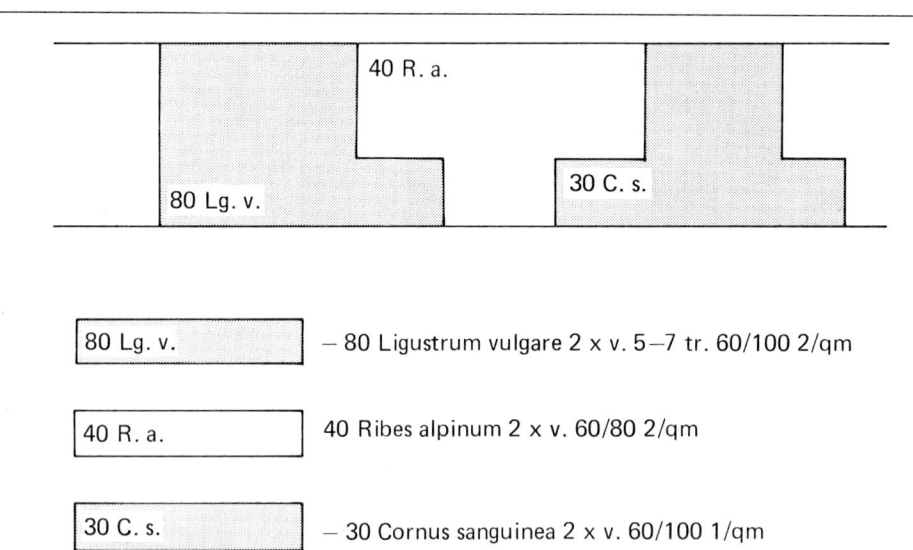

40 R. a. 40 Ribes alpinum 2 x v. 60/80 2/qm

30 C. s. — 30 Cornus sanguinea 2 x v. 60/100 1/qm

Abb. 205 Kennzeichnung von Flächenpflanzungen durch Verwendung von Buchstaben und Hervorhebung einzelner Flächen durch Klebefolien

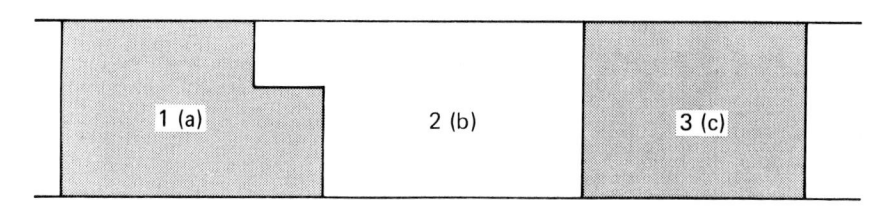

1 (a) 10 Corylus avellana 2 x v. 60/100 1/qm
2 (b) 20 Cornus alba 2 x v. 80/125 1/qm
3 (c) 20 Ligustrum vulgare 2 x v. 5–7 tr. 60/100 2/qm

Abb. 206 Kennzeichnungen von Flächenpflanzungen durch Verwendung von Zahlen bzw. Buchstaben und Hervorhebung einzelner Flächen durch Klebefolien

20 Ligustrum vulgare 2/qm   35 Ribes alpinum 2/qm

30 Cornus alba 1/qm   15 Corylus avellana 1/qm

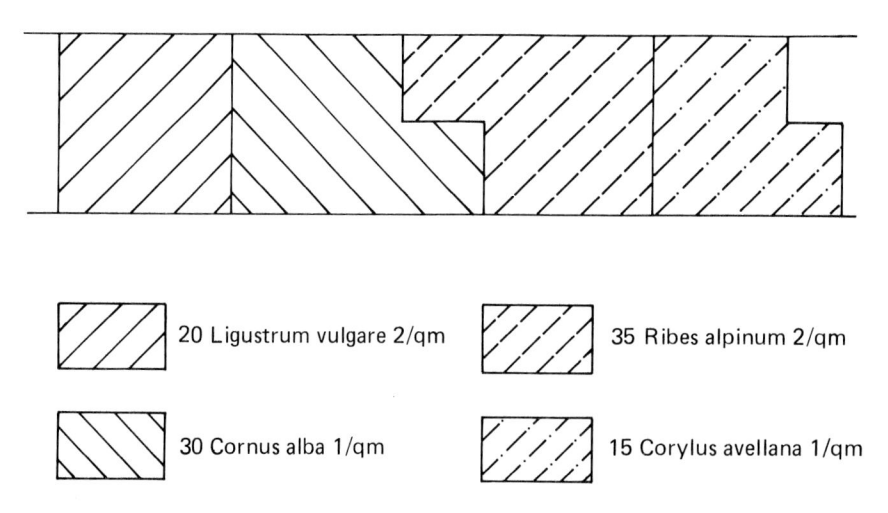

Abb. 207 Kennzeichnungen von Flächenpflanzungen durch Verwendung von Schraffuren oder Raster

Aufbau von Bepflanzungsplänen

Kontur:

Strichstärke ⟶

Strichart:

Vollinie

Strichlinie

Freihand-
linie

Struktur:

Grauwertskala ⟶

Darstellungs-
mittel:

Schraffur
Freihand

Schraffur
maschinell
veränderte
Strichstärke

Schraffur
maschinell
veränderter
Abstand

Linienraster
Folie

Gitter- oder
Kreuzraster
maschinell

Punktraster
Folie

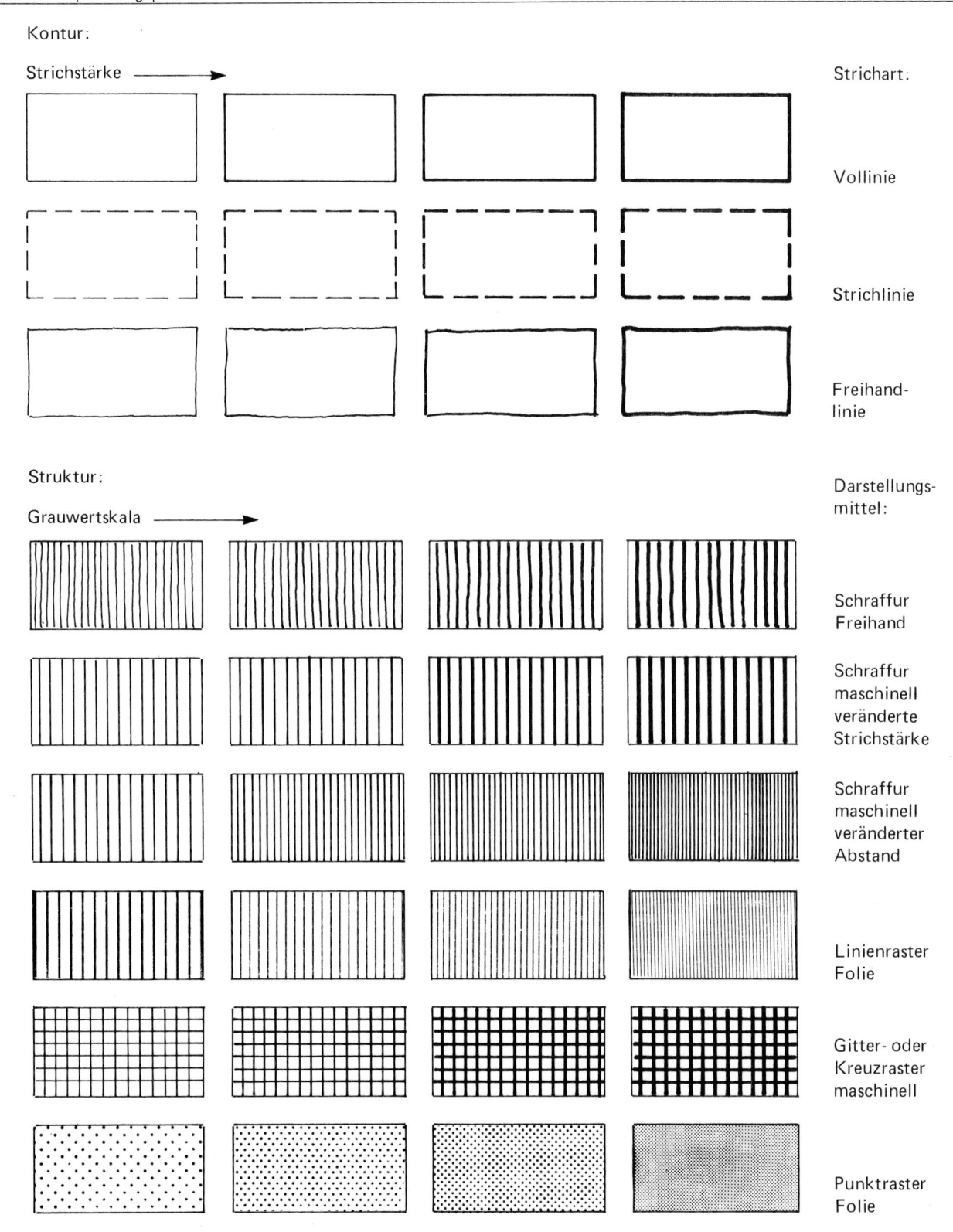

Abb. 208 Flächendarstellung bei Stauden mit Hilfe von Strichstärken und Einsatz der Grauwertskala (Blecken 1968)

11.4.2.2 Stauden

Die Darstellung der Staudenpläne lehnt sich an die der Gehölzpläne an (Kap. 11.4.2.1), jedoch fällt sie oft vielfältiger aus, da die Staudenpflanzungen meist differenzierter aufgebaut sind.

Die Konturen lassen sich durch Strichstärken und hier besonders durch Vollinien, Strichlinien und Freihandlinien unterscheiden.

Die Struktur von Flächen unterscheidet sich durch eine Grauwertskala (Blecken 1968) (Abb. 208).

11.4.3 Beschriftung und Vermaßung

a) Maßstab und Planformat

Der Maßstab richtet sich nach dem notwendigen Detaillierungsgrad einer Pflanzung. In der Objektplanung werden großflächige Pflanzungen in der Regel im Maßstab 1 : 200 dargestellt. Der Maßstab 1:100 reicht für stärker differenzierte Gehölzpflanzungen aus, während der Maßstab 1 : 50 für sehr differenzierte Stauden- und Gehölzpflanzungen Verwendung findet (Repenthin 1978).

Man sollte den Maßstab nicht größer als notwendig wählen, um den Arbeitsaufwand gering zu halten. Gegebenenfalls kann ein intensiv bepflanzter Teil innerhalb eines Objektes als Ausschnitt in größerem Maßstab dargestellt werden.

Das Planformat sollte möglichst klein gehalten werden, um auf der Baustelle handlich zu sein (Format möglichst nicht größer als DIN A2). Größere Objekte müssen auf mehreren Plänen dargestellt werden. Ggf. sollte bei großen Planungen ein Übersichtsplan über die Detailpläne bzw. über die verwendeten Schemata (z. B. bei bandartigen Pflanzungen oder Landschaftspflanzungen) gefertigt werden.

b) Vermaßung

Für die Vermaßung der Pläne sind folgende Methoden anzuwenden:

– Vermaßung durch Koordinaten: Diese Art der Vermaßung bietet sich an, wenn wenige, größere Einzelpflanzen gepflanzt werden sollen.
– Vermaßung durch Maßketten: Diese Vermaßung eignet sich für längere, schmale Pflanzungen, wobei eine Maßkette mit Metereinteilung den Rand der Pflanzung begleitet.
– Vermaßung durch ein Pflanzraster: Geeignet für größere Pflanzflächen, wobei ein 1 × 1 m (2 × 2 m) großes Netz von Linien über die Pflanzflächen gezogen wird.

c) Beschriftung

Zu jedem Bepflanzungsplan gehört eine Pflanzenliste, die alle verwendeten Pflanzen enthalten muß.

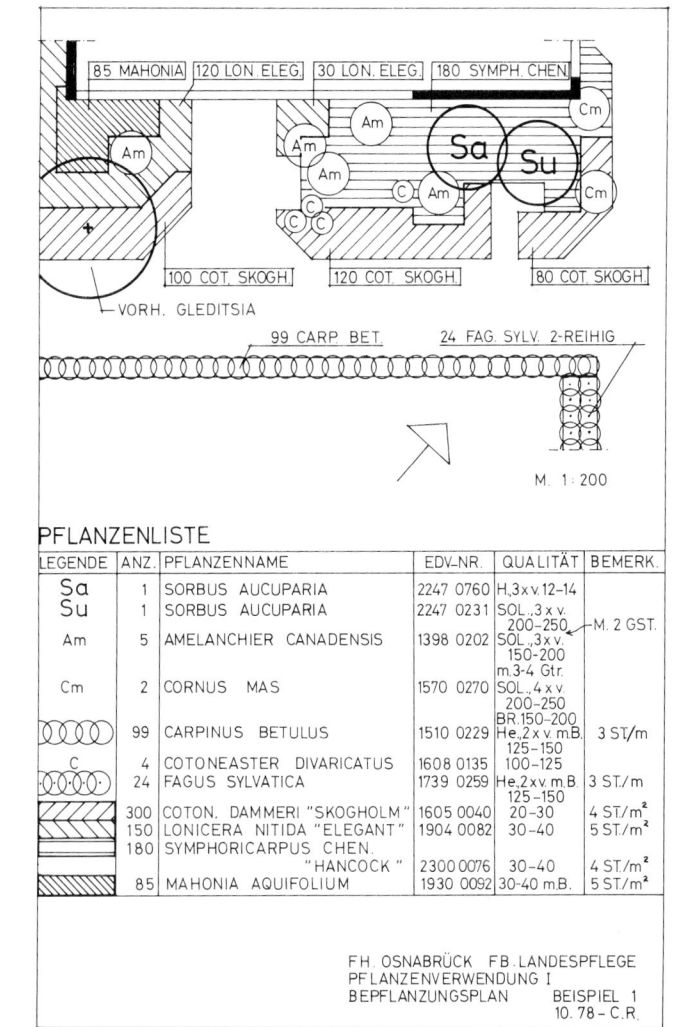

Abb. 209 Darstellungsmöglichkeiten für eine Vorgartenbepflanzung inkl. Pflanzenliste (Pflanzenverwendung I. Bepflanzungsplan, **Beispiel 1,** FH Osnabrück, FB Landespflege, Repenthin 1978)

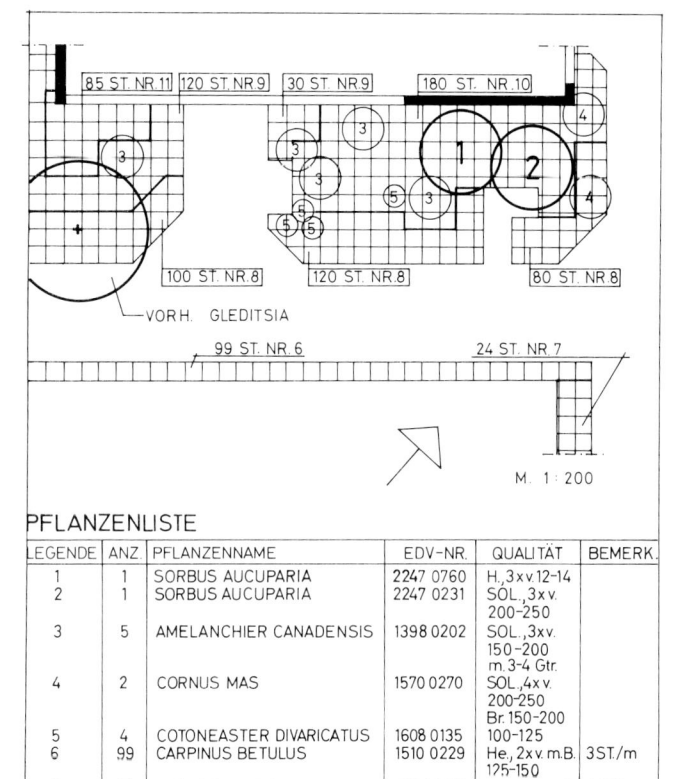

Abb. 210 Darstellungsmöglichkeiten für eine Vorgartenbepflanzung inkl. Pflanzenliste (Pflanzenverwendung I. Bepflanzungsplan, **Beispiel 2,** FH Osnabrück, FB Landespflege, Repenthin 1978)

Aufbau von Bepflanzungsplänen   171

PFLANZENLISTE

LEGENDE	ANZ.	PFLANZENNAME	EDV-NR.	QUALITÄT	BEMERK.
⊗	1	SORBUS AUCUPARIA	2247 0760	H.,3xv,12-14	
⊖	1	SORBUS AUCUPARIA	2247 0231	SOL.,3xv. 200-250	M. 2 GST.
ⓘ	5	AMELANCHIER CANADENSIS	1398 0202	SOL.,3xv. 150-200 M.3-4GTR.	
⊡	2	CORNUS MAS	1570 0270	SOL., 4xv. 200-250 BR.150-200	
CARP.BET.	99	CARPINUS BETULUS	1510 0229	HE.,2xv.M.B. 125-150	3 ST./m
①	4	COTONEASTER DIVARICATUS	1608 0135	100-125	
FAG.SYLV.	24	FAGUS SYLVATICA	1739 0259	HE.,2xv.M.B. 125-150	3 ST./m
COT.SKOGH.	300	COTON. DAMMERI "SKOGHOLM"	1605 0040	20-30	4 ST./m²
LON.ELEG.	150	LONICERA NITIDA "ELEGANT"	1904 0082	30-40	5 ST./m²
SYMPH.CHEN.	180	SYMPHORICARPUS CHEN. "HANCOCK"	2300 0076	30-40	4 ST./m²
MAHONIA	85	MAHONIA AQUIFOLIUM	1930 0092	30-40 M.B.	5 ST./m²

FH. OSNABRÜCK - FB. LANDESPFLEGE
PFLANZENVERWENDUNG I
BEPFLANZUNGSPLAN   BEISPIEL 3
                                  10.78 - C.R.

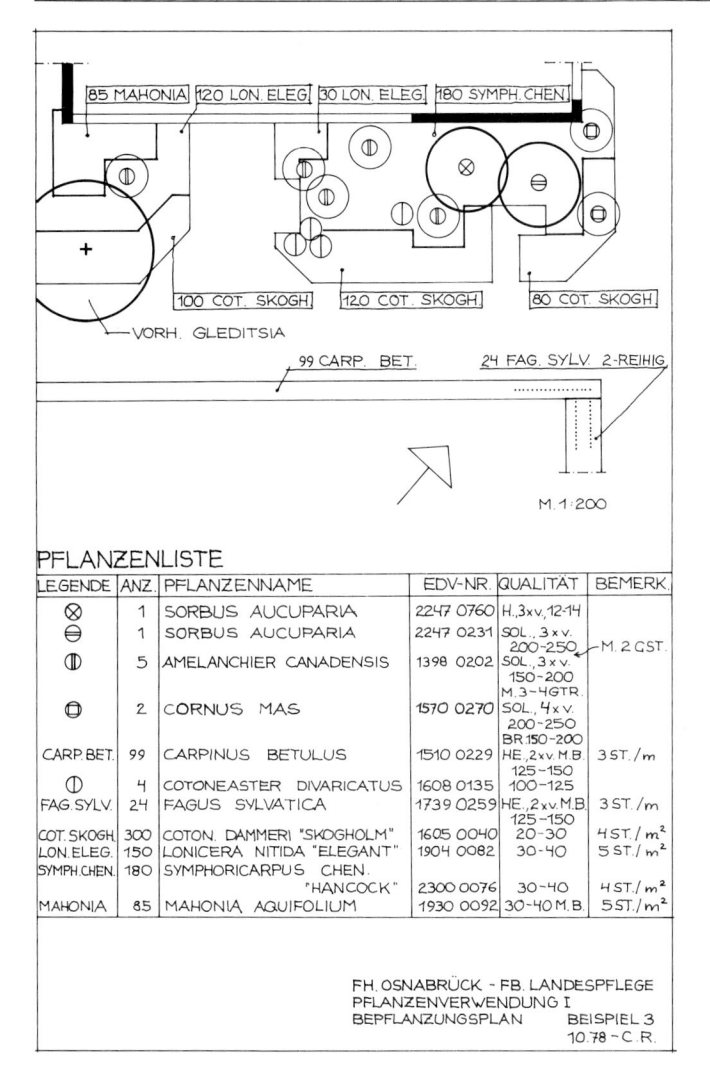

Die Pflanzenliste ist zugleich Legende (Schlüssel) für die im Plan verwendeten Signaturen und Unterlage für die Ausschreibung.

Die Pflanzenliste als Teil des Bepflanzungsplanes sollte auf DIN A4 fotokopiert werden können, so daß sie ggf. als Ausschreibungstext Verwendung finden kann. Die Aufteilung der Pflanzenliste sollte alphabetisch nach Bäumen, Sträuchern und Bodendeckern erfolgen, um von vornherein eine Übersicht über die verwendeten Gehölze und deren Charakter (Standort) zu erlangen (vgl. Abb. 209, Repenthin 1978). Die Ausführung der Pflanzenliste kann per Hand (in Druckschrift), Schreibmaschine oder durch Schablone erfolgen. In die Spalte »Bemerkungen« gehören u. a. Angaben zum Pflanzabstand bzw. zur Pflanzdichte bei flächigen Pflanzungen, bezogen auf den m². Bei flächigen Pflanzungen oder Reihenpflanzungen muß ferner in dem Bepflanzungsplan die Stückzahl der Pflanzen je Pflanzfläche angegeben werden.

Die »Richtung« der Maßeintragungen und der Beschriftungen sollte so erfolgen, daß der Ausführende zum Auslegen der Pflanzen »vor« der Pflanzfläche steht.

Die Pflanzpläne sollten eine schnelle Vervielfältigung ermöglichen; durch Anlehnung an DIN-Formate sollte die Herstellung von Photokopien möglich sein.

Abb. 211 Darstellungsmöglichkeiten für eine Vorgartenbepflanzung inkl. Pflanzenliste (Pflanzenverwendung I. Bepflanzungsplan, **Beispiel 3,** FH Osnabrück, FB Landespflege, Repenthin 1978)

Abb. 212 Entwicklungsbeispiele für bandartige Pflanzungen ▼

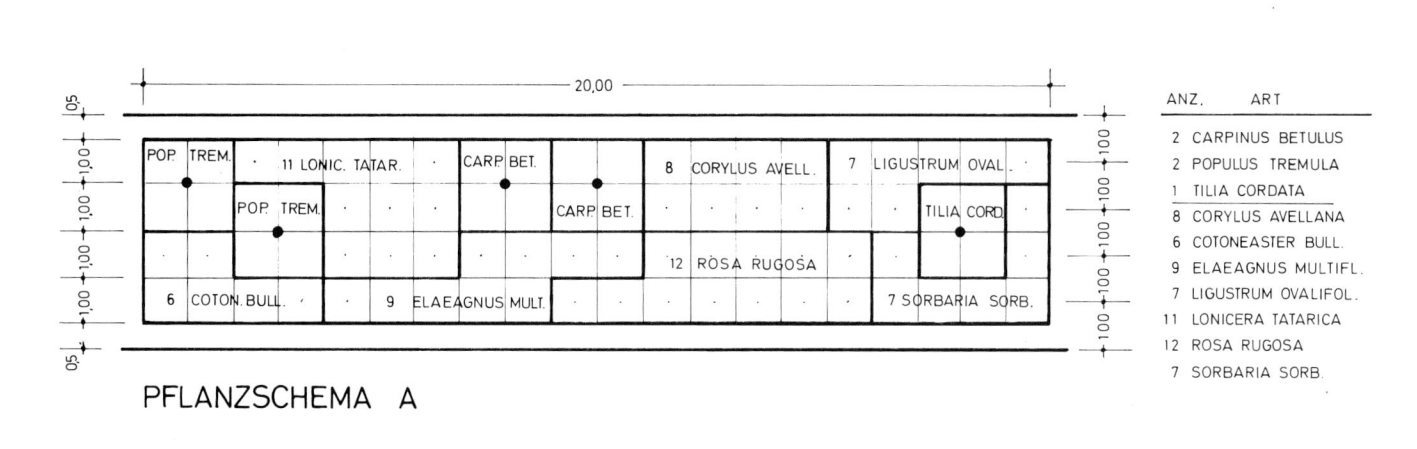

PFLANZSCHEMA A

ANZ.	ART
2	CARPINUS BETULUS
2	POPULUS TREMULA
1	TILIA CORDATA
8	CORYLUS AVELLANA
6	COTONEASTER BULL.
9	ELAEAGNUS MULTIFL.
7	LIGUSTRUM OVALIFOL.
11	LONICERA TATARICA
12	ROSA RUGOSA
7	SORBARIA SORB.

PFLANZSCHEMA B

ANZ.	ART
2	ACER CAMP.
1	PRUNUS SEROTINA
2	QUERCUS ROBUR
1	QUERCUS RUBRA
1	TILIA CORDATA
4	AMELANCHIER CANAD.
10	CORNUS ALBA
10	CORYLUS AVELL.
10	EUONIMUS EUROP.
10	ROSA RUBRIFOLIA
10	VIBURNUM OPULUS

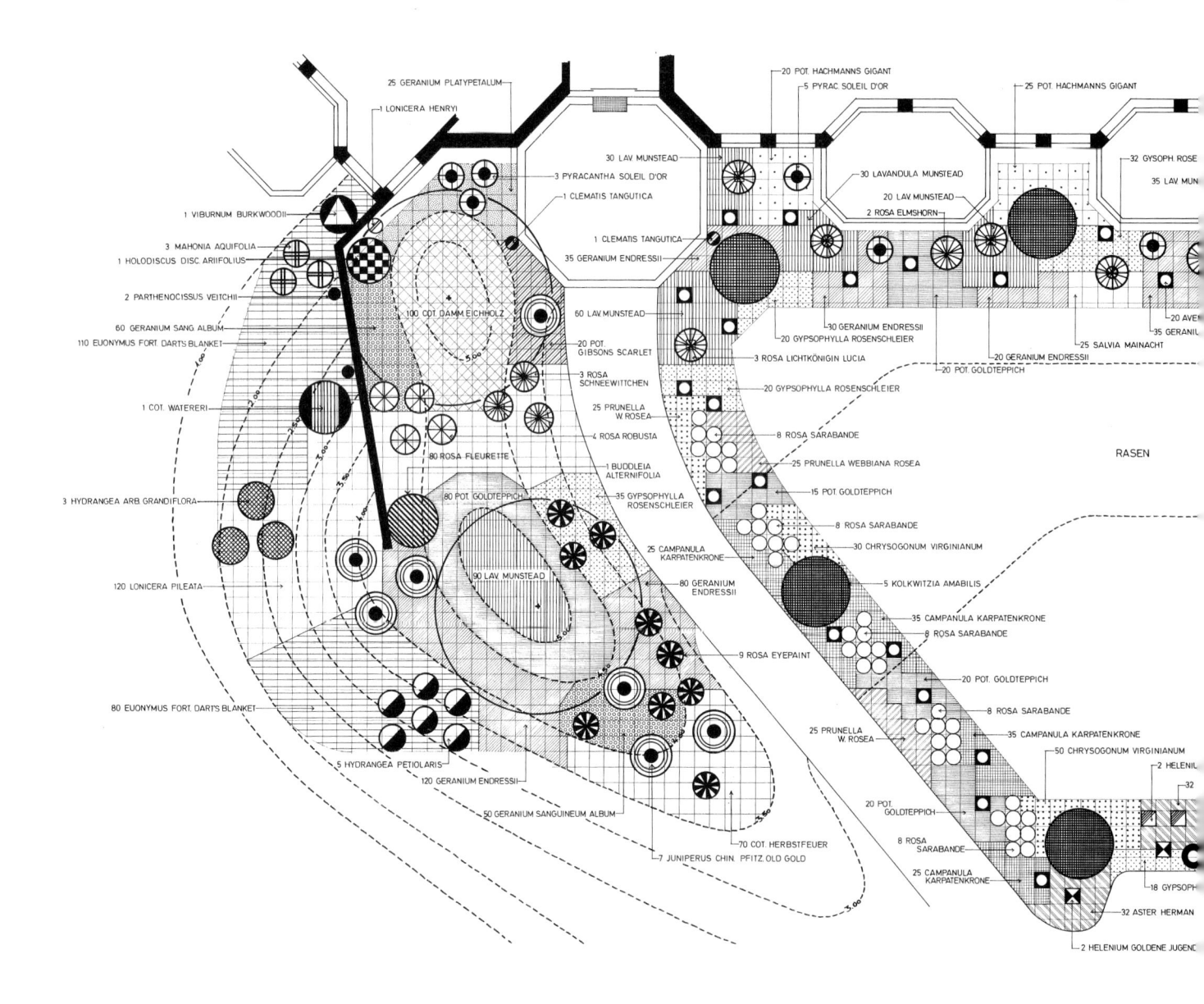

11.4.4 Darstellung von Gehölzbepflanzungsplänen

Der Gehölzplan gibt neben seiner Notwendigkeit an sich oft den Rahmen für weitere Pflanzpläne, z. B. für einen Staudenplan oder einen Pflanzenentwicklungsplan. Als Beispiel zur Darstellung von Bepflanzungsplänen wurden Arbeiten einiger Garten- und Landschaftsarchitekten herangezogen:
Darstellungsmöglichkeiten für eine Vorgartenbepflanzung (Repenthin 1978): Abbildung 209, 210, 211. Entwicklungsbeispiele für bandartige Pflanzungen (von Fintel 1975): Abbildung 212.
Bepflanzungsplan II zum Kreispflegeheim Oldenburg (Bendfeldt 1982): Abbildung 213.
SKA-Verwaltung, Bepflanzung Ebene 7 (Stern und Partner 1979): Abbildung 214.

11.4.5 Darstellung von Staudenbepflanzungsplänen

11.4.5.1 Staudenbepflanzungspläne

Der Staudenplan ist Bestandteil der Bepflanzungsunterlagen und beinhaltet alle Angaben und Erläuterungen für die Pflanzung von Stauden einschließlich Gräser, Farne und Blumenzwiebeln. (Bei Integration in Gehölzpläne und untergeordneter Verwendung von Stauden reichen zumeist Pflanzlisten ohne planerische Darstellung.)

In diesen Plänen können die direkte Bezeichnung der Stauden oder div. Schlüssel (Buchstaben, Zahlen, Abkürzungen) stehen. Möglichst sollte man bei einer Schlüsselart, am besten bei Abkürzungen, bleiben.

Flächige Pflanzungen sind weiterhin durch flächige Verwendung von Signaturen wie Punkte, Kreise,

Aufbau von Bepflanzungsplänen

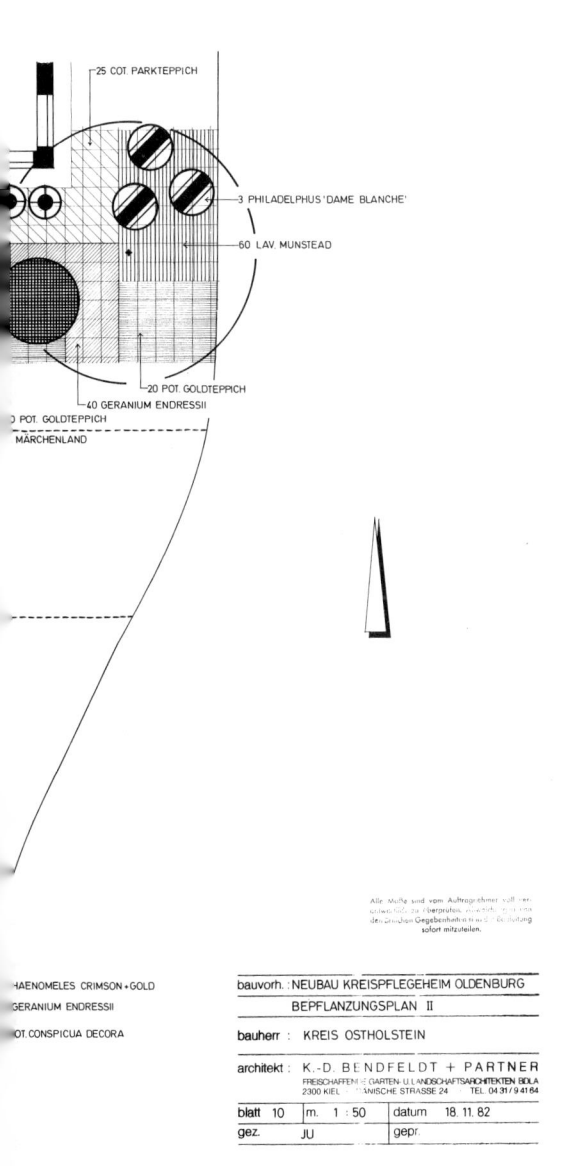

Abb. 213 Bepflanzungsplan (Bepflanzungsplan II, Neubau Kreispflegeheim Oldenburg. Bendfeldt + Partner 1982)

Kreuze, Quadrate und Dreiecke darzustellen (vgl. Abb. 203).

Hier sollte und muß generell differenzierter gearbeitet werden, um die Vielzahl der verwendeten Arten und Sorten noch darstellen zu können. Gruppen können durch Strichstärken betont werden; Einzelstauden werden mit einfachen Symbolen dargestellt. Wildstaudenpflanzungen zeichnen sich durch stärkere Verwendung von Einzelsymbolen aus. Flächen von Blumenzwiebelpflanzungen werden durch Konturen gezeichnet und in der Fläche beschriftet, während »Einstreuungen« von Blumenzwiebeln durch Einzelsymbole dargestellt werden. Für die unterschiedlichen Staudenpflanzungen sollten folgende Darstellungsregeln berücksichtigt werden:

a) **Schmuckstaudenpflanzung**
– einfachste Methode: Kontrastdarstellung mit Beschriftung im Pflanzfeld,
– stark hervortretende Gruppen durch Strichstärke betonen,
– Gegensätze durch Raster darstellen,
– Einzelstauden mit einfachen Symbolen darstellen.

b) **Wildstaudenpflanzung**
– Verwendung von Einzelsymbolen,
– Bodendecker durch Kontur in abgestufter Schraffur (Angabe Stück/qm).

c) **Pflanzung mit Leitpflanzen**
– Verwendung einer oder mehrerer Leitstauden,
– Betonung der Leitpflanzen durch leichte Schraffur oder Klebefolien,

BÜROGEBÄUDE

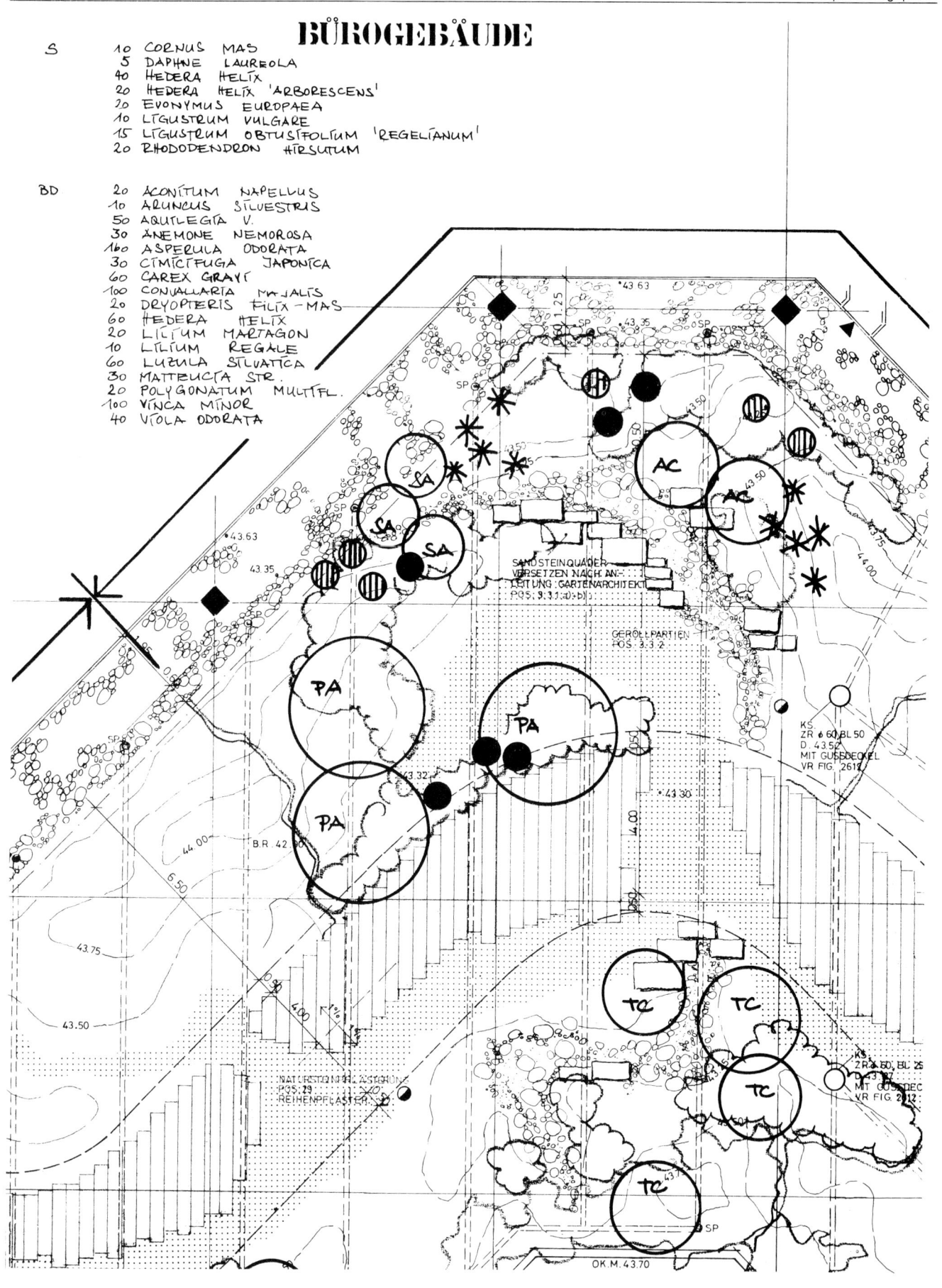

S
- 10 CORNUS MAS
- 5 DAPHNE LAUREOLA
- 40 HEDERA HELIX
- 20 HEDERA HELIX 'ARBORESCENS'
- 20 EVONYMUS EUROPAEA
- 10 LIGUSTRUM VULGARE
- 15 LIGUSTRUM OBTUSIFOLIUM 'REGELIANUM'
- 20 RHODODENDRON HIRSUTUM

BD
- 20 ACONITUM NAPELLUS
- 10 ARUNCUS SILVESTRIS
- 50 AQUILEGIA V.
- 30 ANEMONE NEMOROSA
- 160 ASPERULA ODORATA
- 30 CIMICIFUGA JAPONICA
- 60 CAREX GRAYI
- 100 CONVALLARIA MAJALIS
- 20 DRYOPTERIS FILIX-MAS
- 60 HEDERA HELIX
- 20 LILIUM MARTAGON
- 10 LILIUM REGALE
- 60 LUZULA SILVATICA
- 30 MATTEUCIA STR.
- 20 POLYGONATUM MULTIFL.
- 100 VINCA MINOR
- 40 VIOLA ODORATA

Abb. 214 Bepflanzungsplan (Bepflanzung Ebene 7, Bürogebäude Überbauung Üetlihof – SKA-Verwaltung, Atelier Stern und Partner, Zürich 1979)

AC ACER CAMPESTRE
CA CATALPA BIGNONIOIDES
CB CARPINUS BETULUS
FE FRAXINUS EXCELSIOR
FO FRAXINUS ORNUS
PA PRUNUS AVIUM (HOCHSTÄMME)
SA SORBUS AUCUPARIA
TC TILIA CORDATA
✳ TAXUS BACCATA
● BUXUS SEMPERVIRENS
◍ ILEX AQUIFOLIUM

Abb. 214

Anmerkungen der Planverfasser

Die Darstellung auf diesem Plan ist nicht so ausgeführt, daß der Gärtner die Bepflanzung danach genau durchführen kann. Der Plan ist nur als Instrument für den Gartenarchitekten gedacht, der persönlich die Pflanzarbeiten auf der Baustelle leitet.

Diese Arbeitsmethode wurde aus der Praxis heraus aus verschiedenen Gründen entwickelt:
Es gibt immer weniger Gärtner, die die Pflanzen überhaupt noch kennen. Den Bepflanzungsplan perfekt am Zeichentisch auszuarbeiten bleibt immer eine theoretische Trockenübung, da vielfach die dritte Dimension und das sehr verschiedenartige lebendige Baumaterial »Pflanze« nicht berücksichtigt werden kann.

Die Überraschungen bei den Pflanzenlieferungen bleiben nicht aus. Vielfach ist eine Umstellung und Abweichung vom Pflanzplan notwendig. Die Entscheidung darüber bleibt letztlich Sache des Planverfassers, deshalb sollte auch immer die Leitung der Pflanzarbeiten bei ihm liegen.

– Beziehung zu den Begleitpflanzen ist zum Ausdruck zu bringen (durch ähnliche Tönung oder Schraffur).
Die Abbildungen 215, 216, 217 zeigen einige Darstellungsmöglichkeiten auf (Blecken 1968).

11.4.5.2 Ergänzende Pläne zur Staudenpflanzung

Die zusätzlichen Pläne für den Staudenbepflanzungsplan dienen zum besseren Verständnis der Zusammenhänge innerhalb der Pflanzung. Hier sind unter Berücksichtigung der wichtigsten Darstellungsmittel folgende ergänzende Pläne zu nennen:

a) Höhenplan der Stauden
– dient als Erläuterung der Pflanzenhöhen,
– Darstellung der raumwirksamen Höhen,
– Darstellung der Höhen durch unterschiedliche Hervorhebungen mit grafischen Mitteln,
– die größten Pflanzen werden am stärksten betont,
– einfache Mittel sollten gewählt werden, z. B. Kreise mit differenzierter Strichstärke, weiterhin Schraffuren, Raster und Grautonfolien,
– sehr anschaulich sind Verwendungen von Farbreihen (vgl. Abb. 218, Blecken 1968).

b) Plan für die Blüh-Aspekte
(durch Kolorierung des Staudenplanes)
– Der Blüh-Aspekt berücksichtigt das jahreszeitlich unterschiedliche Aussehen einer Pflanzengesellschaft;
– die Darstellung von Blüh-Aspekten veranschaulicht die Faktoren Blütenfarben, und Blütezeit einer Pflanze;
– die Einteilung sollte nach Jahreszeiten erfolgen;
– 5 Zeitabschnitte sind zu wählen:
Vorfrühling (bis März)
Frühling (April–Mai)
Vorsommer (Juni–Juli)
Hochsommer (August–Anfang September)
Herbst (Oktober–November);
– eine Angabe der Haupt- und Nebenblüher ist zweckmäßig;
– eine Unterteilung nach den jeweils dominierenden Pflanzenarten sollte möglich sein;
– eine farbliche Darstellung auf Lichtpausen verstärkt die Wirkung;
– eine Unterscheidung zwischen Vorblüte – Hauptblüte
– Nachblüte ist weiterhin möglich.

c) Die Blüh-Tabelle
– veranschaulicht Blütenfarbe und Blühdauer;
– tabellarische Darstellung in Form von Farbbändern;
– enthält Kalendermonate und Pflanzenarten;
– eine Reihenfolge der Arten kann nach Blühbeginn, Gruppierung in der Pflanzung oder alphabetisch vorgenommen werden;
– eine Unterscheidung zwischen Vor-, Haupt- und Nachblüte ist durch Abstufung der Farbintensität möglich;
– die Verdeutlichung der Größe der Pflanzengruppe und damit ihrer Farbwirkung kann durch Breite des Farbbandes festgelegt werden.
(Vgl. Abb. 219, Blecken 1968)

176　　　Bepflanzungspläne

Buchstabenverschlüsselung

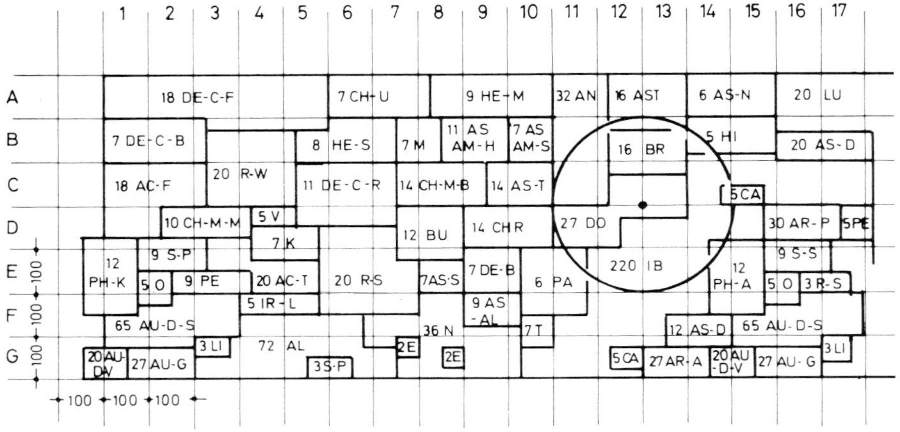

Buchstaben-schlüssel	Arten-kennzahl		Standort-angabe
AC-F	1	Achillea filipendulina „Coronation Gold"	18/c 1-2, d-
AC-T	2	Achillea taygetea	20/c 3-5
AL	3	Alyssum rostratum	72/g 3-7
AN	4	Anemone jap. „Honorine Jobert"	32/a-c 11
AR-A	5	Arabis alpina „Schneehaube"	27/g 13-14
AR-P	6	Arabis procumbens	30/d 16
AS-AL	7	Aster alpinus „Napsbury"	9/f 9
AS-AM-H	8	Aster amellus „Hermann Löns"	11/B 8-9
AS-AM-S	9	Aster amellus „Sternkugel"	7/b 10
AS-D	10	Aster dumosus „Prof. A. Kippenberg"	20/B 16-17, 12/f-
AS-N	11	Aster novi-belgii „Royal Blue"	6/a 14-15
AS-S	12	Aster subcaeruleus „Wartburgstern"	7/e 8
AS-T	13	Aster tongolensis „Berggarten"	14/c 9-10
AST	14	Astilbe arendsii „Brautschleier"	16/a 12-13
AU-D-S	15	Aubrieta deltoidea „Schloß Eckberg"	65/f 1-3; 65/f 15-t
AU-D-V	16	Aubrieta deltoidea „Vesuv"	20/g 1; 20/g 14-15
AU-G	17	Aubrieta graeca „Superba"	27/g 1-2; 27/g 15-16
BR	18	Brunnera macrophylla	16/B 12-13
BU	19	Buphthalmum salicifolium	12/d 7-8
CA	20	Campanula persicifolia „Coerulea"	5/c 15; 5/G 12
CH-M-B	21	Chrysanthemum max. „Beethoven"	14/c 7-9
CH-M-M	22	Chrysanthemum max. „Maistern"	14/d 9-10
CH-R	23	Chrysanthemum rubellum „Clara Curtis"	7/a 6-7
CH-U	24	Chrysanthemum uliginosum	7/e 9
DE-B	25	Delphinium bellad. „And. an A. Könemann"	220/c 14-17, d 12-15, e 12-14, f 11-13, g 1
DE-C-B	26	Delphinium cult. „Berghimmel"	7/b 1-2
DE-C-F	27	Delphinium cult. „Finsteraarhorn"	18/a 1-5
DE-C-R	28	Delphinium cult. „Royal Blue"	11/cd 5-7
DO	29	Doronicum caucasicum	27/c 12-13, d 11-12
E	30	Eremurus bungei	2/g 7; 2/g 8
HE-M	31	Helenium hybr. „Mörheim Beauty"	9/a 8-10
HE-S	32	Helenium hybr. „Sonnenberg"	8/b 5-7
HI	33	Heliopsis scabra hybr. „Sommers."	5/b 14-15
IB	34	Iberis sempervirens	5/f 4-5
IR-L	35	Iris germanica „Lady Boscav"	3/e 16-17
IR-S	36	Iris germanicy „Sable"	7/d 4-5
K	37	Kniphofia unaria „Grandiflora"	3/g 3; 3/g 17
LI	38	Lilium tigrinum	20/a 16-17
LU	39	Lupinus polyphyllus „City of York"	7/b 7-8
		Lupinus polyphyllus „Friesenstolz"	36/fg 7-9
		Lupinus polyphyllus „Golden Quen"	
M	40	Monarda didym. „Cambridge Scarlet"	5/ef 2; 5/e 16
N	41	Nepeta mussinii	6/ef 10-11
O	42	Oenothera tetragona „Fyrverkeri"	9/e 2-3; 5/d-
PA	43	Paeonia weiß	12/e 14-15
PE	44	Penstemon gentianoides „Schonholzeri"	12/e 1
PH-A	45	Phlox paniculata „A.L. Schlageter"	20/def 6-7
PH-K	46	Phlox paniculata „Kirmesländler"	20/b 3-4, c 3-4
R-S	47	Rosa „Schweizer Gruß"	8/g 5-6
R-W	48	Rosa „Wildfire"	9/e 2; 9/e 16
S-P	49	Salvia pradensis	7/fg 10
S-S	50	Salvia superba „Ostfriesland"	5/d 4
T	51	Trollius hybr. „Orange Globe"	
V	52	Veronica longifolia „Blauriesin"	

(in der Praxis als Anlage mit Schreibmaschine)

Zahlenverschlüsselung

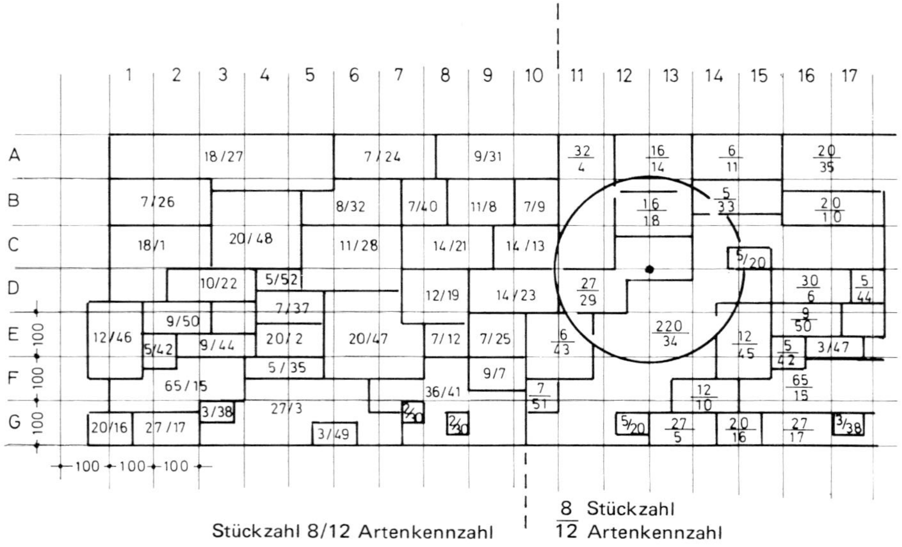

Stückzahl 8/12 Artenkennzahl

8 Stückzahl / 12 Artenkennzahl

Abb. 215 Beispiel für eine Schmuckstaudenpflanzung (Blecken 1968), abgekürzte Beschriftung

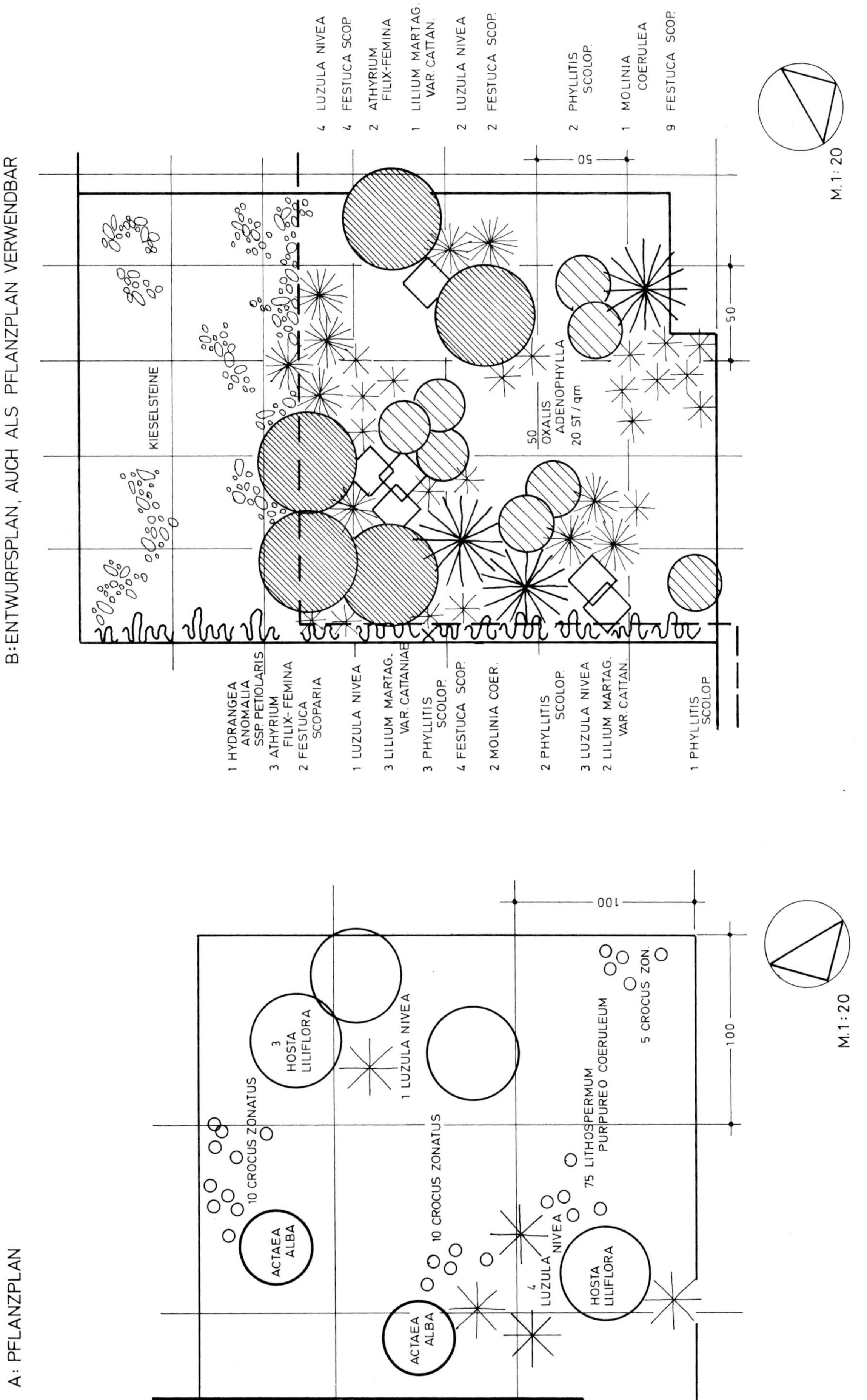

Aufbau von Bepflanzungsplänen

B: ENTWURFSPLAN, AUCH ALS PFLANZPLAN VERWENDBAR

4 LUZULA NIVEA
4 FESTUCA SCOP.
2 ATHYRIUM FILIX-FEMINA
1 LILIUM MARTAG. VAR. CATTAN.
2 LUZULA NIVEA
2 FESTUCA SCOP.
2 PHYLLITIS SCOLOP.
1 MOLINIA COERULEA
9 FESTUCA SCOP.

KIESELSTEINE

50 OXALIS ADENOPHYLLA 20 ST/qm

1 HYDRANGEA ANOMALIA SSP. PETIOLARIS
3 ATHYRIUM FILIX-FEMINA
2 FESTUCA SCOPARIA
1 LUZULA NIVEA
3 LILIUM MARTAG. VAR. CATANIAE
3 PHYLLITIS SCOLOP.
4 FESTUCA SCOP.
2 MOLINIA COER.
2 PHYLLITIS SCOLOP.
3 LUZULA NIVEA
2 LILIUM MARTAG. VAR. CATTAN.
1 PHYLLITIS SCOLOP.

M. 1:20

A: PFLANZPLAN

3 HOSTA LILIFLORA
1 LUZULA NIVEA
10 CROCUS ZONATUS
ACTAEA ALBA
10 CROCUS ZONATUS
ACTAEA ALBA
4 LUZULA NIVEA
HOSTA LILIFLORA
75 LITHOSPERMUM PURPUREO COERULEUM
5 CROCUS ZON.

GARAGE

M. 1:20

Abb. 216 Darstellungsmöglichkeiten für Wildstaudenpflanzungen (Blecken 1968)

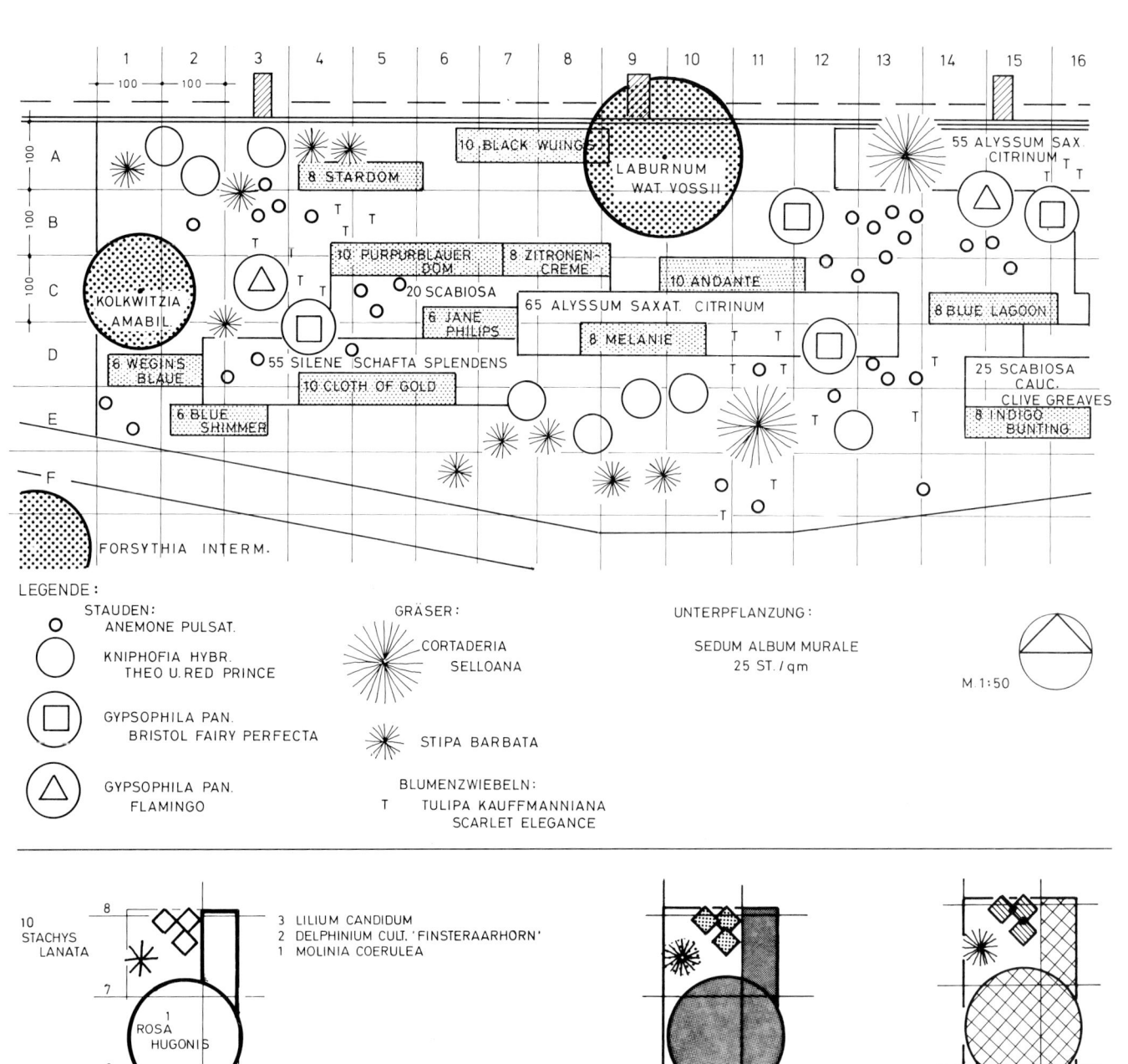

Plan (Oberer Plan)

Raster: 1–16 (horizontal), A–F (vertical), Raster = 100 × 100

Beschriftungen im Plan:
- 8 STARDOM
- 10 BLACK WUINGS
- LABURNUM WAT. VOSSII
- 55 ALYSSUM SAX. CITRINUM
- KOLKWITZIA AMABIL.
- 10 PURPURBLAUER DOM
- 8 ZITRONENCREME
- 10 ANDANTE
- 20 SCABIOSA
- 6 JANE PHILIPS
- 65 ALYSSUM SAXAT. CITRINUM
- 8 MELANIE
- 8 BLUE LAGOON
- 8 WEGINS BLAUE
- 55 SILENE SCHAFTA SPLENDENS
- 10 CLOTH OF GOLD
- 25 SCABIOSA CAUC. CLIVE GREAVES
- 6 BLUE SHIMMER
- 8 INDIGO BUNTING
- FORSYTHIA INTERM.

LEGENDE:

STAUDEN:
- ○ ANEMONE PULSAT.
- ◯ KNIPHOFIA HYBR. THEO U. RED PRINCE
- ⊡ GYPSOPHILA PAN. BRISTOL FAIRY PERFECTA
- △ GYPSOPHILA PAN. FLAMINGO

GRÄSER:
- ✳ CORTADERIA SELLOANA
- ✳ STIPA BARBATA

BLUMENZWIEBELN:
- T TULIPA KAUFFMANNIANA SCARLET ELEGANCE

UNTERPFLANZUNG:
- SEDUM ALBUM MURALE 25 ST./qm

M. 1:50

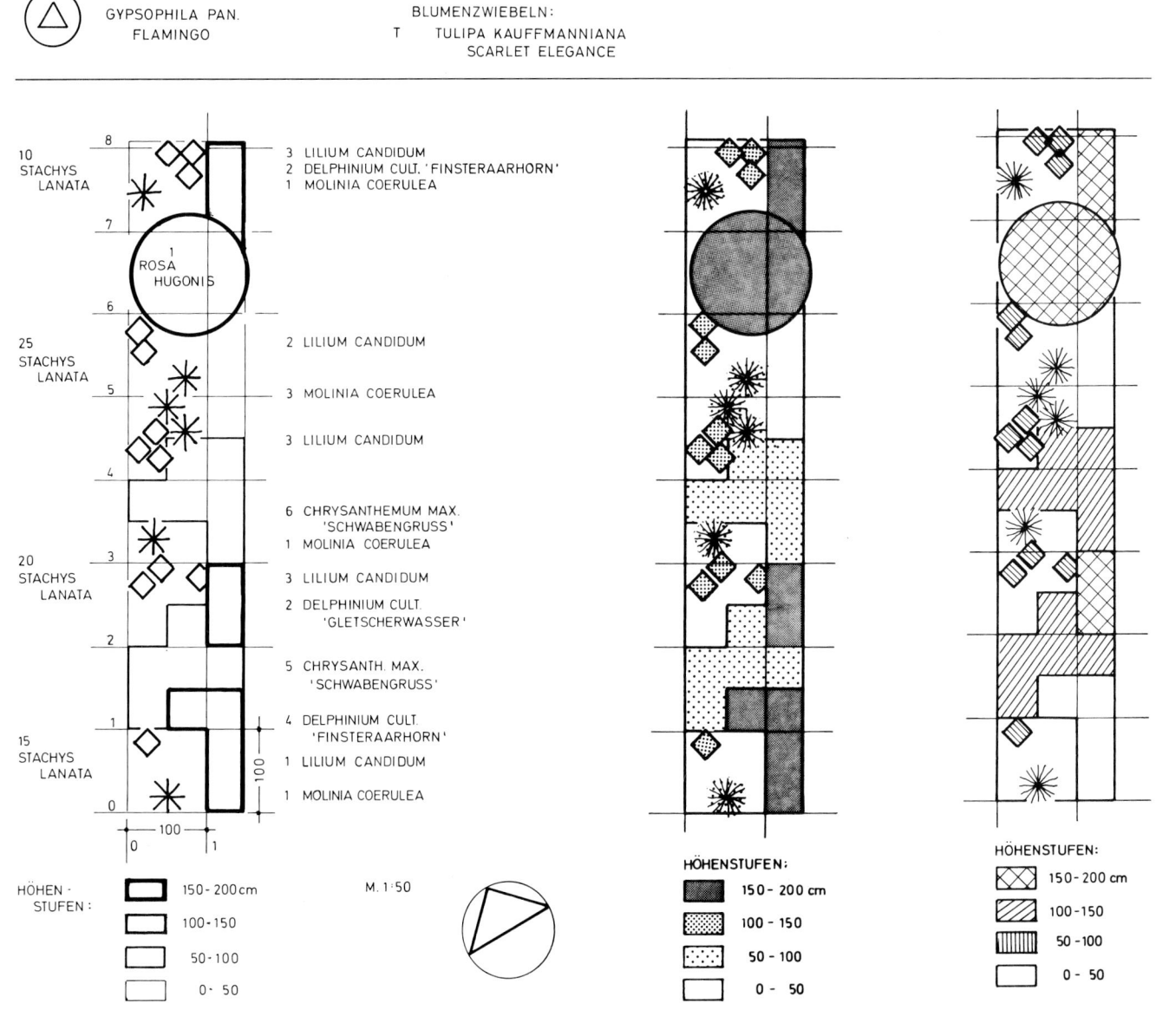

Untere Pläne

Plan 1 (links)

- 10 STACHYS LANATA
- 3 LILIUM CANDIDUM
- 2 DELPHINIUM CULT. 'FINSTERAARHORN'
- 1 MOLINIA COERULEA
- 1 ROSA HUGONIS
- 25 STACHYS LANATA
- 2 LILIUM CANDIDUM
- 3 MOLINIA COERULEA
- 3 LILIUM CANDIDUM
- 6 CHRYSANTHEMUM MAX. 'SCHWABENGRUSS'
- 1 MOLINIA COERULEA
- 20 STACHYS LANATA
- 3 LILIUM CANDIDUM
- 2 DELPHINIUM CULT. 'GLETSCHERWASSER'
- 5 CHRYSANTH. MAX. 'SCHWABENGRUSS'
- 4 DELPHINIUM CULT. 'FINSTERAARHORN'
- 1 LILIUM CANDIDUM
- 15 STACHYS LANATA
- 1 MOLINIA COERULEA

HÖHENSTUFEN:
- 150 – 200 cm
- 100 – 150
- 50 – 100
- 0 – 50

M. 1:50

Plan 2 (Mitte) — HÖHENSTUFEN:
- ▓ 150 – 200 cm
- ▒ 100 – 150
- ░ 50 – 100
- □ 0 – 50

Plan 3 (rechts) — HÖHENSTUFEN:
- ⊠ 150 – 200 cm
- ▨ 100 – 150
- ▥ 50 – 100
- □ 0 – 50

Aufbau von Bepflanzungsplänen/Literatur

BEISPIEL 1

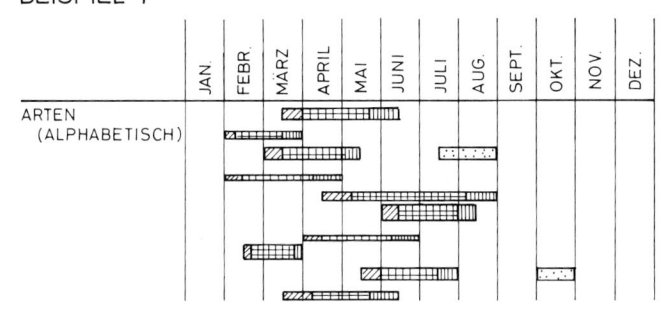

BEISPIEL 2

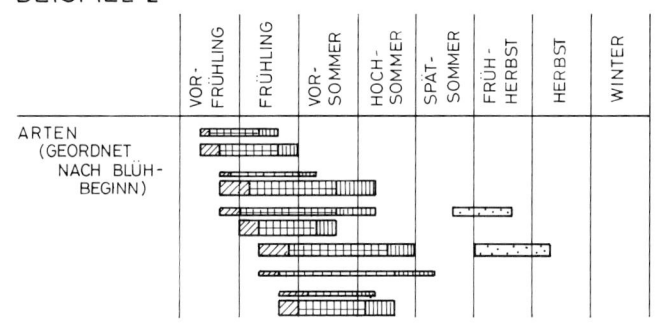

DIE BREITE DES FARBBANDES ERGIBT SICH AUS STÜCKZAHL, BLÜTENMASSE UND FARBINTENSITÄT DER ART.

Abb. 219 Darstellung einer Blühtabelle (Blecken 1968)

11.4.6 Darstellung von kombinierten Bepflanzungsplänen

Kombinierte Bepflanzungspläne enthalten sowohl Gehölze als auch Stauden. Solche »gemischten« Pflanzungen werden bei kleineren Objekten in einem Plan dargestellt, um den Arbeitsaufwand einzugrenzen. In Staudenbeeten werden oft einzelne Gehölze mit aufgenommen, oder in einen Gehölzplan wird z. B. die Unterpflanzung mit Stauden eingetragen. Arbeits- und Demonstrationspläne enthalten die gleichen Aussagen wie ein reiner Gehölzplan oder ein reiner Staudenplan.

Die Übersichtlichkeit dieser Pläne ist als vorranging anzusehen, daher sind in der Darstellung Gehölze und Stauden zu trennen. Vorzuschlagen sind hier möglichst einfache Darstellungen der Gehölze, während die Stauden wie in Kapitel 11.4.5 beschrieben zu zeichnen sind. In den Pflanzenlisten ist eine Trennung zwischen Gehölzen und Stauden vorzunehmen.

In größeren Gehölzplänen können Unterpflanzungen von Stauden ggf. durch Beschriftung gekennzeichnet werden, z. B. »Pflanzung von Luzula sylvatica im Traufbereich der Quercus rubra (12 Stück/qm)«. Die Abbildungen 220, 221 und 222 (s. S. 182–187) verdeutlichen Darstellungsmöglichkeiten. (Bendfeldt 1976, 1982; Heuer 1977).

Ergänzende Pläne

Um die Kosten im öffentlichen Grün besser kalkulieren zu können, sind in den letzten Jahren verstärkt Pflegepläne für vorhandene und neue Pflanzungen von den Kommunen erstellt bzw. verlangt worden.

Diese Pflegepläne resultieren aus Pflanzenentwicklungsplänen, die als »Endplan« den Endzustand der Gehölzpflanzung aufzeigen.

Auf diese sehr vielschichtigen Pläne soll hier lediglich verwiesen werden, da sie das Thema des Buches am Rande berühren.

Literatur

Ahles, D.: Aufgabe und Darstellung von Gehölzbepflanzungsplänen. Übung in Technik des Grünflächenbaus am Institut für Grünplanung und Gartenarchitektur der Techn. Universität Hannover. W.S. 1968/69.

Atelier Stern: Überbauung Üetlihof – SKA Verwaltung (NN.587–84). Bepflanzung Ebene 7, 1979 (Atelier Stern und Partner).

Bendfeldt, K.-D.: a) Bepflanzungsplan I u. II zum Kreispflegeheim Oldenburg, 1982.
b) Bepflanzungsplan zum Hausgarten Dr. G. Michel, 1976.

Blecken, F.: Aufgabe und Darstellung von Staudenbepflanzungsplänen. Übung in Technik des Grünflächenbaus am Institut für Grünplanung und Gartenarchitektur der Techn. Universität Hannover. W.S. 1968/69.

Fintel, F. von, und F. H. Meyer: Freiraumplanung ›Nordwestlicher Hardter Wald‹. Gutachten zum Bebauungsplan Nr. 94 der Stadt Mönchengladbach. Hannover, 1975.

Heuer, M.: a) Bepflanzungsplan zum Kontorneubau der T.U.I. (Touristik Union International) Hannover, 1982.
b) Bepflanzungsplan – Hauptblatt zum Verwaltungsbau der T.U.I. (Touristik Union International) Hannover, 1982.

Repenthin, C.: Bepflanzungsentwurf und Bepflanzungsplan. Skript zum Seminar Pflanzenverwendung I. Fachhochschule Osnabrück, Osnabrück, 1978.

◀ **Abb. 217** Darstellung einer Pflanzung mit einer Leitpflanze (Blecken 1968): Beispiel einer Stauden-Iris-Pflanzung (Ausschnitt). Darstellungsart zwischen technischem Plan und Entwurfsplan

---

◀ **Abb. 218** Darstellungsmöglichkeiten für Höhenpläne (Stauden) (Blecken 1968)

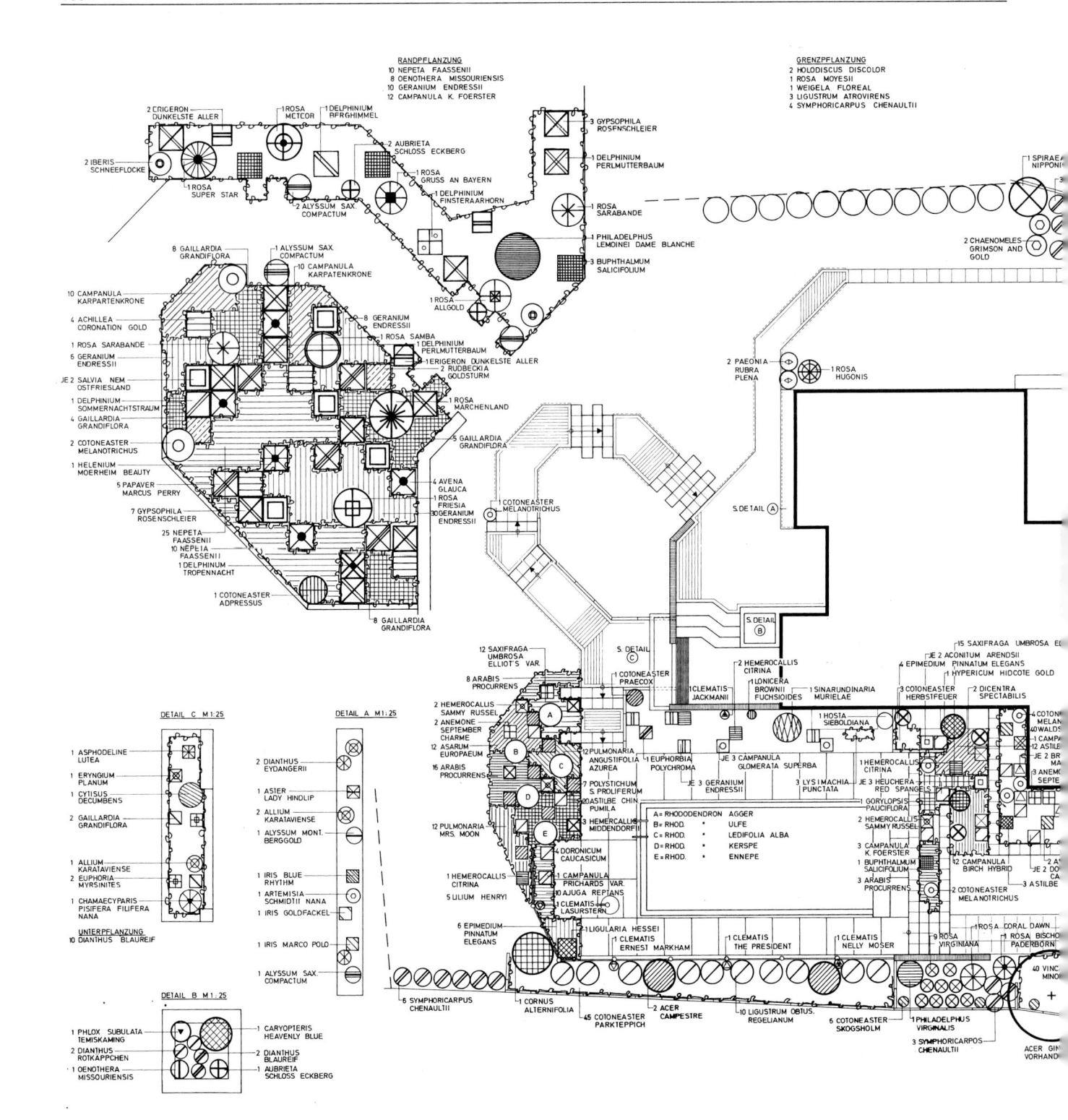

Bepflanzungspläne

Aufbau von Bepflanzungsplänen

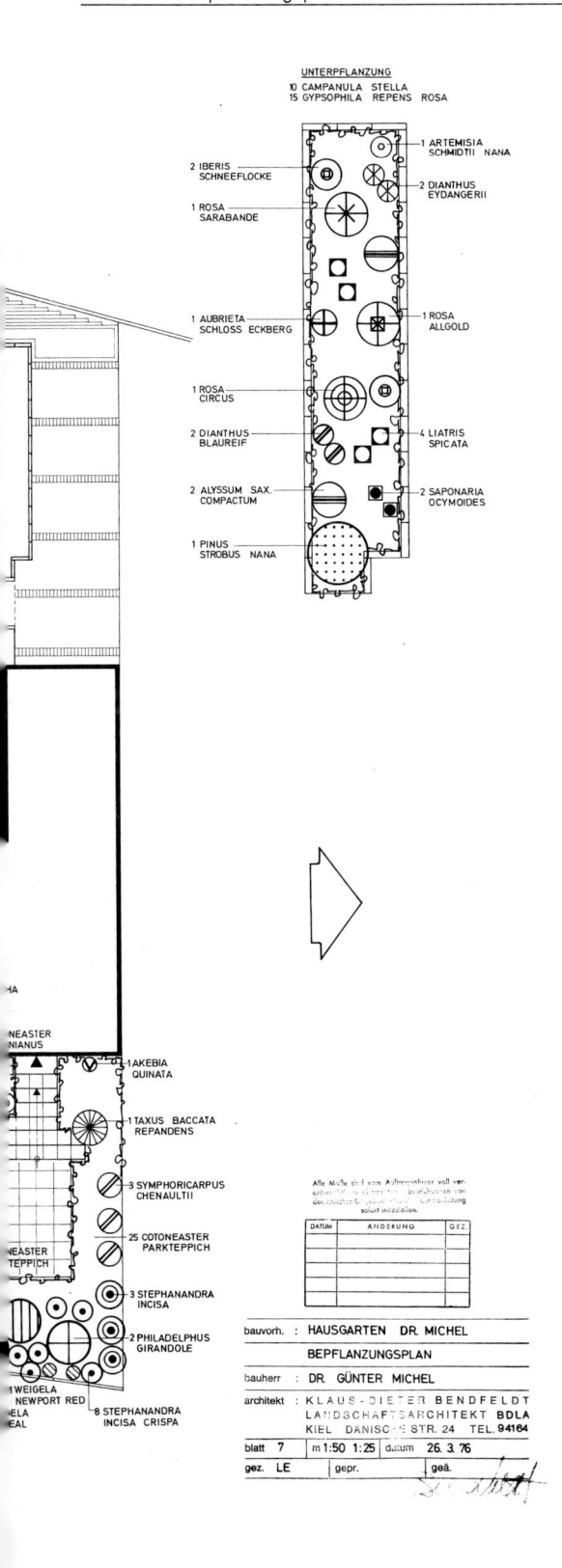

Abb. 220 Bepflanzungsplan für einen Hausgarten (Bepflanzungsplan Hausgarten Dr. Michel, Bendfeldt 1967)

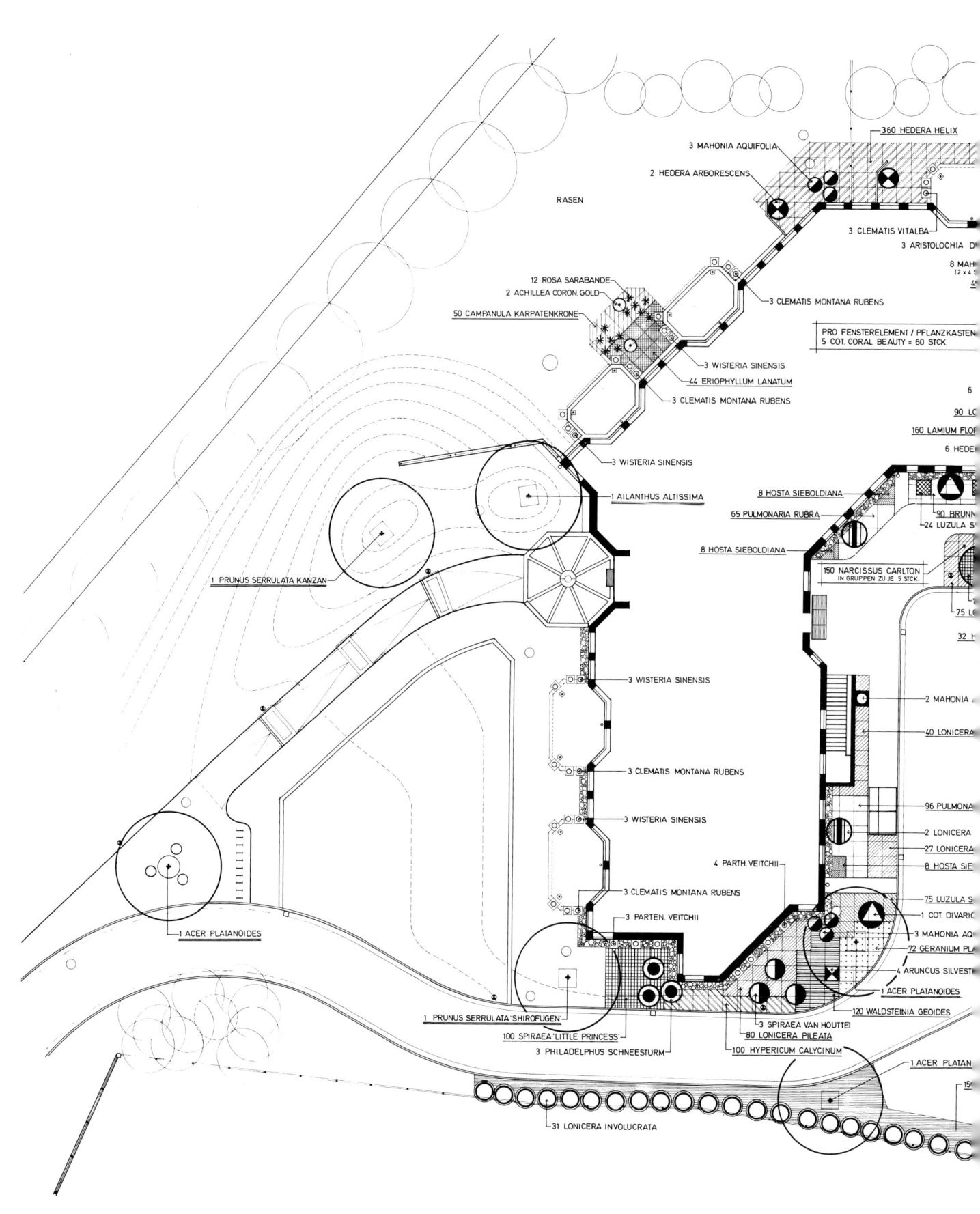

Abb. 221 Darstellung eines kombinierten Bepflanzungsplanes
(Bepflanzungsplan I, Neubau Kreispflegeheim Oldenburg, Bendfeldt
+ Partner 1982)

Aufbau von Bepflanzungsplänen

- 2 LONICERA TATARICA
- 60 SYMPHORICARPOS HANCOCK
- 2 TAXUS BACCATA
- 75 LUZULA SILVATICA
- 16 ARUNCUS SYLVESTER (4x4 STCK)
- 64 LUZULA SILVATICA
- 80 COT. HERBSTFEUER
- 32 GERANIUM PLATYPETALUM (4x8 STCK)
- 140 HEMEROCALLIS MINOR
- 200 NARCISSUS PROF. EINSTEIN IN GRUPPEN ZU JE 5 STCK.
- 1 ACER PLATANOIDES
- 3 PHILADELPHUS SCHNEESTURM
- 56 LUZULA SILVATICA
- 96 CENTAUREA DEAL. STEENBERGII
- 4 LIGUSTRUM ATROVIR.
- 1 ACER PLATANOIDES
- 6 SPIRAEA VAN HOUTTEI
- COT. PARKTEPPICH
- GERANIUM ENDRESSII
- FILIPENDULA HEX. PLENA
- 65 POT. GOLDTEPPICH
- 225 ROSA DAGMAR HASTRUP
- 3 ROSA KLAUS GROTH
- 144 ALCHEMILLA MOLLIS
- 2 FORSYTHIA SPECTABILIS
- US HANCOCK
- 1 ACER PLATANOIDES

PARKPLATZ M 1 : 200

- 120 SYMPH. HANCOCK
- 1 ACER PLATANOIDES
- 18 LIGUSTRUM ATROVIRENS
- 200 SYMPH. HANCOCK
- 3 ACER PLATANOIDES

Alle Maße sind vom Auftragnehmer voll verantwortlich zu überprüfen. Abweichungen von den örtlichen Gegebenheiten sind der Bauleitung sofort mitzuteilen.

bauvorh.	NEUBAU KREISPFLEGEHEIM OLDENBURG BEPFLANZUNGSPLAN I
bauherr	K KREIS OSTHOLSTEIN
architekt	K.-D. BENDFELDT + PARTNER FREISCHAFFENDE GARTEN- U. LANDSCHAFTSARCHITEKTEN BDLA 2300 KIEL · DÄNISCHE STRASSE 24 · TEL. 04 31/9 41 62
blatt 9	m. 1 : 100	datum 10.11.82
gez. JU	gepr.

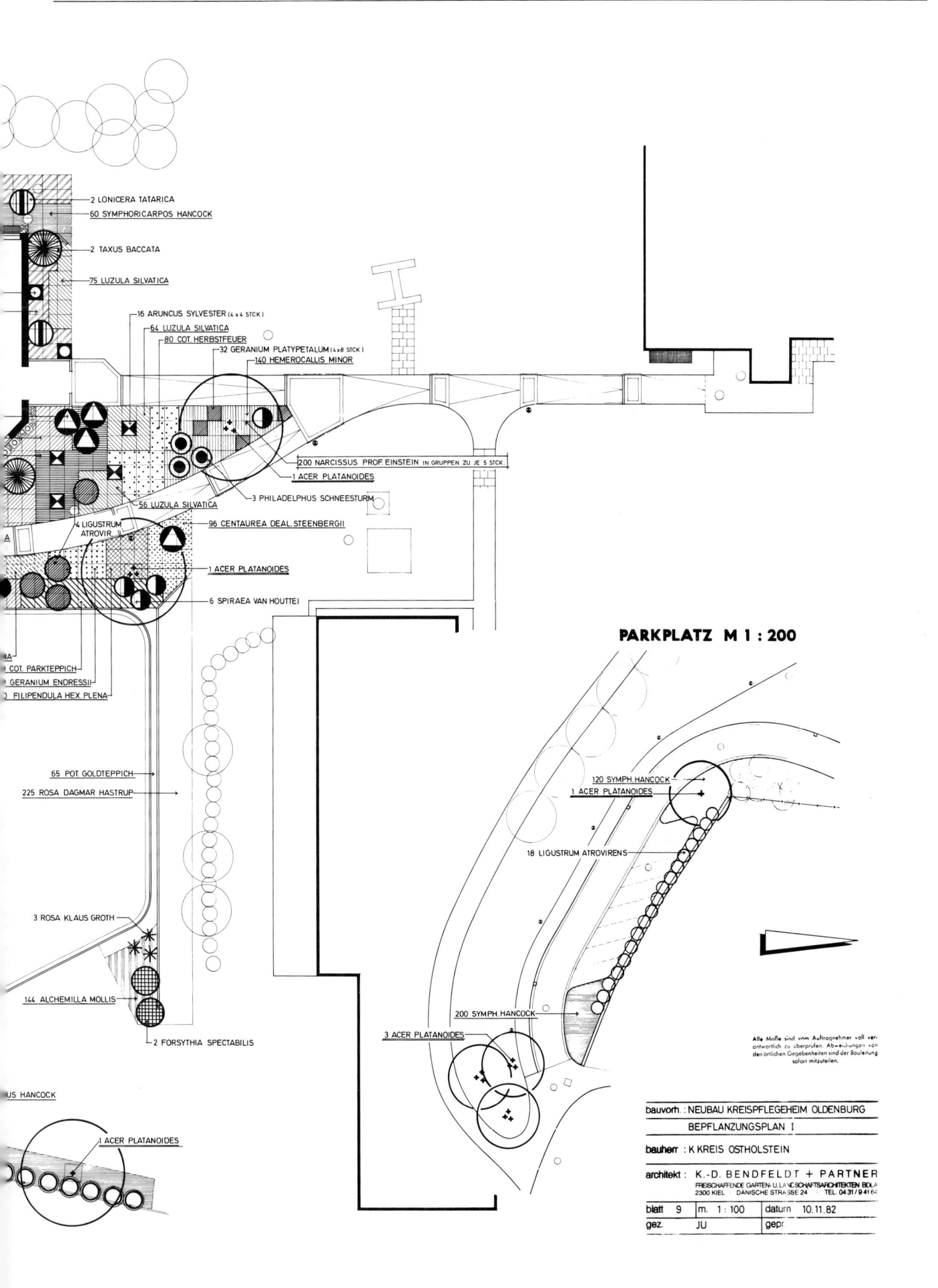

PFLANZENLIEFERUNG

FLÄCHE I

SOL	PS	1	PINUS SILVESTRIS 4xV, MB, 200-300 B, 250-275 H
	⊘	3	HYDRANGEA PETIOLARIS 3xV, MB, 80-100 H
2xV STR	⊙	8	JUNIPERUS HORZ 'GLAUCA'
	○	3	JUNIPERUS SAB 'TAMARISCIFOLIA'
	R₃	1	ROSA CAN 'KIESE'
	R₁	2	ROSA MOYESII

FLÄCHE II

SOL	PS	1	PINUS SILVESTRIS 4xV, MB 200-300 B, 250-275 H
	P	3	PINUS SILV 'PUMILA' 4xV MB, 100-150 B, 175-200 H
	⊘	4	HYDRANGEA PETIOLARIS 3xV, MB, 80-100 H
2xV STR	⊙	19	JUNIPERUS HORZ 'GLAUCA'
	○	6	JUNIPERUS SAB 'TAMARISCIFOLIA'
	■	6	PINUS PUM 'GLAUCA'
	▲	11	POTENTILLA FR 'ARBUSCULA'
	◉	7	PYRACANTHA 'BAD ZWISCHENAHN'
	R₁	2	ROSA MOYESII

FLÄCHE III

SOL	CE	1	CEDRUS ATL 'GLAUCA' 5xV, MB, 200-300 B, 450-500 H
	P	2	PINUS SILV 'PUMILA' 4xV, MB, 100-150 B, 175-200 H
	T	1	TAXUS BACCATA 4xV, MB, 125-150 B, 175-200 H
	⊘	8	HYDRANGEA PETIOLARIS 3xV, MB, 80-100 H
2xV STR	○	25	EVONYMUS FORT 'RADICANS'
	●	20	EVONYMUS FORT 'VEGETUS'
	⊙	25	JUNIPERUS HORZ 'GLAUCA'
	○	15	JUNIPERUS SAB 'TAMARISCIFOLIA'
	■	10	PINUS PUMILA 'GLAUCA'
	▲	27	POTENTILLA FR 'ARBUSCULA'
	◉	13	PYRACANTHA 'BAD ZWISCHENAHN'
	R₃	2	ROSA CAN 'KIESE'
	R₁	1	ROSA MOYESII
	R₂	1	ROSA OMEIENSIS 'PTERACANTHA'

FLÄCHE IV

SOL	PS	2	PINUS SILVESTRIS 4xV, MB, 200-300 B, 250-275 H
	⊘	3	HYDRANGEA PETIOLARIS 3xV, MB, 80-100 H
2xV STR	⊙	27	JUNIPERUS HORZ 'GLAUCA'
	○	5	JUNIPERUS SAB 'TAMARISCIFOLIA'
	■	3	PINUS PUMILA 'GLAUCA'
	▲	18	POTENTILLA FR 'ARBUSCULA'
	◉	4	PYRACANTHA 'BAD ZWISCHENAHN'
	R₃	1	ROSA CAN 'KIESE'
	R₁	1	ROSA MOYESII

FLÄCHE V

SOL	⊘	1	HYDRANGEA PETIOLARIS 3xV, MB 80-100 H
2xV STR	⊙	5	JUNIPERUS HOR. 'GLAUCA'
	○	1	JUNIPERUS SAB 'TAMARISCIFOLIA'
	R₃	1	ROSA CAN 'KIESE'

FLÄCHE VI

SOL	T	3	TAXUS BACCATA 4xV, MB, 125-150 B, 175-200 H
2xV STR	○	22	EVONYMUS FORT 'RADICANS'
	●	10	EVONYMUS FORT 'VEGETUS'
	◐	3	HEDERA HELIX 'ARBORESCENS'
	◉	5	MAHONIA AQUIFOLIUM
	◉	4	PYRACANTHA 'BAD ZWISCHENAHN'

FLÄCHE VII

SOL	PS	1	PINUS SILVESTRIS 4xV, MB, 200-300 B, 250-275 H
	⊘	3	HYDRANGEA PETIOLARIS 3xV, MB, 80-100 H
2xV STR	⊙	18	JUNIPERUS HOR 'GLAUCA'
	○	3	JUNIPERUS SAB 'TAMARISCIFOLIA'
	▲	16	POTENTILLA FR 'ARBUSCULA'
	◉	3	PYRACANTHA 'BAD ZWISCHENAHN'
	R₁	1	ROSA MOYESII

FLÄCHE VIII

SOL	CO	1	CORYLUS COLURN
	P	2	PINUS SILV 'PUM'
	⊘	3	HYDRANGEA PETI
2xV STR	⊙	33	JUNIPERUS HOR
	○	11	JUNIPERUS SAB
	■	4	PINUS PUMILA 'G'
	▲	21	POTENTILLA FR.
	◉	6	PYRACANTHA 'BAD'
	R₁	3	ROSA MOYESII

FLÄCHE IX

SOL	CO	1	CORYLUS COLURN
	P	1	PINUS SILV 'PUM'
	⊘	3	HYDRANGEA PETI
	T	2	TAXUS BACCATA
	◉	3	TSUGA CAN 'NA'

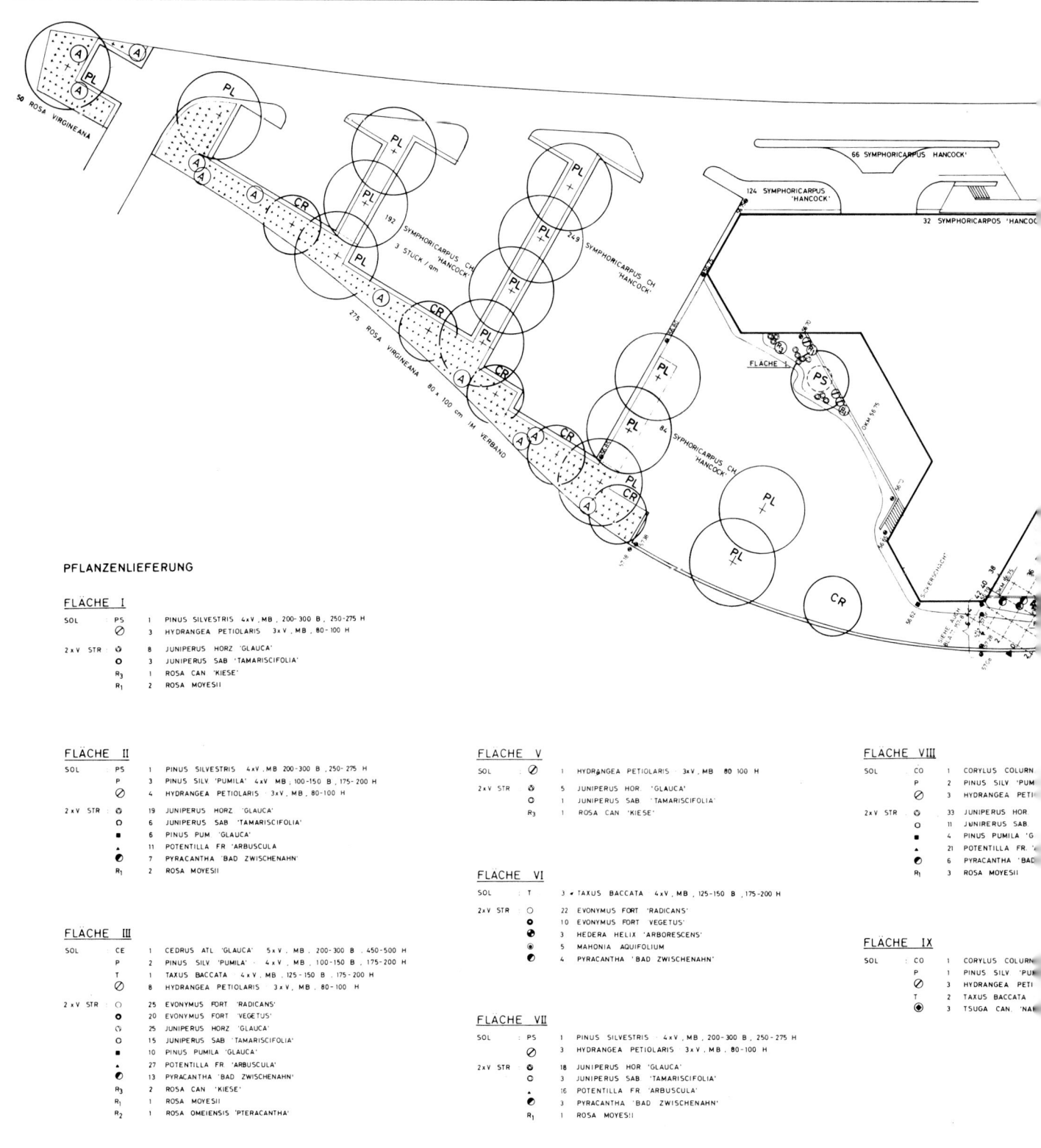

Abb. 222 Darstellung eines kombinierten Bepflanzungsplanes (Bepflanzungsplan/Höhenplan Kontorneubau Hoechst AG Frankfurt, Heuer 1977)

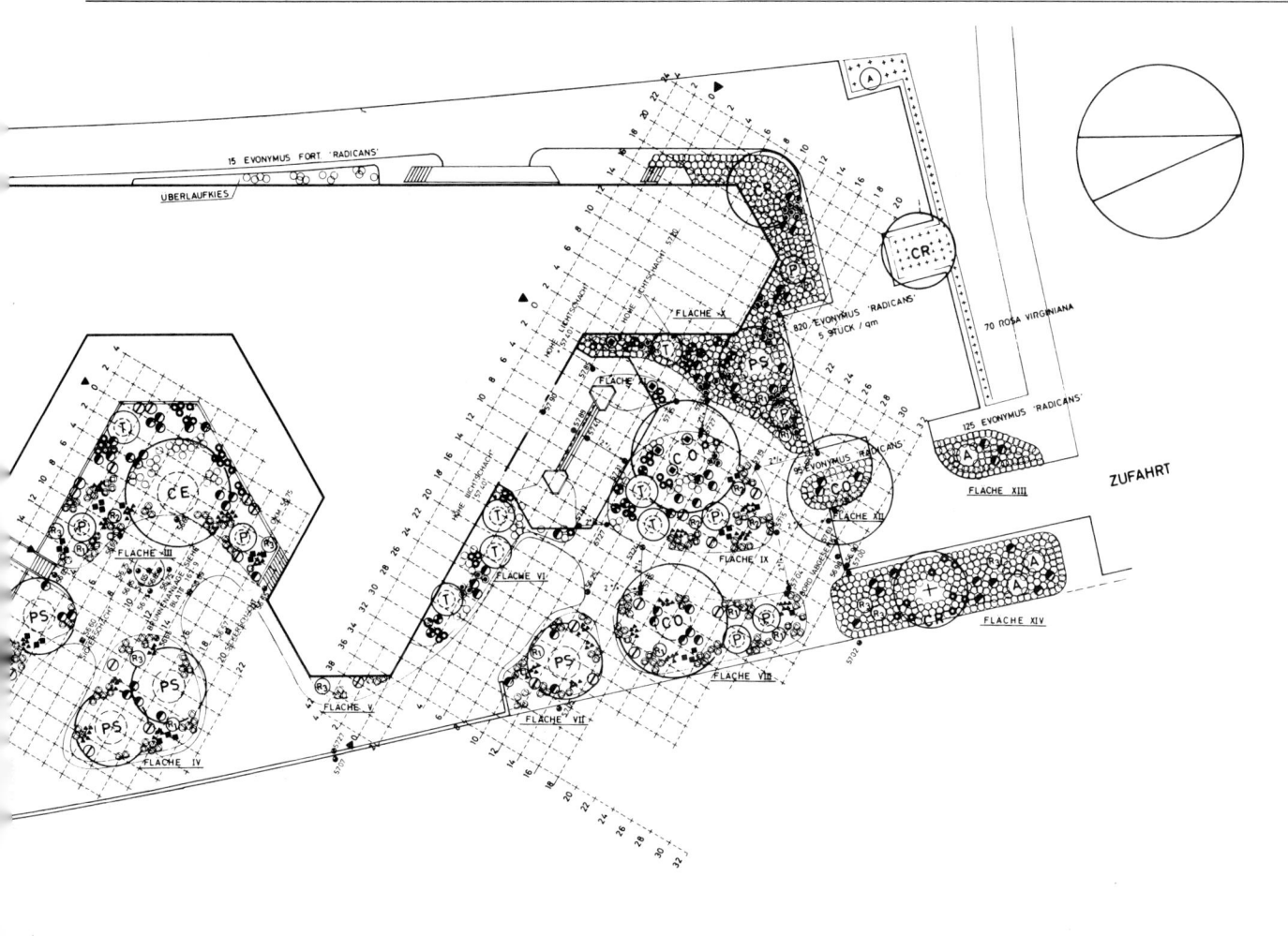

Aufbau von Bepflanzungsplänen   185

FLÄCHE IX · FORTSETZUNG

2xV STR :
- ○ 20 EVONYMUS FORT. 'RADICANS'
- ◐ 11 EVONYMUS FORT. 'VEGETUS'
- ● 4 HEDERA HELIX 'ARBORESCENS'
- ◌ 16 JUNIPERUS HOR. 'GLAUCA'
- ○ 8 JUNIPERUS SAB. 'TAMARISCIFOLIA'
- ◉ 3 MAHONIA AQUIFOLIUM
- ■ 4 PINUS PUMILA 'GLAUCA'
- ▲ 18 POTENTILLA FR. 'ARBUSCULA'
- ◐ 6 PYRACANTHA 'BAD ZWISCHENAHN'
- R₂ 3 ROSA OMEIENSIS 'PTERACANTHA'

FLÄCHE X UND XI

SOL :
- CR 1 CRATAEGUS CARRIEREI · 4xV , MB , EW , H , 20-25 STU
- PS 1 PINUS SILVESTRIS 4xV , MB , 200-300 B , 250-275 H
- P 2 PINUS S. 'PUMILA' 4xV , MB , 100-150 B , 175-200 H
- T 1 TAXUS BACCATA 4xV , MB , 125-150 B , 175-200 H
- ◉ 2 TSUGA CAN. 'NANA' · 4xV , MB , 50-60 H

2xV STR :
- ○ 820 EVONYMUS FORT. 'RADICANS'
- ◐ 10 EVONYMUS FORT. 'VEGETUS'
- ● 8 HEDERA HELIX 'ARBORESCENS'
- ◉ 31 MAHONIA AQUIFOLIUM
- ◐ 13 PYRACANTHA 'BAD ZWISCHENAHN'
- R₁ 3 ROSA MOYESII

FLÄCHE XII UND XIII UND XIV

SOL :
- A 3 AMELANCHIER CANADENSIS · 3xV , MB , 5-7 GTR , 200-250 H
- CO 1 CORYLUS COLURNA 4xV , MB , EW , STB , 30-50 STU

2xV STR :
- R₃ 3 ROSA CANINA 'KIESE'
- 660 EVONYMUS FORT. 'RADICANS'
- ◐ 16 PYRACANTHA 'BAD ZWISCHENAHN'
- ◐ 9 EVONYMUS FORT. 'VEGETUS'

ALLE ANDEREN FLÄCHEN

SOL :
- A 14 AMELANCHIER CANADENSIS · 3xV , MB , 5-7 GTR , 200-250 H
- CR 8 CRATAEGUS CARRIEREI · 4xV , MB , EW , H , 20-25 STU
- PL 14 PLATANUS ACERIFOLIA · 4 V MB 500 H 20 25 STU GLEICHM. GEWACHSEN

2xV STR :
- 395 ROSA VIRGINEANA
- 747 SYMPHORICARPUS CHEN. 'HANCOCK'
- ○ 15 EVONYMUS FORT. 'RADICANS

DIE FLÄCHEN I BIS IX SIND MIT FINDLINGEN UND ÜBERLAUFKIES ANGEDECKT. !

BAUHERR:	HOECHST AG FRANKFURT
PROJEKT:	KONTORNEUBAU HANNOVER
PLAN:	BEPFLANZUNGSPLAN / HÖHENPLAN

A ARTIN HEUER
FREIER GARTEN- UND LANDSCHAFTSARCHITEKT BDLA

12
Technische Pläne

Die Ausführung technischer Pläne ist streng auf die eigentliche Funktion ausgerichtet. Entwurfspläne werden in einer zeichnerisch jedermann sofort verständlichen Ausdrucksform gehalten; sie dienen der Verständigung zwischen Architekt und Bauherrn und müssen auch vom Nichtfachmann verstanden werden. Nicht zuletzt müssen sie dem Bauherrn die Gestaltungsidee so überzeugend wie möglich nahebringen.

Technische Pläne sind dagegen formgebundene Zeichnungen; sie dienen als Verständigungsgrundlage zwischen Architekt und ausführendem Landschaftsbauunternehmer bzw. Bauhandwerker. Als Bau- und Fertigungsanweisungen müssen sie alle für die Ausführung eines Objektes erforderlichen Darstellungen, Maßangaben und Erläuterungen der vorgesehenen Baustoffe enthalten. Der Auftragnehmer wird dadurch in die Lage versetzt, die Konstruktionsabsicht des planenden Architekten plangerecht in die Realität umzusetzen. Andererseits können technische Pläne bei Rechtsstreitigkeiten auch als Dokumentationsgrundlage von den streitenden Parteien in Anspruch genommen werden.

Technische Pläne brauchen nicht für eine Gestaltungsidee zu werben; sie müssen die Ausführung derselben ermöglichen. Ihre zeichnerische Darstellung hat daher verständlich, eindeutig und so ausführlich wie nötig zu erfolgen. Andererseits ist die Herstellung von Zeichnungen zeitaufwendig und mit Lohnkosten verbunden. Technische Pläne beschränken sich daher in der Darstellung auf das unbedingt Wesentliche.

12.1 Zeichnerische Ausdrucksform

12.1.1 Formale Ausführung

Der Auftragnehmer muß den technischen Plänen sämtliche erforderlichen Angaben entnehmen können. Das gilt in erster Linie für Maßangaben. Außerdem muß der Baukörper unverzerrt und maßgenau dargestellt werden, damit im Zweifelsfall bei fehlenden Maßangaben das gesuchte Maß durch Abgreifen gefunden werden kann. Diese selbstverständlichen Forderungen bestimmen in erster Linie die zeichnerische Ausdrucksform technischer Pläne.

Die Frage, ob Werkzeichnungen in Tusche oder in Bleistift ausgeführt werden sollen, ist nicht lapidar mit »Ja« oder »Nein« zu beantworten. Bei einfachen Objekten, die nur in einem oder wenigen Exemplaren vervielfältigt werden, kann die Ausführung in Bleistift durchaus ausreichen. So kann z. B. die Werkzeichnung für einen handgeschmiedeten Türknauf am Gartentor eines privaten Bauherrn als Fertigungsskizze für den Schlosser sogar in weichem Blei gehalten sein. Dagegen ist z. B. die Bauzeichnung für eine komplizierte Stützmauer mit Stahlgeländer und Treppen in den Außenanlagen eines öffentlichen Gebäudes nicht nur dem entsprechenden Bauträger und den ausführenden Firmen zuzustellen, sondern auch allen übrigen mit dem Bauvorhaben befaßten Behörden und Planungsstellen. Die Abstimmung der geplanten Baumaßnahmen mit den zuständigen Stellen kann sich erfahrungsgemäß sehr zeitaufwendig gestalten; die aus der Abstimmung sich ergebenden, notfalls sogar wiederholten Änderungen sind in Originalaufzeichnungen in Tuscheausführung jedoch sauberer und unauffälliger auszuführen. Originalausführungen in Blei, insbesondere in den weicheren Härtegraden, erlauben problemlose Änderungen nur über den Weg der relativ teuren Transparentpausen.

Die verständliche und legitime Forderung jedes Entwurfsbüros, den Zeichenaufwand finanziell im Rahmen der Wirtschaftlichkeit zu halten, betrifft neben Funktions- und Vorentwurfsskizzen primär die Werkzeichnungen: Bleistiftzeichnungen sind schneller anzufertigen als Tuschezeichnungen. Da kein Trocknungsprozeß abzuwarten ist, kann stets zügig weitergezeichnet werden.

Dagegen steht häufig die primäre Anforderung an jede Werkzeichnung, eindeutig lesbar zu sein. Eindeutige Lesbarkeit ist bei geringen Härtegraden aus Gründen leichter Verwischbarkeit, bei hohen Härtegraden aus Gründen geringer Graphitabsonderung, d. h. ungenügender Linienschwärzung, gefährdet. Außerdem gestaltet es sich schwierig, mit harten Bleistiftgraden ein flüssiges und gefälliges Schriftbild zu erzielen. Geringe Linienschwärzung in der Originalzeichnung läßt sich innerhalb eines gewissen Spielraumes durch kürzere Belichtung ausgleichen. Leider ist bei den Ablichtungen dann eine entsprechende Blau- oder Grautönung in Kauf zu nehmen. Radierungen bei Pausen, insbesondere bei Transparentpausen, treten deutlicher in Erscheinung.

Linien in Tuscheausführung ermöglichen aufgrund der intensiveren Schwärzung längere Belichtungszeiten und damit auch ungetönte Papier- und Transparentpausen. Änderungen durch Radieren fallen wegen Unverwischbarkeit besonders auf stärkeren Papierqualitäten nicht auf.

12.1.2 Dreidimensionale Darstellungen

In aller Kürze umrissen, liegt das Problem der Werkzeichnungen in dem Umstand, daß jeder Baukörper ein räumliches oder plastisches Gebilde ist, das auf der Fläche des Papiers dargestellt werden muß: die Dreidimensionalität des Körpers oder des Raumes muß auf dem zweidimensionalen Zeichnungsträger herausgearbeitet werden.

Darstellungen mit drei Ausdehnungsrichtungen können in zwei Arten ausgeführt werden:
1. als Perspektive,

2. als Parallelprojektion.

Perspektivische Zeichnungen eignen sich für technische Zeichnungen im allgemeinen deshalb nicht, weil sie mit Ausnahme von sehr einfach strukturierten Baukörpern das Anbringen einer vollständigen und übersichtlichen Bemaßung erschweren, wenn nicht gar unmöglich machen. Außerdem ist stets die Möglichkeit der optischen Verzerrung gegeben, die bei Axonometrien, d. s. Parallelperspektiven durch ungünstige Festlegung des Achsen- oder Zeichenwinkels sowie durch Verkürzung der Tiefendimension, bei Fluchtpunktperspektiven dagegen durch die ungeeignete Festlegung von Augpunkt, Sehrichtung und Sehwinkel hervorgerufen werden können. Während aber Parallelperspektiven grundsätzlich Maßstäblichkeit aufweisen und selbst bei definierter Verkürzung der dritten Dimension Maßentnahmen ermöglichen, fehlen diese selbstverständlichen Voraussetzungen jeder technischen Zeichnung bei den Fluchtpunktperspektiven.

12.1.3 Senkrechte Parallelprojektionen

In senkrechten Parallelprojektionen werden Körper maßgetreu und maßstabsgerecht als Abfolge zweidimensionaler Abbildungen von Grundriß und Ansichten dargestellt.

Die der senkrechten Parallelprojektion, auch Dreitafelprojektion genannt, zugrunde liegende Methode beruht auf der Vorstellung parallel verlaufender Projektionsstrahlen, die stets im rechten Winkel auf der Projektionsebene auftreffen. Werden nun sämtliche Eckpunkte eines Körpers auf eine Projektionsebene projiziert und die Projektionspunkte auf der Ebene miteinander verbunden, so erhält man die maßgetreue Wiedergabe der Körperfläche. Die im Regelfall rechtwinklige Richtungsänderung des Projektionsstrahlenbündels ermöglicht die Abbildung der übrigen Körperflächen.

Folgerichtig hat man sich den abzubildenden Körper in ein rechtwinkliges Raumeck aus Projektionsebenen plaziert vorzustellen; der Abstand der Körperflächen zu den Projektionsebenen ist möglichst gleich groß zu wählen.

Anstelle von Projektionsstrahlen zwischen Körperkante und Projektionsebene können auch Projektionslinien von Projektionsebene zu Projektionsebene treten. Nach vollzogener Projektion des Körpers auf die Projektionsebenen werden die Kanten des Raumecks soweit aufgetrennt, daß die Projektionsflächen in eine Ebene ausgebreitet werden können.

Diese Projektionsmethode hat zur Folge, daß Untersicht, Vorderansicht und Grundriß bzw. Draufsicht vertikal übereinander, sämtliche Seitenansichten horizontal bzw. höhengleich neben der Vorderansicht angeordnet werden. Die vertikale und horizontale Anordnung der Körperflächen erleichtert das visuelle Erfassen des Gegenstandes sowie die vergleichende Betrachtung der einzelnen Flächen.

Die Anwendung dieser Methode erfolgt in der Zeichenpraxis zweckmäßigerweise so, daß als erster Zeichenschritt zunächst das Projektionsachsenkreuz – identisch mit den Kanten des gedachten Raumecks der Projektionsebenen – aufgezeichnet wird. Dann werden

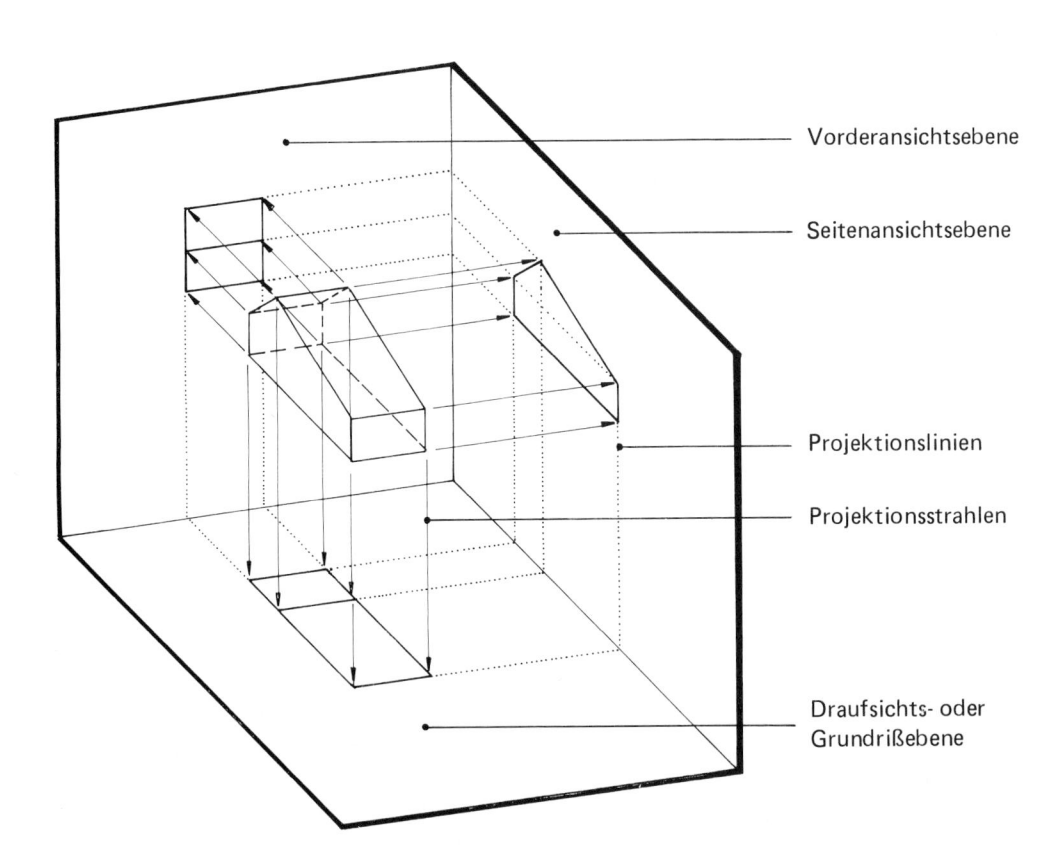

Abb. 223 Methode der senkrechten Parallelprojektion

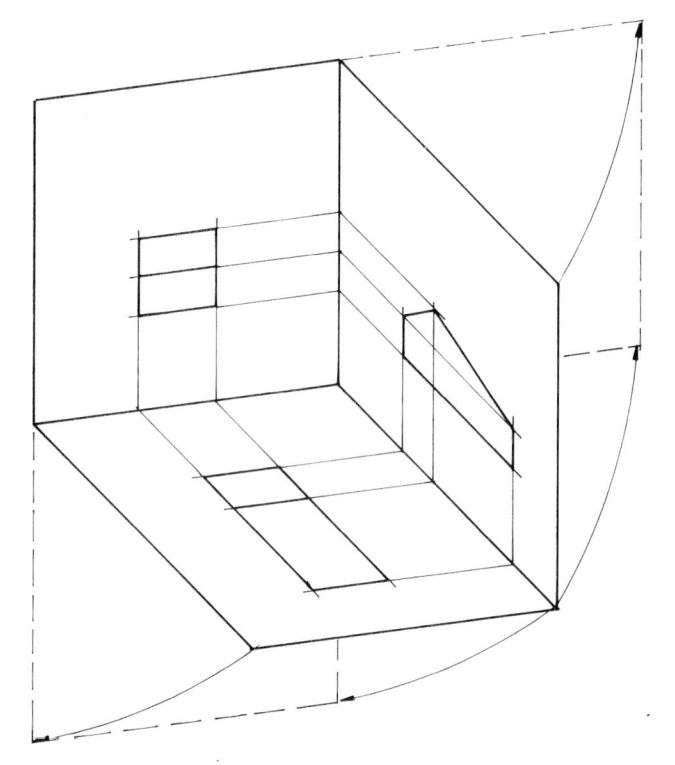

Abb. 224 a Ansichten und Draufsicht im Raumeck

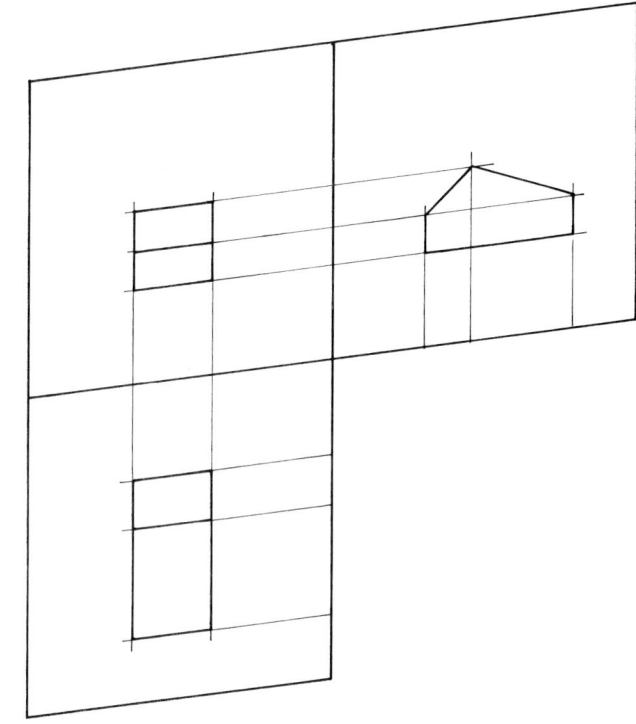

Abb. 224 b Ausbreiten der Draufsicht und der Ansichten in eine Ebene

Viertelkreismethode   45°-Methode   Winkelhalbierenden-Methode

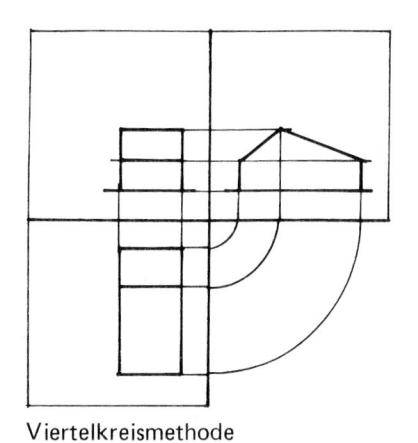

Abb. 225 Projektionsmethoden

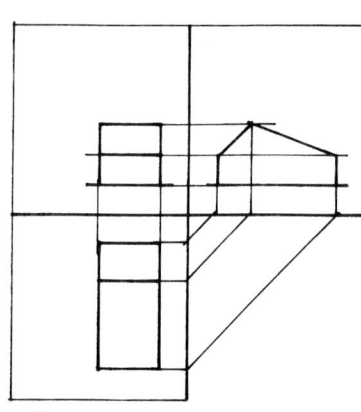

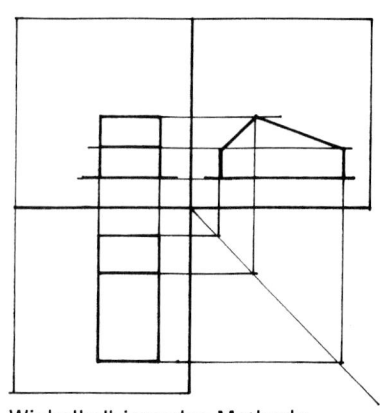

nach Maßgabe der Größe des darzustellenden Körpers wie der zur Verfügung stehenden Zeichenflächen die Projektionsachsenabstände mittels Hilfslinien in den Grundriß- und Ansichtsebenen festgelegt; weisen die Körperflächen zu ihren zugehörigen Projektionsebenen gleiche Abstände auf, so sind auch die Abstände zwischen den Hilfslinien und den Linien des Projektionsachsenkreuzes gleich groß. Als nächster Schritt erfolgt die Darstellung des Grundrisses bzw. der Draufsicht nach vorgegebenen Maßen in einem der vier Sektoren des Raumachsenkreuzes. Um die Ansichten darstellen zu können, werden die Eckpunkte der Draufsicht mittels Projektionslinien auf die Projektionsachsen übertragen und von dort auf die Hilfslinien des Projektionsachsenabstandes verlängert.

Die Vorderansicht wird konstruiert, indem die Längen mittels Projektionslinien vom Grundriß übernommen, die Höhen dagegen anhand vorgegebener Maße abgetragen werden.

Für die Seitenansichten werden die Höhen wiederum mittels Projektionslinien von der Vorderansicht übernommen; die Breiten können entweder

a) mit der Viertelkreismethode oder
b) mit der 45°-Methode auf die benachbarte, hori-

zontale Projektionsachse und weiter auf die Hilfslinien des Projektionsachsenabstandes übertragen werden. Am einfachsten erfolgt die Übertragung
c) mit Hilfe der Methode der Winkelhalbierenden.

Voraussetzung der maßgetreuen Wiedergabe der Körperfläche ist deren Parallelflächigkeit zu den Projektionsebenen.

Körperkanten werden in den Ansichten als wahre Größen wiedergegeben, zu deren zugehöriger Projektionsebene sie parallel liegen. Körperkanten, die zu keiner Projektionsebene parallel verlaufen, werden verkürzt dargestellt. Ihre wahre Länge wird zeichnerisch ermittelt, indem die verkürzten, d. h. projizierten Linien mittels Hilfskonstruktionen parallel zu einer der Projektionsebenen transponiert werden.

12.2 Zeichnerische Ausdrucksmittel

Die zeichnerischen Ausdrucksmittel sind dem Zeichnungszweck entsprechend knapp gehalten. Nach DIN 1356 BAUZEICHNUNGEN bestehen sie aus einer Kombination von 3 Linienstärken und 5 Linienarten.

12.2.1 Linienstärken

Die Linienbreiten der Strichstärke unterscheiden breit, mittel und schmal im Verhältnis 2.0 : 1.0 : 0.7. Je nach Maßstab kann unter verschiedenen Strichbreitengruppen gewählt werden.

Die Gruppen der stärkeren Linienbreiten werden bei kleinmaßstäblichen Darstellungen bevorzugt, die

Linienarten	Wichtigste Anwendung	Maßstab der Zeichnung				
		1 : 1	1 : 5 / 1 : 10	1 : 50	1 : 100	1 : 200
		Vorzugsweise zu wählende Linienbreiten in mm				
Vollinie (breit)	Begrenzung von Flächen geschnittener Bauteile	1,4	1	0,7	0,5	0,35
Vollinie (mittelbreit)	Sichtbare Kanten von Bauteilen, Begrenzung schmaler oder kleiner Flächen geschnittener Bauteile, Maßzahlen, kleinste Beschriftung, Maßbegrenzungslinien	0,7	0,5	0,35	0,25	0,18
Vollinie (schmal)	Rasterlinien, Maßlinien, Maßhilfslinien, Hinweislinien, Pfeile, Lauflinien, Höhenlagen, Schraffuren, Hinweisschilder	0,5	0,35	0,25	0,18	0,18
Strichlinie (mittelbreit)	Unsichtbare Kanten von Bauteilen	0,7	0,5	0,35	0,25	0,18
Strichlinie (schmal)	Nebenrasterlinien	0,5	0,35	0,25	0,18	0,18
Strichpunktlinie (breit)	Kennzeichnung von Schnittebenen	1,4	1	0,7	0,5	0,35
Strichpunktlinie (mittelbreit)	Stoffachsen, Symmetrieachsen	0,7	0,5	0,35	0,25	0,18
Strichpunktlinie (schmal)	Kennzeichnung von Änderungen im Schnittverlauf	0,5	0,35	0,25	0,18	0,18
Freihandlinie	Kennzeichnung von Holz im Schnitt	0,5	0,35	0,25	0,18	0,18
Punktlinie (schmal)	abzubrechende oder nebensächlich dargestellte Bauteile					

Abb. 226 Linienarten und Linienbreiten nach DIN 1356/1974

Baustoff, Bauteil (ggf. ergänzt durch nähere Angaben)		Art der Bauzeichnung							Farben RAL
		Vorentwurfszeichnungen	Entwurfszeichnungen		Ausführungszeichnungen		Teilzeichnungen		
			Art der Darstellung						
			schwarz-weiß	farbig	schwarz-weiß	farbig	schwarz-weiß	farbig	
1	Alte Bauteile im Schnitt	Falls erforderlich wie Entwurfszeichnungen behandeln	☐	RAL 7001	☐	RAL 7001	☐	RAL 7001	grau, RAL 7001
2	Neue Bauteile im Schnitt		▮	RAL 3016	Nach 7 bis 15 unterscheiden				braunrot, RAL 3016
3	Abzubrechende Bauteile im Schnitt		—	RAL 1016	┈	RAL 1016	┈	RAL 1016	gelb, RAL 1016
4	Neue Bauteile in der Ansicht		—	—	—	—	—	—	wie 2, nur lasierend
5	Abzutragender Boden / Abzubrechende Bauteile in der Ansicht		☐	RAL 1016	—	—	—	—	wie 3, nur umrandet
6	Aufgefüllter Boden				☐		☐		—
7	Unbewehrter Beton	Falls erforderlich, wie Ausführungszeichnungen behandeln			▨	RAL 6013	▨	RAL 6013	olivgrün, RAL 6013
8	Bewehrter Beton ohne Darstellung einer Bewehrung				▨	RAL 6000	▨	RAL 6000	blaugrün, RAL 6000
9	Mauerwerk aus künstlichen Steinen				▨	RAL 3016	▨	RAL 3016	wie 2
10	Betonfertigteile ohne Darstellung einer Bewehrung	Einheitliche Kennzeichnung der Flächen			▦	RAL 4005	▦	RAL 4005	violett, RAL 4005
11	Holz in Schnittflächen				▧	RAL 8001	▧	RAL 8001	braun, RAL 8001
12	Stahl im Schnitt				▬	▬	▬	▬	schwarz
13	Sperrschicht gegen Feuchtigkeit				┅	┅	┅	┅	schwarz und weiß
14	Dämmschicht gegen Schall, Wärme oder Kälte				—	RAL 5008	☐	RAL 5008	blaugrau, RAL 5008
15	Putz, Mörtel				▫	—	▫	—	weiß

(Spalte: Nur für Um- und Anbauten vorzugsweise Baueingaben)

Abb. 227 Schnittschraffuren und -signaturen nach DIN 1356/1974

Änderungsvermerk zu DIN 1356
Unter der Spalte »Vorentwurfszeichnungen« gilt die Bemerkung »Falls erforderlich wie Entwurfszeichnungen behandeln« für die Zeilen 1 bis 6 und nicht, wie ausgedruckt, nur für die Zeilen 2 bis 5. In der bezeichneten Spalte müssen also die beiden Trennlinien zwischen den Zeilen 1 und 2 sowie 5 und 6 entfallen.
Deutscher Normenausschuß

Bemaßung und Beschriftung

schwächeren Linienbreiten entsprechend bei großmaßstäblichen Darstellungen (Abb. 226). Bei Bleistiftdarstellungen werden lediglich zwei, also nur dünne und breite Linienbreiten unterschieden.

12.2.2 Linienarten

Die Linienarten unterscheiden Vollinien, Strichlinien, Strichpunktlinien, Punktlinien und Freihandlinien, die in den drei erstgenannten Fällen auch mit verschiedenen Linienbreiten kombinierbar sind. Der Anwendungsbereich der Linienarten und -stärken kann der Zusammenstellung in Abbildung 226 entnommen werden.

12.2.3 Schnittschraffuren und -signaturen

Schraffuren und Signaturen treten ausschließlich in Schnittdarstellungen auf; sie werden stets in der dünnen Linienstärke gezeichnet und müssen die in der Schnittebene liegenden Baustoff-Flächen und Baumaterialien kennzeichnen. Dabei können unterschiedliche Qualitätsstufen eines Baustoffes, z. B. unterschiedliche Festigkeitsklassen bei Beton durch verschieden enge Schraffurlinienabstände kenntlich gemacht werden. Schraffurlinien werden normalerweise im 45°-Winkel von links unten nach rechts oben ansteigend gezeichnet. Die Schraffurrichtung kann abgeändert werden, wenn Baustoffteile derselben Art und Qualitätsstufe unmittelbar benachbart sind (Abb. 228).

12.3 Bemaßung und Beschriftung

Bauzeichnungen sind Fertigungs- und Bauanweisungen. Sie müssen deshalb ausreichend bemaßt werden; die Baustoffe sind hinreichend zu kennzeichnen und zu erläutern.

12.3.1 Bemaßung

Maßlinien, Maßhilfslinien, Maßlinienbegrenzungen und Maßzahlen sind die zeichnerischen Elemente der Bemaßung. Bei der z. Z. anhaltenden Überarbeitung der DIN 1356 zeichnet sich die Tendenz ab, daß die bisher üblichen Maßlücken entfallen werden.

12.3.1.1 Maßlinien

Um die Eindeutigkeit der Bemaßung sicherzustellen, verlaufen Maßlinien stets parallel zum bemaßten Bauteil. Kreisbogenabschnitte dürfen deshalb z. B. nicht mit konzentrischen, sondern nur mit kongruenten Maßlinien bemaßt werden, sofern nicht einfacher mit Winkelangaben bemaßt werden kann.

12.3.1.2 Maßhilfslinien

Maßhilfslinien nehmen Bezug auf die Eckpunkte der zu bemaßenden Bauteile. Sie werden stets senkrecht zu den Maßlinien angeordnet. Wie diese sind sie in der dünnen Linienbreite auszuführen. In der Länge nehmen sie deutlich Bezug auf das Bauteil. Maßlinien und Maßhilfslinien überschneiden einander um 2 bis 4 Millimeter. Um Verwechslungen mit Maßhilfslinien auszuschließen, werden Hinweispfeile von Maßzahlen und Erläuterungen mit einem deutlichen Punkt versehen.

12.3.1.3 Maßlinienbegrenzungen

Innerhalb einer Darstellung kann eine Überkreuzung

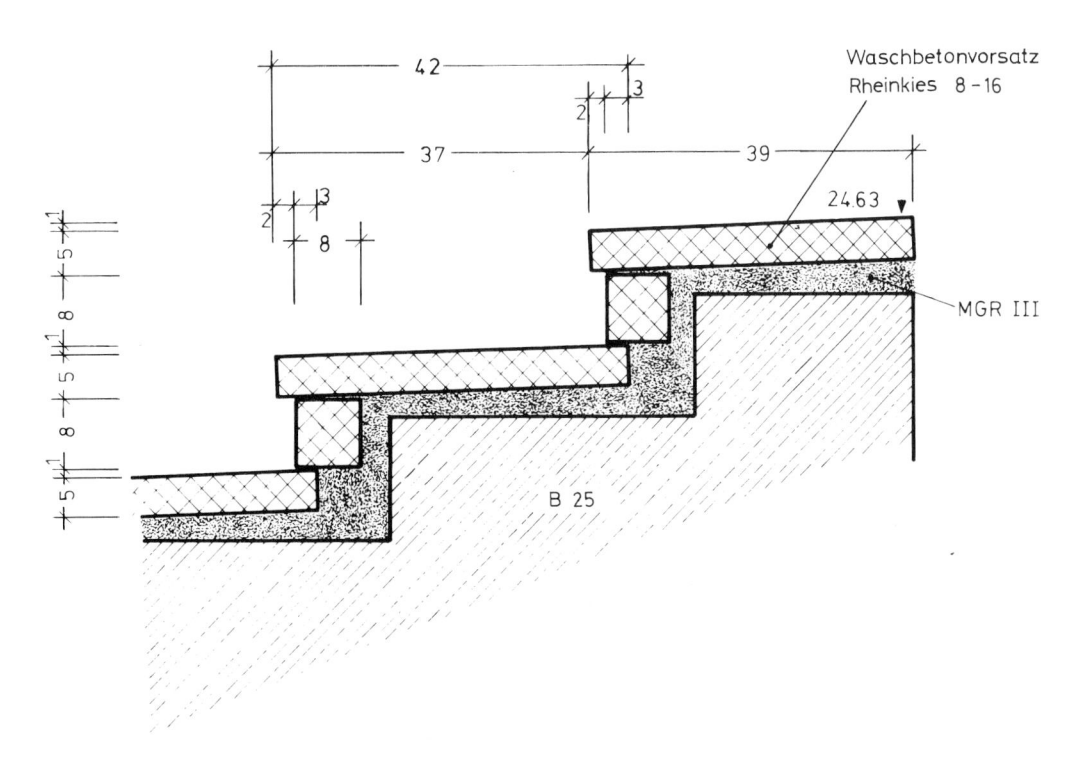

Abb. 228 Austrittsstufe als Teilschnitt einer Legstufentreppe

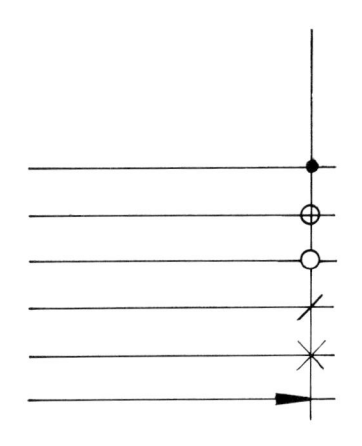

Abb. 229 Möglichkeiten der Maßlinienbegrenzung

von Maßlinien und Maßhilfslinien oder anderen Linien auftreten, ohne daß ein Bezug zu einem bestimmten Maßpunkt vorliegt. Um folgenschwere Irrtümer auszuschließen, werden beabsichtigte Überkreuzungen von Maß- und Maßhilfslinien durch Maßlinienbegrenzungen eindeutig gekennzeichnet.
Die Begrenzung kann erfolgen durch
a) Punkte mit einem Durchmesser, der etwa ⅓ der Schriftgröße entspricht;
b) Kreise mit einem Durchmesser von etwa ⅔ der Schriftgröße;
c) Schrägstriche in Kommarichtung von mittelbreiter Linienbreite;
d) Andreaskreuze bei Vorliegen von Material- oder Konstruktionsachsen;
e) Pfeile bei Kreisbogenbemaßungen und Innenmaßen. Die Pfeilspitzen werden 6 mm lang und mit 15° Winkeln ausgefüllt dargestellt.

12.3.1.4 Maßzahlen

Maßzahlen können in Bauzeichnungen in den Maßeinheiten mm, cm und m angegeben werden. Zur Vereinfachung des Schreibaufwandes hat sich in Bauzeichnungen des Stein-, Beton- und Holzbaues die kombinierte Schreibweise von cm und m durchgesetzt. Maße, die kleiner als 1 m sind, werden in cm angegeben; bei Maßen von mehr als 1 m werden Meter und Zentimeter durch Kommata getrennt. Millimeter werden als Hochzahl geschrieben.

7   78   1,72 $1,78^3$

Maßangaben in Werkzeichnungen für den Stahlbau werden in mm

7   72   755   12773 bzw. wahlweise in der m-mm-Kombination angegeben

7   72   755   12,773.

Die Maßeinheiten sind in beiden Fällen nicht besonders anzugeben. In Bauzeichnungen mit verschiedenen Maßeinheiten-Kombinationen müssen zur Vermeidung von Unklarheiten die Maßeinheiten an den jeweiligen Einzeldarstellungen angegeben werden.

Schrifthöhe und Schrifttype der Maßzahlen sind selbstverständlich identisch mit denen der übrigen Beschriftung.

Maßzahlen dürfen nicht von Linien berührt oder getrennt werden. Die Maßzahl muß eindeutig lesbar sein. Zur Erleichterung des Planlesens werden Maßzahlen so geschrieben, daß sie von der unteren und der rechten Blattkante aus gelesen werden können, wenn die Zeichnung sich in der richtigen Gebrauchshaltung befindet.

Die im Geltungsbereich deutscher Industrienormen bisher übliche Schreibweise der Maßzahlen in Maßlücken wird zur Vereinfachung der Zeichnungsherstellung in Zukunft entfallen. Die Neufassung der DIN 1356 »Bauzeichnungen« sieht die Anordnung der Maßzahlen über den zugehörigen durchgezogenen Maßlinien vor.

Des weiteren wird in Zukunft bei der Bemaßung von Maueröffnungen in Grundrissen das Breitenmaß über der Maßlinie, das Maß für die Höhe dagegen unter der zugehörigen Maßlinie angeordnet; bei Fenstern ist zusätzlich die Brüstungshöhe anzugeben.

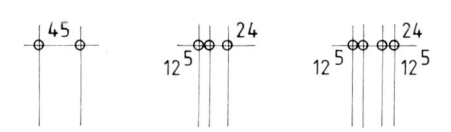

Bei Querschnittsangaben wird zuerst die Breite und dann die Höhe angegeben.

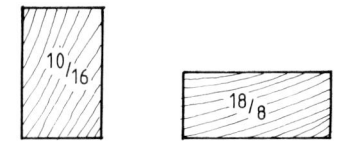

Vereinfachte Querschnittsangaben bei einem

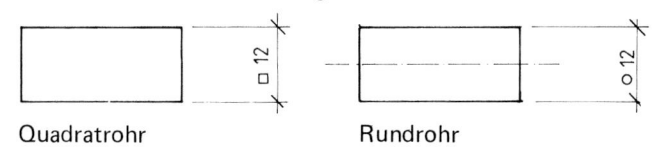

Quadratrohr   Rundrohr

Abb. 230 Bemaßungsbeispiele

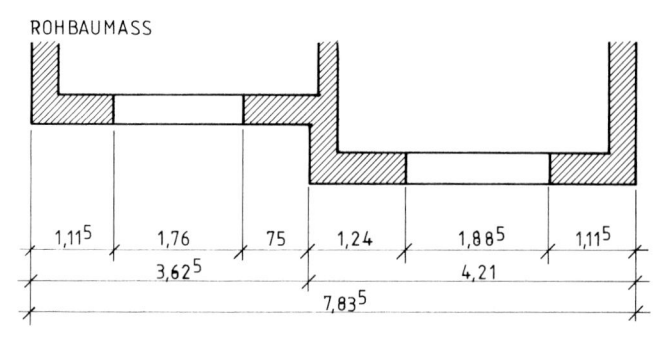

Abb. 231 Maßkettenblock

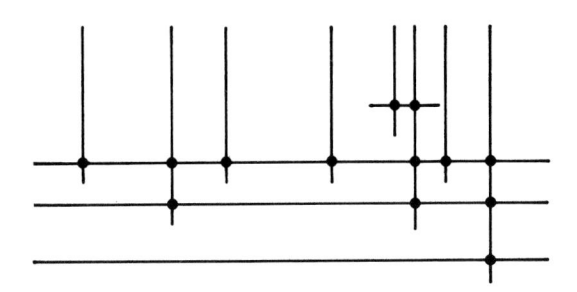

Abb. 232 Ein- und mehrfache Maßhilfslinienbezüge

12.3.1.5 Maßketten und ihre Anordnung

Differenziert geformte Bauteile erfordern in der Regel eine Bemaßung, die mehrere Maßlinien umfaßt; diese werden ihrerseits zu einem Maßkettenblock geordnet, wobei die Maßkette bzw. Maßlinie mit der subtilsten Unterteilung dem dargestellten Gegenstand am nächsten zugeordnet wird. Die äußerste Maßlinie enthält das Kontrollmaß.

Der Abstand der Maßlinien innerhalb des Maßkettenblocks ist stets einheitlich zu wählen. Je nach Größe der Schrifthöhe kann der Abstand 6–12 mm betragen. Der Abstand der dem Bauteil unmittelbar benachbarten Maßlinie zum Zeichnungsgegenstand ist ca. 6–9 mm größer.

Maßhilfslinien in Maßkettenblöcken werden als eine ununterbrochene Linie ausgezogen, wenn sie sich auf denselben Maßpunkt beziehen.

Die Anordnung der Maßketten erfolgt in Bauzeichnungen normalerweise unterhalb und rechts der Darstellung.

12.3.2 Beschriftung

Die übergeordnete Leitlinie jeder Beschriftung ist die an sich selbstverständliche, im täglichen Erfahrungsbereich leider nicht immer eingehaltene Forderung, daß die Schrift unbedingt lesbar sein muß.

Die aus Gründen der Zeitersparnis gern verwendete Freihandschrift sollte in jedem Fall ein gleichmäßiges, klares und flüssiges Schriftbild mit einheitlicher Schrifthöhe aufweisen, in jedem Fall aber lesbar sein. Dieses Postulat ist mit härteren Bleistiftgraden als die ausreichend verwischfesten 3 H- und 4 H-Härten nicht zu erfüllen.

In jedem Fall ist es vorteilhaft, das Einhalten der Schrifthöhe durch möglichst unauffälliges Linieren mit hartem Bleistift zu erleichtern.

Hat die Werkzeichnung einem besonders hohen Darstellungsstandard zu genügen, so sind Schriftschablonen zu verwenden; das ist auch für Zeichner ratsam, die freihändig kein zufriedenstellendes Schriftbild erzielen können. Besonders vorteilhaft gestaltet sich das Schreiben mit den neuerdings üblichen Schablonen der Iso-Normschrift: die spezielle Ausformung der Buchstabenbreiten erleichtert den richtigen Buchstabenabstand.

Schablonenschreiben ist mit lästigem Mehraufwand an Zeit verbunden, der allerdings innerhalb eines gewissen Spielraumes durch striktes Einhalten der Klein- oder besser noch der Großschreibweise verringert werden kann.

Als Schrifttypen kommen die enge und mittelbreite Iso-Normschrift in vertikaler und kursiver Ausführung nach DIN 6776 in Frage. In Metallbauzeichnungen wird seit jeher ausschließlich die Kursivschrift verwendet. Im Bereich der Bauzeichnungen des Hoch- und Landschaftsbaus wird offensichtlich die Vertikalschrift bevorzugt.

12.4 Werkzeichnung

Werkzeichnungen können analog der unterschiedlichen Natur der Bauobjekte im Landschaftsbau, aber auch der unterschiedlichen Zielsetzung der Bauzeichnung entsprechend außerordentlich verschieden ausfallen. Neben häufig großmaßstäblichen Zeichnungen wie Absteckplänen und Höhen- und Entwässerungsplänen steht die Vielzahl der eher kleinmaßstäblichen Bauzeichnungen für Objekte wie Brunnen, Treppen, Mauern, Brückenstege, Sichtschutzzäune, Gartentore, Pergolen, Grillsteine u. a. m. Im ersten Fall besteht die Werkzeichnung nur aus einer Zeichnungsart. Zusätzliche Details werden meistens auf einem weiteren Blatt dargestellt. Im zweiten Fall vereint die Werkzeichnung aufgrund des geringeren Objektumfanges auf einem einzigen Blatt die Kombination von Ausführungszeichnung, Schnitt- und Detaildarstellungen.

12.4.1 Ausführungszeichnung

Die Grundlage jeder Werkzeichnung ist die Ausführungszeichnung; sie muß den Bauführer auf der Baustelle in die Lage versetzen, das Bauobjekt maß-, höhen- und lageplangerecht abstecken zu können. Zu diesem Zweck sind folgende Leitlinien zu beachten:

1. der Grundriß der Ausführungszeichnung (AZ) ist in mindestens 2 Punkten auf die Maßpunkte des Absteckplanes abzustimmen;
2. die Werte des Höhenplanes sind in den Grundriß der AZ zu übernehmen. Höhenwerte sind stets dort einzutragen, wo vertikal oder horizontal ein Wechsel der Gefällerichtung stattfindet;
3. die Flächenwidmung, insbesondere z. B. die Befestigungsart der Wege- und Platzflächen muß im Hinblick auf die Fundamentausführung bekannt und in der AZ vermerkt sein.

Der bei Ausführungszeichnungen bevorzugte Maßstab beträgt 1 : 50. Objekte sehr begrenzten Umfanges können auch kleinmaßstäblicher dargestellt werden. So ist ein kurzer Treppenlauf schon aus Gründen übersichtlicher Bemaßung besser im Maßstab 1 : 20 darzustellen.

In besonderen Fällen kann bei Ausführungszeichnungen der Maßstab 1 : 1 notwendig werden. Das gilt z. B. für Grabsteine mit anspruchsvoller Beschriftung oder einem Brunnenstein mit diffiziler Linienführung; in beiden Fällen können die Maße aus der AZ durch Pausen oder Abgreifen unmittelbar auf das Werkstück übertragen werden.

Technische Pläne

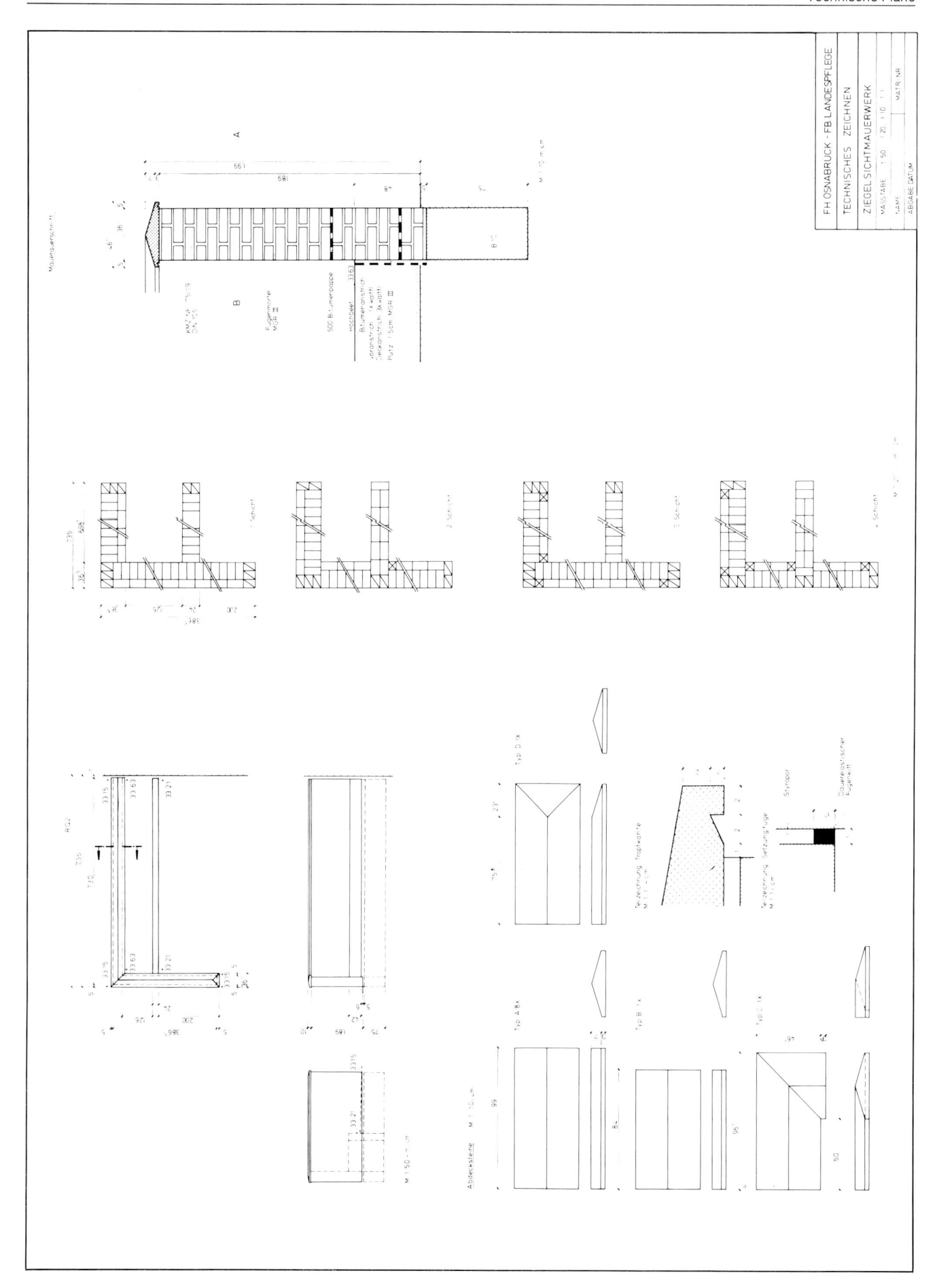

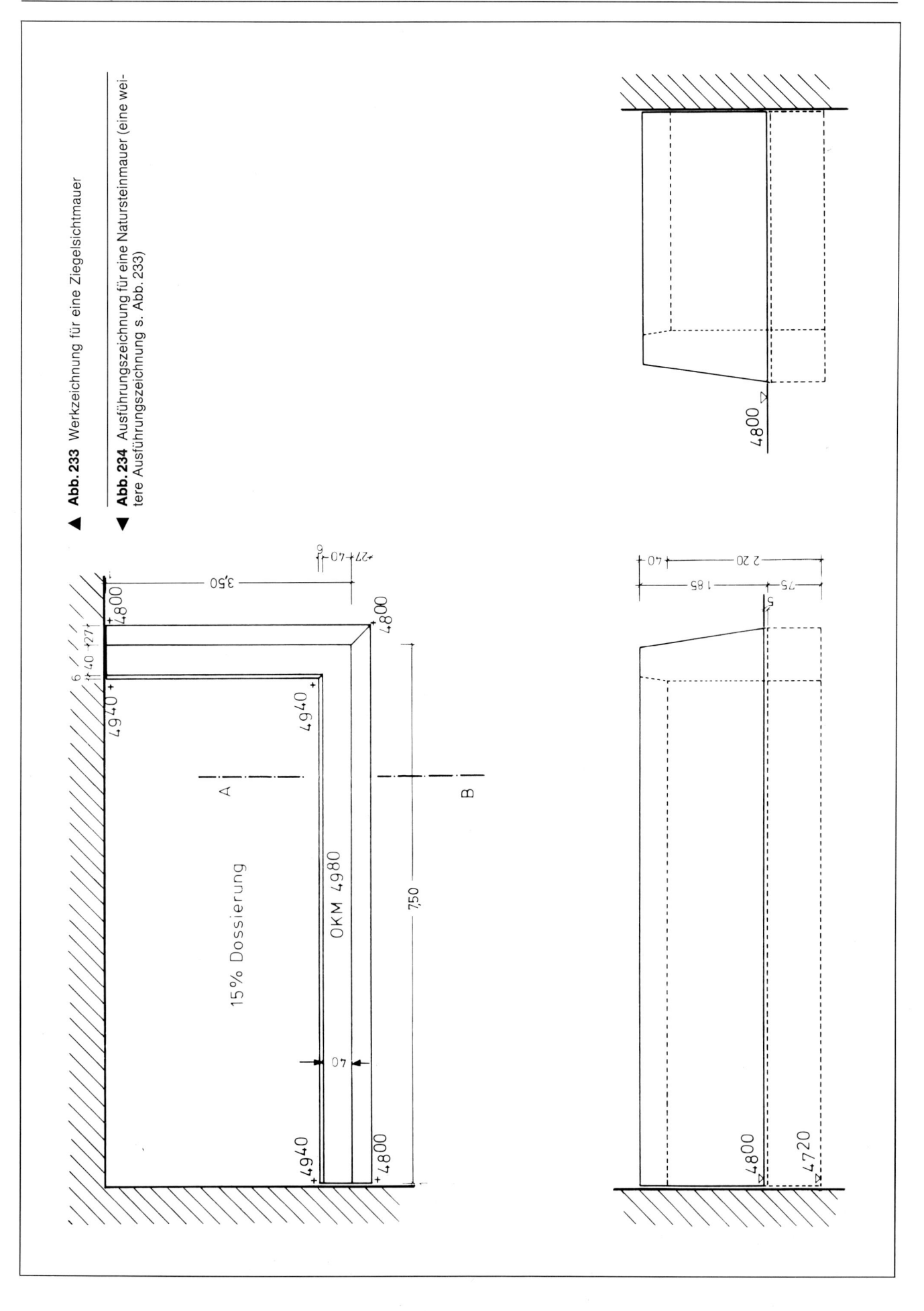

Abb. 233 Werkzeichnung für eine Ziegelsichtmauer

Abb. 234 Ausführungszeichnung für eine Natursteinmauer (eine weitere Ausführungszeichnung s. Abb. 233)

Grundriß/Draufsicht

Vorderansicht Rechte Seitenansicht

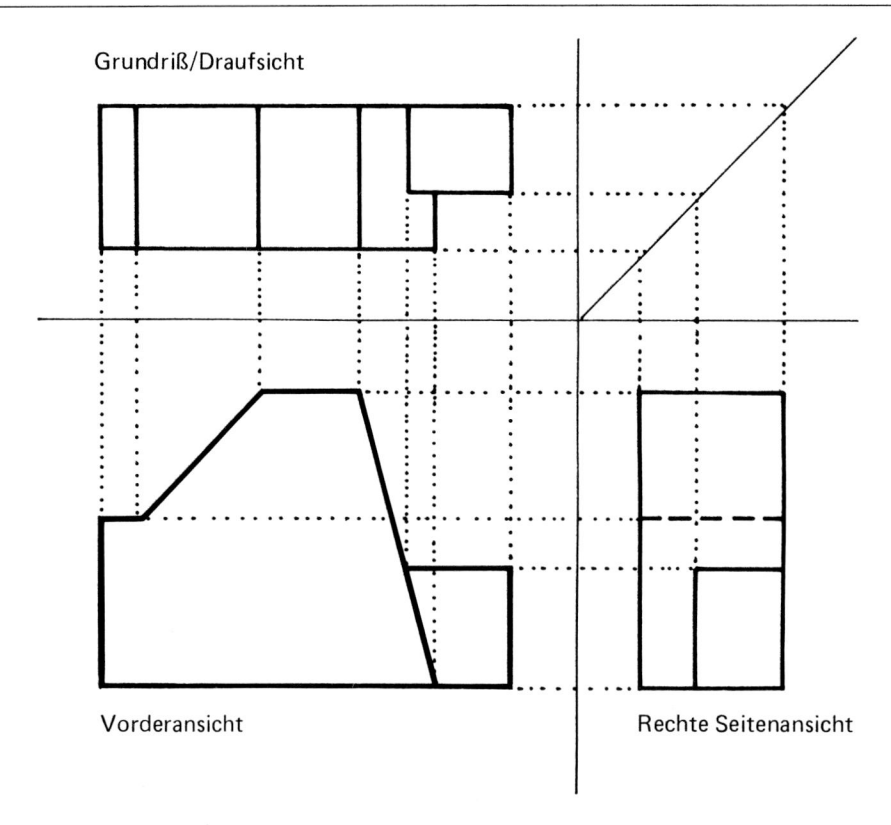

Abb. 235 Anordnungsmethode in Ausführungszeichnungen

Draufsicht

Linke Seitenansicht   Vorderansicht   Rechte Seitenansicht   Rückansicht

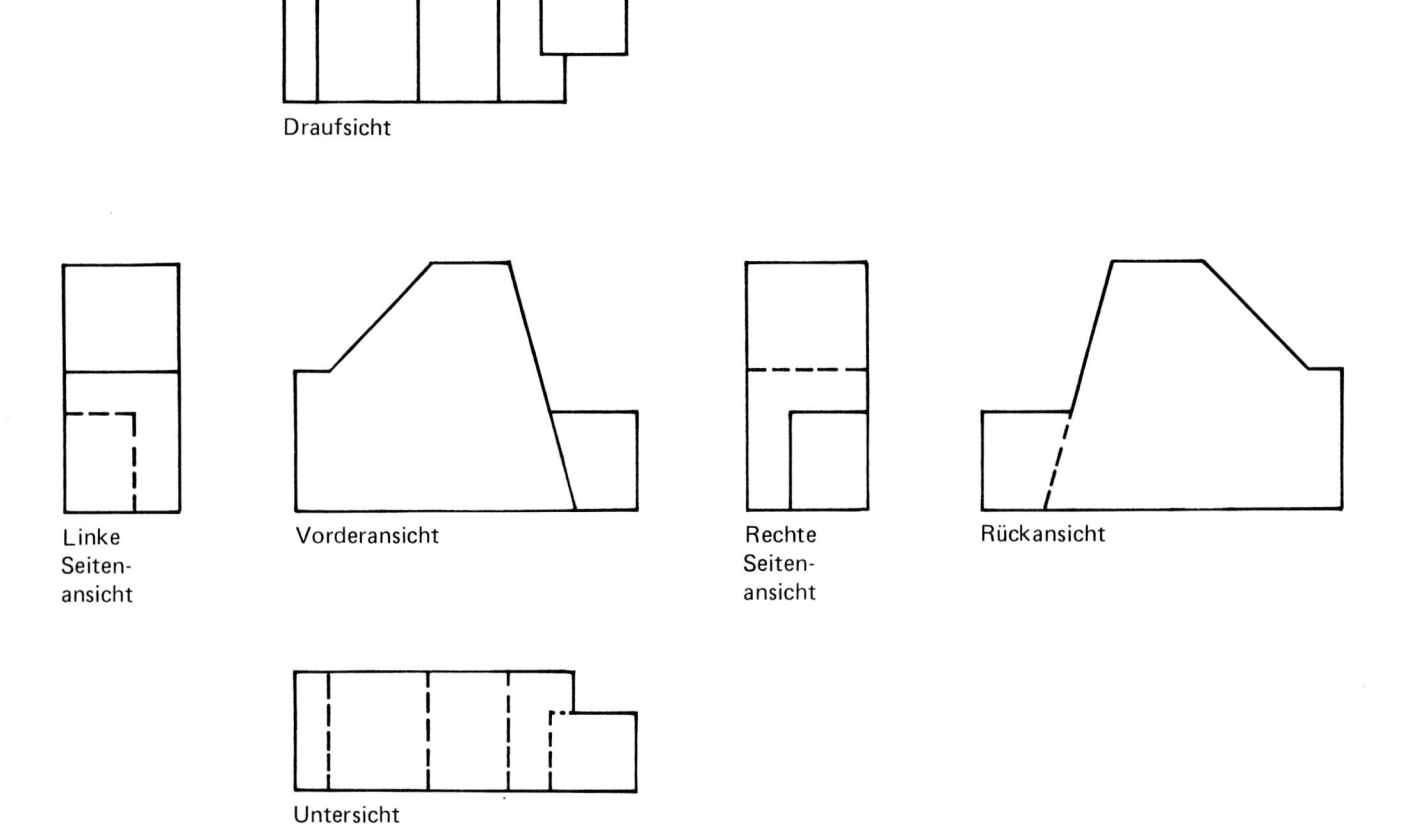

Untersicht

Abb. 236 Anordnung der Körperansichten in Ausführungszeichnungen

Werkzeichnung

Mauerquerschnitt

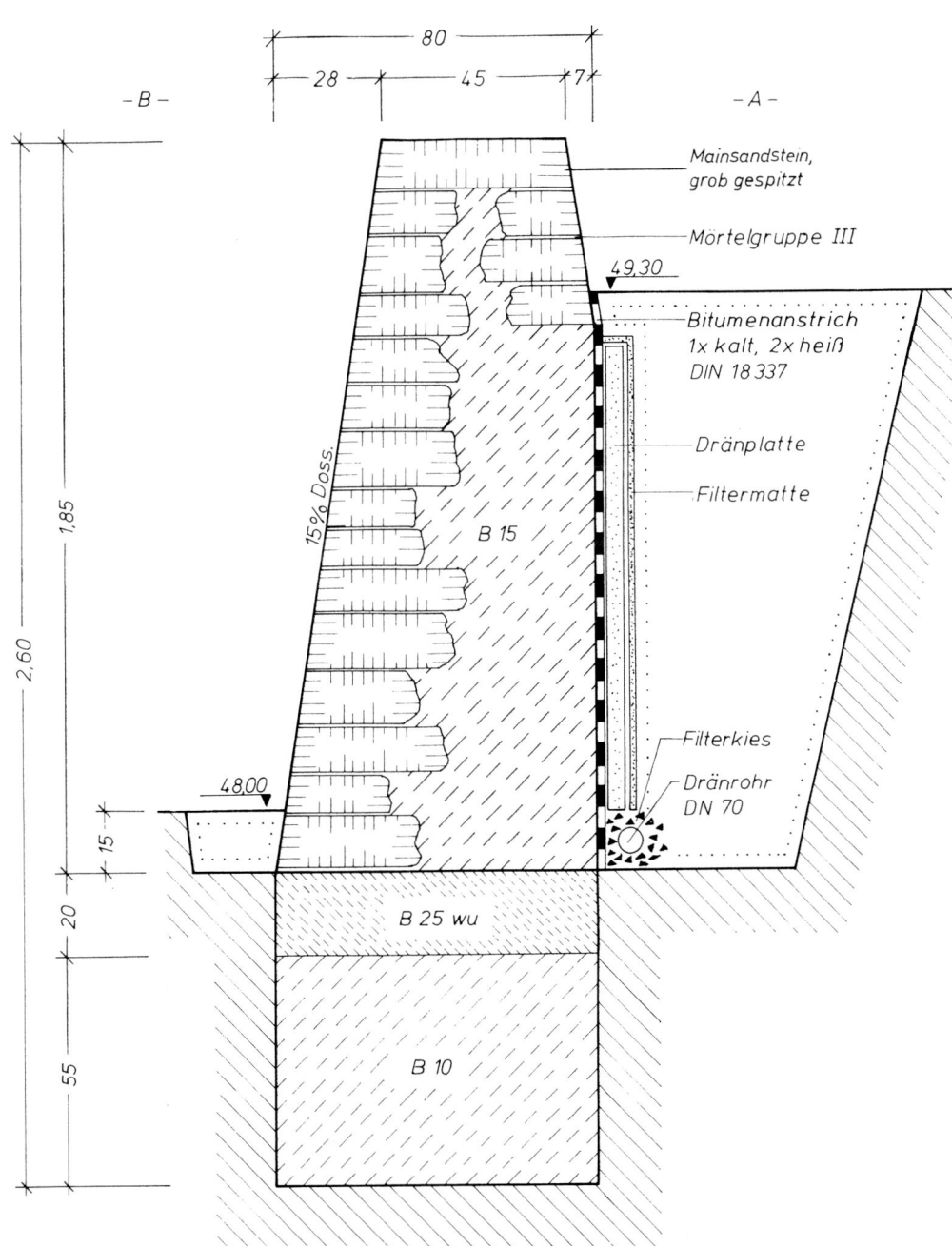

M 1:10

Abb. 237 Mauerquerschnitt

Die Ausführungszeichnung ist stets als Einheit von Grundriß bzw. Draufsicht und einer oder mehrerer Ansichten aufzufassen. Die Darstellung soll die Flächen des Objektes seiten- und höhenvergleichbar veranschaulichen.

Abweichend von DIN 6 und der in der darstellenden Geometrie üblichen Methode wird im Bauwesen die Grundrißebene **über** der Vorderansichtsebene angeordnet. Dadurch wird erreicht, daß die rechte Seitenansicht auch rechts von der Vorderansicht angeordnet wird und entsprechend die linke Seitenansicht links von der Vorderansicht. Diese Anordnung erleichtert insbesondere dem mit der Projektionsmethode nicht vertrauten Betrachter, im Regelfall also dem Bauherrn, das »Einlesen« in die Darstellung.

Im allgemeinen genügt zur Darstellung eines Körpers neben dem Grundriß die Darstellung der Vorderansicht sowie einer Seitenansicht. Bei sehr differenziert gebauten Körpern kann die Darstellung beider Seitenansichten notwendig werden. Wird auch die Rückansicht erfor-

HOCHBEETMAUER-
STÜTZE M. 1:5

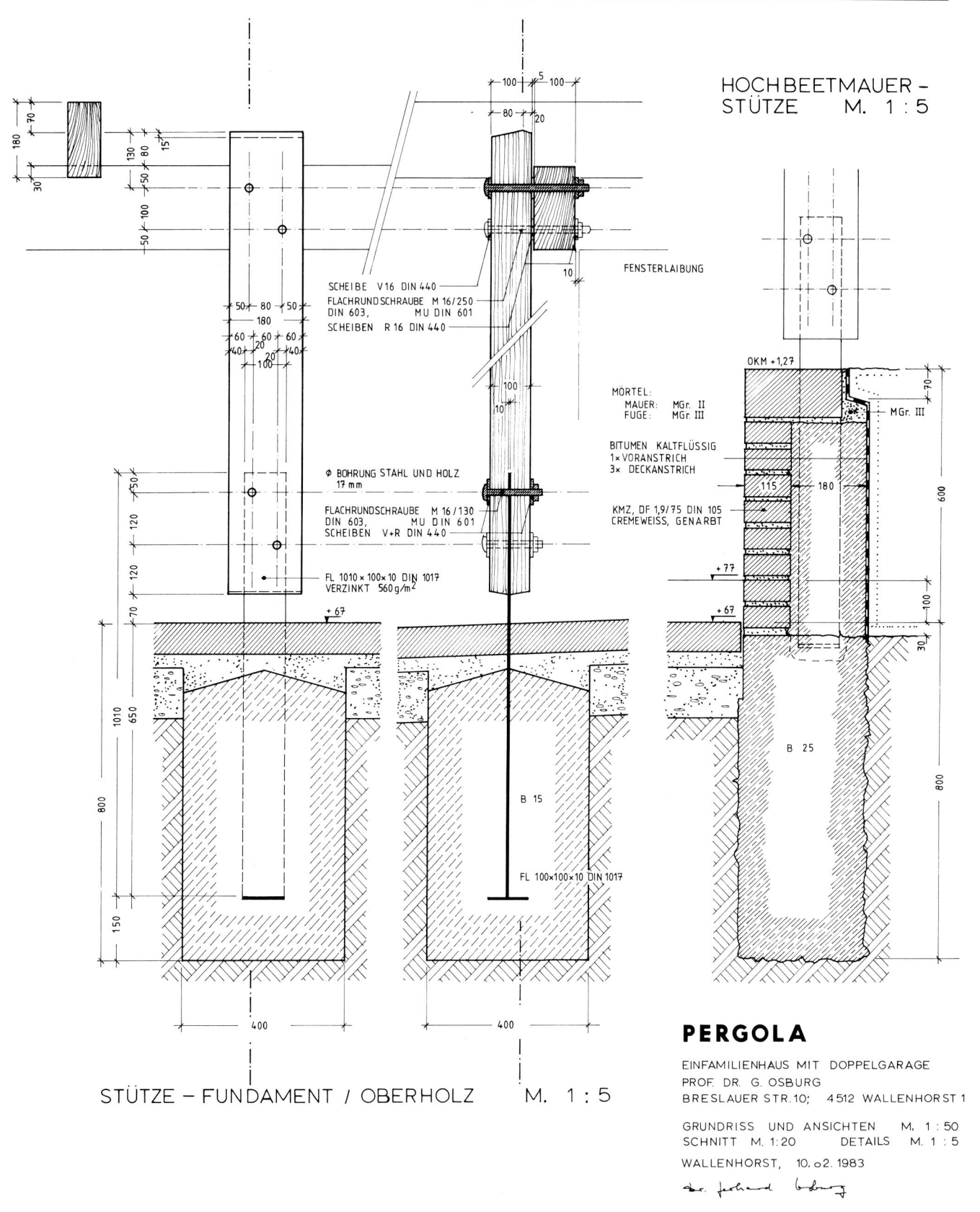

SCHEIBE V16 DIN 440
FLACHRUNDSCHRAUBE M 16/250
DIN 603,   MU DIN 601
SCHEIBEN R 16 DIN 440

FENSTERLAIBUNG

MÖRTEL:
MAUER: MGr. II
FUGE: MGr. III

BITUMEN KALTFLÜSSIG
1× VORANSTRICH
3× DECKANSTRICH

KMZ, DF 1,9/75 DIN 105
CREMEWEISS, GENARBT

Ø BOHRUNG STAHL UND HOLZ
17 mm

FLACHRUNDSCHRAUBE M 16/130
DIN 603,   MU DIN 601
SCHEIBEN V+R DIN 440

FL 1010×100×10 DIN 1017
VERZINKT 560 g/m²

B 15

FL 100×100×10 DIN 1017

B 25

STÜTZE – FUNDAMENT / OBERHOLZ   M. 1:5

PERGOLA

EINFAMILIENHAUS MIT DOPPELGARAGE
PROF. DR. G. OSBURG
BRESLAUER STR. 10; 4512 WALLENHORST 1

GRUNDRISS UND ANSICHTEN   M. 1:50
SCHNITT M. 1:20   DETAILS   M. 1:5
WALLENHORST, 10.02.1983

Abb. 238 Pergola

derlich, so ist diese rechts von der rechten Seitenansicht anzuordnen. Die Darstellung des Projektionsachsenkreuzes unterbleibt selbstverständlich.

Das Objekt wird in Ausführungszeichnungen nur mit seinen sichtbaren und verdeckten Bauteilkanten, beide in der mittelbreiten Linienstärke dargestellt. Das Anlegen von flächigen Schattierungen, Texturen u. a. hat zu unterbleiben.

Die Bemaßung erfolgt in Anlehnung an die Ausdehnungsrichtung der Körperfläche. Im Grundriß sind die Längen und Breiten, in den Ansichten nur die Höhen zu bemaßen. Doppelte Maßeintragungen sind zu vermeiden; deshalb wird auf die Bemaßung der Längen und Breiten in den Ansichten verzichtet.

Bei Absteckplänen, Höhen- und Entwässerungsplänen und anderen großmaßstäblichen Ausführungszeichnungen entfallen selbstverständlich die Darstellungen der Ansichten. Soweit Profildarstellungen notwendig werden, sind diese in aller Regel auf einem besonderen Blatt darzustellen. Die Anfertigung dieser Pläne ist im übrigen besonders rational, wenn man vom Hauptentwurfsplan eine Transparentpause anfertigt und darin die zusätzlich erforderlichen Eintragungen wie Meßachsen, Ordinaten, Maß- und Höhenzahlen nachträgt. Es ist ratsam, die Transparentpause herzustellen, wenn auf dem Originalblatt sämtliche festen Einbauten wie Wege, Kantensteine, Mauern, Treppen, Zäune, Pergolen, Gebäude etc. eingetragen sind, die Signaturen für die Bepflanzung aber fehlen. Bepflanzungssignaturen verhindern häufig das lesbare Eintragen der Höhenzahlen; Transparentpausen lassen sich zwar auf der Rückseite gut radieren, wobei das Radieren erst erfolgen sollte, wenn die Höhenzahl bereits auf der Vorderseite eingetragen ist; der zusätzliche Arbeitsaufwand läßt sich jedoch mit etwas vorausschauender Überlegung vermeiden.

12.4.2 Schnittdarstellungen

Nach DIN 6 »Darstellungen in Zeichnungen« versteht man unter einem Schnitt das gedachte Zerlegen eines Gegenstandes durch eine oder mehrere Ebenen senkrecht zur Zeichenebene. Die in der Schnittebene liegende Fläche wird »Schnittfläche« genannt.

Bei Grundrissen liegt die Schnittfläche waagerecht, bei Längsschnitten vertikal und parallel zur Längsachse und bei Querschnitten vertikal, aber quer zur Längsachse des darzustellenden Gegenstandes.

Schnittdarstellungen dienen der Erläuterung der Baustoffe und der Konstruktions- und Arbeitsweisen. Die Darstellung erfolgt deshalb in der Regel kleinmaßstäblicher als die der Ausführungszeichnung. Die Bemaßung kann daher auch wesentlich subtilere Einzelheiten erfassen, als das in der AZ möglich ist.

Die in der Schnittfläche erfaßten Bauteilflächen werden mit Schraffuren in Abhängigkeit von der Baustoffart (Abb. 227) gekennzeichnet. Die Kanten der geschnittenen Bauteilflächen werden mit der breiten Linienstärke ausgezogen; lediglich bei kleinflächigen Bauteilen wird die Umrandung in der mittelbreiten Linienbreite ausgeführt. Hinter der Schnittebene liegende Bauteilkanten sind in der mittleren Linienstärke darzustellen.

12.4.3 Detailzeichnungen

Diffizile oder komplexe Einzelheiten eines Bauobjektes, die weder in der AZ noch in der Schnittdarstellung verständlich zum Ausdruck gebracht werden können, sind als Teilzeichnungen, auch Detailzeichnung genannt, darzustellen. Dabei kann das betreffende Detail in Drauf- und Ansichten, wie in der im Abschnitt 12.4.1 behandelten Anordnung, gezeichnet werden. Zuweilen ist eine der Ansichten anschaulicher als Schnittdarstellung auszuführen. In manchen Fällen kann als Detailzeichnung auch eine einzige Schnittdarstellung oder sogar nur ein Teilschnitt genügen.

In jedem Fall ist die Detailzeichnung kleinmaßstäblicher als die zugehörige AZ und die üblichen Schnittdarstellungen; entsprechend wird sie auch, kleinste Einzelheiten erfassend, bemaßt. Die Größe der Maßstäbe bewegt sich zwischen 1:10 und 1:1.

Als Schriftgröße wird normalerweise 5 mm vorgeschlagen. In Werkzeichnungen, in denen die Ausführungszeichnung mit den Teilzeichnungen auf einem Blatt zusammengefaßt werden, wird aus Gründen zur Erzielung eines einheitlichen Schriftbildes die für Ausführungszeichnungen übliche Schrifthöhe von 3,5 mm beibehalten.

Literatur

1. Dahmlos/Witte, 1982: Bauzeichnen, 14. Aufl. Hannover: Schroedel-Schulbuchverlag
2. DIN 6, Darstellungen in Zeichnungen, 3/1968
3. DIN 406, Bl. 2, Maßeintragungen in Zeichnungen, 6/1968
4. DIN 1356, Bauzeichnungen, 7/1974

Sachverzeichnis

A

Acetatfolien 13
Ansicht 10, 23, 31, 33, 38, 47, 52, 53, 89, 92, 187, 198, 199
Ansichtsfläche 117
Ansichtszeichnung 29, 37, 53
Antiqua 15, 16
Arbeitsmodell 56
Arbeitsplan 73, 161, 164
Architektenleistung 49
Architekturgarten 62
Architekturmodell 55
Architekturzeichnung 9, 53
Aufklebefolie 39
Aufriß 23, 53, 98
Aufsicht 91, 98, 146, 155
Augenhöhe 89, 90, 92, 93, 94, 98, 99, 103, 106, 108, 119, 161
Ausführungsplan 9
Ausführungszeichnung 10, 14, 44, 197, 199
Außenraum 21

B

Bauentwurf 61
Bauherrenangabe 14
Baum 23, 24, 25, 27, 49, 58, 62, 75, 79, 103, 110, 146, 149, 152, 171
Baumart 60, 147, 148
Baumdarstellung 24
Baumsignatur 17, 39, 44, 53, 79, 83
Bebauungsplan 45
Begleitpflanze 175
Begrenzungslinie 18, 26, 49
Bepflanzung 45, 75, 161, 199
Bepflanzungsplan 14, 42, 73, 75, 161, 164, 170, 171, 172, 173, 174, 179, 181, 183, 184
Beschriftung 15, 170, 171, 179, 193
Bestandsplan 46, 83
Betonpflasterstein 35
Bezeichnung, verschlüsselte 167
Bildebene 93, 103
Bildgegenstand 110, 158
Blattgröße 14, 16, 17
Bleistift 11, 17, 42, 83, 109, 186
Bleistiftzeichnung 83, 109
Blickfeld 89
Blickpunkt 98, 103
Blickwinkel 89
Blüh-Aspekt 175
Blühtabelle 175
Blumenzwiebelpflanzung 173
Bodendecker, Bodendecke 25, 26, 27, 71, 130, 131, 171, 173
Böschung 19, 22, 112, 130, 146
Böschungslinie 49
Böschungspflanzung 27
Buchstabe 16, 164, 167, 168, 172
Buchstabenabstand 15

D

Dach 21, 31, 119
Dachaufsicht 21, 31
Dachgarten 53
Dachschraffur 119
Damm 46
Demonstrationsplan 161, 164, 179
Detailangabe 109, 155
Detaildarstellung 126
Detaillierung 110, 124
Detailplan 33, 38, 47, 52, 73, 75, 170
Detailskizze 35, 38
Detailzeichnung 9, 199
DIN-Formate 108
dreidimensional 55, 89, 99, 186
Dreieck 11, 13, 42, 44, 166, 173
Dreikant-Kurvenlineal 131
Dreikant-Reduktionsmaßstab 131
Dreitafelprojektion 187
Druckschrift 171

E

Einfriedung 37
Einwegstift 12
Einzelbaum 46, 55, 56, 62
Einzelgehölz (einzelnes Gehölz) 166
Einzelpflanze 164, 166, 170
Ellipse 92, 152
Entfernung 89, 90, 92, 99, 100, 103, 124, 126, 133, 141, 156, 158
Entwässerungseinrichtung 35, 36, 37
Entwässerungsrinne 36, 37
Entwurfsidee 9, 14, 16, 23, 26, 42, 55, 63, 79
Entwurfskonzept 16, 24, 37
Entwurfsmodell 56
Entwurfsplanung 23, 49
Erdgeschoßgrundriß 22
Erdmodellierung 55
Erläuterungsbericht 58, 60

F

Fahnenstange 38
Fahrradständer 38
Farbe 12, 42, 58
Farbgebung 42

Farbreihe 175
Faserschreiber 12
Faserstift 17
Fassade 23, 119, 120
Feinminenstift 9, 11, 17
Flachlineal 13
Filzschreiber 12, 106, 109
Flächenpflanzung 166, 167, 168
Flächensignatur 26
Fluchtpunkt 89, 92, 93, 94, 95, 97, 98, 99, 103, 106, 108, 112, 120, 124
Folie 11, 13, 31, 39, 75, 79, 83, 166, 167
Freihandskizze 42, 43
Froschperspektive 92
Fünfundvierzig-Grad-Methode 188
Fuge 114, 117, 119
Fugenbild 117
Funktionsskizze 49, 52

G

Gartenleuchte 38
Gebäudedarstellung 23
Gebäudekontur 22, 23
Gebäudeplanung 21
Gegenlicht 126
Gehölz 45, 114, 121, 146, 165, 171, 179
Gehölze, bodendeckende 60
Gehölzfläche 60, 62
Gehölzkonturen 44, 123
Gehölzpflanzung 49, 62, 179
Gehölzplan 161, 169, 172, 179
Geländehöhe 29, 30, 47
Geländemodellierung 53
Grauton 27, 79, 164, 167
Grautonfolie 21, 31, 44, 66, 68, 71, 73, 75, 79, 83, 175
Grauwertskala 169
Großflächigkeit 124
Großgehölz 25, 161
Grundebene 89, 93
Grundriß 9, 21, 22, 31, 47, 49, 62, 89, 92, 94, 95, 97, 98, 99, 100, 103, 187, 188, 192, 193, 198, 199
Grundrißdarstellung 23, 38
Grundrißkonzept 63
Grundrißlinie 22
Grundstücksgrenze 37, 46

H

Handskizze 105
Hausgartenplan 164
Hecke 25, 46, 146
Helligkeitsunterschied 114
Herstellungstechnik 61
Hintergrund 99, 106, 110, 112, 119, 120, 124, 126, 146, 155, 158, 159
Hinweispfeile 191
Höhenaufmaß 46
Höhendifferenz 19, 21, 31, 32, 57, 63
Höhenlinie 18, 27, 30, 31, 46, 66
Höhenplan 175, 193, 199
Höhenpunkt 46
Höhenschichtlinien 19, 56, 57, 63, 83

Höhenzahl 21, 32, 37, 49, 52, 199
Honorarordnung 49
Horizont 106
Horizontlinie 89, 92, 93, 94, 97, 99, 103, 106, 108
Horizontpunkt 89

I

Ideenskizze 9, 10, 16, 44, 49, 51
Informationsgehalt 61, 63
Isometrie 89, 90, 98, 99, 100

K

Katasterkarten 17, 19, 45, 66
Klebefolie 168, 173
Klinkermauerwerk 30
kolorieren 11, 55, 66, 83
Kolorierung 164, 175
Konstruktionsart 89
Konstruktionsprinzip 30, 38
Konstruktionsskizze 105
Kontrollmaß 193
Kontrollschacht 37
Kontur 21, 27, 31, 38, 39, 42, 89, 109, 123, 131, 155, 158, 169, 173
Koordinatenmethode 17
Kopie 109
Kostenanschlag 61
Kostenberechnung 60, 61
Kostenermittlung 61
Kostenfeststellung 61
Kostenschätzung 61
Kreis 28, 92, 97, 164, 165, 166, 172
Kreisschraffur 152
Kursivschrift 193

L

Lageplan 17, 23, 29, 47, 89
Lampe 38
Landschaftsgarten 62
Lärmschutzwall 45, 56
Legende 15, 171
Leistungsumfang 49
Leistungsverzeichnis 61
Leitpflanze 173
Leitung 46
Lichtkante 110, 120
Lichtpause 9, 17, 39, 42, 109, 175
Lichtreflex 126
Lineare Perspektive 110
linearperspektivisch 110
lineare Zeichentechnik 109
Linie 30, 38, 42, 106, 109, 114, 116, 119, 121, 188, 189, 192
Linienraster 13

M

Massenermittlung 61
Maßkette 164, 166, 193

Mauer 21, 28, 29, 30, 37, 39, 46, 49, 55, 60, 62, 83, 114, 117, 118, 133, 146, 193, 199
Mauerhöhe 30, 53
Mauerkopf 30, 39
Mauerkrone 30, 133
Mauerwange 31, 34, 36
Minenklemmstift 11
Minenstärke 11
Mittelachse 106
Mittelgrund 110, 159
Modell 53, 55, 56, 57, 58
Modellbau 55, 58

N

Naturstein 29, 33, 37, 117, 119
Natursteinmauer 29
Netzperspektive 98, 99

O

Oberfläche 39, 114, 121, 130, 146
Objektplanung 19, 60
Original 12, 42, 79

P

Pantograph 17
Papiergröße 14
Papierkorb 38
Pergola 18, 30, 31, 39, 49, 53, 55, 56, 74, 79, 133, 193, 198, 199
Perspektive 10, 58, 93, 99, 144, 145, 146, 186
Pfeiler 30, 37
Pflanzenentwicklungsplan 172, 179
Pflanzenkübel 38
Pflanzenliste 170, 171, 179
Pflanzplan 171, 172
Pflanzung 42, 53, 55, 75, 170, 171, 173, 175
– flächendeckende 166
Pflasterbelag 33, 35
Pflasterfläche 49
Pflasterklinker 33, 35
Pflegeplan 179
Pfosten 37
Plandarstellung 21, 23, 58, 61, 63, 68, 73, 75, 79, 83
Plangraphik 9, 15, 24, 62
Plangröße 17
Planmaß 14
Plansystematik 49
Planungsaufgabe 14, 15, 17, 19, 45, 61
Planungsidee 14, 31, 53, 58
Planungskonzept 44, 49, 52
Planungsmaßstab 15, 16, 17, 26
Planungsprogramm 58, 60
Planungswettbewerb 56
Planvergrößerung 13, 17
Planverfasser 15, 58, 60
Planverkleinerung 17, 44
Platzfläche 33, 39, 42, 53, 60, 83
Projektions-Achsenabstand 188, 189
Projektionsachsenkreuz 187, 188
Projektionsebene 187, 188, 189

Projektionslinie 187, 188
Projektionspunkte 187
Projektionsstrahlen 187
Punktraster 13, 75

R

Rampe 31, 32, 33, 37
Rasenfläche 26, 27, 39, 42, 49, 53, 60, 62, 65, 66, 68, 71, 79, 83, 119, 124
Rasenflächensignatur 26
Raster (Gitter-, Kreuz-, Punkt-) 164, 166, 167, 168, 173, 175
Rasterfolien 13, 27, 31, 44
Rechteck 92, 97
Rechtwinkligkeit 92
Reduktionszirkel 17
Regenwasserkanal 47
Reißschiene 11, 17, 42, 44

S

Sehwinkel 89, 187
Sichtschutzpflanzung 60
Sichtwinkel 89
Signatur 11, 26, 28, 31, 35, 38, 52, 62, 63, 117, 146, 158, 164, 171, 191
Signaturgröße 24
Silhouette 110, 120, 123
Sitzmauer 29
Sitzplatz 31, 38, 103
Skelettstruktur 133
Skizze 42, 49, 55, 89, 103, 108, 109, 122, 136
skizzieren 11, 12
Solitär 131
Solitärgehölz 25, 26, 71, 75, 138
Solitärpflanze 128
Spiegelbild 103, 121
Spiegelung 103, 120, 121, 123, 124
Symbol 26, 38, 75, 165, 166, 173
Schablone 11, 13, 15, 28, 171, 193
Schatten 101, 110, 118, 120, 155
Schattenkante 17, 21, 24, 29, 39, 114, 126, 130
Schattenkontur 117
Schattenlinie 144, 146
Schattenreflex 126
Schattenschraffur 114, 118
Schattenwurf 114, 133
Schiebetor 36, 37
Schlagschatten 101, 119, 131, 138, 155
Schlußabrechnung 61
Schmuckstaudenpflanzung 173, 176
Schmutzwasserkanal 47
Schnitt 10, 23, 29, 31, 33, 37, 38, 47, 49, 52, 53, 58, 161, 199
Schnittansicht 53, 83
Schnittebene 49, 53, 191, 199
Schnittzeichnung 53, 55
Schraffierung 164
Schraffurlinie 39, 119, 191
Schraffurmaschine 39
Schreiber 109
Schreibgerät 109

Schriftart 15
Schriftfeld 14
Schriftgröße 15, 44
Schriftschablone 11, 13, 66, 68, 71, 73, 75, 79, 83, 193
Schrifttypen 44
Schriftzeichen 15
Schutzdach 31
Schwarzweißdarstellung 9, 31, 38, 39, 42, 52
Schwarzweiß-Effekt 109, 120
Schwarzweißkontrast 17
Schwarzweiß-Technik 39, 75, 109
Schwerpunkt, optischer 39
Schwirrende Punkte 128
Staffelung 110, 138
Stahlfeder 109
Standort 45, 60, 89, 94, 166
Standpunkt 89, 90, 92, 93, 94, 95, 103, 106, 108, 146
Staude 25, 26, 114, 126, 131, 169, 170, 175, 179
Staudenbeet 42, 103, 126, 138, 179
Staudenfläche 62, 125, 128
Staudenpflanzung 39, 44, 49, 71, 79, 169, 173, 179
Staudenplan 161, 169, 172
Steigungsverhältnis 32
Storchschnabel 17
Straßenbaum 45
Straßeneinlauf 36, 37, 46
Straßenhöhe 47
Straßenlampe 46
Strich 12, 39, 42, 79, 83, 108, 109, 118, 119, 121, 124, 130
Strichführung 49, 108, 109
Strichgraphik 9, 55
Strichlinie 124, 126, 167, 169, 189, 191
Strichpunkte 39
Strichreihe 122, 124
Strichstärke 11, 12, 17, 18, 19, 21, 39, 42, 44, 52, 53, 66, 75, 83, 109, 110, 167, 169, 173, 189
Strichzeichnung 52, 73, 75
Struktur 112, 114, 119, 121, 146, 169
Strukturierung 114
Strukturlinie 114
Stufenbreite 32
Stufenkante 32
Stufenlauf 49
Stützmauer 30, 130, 133, 136, 186

T

Teich 31, 79, 121
Telefonzelle 46
Textinformation 14, 15, 17, 32, 44, 49
Tiefenwirkung 24, 110, 114, 122, 123, 124
Tonwert 39

Topographie 56, 60
Tor 36, 37
Transparentpapier 9, 12, 65, 66, 68, 71, 73, 75, 79, 83, 108, 109
Treppe 21, 31, 33, 39, 49, 62, 83, 88, 114, 193, 199
Treppenanlage 31, 32, 33, 36, 37, 49, 83, 88, 186
Treppendarstellung 63
Treppenlauf 31, 34, 193
Tuschkante 13
Tuschzeichner 109

U

Übereckansicht 103
Übereckperspektive 89, 90, 92, 93, 95, 97, 98, 103, 120, 121
Übersichtsplan 52, 55, 170
Umrißlinie 21, 38, 39, 119

V

Vegetationsbild 26
Vegetationsfläche 25, 27, 28, 33, 39
Vergrößerung 17
Verkleinerung 17, 61, 65, 83
Vermaßung 170
Vertikalprojektion 49
Vertikalschrift 193
Verzerrung 89, 160, 187
Viertelkreismethode 188
Vogelperspektive 89
Vordergrund 99, 110, 112, 120, 123, 155
Vorplanung 16, 49

W

Wahre Größen 189
Wasserbecken 31, 32, 56, 79, 121
Wasserfläche 31, 32, 39, 46, 49, 68, 79, 121, 122, 124
Wegefläche 33, 39, 42, 49, 53, 79, 83
Wildstaudenpflanzung 173, 177
Winkelhalbierende 188
–, Methode 189

Z

Zahl 164, 167, 168, 172
Zeichenebene 106, 109
Zeichenmaschine 39, 44
Zeichentechnik 11, 17, 44, 58, 108
Zentralperspektive 89, 90, 92, 93, 94, 97, 98, 106, 119, 122
Ziegelmauerwerk 29, 117

Taschenbuch für den Garten- und Landschaftsbau

Von Richard Lehr, ehem. Professor an der Fachhochschule Osnabrück

Unter Mitarbeit von Dipl.-Ing. agr. Dr. Dieter Alt, Prof. Dr.-Ing. Harm-Eckard Beier, Prof. Dipl.-Ing. Hans-Jürgen Krems, Prof. Dipl.-Ing. agr. Franz Müller, Prof. Dipl.-Gärtner Dr. Johannes Niemann, Prof Dipl.-Ing. Alfred Niesel, Prof. Dipl.-Ing. Dr. Gerhard Osburg, Prof. Dipl.-Gärtner Hartmut Peucker und Prof. Dipl.-Ing. Bernhard Prasuhn, alle Fachhochschule Osnabrück.

3., überarbeitete Auflage. 1981. 880 Seiten mit 1161 Zeichnungen und 469 Tabellen sowie 27 Diagrammen und 1 Ausschlagtafel. Balacron geb. DM 116,-

Als umfassendes, technisches Handbuch für den Garten-, Landschafts- und Sportplatzbau hat sich dieses Werk bereits in zwei Auflagen bewährt. Die dritte, überarbeitete Auflage liegt jetzt vor. Neben dem speziell-landschaftsgärtnerischen Bereich berücksichtigt sie in erforderlichem Umfang auch die angrenzenden Arbeitsgebiete der benachbarten Bauberufe, ohne die in Planung und Bauausführung nicht auszukommen ist. Die Tätigkeit des Landschaftsarchitekten greift heute, neben dem gärtnerischen Umgang mit der Pflanze, fast täglich über in die Bereiche der Vermessungstechnik, der Bodenmechanik und -physik, der Be- und Entwässerung und des Wegebaues; sie schließt auch den Umgang mit Stein und Beton, mit Statik und Stahlbeton mit ein. Darüber hinaus berichtet die Neuauflage über die Weiterentwicklungen im Sportplatzbau und bringt Ergänzungen und Berichtigungen von DIN-Normen sowie die Umstellung aller Texte, Tabellen und Zeichnungen auf das Internationale System der SI-Einheiten.

Aus der Schriftenreihe:

Die Gärtnerische Berufspraxis

Reihe B: Landschafts- und Sportplatzbau

Feldmessen im Garten- und Landschaftsbau

Anleitung für die Ausführung landschaftsgärtnerischer Meßarbeiten

Heft 6. Von Prof. Dr. R. Lehr, Osnabrück. 4., durchgesehene Auflage. 1979. 102 Seiten mit 155 Abbildungen und 16 Tabellen.. Kartoniert DM 18,-

Grundlagen der Garten- und Freiraumplanung

Heft 46. Von H. Keller und Dipl.-Ing. A. Schneider, beide Prof. an der Fachhochschule Osnabrück. 1974. 88 Seiten, 59 Abbildungen mit 130 Einzelzeichnungen. Kartoniert DM 16,-

Kleine Geschichte der Gartenkunst

Heft 48. Von Prof. Dr. H. Keller, Osnabrück. 1976. 198 Seiten mit 79 Abbildungen im Text und auf 8 Tafeln. Glanzkaschiert DM 25,-

Preise Stand 15.8.1984

PAUL PAREY

Berlin und Hamburg

Baum und Strauch in der Gestaltung und Pflege der Landschaft

Von M. Ehlers. 2., neubearb. Aufl. von Prof. E. Bittmann, Koblenz. 1984. Ca. 288 S. mit Abb. Balacron brosch. Ca. DM 68,–

Das Thema dieses Buches ist seit dem Erscheinen der ersten Auflage vor mehr als 20 Jahren heute aktueller als je zuvor: Gestaltung, Pflege und Schutz der von Stadt und Land, Industrie und Technik sowie Freizeit und Erholung immer mehr bedrohten Landschaft mit Baum und Strauch als wesentlichen Elementen. Neu bearbeitet und mit neuem Bildteil versehen, wendet sich das Buch als unentbehrlicher Ratgeber bei der Analyse und Planung, Ausführung und Kritik von Maßnahmen der Landschaftspflege an alle, die an der Gestaltung und Pflege der Landschaft haupt- oder nebenberuflich tätig sind. Dazu gehören nicht nur Landschaftsarchitekten und Mitarbeiter der gesetzlich in der Landschaft tätigen Fachbehörden und die Dozenten und Studierenden der entsprechenden Fachhochschulen, sondern alle, denen die Erhaltung einer ökologisch wie ökonomisch gesunden grünen Umwelt zum Bestandteil ihrer Lebensqualität geworden ist.

Maßnahmen der Landschaftspflege

Von Prof. Dipl.-Gärtner H. Peucker, Osnabrück. 2., neubearb. Aufl. 1983. 150 S. mit 39 Abb. und 7 Zusammenstellungen. (Gärtnerische Berufspraxis, Heft 42). Kart. DM 36,–

Das Verpflanzen großer Bäume

Von Dipl.-Ing. B. Neumann, Aurich. 1984. Ca. 96 S. mit 27 Abb., 8 Zeichn. in 21 Einzeldarst. und 1 Tab. (Gärtnerische Berufspraxis, Heft 49). Kart. DM 32,–

In der Reihe „Die Gärtnerische Berufspraxis" erschienen, gibt die Schrift ausführliche, praktische Anleitungen für das Verpflanzen großer Bäume. In einem kurzen, historischen Rückblick wird gezeigt, daß schon im Barock zur Gestaltung von Gärten große Bäume verpflanzt und dementsprechend Geräte und Techniken entwickelt wurden. In den folgenden Kapiteln werden die Vorteile des Verpflanzens sowie botanische und ökologische Aspekte und die Verpflanzverfahren erörtert. Das Hauptkapitel gilt dann der eigentlichen Technik der Großbaumverpflanzung von der Vorbereitung des Baumes über den Transport bis zum Pflanzen und weiteren Pflegemaßnahmen wie Verankerung, Schädlingsbekämpfung, Düngung und Bewässerung. In weiteren Abschnitten werden die geeigneten Baumarten, die Erfolgsquoten sowie mit Beispielen auch die Kosten von Großbaumverpflanzungen angesprochen.

Flächen- und Erdmassenberechnungen im Garten- und Landschaftsbau

Von Prof. Dipl.-Gärtner H. Nimmann. 2., neubearb. Aufl. 1980. 159 S. mit 136 Abb., 36 Formelzeichn. und 39 Tab. (Gärtnerische Berufspraxis, Heft 36). Kart. DM 38,80

Preise Stand 15.8.1984

PAUL PAREY

Berlin und Hamburg